コーチング学
への招待

日本コーチング学会 | 編集

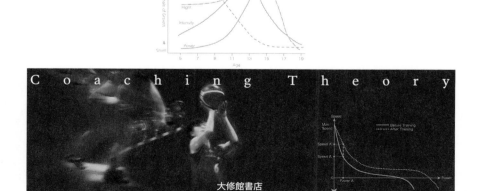

大修館書店

はじめに

　日本コーチング学会のルーツは1955年の第6回日本体育学会大会の際に発表部門として「指導に関する部門」が設けられたところにまでさかのぼることができる。この部門は1969年に正式に日本体育学会の専門分科会（体育方法専門分科会）として承認され，本格的な学会活動を開始した。その後1990年には，研究誌発刊のために，この体育方法専門分科会から日本スポーツ方法学会（後に日本コーチング学会と改称）が独立し，これ以降2つの組織が独立して運営されるという状況が続いた。しかし2005年以降になると，この変則的な状況に疑問が投げかけられるようになり，両組織の統合に向けた活発な議論が展開されるようになって，2013年度には2つの組織の理事会が統合され，さらに2015年度からは名実ともに日本コーチング学会に再統合されて，新たな歩みを開始することとなった。この再統合に向かう数年間の議論の中で，繰り返し「コーチングとは何か」「コーチング学とは何か」「コーチングに関する研究はいかにあるべきか」といったテーマをめぐる真剣な討議が行われ，会員の間に次のような3つのコンセンサスがつくり上げられていったことは，その後のコーチング学会の活動に決定的な影響を与えることになった。

　一つ目は，コーチング学は「スポーツの練習と指導に関する理論」であるというコンセンサスである。二つ目は，コーチング学で取り上げるコーチングは，狭く競技スポーツに限定されるのではなく，教育・健康・レクリエーションなどの多様な目的で行われる広義のスポーツを対象にするというコンセンサスである。三つ目は，コーチング学会は，既成科学の研究成果を応用してスポーツをする人や指導者の活動をサポートすることに主眼を置くのではなく，スポーツの現場で獲得された個別的・経験的な知見を帰納的に集約することによって，すべてのスポーツに通底する「練習と指導に関する一般理論」を構築することを目指すというコンセンサスである。

　そもそも，高度の専門教育を受けたスポーツ指導者の養成を任とする体育系大学において，今日では300とも500ともいわれるスポーツ種目のすべてについて，コーチング学の研究者を揃えて教育することは不可能である。また，個別のスポーツに関する研究や理論を一般理論へと昇華させることは，学問の発

展からみても当然の成り行きである。それにもかかわらず，わが国には，わずかな翻訳書を除けば，コーチング学の一般理論としてまとめられた本格的な専門書は皆無というのが現状である。

　このコーチング学の一般理論上梓のために，日本コーチング学会では，平成27年度に出版委員会を立ち上げ，目次原案の作成，各章の分担責任者の決定，章ごとの詳細目次の作成と全体の調整，執筆者の決定を経て，平成28年3月初旬に原稿の執筆依頼を行い，原稿校正後の編集作業を経て，今般，『コーチング学への招待』と題して本書を出版する運びとなった。

　本書の特徴は，「第1章 コーチングとは何か」から「第7章 コーチングにおけるマネジメント」までの各章の執筆者が，大学においてコーチング学の研究を行っているだけでなく，日本オリンピック委員会の強化スタッフとして，あるいは国内各競技団体のナショナルチーム等の強化スタッフとして活躍するかたわら，各大学のスポーツ指導の現場で直接指導に当たっている人たちであるというところにある。また，今日の競技スポーツの強化に欠くことのできない「スポーツ医・科学，情報によるコーチング支援」の章（第8章）は，とくに国立スポーツ科学センターのサポートスタッフとしてわが国のエリートスポーツの強化に携わっておられるサポート科学の専門家の方々にお願いした。

　日本コーチング学会では，本書の出版に続いて，「測定スポーツ」「評定スポーツ」「判定スポーツ」という3つの競技類型ごとのコーチング学をまとめることを計画している。これによって，個別種目の指導理論と一般理論としてのコーチング学との間に橋をかけることができれば，各種目の指導理論が蛸壺化していくことに歯止めをかけ，現場で獲得された経験的知見を共有して，スポーツ指導者として身につけるべき専門知識の体系化が可能になる。

　最後に，本書の発刊にあたって，編集責任者として辣腕を振るっていただいた日本大学教授青山清英先生，本書の出版を企画し膨大な原稿の校正から索引の作成にいたるまでご援助を頂いた大修館書店編集部に対して心から御礼を申し上げます。

平成29年3月吉日

編集責任者を代表して　　朝岡　正雄

コーチング学への招待

目　次

はじめに……………iii

第1章 コーチングとは何か……………1

第1節 ◆◆ 近代スポーツの成立と発展……………2
1. スポーツの起源／2. 近代スポーツの成立／3. 近代オリンピックへの発展

第2節 ◆◆ 21世紀のスポーツの特性……………7
1. スポーツの本質とは／2. スポーツの21世紀的価値とは

第3節 ◆◆ コーチとコーチング……………12
1. コーチングとは／2. コーチの知識／3. 望まれるコーチング行動／
4. コーチの役割と使命／5. コーチの能力向上

第4節 ◆◆ コーチ制度と組織……………26
1. 日本におけるコーチ制度の歴史的変遷／2. 海外におけるスポーツ・コーチングの動向／
3. 日本におけるコーチ育成の方向性

第2章 コーチング学とは何か……………37

第1節 ◆◆ コーチング学の源流……………38
1. 19世紀の「体育運動の理論」／2. 20世紀における「体育の理論」の発展

第2節 ◆◆ コーチング論からコーチング科学へ……………42
1. "training" "exercise" "coaching"／2. コーチング論の登場／3. コーチング科学への発展

第3節 ◆◆ コーチング研究の現状……………48
1. 科学的運動研究の発生と展開／2. 運動学から運動科学へ／
3. バイオメカニクスからキネシオロジーへ／
4. キネシオロジーにおける質的運動分析の登場／5. 学際応用科学という名のアポリア

第4節 ◆◆ コーチング学の今日的課題……………55
1. コーチング科学からコーチング学へ／
2. 個別種目のコーチング論から一般理論としてのコーチング学へ／3. コーチング学の研究法

第 3 章……競技力とトレーニング……65

第1節 ◆◆ 競技力とは何か……66
1. 競技力の構造／2. 競技力と競技類型／3. 運動技能と競技力

第2節 ◆◆ 各種スポーツの競技力……72
1. 測定スポーツにおける競技力／2. 評定スポーツにおける競技力／
3. 判定スポーツにおける競技力／4. 武道における競技力

第3節 ◆◆ トレーニングの構造……82
1. 基本的な考え方と進め方／2. 目標の設定／3. 課題解決法の選択および決定／
4. 競技力養成の計画と実践／5. 競技力の評価判断／
6. コーチングにおけるトレーニング実践の位置づけ

第 4 章……競技力の養成……97

第1節 ◆◆ 技術トレーニング……98
1. 技術とは何か／2. 技術力の構造／3. 技術トレーニング

第2節 ◆◆ 戦術トレーニング……127
1. 戦術とは何か／2. 戦術力の構造／3. 戦術の個体発生と系統発生／4. 戦術トレーニング

第3節 ◆◆ 体力トレーニング……149
1. 体力トレーニングの原理／2. 一般的体力トレーニングの実際／
3. 専門的体力トレーニングの実際／4. 体格と競技力

第4節 ◆◆ 心的・知的能力のトレーニング……183
1. 競技への動機づけと知的理解／2. コーチングと心理学的諸原則／3. メンタルトレーニング

第 5 章……競技トレーニングの計画……207

第1節 ◆◆ トレーニング計画立案の前提……208
1. トレーニング計画立案の第1プロセス「競技目標の設定」／
2. トレーニング課題の抽出／3. トレーニング手段の選択と実施方法の決定

第2節 ◆◆ トレーニング計画立案の原則……212
1. 最高成績への志向性と専門化／
2. 一般的トレーニングと専門的トレーニングの相補的関係／3. トレーニングプロセスの連続性／
4. トレーニングにおける負荷増大の二面性「漸進性と最大負荷」／
5. トレーニング負荷の波状変動／6. トレーニングプロセスの周期性

第 3 節 ◆◆ トレーニングピリオダイゼーション……………218
1. トレーニングピリオダイゼーションとは何か／2. スポーツフォームとは何か／
3. 目的に応じた年間トレーニングのピリオダイゼーション

第 4 節 ◆◆ 長期的なトレーニングプロセスからみたトレーニング計画………229
1. 基本的準備段階／2. 最高の競技力を達成するための準備段階／
3. 個人の最高の競技力を発揮する段階／4. 最高の競技力の維持と低下の段階

第 5 節 ◆◆ トレーニング結果の分析と競技力診断……………233
1. トレーニング結果の分析／2. 競技力診断

第 6 章 試合への準備……………237

第 1 節 ◆◆ 試合の一般的特徴と構造……………238
1.「試合」の概念と機能／2. トレーニングにおける臨戦態勢／
3. 試合における精神力と技術力・戦術力・体力

第 2 節 ◆◆ 試合システムと試合計画……………242
1. 試合システムの分類／2. 試合計画と試合選択

第 3 節 ◆◆ 直接的試合準備……………246
1. 直接的試合準備の概念／2. スポーツフォームとピークスポーツフォーム／
3. 直接的試合準備の具体的役割　―スポーツフォームのコントロール―

第 4 節 ◆◆ 試合準備に対する社会的・心理的サポート……………251
1. 重要試合で目指す心理状態／2. 試合前の一次準備／3. 試合時の二次準備

第 5 節 ◆◆ 試合分析と試合評価……………256
1. 試合前の分析・評価の意義と方法／2. 試合観察とテスト試合

第 6 節 ◆◆ トップ選手の試合計画……………259
1. 測定スポーツ／2. 評定スポーツ／3. 判定スポーツ

第 7 節 ◆◆ ジュニア選手の試合計画……………276
1. 測定スポーツ／2. 判定スポーツ

第 7 章 コーチングにおけるマネジメント……………293

第 1 節 ◆◆ チームのマネジメント……………294
1. チーム戦略の策定／2. 組織としてのチーム／3. 組織のリーダーとしてのコーチ

第 2 節 ◆◆ 組織・クラブのマネジメント................304
1. スポーツ組織・クラブの特性／2. スポーツ組織・クラブのマネジメント／
3. コーチングの視点からみた組織・クラブのマネジメント

第 3 節 ◆◆ タレント発掘・育成・トランスファー................314
1. 専門化とタレント発掘・育成：Long Term Athlete Development Model
2. タレントの発掘・選択と検証／3. タレントの発掘・育成とトランスファー

第 8 章 スポーツ医・科学，情報によるコーチング支援................329

第 1 節 ◆◆ スポーツ医・科学によるコーチング支援の現状と課題................330
1. スポーツ医・科学の性質／2. コーチングにおける医・科学の位置づけ／
3. スポーツ医・科学の領域間連携／4. トレーニングサイクルと医・科学支援

第 2 節 ◆◆ 現状を把握する................335
1. パフォーマンスの分析・評価／2. フィットネス面からの把握／
3. 栄養面からの把握／4. 心理面からの把握／5. 医学面からの把握

第 3 節 ◆◆ トレーニングを提案する................352
1. トレーニング方法・内容の提案／2. トレーニングの指導

第 4 節 ◆◆ 情報戦略サポート................357
1. スポーツにおける情報戦略とは何か／2. 競技現場における情報戦略／
3. 戦略立案過程における情報戦略

第 5 節 ◆◆ 競技マネジメントサポート................360
1. オリンピック・パラリンピックに向けた競技マネジメントサポート／
2. オリンピック・パラリンピック本番における競技マネジメントサポート

索引................364

執筆者一覧................374

第 ① 章

コーチングとは何か

第1節
近代スポーツの成立と発展

　スポーツは，動物の「遊び」や「闘争」を起源とした古く根源的な営みであるといわれており，先史から現代に至るまで，それぞれの時代や社会特有の価値観に影響を受けつつ，社会的慣習を伴いながら，今日に至るまで継承されている。本節では，スポーツが，動物のメタ・コミュニケーション行動を起源としながら，先史，古代，中世という時代を経て，近代におけるスポーツやオリンピックの成立に至る過程について概観する。ここでは，スポーツが，近代社会の形成過程において教育的機能を果たすべく意図的に作られた文化であるという点について確認する。

1. スポーツの起源

　スポーツの起源は，人間以外の動物にもみられる「遊び」や「じゃれあい」などに相当するコミュニケーション行動であるという説が有力視されている。動物にとってのじゃれあいは，単に噛みついたり攻撃的に威嚇するということではなく，動物同士が暗黙のうちに容認し合った状況で成り立つ仕草であり，メスの取り合いや縄張り争いにみられる「闘争」行為でさえも，延々と継続されるわけではなく勝敗が決した段階で終了する。人類学者・心理学者のベイトソン（Bateson）は，この「命の安全を保証したルールある優劣判別の闘い」という相互了解を前提とするコミュニケーションのことを「メタ・コミュニケーション行動」と名づけ，今日私たちが行うスポーツの起源がここにあると考えた（寒川，2004）。また，文化人類学者のサーリンズ（Sahlins）は，現存する採集・狩猟民族の生活を丹念に調査し，成人男女が1日に費やす食料収集（労働）の時間が2～3時間であり，集められた食料は一人当たり2,300kcalにも及ぶことを示唆している。生きるために必要な栄養は十分に満たされ，20時間以上の自由時間をもつ社会のことを，サーリンズは"初めの豊かな社会"と名づけているが，すでにこの時代に，陸上競技や水泳競技，格闘技や球技などに類するスポーツの原型が存在していたことも指摘されている。

また，古代文明には様々なスポーツの痕跡が残されているが，特に古代ギリシャにおいては，スポーツが音楽・芸術，弁論術と並ぶ市民必須の教養とされていた。そして，ギリシャ神話の最高神ゼウスをはじめとする神々を祀り，豊穣と平和を祈る「オリンピア祭典競技会」（以下，古代オリンピックと略す）が，古代ギリシャの暦（オリンピアース）に従って4年に一度，紀元前776年から紀元393年までの約1200年間にわたって開催された。この古代オリンピックは，ローマ帝国によるギリシャ征服や神殿破壊令などによって終焉を迎え，その後，地殻変動などにより土砂に埋もれたオリンピアは，長らく人目に触れることなく中世の時代を過ぎることになるが，その歴史は当時の紀行文や遺跡の研究などから多くが明らかにされてきている。とりわけ現代へのメッセージ性という意味では，「エケケイリア」と呼ばれる休戦制度が確立していたこと，ギリシャ人がスポーツの理想としたカロカガティア（均整のとれた強く美しい肉体が，美と善を統合的に完成する），スポーツと芸術との融合などが強調されている（田原，2008）。

　これらのことは，人類のスポーツが動物も共有する古く根源的な営みであり，先史（原始・未開）から現代に至るまでの長きにわたって脈々と受け継がれていることを教えてくれる。

2. 近代スポーツの成立

　中世では，古代スポーツを引き継ぎつつ，上流階級（地主・貴族）による「困難な課題の克服に楽しみを見出す"聖的な"スポーツ」と，大衆（農民・市民）による「野蛮な行為を含んだ気晴らしの活動という"俗的な"スポーツ」に分かれて発展していく。近代スポーツの母国とされるイギリスでも，19世紀まではスポーツに娯楽やギャンブル以上の意義や価値を認めてはいなかったが，このスポーツにおける「あえて困難を楽しむ"工夫"」と「自由・野心を叶える"工夫"」が，パブリックスクールで交錯することによって近代スポーツが誕生したといえる。

　パブリックスクールとは，10歳前後から18歳までの地主・貴族と中産階級（ブルジョアジー）の子弟を教育する寄宿制の名門私立中等学校であり，そこでの教育の目的は「ジェントルマン」としての人格と教養を身につけることにあっ

た。当時のパブリックスクールでは，年齢幅のある生徒たちの大半が寮生活を送るという特異な環境の中で，上級生に対する忠誠心や絶対服従という中世的な徳目が幅をきかせ，自治と自由を論拠として学校側とも対立するなど，ときに暴力（暴徒化）が生起していた（日本体育学会，2006）。

　パブリックスクールのひとつであるラグビー校に赴任したトマス・アーノルド（Thomas Arnold）校長は，生徒が自らルールを考え出す自治の精神を尊重し，気晴らしから自己規律化を目指す教育に向けて，スポーツを単なる娯楽から教育的活動に引き上げた。具体的には，多分に暴力的な要素を含んでいたフットボールのようないわば"俗的な"スポーツを，競技規則，審判の設置，フェアプレーの推奨など，パブリックスクールにおける教育にふさわしい"聖的な"スポーツへと合理化を図ることにより，健全な心身の育成へのスポーツの活用を推進した。このような流れは，19世紀中頃から「スポーツが肉体とともに精神をも高邁にする」という「アスレティシズム（athleticism＝スポーツ礼讃）」のムーブメントを引き起こし，ジェントルマン教育の必須の営みとして学校や社会，そして国家もスポーツを奨励するようになる。

　パブリックスクールで生まれた近代スポーツは，産業革命と並行した鉄道網の整備による遠隔地の対校競技会等の需要増加に伴い，特定の学校や地域を超えてイギリス全土へと拡がる。そして，19世紀後半の大英帝国としての世界進出と並行し，ヨーロッパの大陸部や植民地などの近代化を急ぐ諸国の高等教育に積極的に導入されていくが，この時期に，古代・中世における競技とは明らかに性質の異なる，産業革命（工業化）とも親和性の高い近代スポーツの三つの原理が完成されていく。第一に，スポーツにおいて最高のものを達成しようと努力するという「達成原理」に基づいた工夫がなされる過程で，より少ない力で最大の効果を挙げようとする合理的なシステムが生み出されていく。第二に，達成された度合いを他と比較するという「競争原理」に基づいて，組織化された競技会の制度が構築され，競技を行う条件としてのルールが生み出されていく。そして，第三に，達成された最高のものを記録するという「記録主義原理」に基づいて，パフォーマンスを数量的に精確に測定することや，補助器具の投入が不可欠となっていく（田原，2010）。

　近代スポーツの世界的伝播（グローバル化）を説明する最も重要な文化論的視点は，イギリスのパブリックスクールで誕生したことから教育的機能を果た

し，近代社会を形成していくうえで重要な役割を果たすよう意図的に作られた身体運動文化であった点にあるといえる(菊，2012)。しかしながら，教育的(人格陶冶)機能を期待された近代スポーツは，結果や記録を数量化し比較可能になったことによって，人間の可能性の拡大や発展を評価する機能，言い換えれば優劣を判別する機能をも備えていくことになる。

3. 近代オリンピックへの発展

19世紀は，政治，経済，教育など多方面にわたって，イギリスがヨーロッパ各国のモデルとなった時代であるが，普仏戦争（1870～1871）に敗れたフランスにとって，国家を担う若者の教育は切実な問題であった。

フランスに生まれ，後に近代オリンピックの創始者となるピエール・ド・クーベルタン（Pierre de Coubertin）は，少年期にこの普仏戦争を経験し，中等教育期にはギリシャ・ラテン学習を中核とした古典語教育の課程を修めているが，この少年期の性格形成と古典的教養がオリンピック競技大会復興というアイデアの原点であるといわれている（清水，1989）。その後，イギリスの教育について書かれたテーヌの『イギリス・ノート』やヒューズの『トム・ブラウンの学校生活』などに触発されたクーベルタンは，1883年にイギリスに外遊するが，このときパブリックスクールの教育システムにおいて，スポーツが社会性の育成や身体と知性と精神のバランスのとれた発達に重要な役割を果たしていることに深い感銘を受け，スポーツこそが青少年を教育するにふさわしい活動であるという確信を得るに至る。

クーベルタンは，このイギリス外遊のおおよそ10年後（1894年）のパリ国際アスレチック会議において，13ヶ国49のスポーツ組織の代表を含む2,000人余りの参加者を前に，「現代社会の必要にふさわしい形でオリンピック大会が復興すれば，世界中の国民を代表する人々が4年ごとに一つの場に集うことになり，彼らのおこなう平和と騎士道精神に満ちた競技のかずかずが，最良の国際主義を生み出す」（坂上，2012）という崇高な目標を掲げながらオリンピック復興計画への賛同を求め，満場一致でこの計画を進めることが可決された。1852年にドイツの考古学者によってギリシャのオリンピアで古代オリンピックの遺跡が発掘された後，ヨーロッパ各地で「オリンピック」と銘打った競技

会が地域的かつ小規模に行われてはいたが，クーベルタンのオリジナリティは，スポーツによる「人間陶冶」と「社会改革」という二つの思想から，国際的な規模でのオリンピック競技会の復興を構想したことにあるといえる．

　クーベルタンが提唱したオリンピックのあるべき姿は，各国が覇権を争う帝国主義の時代にあって，実に画期的なものであったといえるが，その思想の根幹にあるのは「人間陶冶」の概念であり，今日一般にいわれている「世界平和」の概念は，この人間教育の概念から発展したもの（田原，2008）であることはいうまでもない．しかしながら，一方でクーベルタンは，「愛国心」こそが世俗化した近代社会における「宗教」であるという考えの下，「その象徴たる国旗を，勝者への報酬として掲揚する」という儀式を表彰式に導入したとされているが，結果的にオリンピックは，国家の「連帯」だけでなく「競争」をも助長する「諸刃の剣」としての歴史を刻んでいくことになる（坂上，2012）．

（森丘保典）

第2節

21世紀のスポーツの特性

　近代のスポーツやオリンピックは，教育的な意義と価値を基点として発展してきたという歴史的背景があるにもかかわらず，20世紀にはその存立を脅かす様々な出来事が発生してきた。本節では，スポーツが，様々な矛盾を抱えた「諸刃の剣」という本質的特性をもつが故に，現代に至るまでそのあるべき姿が繰り返し問われてきたという点を踏まえながら，スポーツに携わる人間が，持続可能なスポーツ文化の形成に向けた「スポーツの21世紀的価値」の実現を目指す必要があることを確認する。

1. スポーツの本質とは

　20世紀は，2つの世界大戦によるオリンピック開催の中断，東西冷戦によるボイコット問題などの国際政治の干渉，行き過ぎた勝利至上主義や商業主義を背景とした個人的および組織的・国家的なドーピング行為およびその隠蔽工作など，近代スポーツやオリンピックの存立を脅かすネガティブな出来事が頻発し，そのたびにスポーツの「あるべき姿」が問い直されてきた。特に1960〜70年代にかけては，すべての人間のスポーツ享受を権利として謳いあげた「宣言」や「憲章」が盛んに提示されるが，それらは単なるスポーツ礼賛ではなく，スポーツやオリンピックが様々な問題を抱え込んでしまったことに対する危機感の現れともいえるだろう。

　最も代表的な「宣言」としては，国際連合教育科学文化機構（United Nations Educational, Scientific and Cultural Organization: UNESCO）が主導し，オリンピック・東京大会閉会式の翌日（1964年10月25日）に開催された国際体育・スポーツ評議会（The International Council of Sports and Physical Education: ICSPE）の第3回総会において草案が示され，国際的な意見聴取を経てオリンピック・メキシコシティー大会開会式の前日（1968年10月12日）に公表されるに至った「スポーツ宣言（Declaration on Sport）」が挙げられる。

このスポーツ宣言は，その前文1において「スポーツとは，プレイの性格をもち，自己あるいは他者との競争，または自然の構成要素との対決を含む身体活動である。」と定義する。ここでいう「プレイの性格」とは，「限定された時間・空間の範囲内で，自発的に受け入れた規則（ルール）に従って行われる自発的行為または活動であり，その行為の目的は行為そのもののなかにある」（ホイジンガ，1973）といういわゆる「プレイ論」に依拠していると考えられる。そして，前文2においては「この活動が競争の形式をとる場合，それは常にスポーツマンシップに基づいて行われなければならない。フェアプレーの精神なくして真のスポーツは存在しえない。」と競技スポーツの望ましいあり方を規定し，さらに前文3において「以上のように定義されるスポーツは，教育にとって注目すべき手段である。」とスポーツの教育的手段としての意義が強調されている。

「スポーツマン（パーソン）シップ」は，スポーツを愛好する者がとるべき最も基本的な態度を促す精神的な理念であり，フェアプレーの内容として「ゲーム・ルールの遵守」「審判の判定に対する厳格な尊重」「競争相手に対する機会均等と競技開始時の同権の保証」「パートナーとして相手を尊重し，顧慮し続けること」などが提示されている（レンク・ピルツ，2000）。すなわち，スポーツ宣言は，このスポーツマンシップに基づくフェアプレーが競技スポーツを成立させるための絶対条件であり，そのことによってはじめてスポーツは教育的な意義と価値を帯び，人格形成に資することができるというのである。これに対して，川谷（2005, pp. 30-32）は，スポーツマンシップという概念に，競技者の従うべきスポーツ内在的規範を求めるのであれば，それは第一義的には「勝利の追求」になるはずであり，特に「パートナーとして相手を尊重し，顧慮し続けること」のような，スポーツの外部から押しつけられる困難な課題（スポーツ外在的規範）としてのスポーツマンシップの追求は，ときに勝利の追求というスポーツマンシップ（内在的規範）との「矛盾」をきたすと指摘する。そして，スポーツを純粋に遂行する（純粋に勝利を追求する）と，どうしても「えげつない」「卑怯な」行為に走ってしまいがちであることを認めているからこそ，わざわざ「正々堂々」が喧伝され，「競技者は人格高潔であるべき」と強調されるのではないかと続ける。これらの指摘は，一見両極の見解を述べているようにみえて，実は勝利の追求とスポーツマンシップの両立が困難な課題であることを示唆していると考えられる。

では，勝利の追求とスポーツマンシップを両立させることは不可能なのであろうか。この点については，勝利や敗北，試合や練習などの意味の捉え方に関する指導者のコーチング哲学や方針が決定的に重要であり，それによって選手の思考・判断や態度・行動が大きく変わりうることは言を俟たない。図子(2014)は，コーチングにおける目的と行動として，競技力（パフォーマンス）の向上を目的とする指導行動と，人間力（ライフスキル）[†]の向上を目的とする育成行動とを挙げたうえで，競技力の向上と人間力の育成は相補的な関係にはないと指摘する。矛盾した関係にある「勝利の追求とスポーツマンシップ」の両立や，相補的な関係にない「競技力と人間力」を共に高めていくことの難しさは，個人競技かチーム競技か，測定，評定または判定競技か，あるいは選手やチームの競技レベルや発達段階などによって程度は異なるものの，あらゆるスポーツおよびコーチング実践に突きつけられた課題であるといってよいだろう。したがって，スポーツに携わる人間は，「たとえ立派な大人であっても勝利のために常軌を逸した行為に走るのは，ある意味では，不可避なことだといわざるを得ません。(…中略…) 私たちにできることは，スポーツのこの本質的な危険性を熟知し，それといかにうまく付き合うか知恵を絞ることなのではないでしょうか。逆にいえば，この危険性を理解していない人，スポーツに対する甘い幻想を未だに信じている人がもっとも危険であるといえるでしょう。」(川谷，2005, p. 173) という指摘を肝に銘じつつ，常にスポーツを相対化する視点をもつことが求められる。

2. スポーツの21世紀的価値とは

　2011年に公布・施行された「スポーツ基本法」の前文には「スポーツは，世界共通の人類の文化である。」と謳われている。また，同年に日本体育協会・日本オリンピック委員会から発出された「スポーツ宣言日本〜二十一世紀におけるスポーツの使命〜」(以下，スポーツ宣言日本と略す) の冒頭においては「ス

[†]「人間力」に関する明確な定義はないが，内閣府の「人間力戦略研究会報告書」（平成15年4月）では，「社会を構成し運営するとともに，自立した一人の人間として力強く生きていくための総合的な力」とされている。また「人間力を高める」とは，その構成要素となる「知的能力的要素」「社会・対人関係力的要素」および「自己制御的要素」を総合的にバランスよく高めることと定義されている。

ポーツは，自発的な運動の楽しみを基調とする人類共通の文化である。」というスポーツの定義が示され，「スポーツのこの文化的特性が十分に尊重されるとき，個人的にも社会的にもその豊かな意義と価値を望むことができる。」と続けられている（傍点筆者）。一般に「文化」とは，「人間が単なる生物的存在以上のものとして生の営みをよりよきものとするために，所与の社会において世代から世代へ創造的・発展的にあるいは変容されて受け継がれる行動様式の総体」（島崎，2007）と捉えられている。このことはすなわち，私たちの社会におけるスポーツが，生活の質（Quality of life）に充実をもたらす「文化」として，世代から世代へ創造的・発展的に受け継がれ，その文化的機能を豊かに発揮しているかが問われていることを意味する。スポーツが，先史以来，宗教的儀式，身体（労働）能力の訓練，人間同士や集団間の親交・交流ツール，さらには世俗的な娯楽としてなど，多様な目的に結びつけながら今日に至るまで伝承されてきているという事実は，スポーツが様々な恩恵を私たちにもたらす「文化」であることの証左ともいえるが，今日のスポーツやオリンピックを取り巻く状況に鑑みれば，スポーツのもつ文化的特性が十分に尊重されてきたと安易に首肯することもできない。

　近代以降のスポーツの成立と発展の歴史には，「何故に教育的な意義や価値が重要なものとして位置づけられてきたのか」というスポーツの人類学的意味（問い）も包含されている。言い換えれば，スポーツは善にも悪にもなりうる「諸刃の剣」といういわば文化的特性を有しており，その実践においては「勝利の追求とスポーツマンシップ」以外にも「失敗と成功」「自律と依存」「強制と放任」などの多くの「矛盾」と対峙せざるを得ないということである。このとき，「矛盾」を「辻褄が合わない」という意味ではなく，「優れた矛の存在無くして，優れた盾は存在し得ない」と捉えること，すなわち様々な矛盾に向き合いながら，相補的な関係にないとされる「競技力」と「人間力」の向上という「ダブルゴール」（図子，2014）を目指すことが，スポーツのもつ文化的特性を十分に尊重したスポーツおよびコーチング実践につながるといえるのではないだろうか。

　スポーツ宣言日本の後段では，「スポーツに携わる者は，（…中略…）スポーツの有する本質的な意義を自覚し，それを尊重し，表現すること，つまりスポーツの21世紀的価値を具体化し，実践することによって，これらの使命を達成

すべきである。その価値とは，素朴な運動の喜びを公正に分かち合い感動を共有することであり，身体的諸能力を洗練することであり，自らの尊厳を相手の尊重に委ねる相互尊敬である。遍く人々がこのスポーツの21世紀的価値を享受するとき，本宣言に言うスポーツの使命は達成されよう。」と謳われている。したがって，スポーツに携わる人間は，スポーツという文化の形成過程について自覚的でなければならないと同時に，自身がその文化を創造していく「スポーツの21世紀的価値の伝道者」の一人であることを忘れてはならない。

（森丘保典）

第3節 コーチとコーチング

　スポーツ領域でコーチングという用語を用いる場合，その包含範囲は他領域で使われるようなコミュニケーション・スキルのひとつとしてのコーチングにとどまらない。選手に望ましい結果を導くためにコーチがとる行動すべてがコーチングである。コーチングの目的は高い競技力へと導くことだけではなく，選手の幸福感を高めることも重要な目的といえる。多種多様な目的を達成するために，コーチは時々刻々と変化する状況を的確に読み，これまでに学んだ知識を最大限に駆使し，効果的な即興を行うことが求められる。さらに，自らの考えや実践を振り返り，自分自身のコーチング実践を改善していくこともコーチの重要な責務である。

1. コーチングとは

(1) コーチングの定義

　私たちは現在，スポーツを指導する立場にある人をコーチと呼び，指導する行為そのものをコーチングと呼んでいる。しかし，もとをたどればコーチ（coach）という単語は馬車を意味していた。それが19世紀初期の英国において，家庭教師を意味する言葉として用いられるようになり，さらにはスポーツ場面にも転用されていったといわれている。教育に関連して用いられていたこの用語をスポーツでも用いるようにしたのは，パブリックスクールや大学のスポーツマン（パーソン）であったとされている。これらの社会階級にあった人たちが行っていたボート競技やクリケットではコーチという表現を用いていたが，労働者階級のスポーツであったボクシングなどではトレーナーという用語が用いられたという（Day, 2013）。ちなみにトレーナーのもととなっているトレイン（train）という言葉は今では名詞としては「列車」を，動詞としては「トレーニングする，鍛える」という意味を表すが，元々は「植物を望ましい形に育てる」という意味で用いられており，その後，「教育する，教える，指導する」

という意味をもつようになったといわれている。人を目的地に運ぶ道具という比喩からコーチという単語がスポーツの指導を行う人物を指し示すようになったのだが，現在でも英国やカナダなどでは，長距離バスや列車の車両のことをコーチと呼んでいることがある。

　コーチングについて議論を深めていく前に，コーチングが指し示す範囲を明確にしておかなくてはならない。なぜなら，最近ではコーチングという用語がスポーツ以外でも様々な場面で用いられており，スポーツコーチングについての議論を進めるにあたって混乱を招く可能性があるからである。スポーツ以外にコーチングという言葉が頻繁に飛び交う領域としてビジネス界がある。ビジネス界では，効果的なリーダーシップのあり方が数多く研究され，チームとして成果（多くの場合は利益）を挙げていくためにはどうすればよいかを問うてきた。その中で，サーバント・リーダーシップ（Greenleaf, 1977; Greenleaf and Spears, 2002）や変革的リーダーシップ（Burns, 1978），状況的リーダーシップ理論（Hersey and Blanchard, 1969）など，様々なリーダーシップのあり方が報告され，チームや部下のパフォーマンスを向上させるために上司がどう振る舞うべきかが示されてきた。それらに共通する上司のスキルとしてコーチングが注目されている。ここでいうコーチングとは，トップダウンの命令によって部下の行動を制御するのではなく，部下本人のやる気を高めていくようなアプローチのことを指している。伊藤（2002）が，「コーチングとは、戦略的なコミュニケーション・スキルのひとつであり、コーチとは、会話を広げ、会話を促進する、コミュニケーションのファシリテーターである」と述べていることから分かるように，ビジネス界ではコーチングは一つのスキルのことを指す言葉として用いられている。そして，コーチングに対峙する用語として使われるのがティーチングである。伊藤（2002）はコーチングについて教えるのではなく，質問をし，考えさせて引き出し，複数の視点をもたらしていくことを勧めていることをみても，ティーチングとコーチングを対極的に扱っていることが読み取れる。おそらくスポーツ以外の領域でコーチングという用語が用いられる場合には，ビジネス界で用いられているものと類似した意味で用いられていると予測される。しかし，スポーツ領域で用いるコーチングはより広義な意味をもって捉える必要がある。実際にスポーツコーチが担っている役割はビジネス界で行われているコーチングの範囲にとどまらない。本節では，

文部科学省のスポーツ指導者の資質能力向上のための有識者会議（タスクフォース）(2013) が述べている通り，競技者やチームを育成し，目標達成のために最大限のサポートをする活動全体がコーチングであるとして話を進めていくこととする。

(2) コーチングの目的

　選手がスポーツを実施する目的は多種多様であり，それぞれがもつ目標も様々である。選手の目標達成のための支援を行っていくことがコーチの役割とした場合，コーチは実に様々な要求に応えられるようにしておかなくてはならない。スポーツコーチが果たすべき役割は多岐にわたるものの，コーチは選手個人やチームのパフォーマンスを向上させることが重要な任務であるといえる。一方，コティとギルバート (Côté and Gilbert, 2009) は「パフォーマンスの向上」という表現は用いず，「有能さ (Competence) の向上」と表現している。パフォーマンスには成果や成績という意味が含まれており，順位などの競技成績は対戦相手との相互関係によって決定される側面がある。一方，有能さの向上は，できなかったことができるようになる，あるいは，できることの質がさらに向上することを意味しており，必ずしも競技成績の向上を意味するわけではない。ただ，有能さが向上することによって競技成績が向上する可能性が高まることを考えれば，有能さの向上という概念でコーチングの目的を捉える方が勝利至上主義的なコーチングを防止するためにも好ましいのかもしれない。

　コーチはパフォーマンスや有能さの向上だけでなく，選手の社会的，心理的な幸福にも責任があるといわれている (Werthner and Trudel, 2006; Horn, 2008; Côté and Gilbert, 2009)。コティとギルバート (Côté and Gilbert, 2009) は有能さ以外に自信 (Confidence)，関係性 (Connection)，人間性 (Character) を育んでいく必要がコーチにはあると述べている。有能さ (Competence) を含めたこれら4つの英単語はすべてCから始まるため4C'sと呼ばれている。人間には，有能さ，自律感 (Autonomy)，関係性 (Relatedness) という3つの基本的な心理的欲求があるといわれているが (Ryan and Deci, 2000)，4C'sを導くべき結果として捉えコーチングに取り組むことで，これらの欲求を満たすことができ，心理的な幸福感を得ることにつながると考えられる。グッドコーチが育成するグッドプレーヤー像として，この4C'sは役立つ

枠組みといえるだろう。

(3) 文脈依存のコーチング

　コーチングを行うことで選手の4C'sを育んでいくことが期待されるのだが、その実現は簡単ではない。なぜならば、コーチングが行われる場の文脈（コンテキスト）が動的で複雑であるからである。コーチングでは似た状況はあったとしても、まったく同じ状況は二度と現れない。コーチングは混沌の中で行う即興の連続であるということができるだろう（Cushion, 2007; Mallett, 2007）。モストンとアシュワース（Mosston and Ashworth, 2008）は体育教師が行う教育活動は意思決定の連続であると述べているが、それと同様にコーチも様々な状況を適切に読み、適切な意思決定と行動を行っていく必要がある。効果的なコーチングが行える優れたコーチは、自身が直面する様々な制限内で適切な意思決定ができる人で、もしかするとコーチングの本質は認知的活動であるといえるのかもしれない（Lyle, 1999; Lyle, 2003; Nash and Collins, 2006）。

2. コーチの知識

　文脈に適した構造化された即興を行い、選手に4C'sを育んでいくために、コーチに必要とされる知識はどのようなものなのだろうか。コティとギルバート（Côté and Gilbert, 2009）によれば、コーチに必要とされる知識は、①専門的知識（professional knowledge）、②対他者の知識（interpersonal knowledge）、③対自己の知識（intrapersonal knowledge）であるという。また、知識には宣言的知識（declarative knowledge）と手続的知識（procedural knowledge）があることも特記すべきであろう。宣言的知識は「日本の首都は東京である」のように、言葉で表現できるような知識のことをいい、手続的知識は自転車に乗る知識のように、何かができる、ということを指している。コーチは実践家であり、豊富な宣言的知識をもっていても、手続的知識として使うことができなければ効果的なコーチングを行うことは難しい。逆に、自分はそのスポーツができるけれども、うまく説明ができないという場合にも、コーチングの効果は挙がらない。トップ選手のように手続的知識としてそのスポー

ツの専門的知識をもっていたとしても，コーチとしてそれを適切な言葉で表現できなかったり，専門的知識以外の知識に欠けていたりする場合がある。効果的なコーチングを実現するためには，これらの知識をバランス良く獲得していく必要がある。

　①の専門的知識とは，当該スポーツに関する知識やトレーニング，スポーツ指導等に関わる知識のことをいう。最近の科学技術の進歩はめざましく，コーチにとってスポーツ科学の知識を更新し続けることは欠かせない。また通信技術の進歩は，得られる情報量を膨大にした。そのため，本当に必要な情報や正しい情報を選択していく力（情報リテラシー）も重要になってきている。これまでに光を浴びていなかった専門的知識として，学習に関する知識が挙げられる。コーチングの目的である有能さ，あるいはパフォーマンスの向上を実現させるには，選手に学びが起きる必要がある。コーチの重要な役割は選手の学びを促進させることにあり（Nelson et al., 2016），学びについて学ぶことを避けていては効果的なコーチングを実践することは難しい。

　また，スポーツ活動には様々な人間関係が存在している。これらの人間関係を円滑にしていくために必要とされる知識を②の対他者の知識という。コーチと選手の関係性は選手の身体的，精神的な発達に影響することが報告されており（Jowett and Cockerill, 2002），好ましい関係性を構築していくことが望まれる。コーチと選手の関係性を改善するのに参考となるのが，自律性支援行動（Mageau and Vallerand, 2003）と制御行動（Bartholomew et al., 2009）に関する情報である。コーチが情熱をもってコーチングにあたることは重要であるが，情熱の方向性によってはコーチと選手の関係性を悪くしてしまう可能性があるので注意が必要である（Vallerand et al., 2003; Lafreniere et al., 2008）。

　③の対自己の知識は，コーチが成長し続けるために最も重要な知識であり，コーチングの根幹をなすものである。これは，自己認識と省察の二つに分けて考えることができる。コーチに限らず実践家が能力を伸ばしていくために必要なのが，自分自身のコーチング実践を客体視しながら振り返る省察行動である（Schön, 1983）。また，自分のものの見方についても考えていく（自己認識する）ことが重要である。私たち人間は何らかの偏見をもって世の中を解釈しているため，無意識のうちに偏見が影響した意思決定を行っている可能性が高い。

選手の学びに対する支援を最適化していくためには，選手の視点に立つことが望ましいが，そのためにも自分の考え方や感じ方の偏見を自分で評価していくことが重要だろう。

3. 望まれるコーチング行動

(1) プレーヤー（選手）中心のコーチング

　スポーツ実施の主体である選手の学びを支援することがコーチの役割であることは，これまでの議論で述べた通りである。学習者を中心にした指導の重要性は教育やスポーツなど，様々な領域で報告されている（Weimer, 2002; Kidman, 2010）。コーチが教えたからといって選手が学ぶわけではない。むしろ，選手が学んだ時にコーチは教えたといえる。学習者を中心に考えるということは，学習者の学びが最適化されているかどうかに意識を払った教育やコーチングが行われているかを意味している。学習者が過去に構築した知識に基づいて新しい経験を評価し，不具合を感じればそれを修正するために新しい学習を起こし，知識を積み上げていくというのが構成主義的な学習理論である。これが，コーチが選手本人の知識を構成していく支援を行うべきだという考え方の基盤になっている。

　また，スポーツ参加に対する動機も重要な課題である。人間が行動を起こすための心的な駆動力を動機と呼び，自分の内側からわき起こる動機を内発的動機，外部から与えられる動機を外発的動機という。内発的動機は外発的動機による行動よりも学習の効果が高く，なおかつ心理的な幸福感を得やすい（Ryan and Deci, 2000; Mallett, 2005）。選手のスポーツ参加に対する動機を内在化させていくための方法論として注目されているのが，先述の自律性支援行動（Mageau and Vallerand, 2003; Ahlberg et al., 2008）である。選手の行動や思考を制御する行動（Bartholomew et al., 2009）はできるだけ控え，選手の学びが起こりやすい環境を整えていくことが望まれる。

(2) コーチの倫理観・規範意識

　運動部活動をはじめとするスポーツの指導において，体罰やハラスメントの

問題が次々と報告されてきた。本来，スポーツに体罰やハラスメントは必要のないもののはずであるが，現実にスポーツコーチングの課題として存在している。日本体育協会ら（2013）は「スポーツ界における暴力行為根絶宣言」で，指導者だけでなく選手も暴力行為を行わず，黙認せず，フェアプレー精神でスポーツの場から暴力行為の根絶に努めることを宣言している。この文書の中で，これまでの取り組みが十分でなかった可能性が高いことも認め，強い意志をもって取り組む姿勢を打ち出している。

体罰を経験した者ほど，体罰を肯定的に捉える傾向がある（冨江，2008）。運動部活動における体罰・暴力が，無自覚のうちに身体のレベルにおいて学ばれ伝承されているために，知的な理解としての体罰・暴力の禁止は，この問題の根本的な解決につながってこなかった（坂本，2011）という報告もある。これらの理由を考えると，体罰を根絶するにはまだ長い時間が必要であるように思えるが，将来のスポーツのためにも今の大人たちがしっかりと強い意志をもって取り組んでいく必要がある。

また，体罰だけでなくハラスメントについても根絶に努めなくてはならない。自分と選手の関係は良好で，相手も許容するだろうという指導者の勝手な思い込みがハラスメントを起こす一つの原因になっていると考えられる。一般的に選手よりもコーチの年齢が上で，選手が子供の場合も多い。そのような場合には体力，知識，経験，表現力などの点でコーチ側が優位な立場にあり，選手がハラスメントを主張できないことが少なくない。厳しい練習とハラスメントの境界が曖昧で困るという意見をもっている指導者も少なくないが，練習の質を高めていくことがハラスメントにつながる必要はないということに気づく必要がある。情熱をもって指導にあたることはとても重要であるものの，その情熱を強みにするためにも理論的根拠に基づく指導を心がけるべきである。

コーチは，自分がなぜコーチングを始めたのか，選手はなぜスポーツを実施しているのか，自分は本当に選手の学びを支援できているのだろうかと自らに問いかける必要がある。自分のコーチングの目的が社会的にみても受け入れられるように，オープンなコーチングを心がけることが大切だろう。

4. コーチの役割と使命

国際コーチングエクセレンス評議会（International Council for Coaching Excellence: ICCE。以下，ICCEと略す）らによれば，コーチの果たすべき主な機能や役割は，①ビジョンと戦略の設定，②環境の整備，③人間関係の構築，④練習での指導と競技会への準備，⑤現場に対する理解と対応，⑥学習と振り返りという6つである（図1-1. ICCE et al., 2013）。

①のビジョンと戦略の設定では，コーチングする集団や個人の背景に合わせ，ビジョン，つまり目的を明確にする。また，その目的をどのように達成していくのかを示す目標設定もここに含まれる。目的はWhy，目標はWhatに答えるものであると考えると分かりやすい。コーチングのビジョンと戦略が設定されれば，それを実現させるために必要な環境の整備を行う。スポーツは社会的活動であり，適切な人間関係を構築していくことは効果的なコーチングを可能にする重要な要件となる。コーチングを行う場合，最低でもコーチと選手の2名

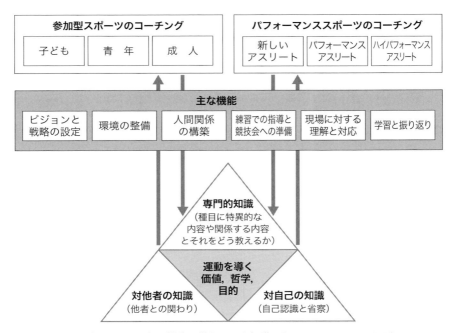

図1-1 ●コーチが果たすべき主な機能と備えるべき知識　（ICCE et al., 2013を和訳）

が関係している。しかし，ほとんどの場合，コーチと選手の関係以外にも多くの関係性が生じている。例えば，コーチと保護者，コーチと他のコーチ，選手同士，チームとコミュニティ，チームとチームといったように考えなくてはならない関係性が数多くある。なかでもコーチと選手の関係は特に重要で，良好なコーチと選手の関係を意図的に構築していくことが必要である。コーチの役割として最も思い描きやすいのが練習の実施と大会準備であろう。混沌としたコーチング現場で効果的なコーチングを実施するために重要なことが，現場の状況を適切に読みとって意思決定を行い，実際に行動を起こして対応することである。選手の学びを支援する立場として，自らの学びにも責任をもって取り組む必要がある。

5. コーチの能力向上

(1) コーチの学び

社会の発展とともにスポーツも多様化すると同時に，ハイパフォーマンススポーツのコーチングでは特に高度なスポーツ科学やテクノロジーと無縁ではいられなくなった。これに伴ってコーチに求められる資質・能力も高度化かつ多様化してきている。コーチがそれぞれの活動の場に適したコーチングスキルを向上させるために，コーチの学びについて考えていくことはコーチング学としても重要な領域といえる。

これまでにコーチの資質・能力向上に関して用いられてきた用語の定義は曖昧で，コーチ教育 (coach education)，コーチ育成 (coach development)，コーチの学習 (coach learning)，継続的専門能力向上 (continuous professional development) などが様々な用いられ方をしてきた (Cushion and Nelson, 2012)。「コーチ教育」という用語は基本的に大学や大学院プログラムでの教育や，公的な資格プログラムのことを指す場合が多く，望まれる結果がすでにあり，学習者がそれらを身につけるために教育者が教育活動を行う場合を指す。教育で留意すべきは「教育」と「教化」を明確に分けて捉えて教育活動に従事することだと考えられる。教育は文字通り，教え育むことが重要であるが,往々にして何らかの思想や方法に向けて洗脳をしてしまっている，つまりは，教化

している場合は少なくないのではないか。「コーチ育成」では，コーチ教育にあるような，ある方向づけというニュアンスは薄くなる。英語のdevelopmentには開発という意味があるように，主眼は教えるということよりも，当事者であるコーチの能力開発にある。継続的専門能力向上はコーチングに限らず，様々な領域で叫ばれていることである。コーチの場合，コーチ資格システムや様々な学びの場を活用して，コーチングの専門家として能力を開発し続けていくという概念である。「コーチの学習」は，学習者であるコーチを中心とした見方でコーチの資質・能力向上を考えていく立場から用いられる場合が多い。コーチ教育においても，コーチ育成，継続的専門能力向上においても，本質的にねらっているのはコーチの学習であることを考えれば，私たちが中心において考えるべきことはこの「コーチの学習」であることが分かる。

　コーチの学びの場はいくつかの種類に分けられて理解されている（ICCE et al., 2013）。媒介学習（mediated learning）は他者との直接的な関わりによって学びが起きる場のことを意味しており，これはさらにフォーマル学習とノンフォーマル学習に分けられる（図1-2）。フォーマル学習とはコーチ資格プログラムや大学等での公的教育プログラムのことを指し，ノンフォーマル学習とはクリニックやセミナーへの参加や他者のメンタリングなどのことをいう。また，非媒介学習（unmediated learning）はコーチング現場で自らの経験をも

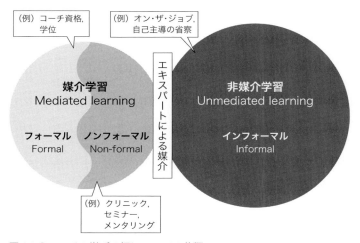

図1-2 ●コーチの学びの場についての分類

とに学んだり，帰りの車中や自宅で一人で考えている際などに起こっている学びのことをいう。コーチの学びにとって非媒介学習の貢献の方が大きいといわれており，この図で非媒介学習の方が媒介学習よりも大きく描かれているのはそのためである。

　公的コーチ資格プログラムや大学のコースなどでの学びがそれほど大きな意味をもたないと考えているコーチは少なくない。公的なコーチ教育プログラムで扱っている内容は抽象的で基本的な理解を得る以上のものを与えず，コーチが実際に直面する課題を解決していくには活用が困難であると感じているという報告がある（Irwin et al., 2004; Abraham et al., 2006; Lemyre et al., 2007）。また，コーチ教育プログラムの多くが既存の学問分野を基本に展開されており，講義を担当している大学の研究者から短時間に多くの情報を詰め込まれ，それらの理論をどのようにコーチング現場で活用するのかについて有用な示唆を与えるに至っていないことも考えられる。義務としてコーチ教育プログラムに参加しなくてはならない場合，学ぶ意欲が低い参加者がいることも課題である（Wright et al., 2007）。このような参加者は講義内容に不同意であったとしても意図的にそれを隠し，外向きには講義内容を受け入れているように見せかけているという報告もある（Chesterfield et al., 2010）。

　一方，フォーマル学習で情報に触れた瞬間の学びは少なかったと感じていたとしても，それらが後に活用されることもあり得る。人間の学習はとても複雑で，実際に公的なコーチ教育プログラムがコーチング能力にどのような影響を与えているのかを明確にすることは困難であることも事実である。上述した公的教育プログラムに関する研究も，コーチに対するインタビュー等を通してコーチの認識を調べたものであり，実際どのような行動変容があらわれたのかを評価したものではない。効果的なコーチ育成のあり方を考えるうえで，公的なコーチ教育プログラムがコーチの実践力に与える影響を研究していく必要があるだろう。

　媒介学習と非媒介学習の両側面を備えた学びとして，実践のコミュニティ（Lave and Wenger, 1991; Culver and Trudel, 2008; Culver et al., 2009; Gilbert et al., 2009）を代表とするコーチ同士の社会的関係性を通した学びの重要性を見過ごすことはできない。私たちは他者との関わりから意識的であれ無意識的であれ，様々なことを学び取っている。尊敬するコーチをメンターと

認識し，教えを請うている場合もあるだろう。競技会で他者を観察する中で，直接的な媒介を経ずに自己の学びを進めている場合もあるだろう。場合によっては，専門種目外のコーチをメンターとしていたり，コーチとは違う人から学びを得ていることも十分にあり得る。

コーチの学びは，コーチの発達段階によっても異なっているといわれている。どのような場合にも省察がコーチの学習において重要な要素となるが，新入りコーチの場合の学びには他者の媒介の割合が比較的大きく，アイデンティティが進化していくに従って内的な学習の重要性が増していく（Trudel and Gilbert, 2013; Trudel et al., 2016）。ただ，コーチとしての学びはコーチになってから初めて起こる訳ではなく，選手として活動している時からすでに学びは始まっている（Werthner and Trudel, 2006）。それは，選手として活動している際に作られる価値観やコーチの役割に対する認識などが，コーチになってからの学びに影響を与えていると考えられるからである。

なお，コーチの学びにとって重要なプロセスが省察である。自らの取り組みを振り返り，自己の能力を開発し続けようとする姿勢が重要であることはいうまでもない。省察は先に触れた学びの種類からいうと，媒介学習と非媒介学習

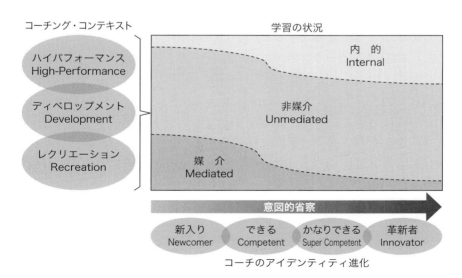

図1-3 ● コーチのアイデンティティ進化に伴う学習の状況の変化

の両方の可能性がある。他者の直接的な手助けを借りて省察を行う場合には媒介学習，自らの実践を他者の直接的な手助けなしで省察する場合には非媒介学習といえる（図1-3）。

　省察がどのように行われているのかについて，ギルバートとトゥルーデル（Gilbert and Trudel, 2001）がインタビューを通して導き出したモデルが興味深い。コーチの省察は，①コーチングの出来事，②ロールフレーム，③課題設定，④戦略生成，⑤試行，⑥評価の6つの要素で構成されている。コーチング現場では様々な事柄が起きているが，このコーチングの出来事のすべてが省察の対象になるわけではなく，2つ目の要素である「ロールフレーム」によって省察の対象となるかどうかが決定されている。ロールフレームは，コーチが自らの役割をどのように認識しているのかという概念であり，フィルターのような役目を果たしている。ロールフレームはコーチの経験や価値観に影響を受け，異なるロールフレームをもった別々のコーチは同じ出来事に対しても省察の対象と判断したりしなかったりする。ロールフレームというフィルターを抜け，省察ループに入ってきた出来事は課題として設定され，課題解決に向けた処理が開始される。省察対話と呼ばれる省察ループ内の処理過程は，他者へのアクセスや，コーチの学習段階，課題の性質，環境などの影響を受ける。この処理過程において生成された改善の戦略は実際に，またはバーチャルに試行・評価が行われ，課題が解決すると省察対話から抜け，省察が終わりとなる。しかし，課題が解決されない場合には引き続き何度も省察対話が繰り返されることになる。

(2) コーチの学び支援

　これまでコーチの資質・能力向上について，コーチの学びの種類や学びの場についてみてきた。これまでの議論から分かるように，コーチの学びには一つの黄金律が存在するわけではなく，それぞれのコーチに適した学び方がある。コーチを育成する立場にある人は，コーチの学びが特異的であるということを基本に，3つの学習の場の強みを最大限に活かせるような仕組みを考える必要があるだろう。

　いくつかの国や競技団体ではコーチ育成を専門とする人材を育成し，コーチングシステムの中に位置づけている。例えば，カナダコーチング協会は「コー

チデベロッパー」（過去には「学習ファシリテーター」と呼ばれていた）がコーチ育成プログラムの講師としてセッションを担当している。競技団体の例として，世界ラグビーや英国サッカー協会が「コーチデベロッパー」，あるいは「コーチエデュケーター」と呼ばれる人材を養成し，コーチ育成をフルタイム，もしくはパートタイムで行うシステムを構築している。2014年には国際コーチデベロッパー枠組み（ICCEら）が発表され，世界各地でコーチデベロッパー育成の動きが活発化してきている。

　日本においても，2016年に公開されたコーチングのモデル・コア・カリキュラム（日本体育協会, 2016）でコーチデベロッパー養成の必要性が説かれている。そこでは，「コーチ・デベロッパーは単に経験豊かなコーチやコーチングの知識の伝道師であるだけではない。彼らはポジティブで効果的なスポーツ体験を全ての参加者に提供するために，コーチを育成・支援し，彼らが知識やスキルを磨いたり向上したりするのを促すトレーニングを受けた者である。」とされている。今後，日本国内で基準になるであろうモデル・コア・カリキュラムでは，アクティブ・ラーニングによるコーチ育成が強く勧められている。(公財) 日本体育協会が展開するスポーツ指導者資格制度もこれに準拠することになり，資格講習会のあり方も大きく変化することが予測される。また，公認スポーツ指導者資格の免除適応コースを展開している各大学や専門学校においても，コーチングに関する授業科目については授業展開方法をアクティブ・ラーニングに転換して行かざるを得なくなると予測される。このような背景から，日本においても今後ますますコーチデベロッパー養成の必要性が増していくだろう。

（伊藤雅充）

第4節
コーチ制度と組織

　日本においては，スポーツ指導をするための国家資格は存在しない。一方で，公益法人などが一定の知識や能力を認定する公的資格から，民間団体や個人が自由に認定する民間資格を含めると指導者資格の数は数えきれないほど多岐にわたっている。本節では，競技別の指導にあたる資格として（公財）日本体育協会が加盟団体等とともに制定する「公認スポーツ指導者制度」の変遷をたどりながら，海外の動向や国（スポーツ庁）のねらいを踏まえたコーチ育成の方向性に触れることによって，コーチ制度と組織について考えてみたい。

1. 日本におけるコーチ制度の歴史的変遷

　ここでは「日本体育協会におけるスポーツ指導者育成のあゆみ」（日本体育協会，2016）をもとに，日本におけるコーチ制度の歴史的変遷をたどってみたい。

　1959年5月26日，第56次国際オリンピック委員会総会において，1964年の第18回オリンピック・東京大会（以下，東京オリンピックと略す）開催が決定した。これを受けて，日本体育協会は，1960年に東京オリンピック選手強化対策本部を設け，その中にスポーツ科学研究委員会を設置した。当時，欧米諸国では，すでにスポーツ医・科学に立脚した指導法を駆使した競技者の育成・強化が実施されていたが，日本においては，経験主体の旧態依然とした強化指導が主流であった。そこで，スポーツ科学研究委員会は，旧ソビエト連邦や西ドイツからトレーニング理論と方法の専門家たちを招き，その講演活動から選手強化の方法論を学び，優れた指導者の養成というオリンピックに向けての対策に力を注いでいった。

　1964年の東京オリンピックで金メダル16個（メダル総数29個）獲得という成果を挙げた翌年（1965年）には，このときの競技者育成・強化のノウハウを全国的に広めていくこととスポーツ界の底辺拡充に必要な指導態勢の確立を目的とする競技力向上委員会を発足させた。この委員会は，国内トップレベ

ルの競技者の強化と国民体力の向上施策の推進という役割を担うこととなり，これが日本体育協会におけるスポーツ指導者養成の端緒となる。

1966年1月には，加盟競技団体と都道府県体育協会の推薦を受けた現場の指導者を対象とするスポーツトレーナー養成講習会が開催される。ここでいう「スポーツトレーナー」の養成とは，ドイツのトレーナー制度（ドイツではコーチのことをトレーナーと称した）を手本にした，競技力向上のための指導者養成のことを指す。その後，1977年からは，指導者の役割に応じた資格認定と指導体制の確立を目的に，加盟団体と協力して，現在の指導者制度のもととなっている「日本体育協会公認スポーツ指導者制度（以下，日体協制度と略す）」を制定し，共通教科と専門教科を学ぶ「スポーツ指導員，コーチ，上級コーチ」の養成を開始する。

日体協制度によって養成された有資格指導者が，その力を十分に発揮するためには，自らの資質の向上もさることながら，活動環境の整備と合わせ，指導者の社会的地位の向上が不可欠であった。そのためには民間スポーツ団体の力だけでは限界があることから，スポーツ指導者の公的資格付与について当時の文部省（現文部科学省）に働きかけていた。そして1987年に，文部省は，国民生活の向上に伴うスポーツの多様化，高度化に対応できる資質の高いスポーツ指導者の養成を目的として「社会体育指導者の知識・技能審査事業」（以下，文部大臣認定制度と略す）を創設した。その内容は，指導者を「地域スポーツ指導者」「競技力向上指導者」「商業スポーツ施設における専門指導者」の3種とし，それぞれ所定のカリキュラムに基づく講習会を終了した者に対して審議を行い，初級・中級・上級の資格を付与するというものである。文部大臣認定制度とは，スポーツ団体が行うスポーツ指導者養成事業のうち，文部省の定めるカリキュラム等の基準を満たしている事業を文部大臣が認定するもので，養成された指導者のレベルが一定の水準にあることを国が広く社会に保証するものであった。日本体育協会では，文部大臣認定制度の創設を受け，1988年に文部大臣認定制度を導入した新たな制度に改定した。これにより，資格認定の基準がバラバラであった競技団体独自資格制度の認定資格も，文部大臣認定制度に基づく日体協制度に一本化されていくようになった。

2000年には，従来の告示による「社会体育指導者の知識・技能審査事業の認定に関する規程」が廃止され，スポーツ振興法第11条（指導者の充実）に

基づく実施省令として，新たに「スポーツ指導者の知識・技能審査事業の認定に関する規程」が定められた。しかし，省令化によりスポーツ指導者の地位向上の基盤がより強固になったと思われた矢先の同年12月に行政改革大綱が閣議決定し，公益法人に対する行政の関与のあり方の改革内容（国から公益法人が委託等，推薦等を受けて行っている検査・認定・資格付与等の事務・事業については，官民の役割分担および規制改革の観点から厳しく見直すこと）が示された。そして，2001年7月には，改革を具体化するための方針により，2005年度末をもって大臣が個人を直接認定している誤解を与えるような，いわゆる「お墨付き」の廃止が決定したのである。一方で，スポーツ指導者に寄せられる期待と責任が高まるなか，日本体育協会は，指導者のさらなる資質向上と養成講習形態の見直しを図り，2005年4月にさらなる制度改定を実施し，今日に至っている。

2. 海外におけるスポーツ・コーチングの動向

1997年9月にコーチの資質能力向上とコーチ教育を促進する非営利団体として設立されたICCE（国際コーチング・エクセレンス評議会）は，2012年にコーチの教育および育成プログラムの考案，評価，改善を支援する資料として「スポーツ・コーチングに関する国際枠組み（International Sports Coaching Framework: ISCF）」(ICCE, 2013)を作成した。このISCFには，競技団体，コーチ組織，国際競技団体および教育機関がコーチの育成および資格認定プログラム考案，評価，改善を行う際に参考にできるよう，世界中から集めた意見，研究成果，好事例がまとめられている。

内容は，①コーチの主な職務，②選手の育成におけるコーチの役割と責任，③効果的にコーチングを行うために必要な資格および中核となるコンピテンス，④コーチの教育，育成および資格認定を行うための方法，を中心に有益な情報が丁寧かつ簡潔にまとめられており，コーチ育成のための教育プログラムの検討や資格制度の構築に役立つものとなっている。ISCFは，様々な競技や国のニーズに適応する共通の原則，概念，手法を提供するものであることから，この枠組みを基準として策定される資格制度が世界的に標準化されることで，各国内における資格認定が国際的な資格と比較することが可能となるだけでなく，

コーチの国際間での流動性も今まで以上に促進されると考えられる。

3. 日本におけるコーチ育成の方向性

　2013年2月，文部科学大臣は，スポーツ指導の現場において暴力を行使する事案が相次いで発生するという事態を「日本スポーツ史上最大の危機」と捉え，「スポーツ指導における暴力根絶へ向けて」というメッセージを発表した。このメッセージでは，「スポーツ指導から暴力を一掃するという基本原則に立ち戻り，スポーツ界を挙げて取り組む必要がある」ことが強調されるとともに，指導者がコーチング技術やスポーツ医・科学に立脚して後進をしっかり指導できる能力を身につけられるよう養成・研修の在り方を改善し，「新しい時代にふさわしいスポーツの指導法」を確立することに全力を尽くすと表明されている。

　これを受け，同年4月には，文部科学副大臣（スポーツ担当）の下に「スポーツ指導者の資質能力向上のための有識者会議（タスクフォース）」が設置され，「新しい時代にふさわしいコーチング」についての報告書（文部科学省，2013）がまとめられた。この報告書では，「新しい時代にふさわしいコーチング」を「競技者やスポーツそのものの未来に責任を負う社会的な活動」であるとし，以下に掲げる今後取り組むべき具体的な課題解決の方策を示している。

1．コーチングの改善方策
　(1)コーチングに「社会の目」やグローバルな動向を反映させる仕組み
　(2)最適なコーチングを行うために必要な知識・技能の明確化とその活用を図るための方策
　(3)子供の発達段階に応じた長期的な視野をもったコーチング
　(4)コーチング環境のオープン化
2．コーチの資質能力向上方策
　(1)コーチの質の保証を図るためのスキーム
　(2)コーチの継続的かつ競技横断的な学習のための方法・体制の開発・整備
　(3)コーチの活用のための方策
　(4)スポーツにおけるグローバル人材の輩出

表1-1 ●グッドコーチ育成のための「モデル・コア・カリキュラム」

資質能力区分		領　域	主な内容	必要最低時間数		
				基礎	応用実践	計
人間力	思考・判断	コーチングの理念・哲学	・プレーヤーとともに学び続けるコーチ ・コーチングおよびコーチとは ・コーチに求められる資質能力 ・スポーツの意義と価値 ・コーチの倫理観・規範意識 ・コーチの役割と使命（職務）	9h	18h	27h
		計		9h	18h	27h
	態度・行動	対自分力	・多様な思考法 ・コーチのセルフ・コントロール ・コーチのキャリア・デザイン	6h	12h	18h
		対他者力	・コミュニケーション ・人的環境（関係者との信頼関係）の構築 ・プレーヤーのキャリア・デザイン	6h	12h	18h
		計		12h	24h	36h
知識・技能	共通	トレーニング科学	・スポーツトレーニングの基本的な考え方と理論体系 ・体力トレーニング ・技術トレーニング ・メンタルトレーニング	9h	18h	27h
		スポーツ医・科学	・スポーツと健康 ・外傷と障害の予防 ・救急処置 ・アンチ・ドーピング ・スポーツと栄養 ・スポーツの心理	9h	18h	27h
	専門	現場における理解と対応	・ライフステージに応じたコーチング ・プレーヤーの特性に応じたコーチング ・コーチングにおけるリスクマネジメント ・クラブ・チームの運営と事業 ・コーチング現場の特徴	6h	12h	18h
		計		24h	48h	72h
合　計				45h	90h	135h

実　習	現場実習	・コーチングの実践と評価	5日	20日	50h
			10h	40h	

これらの課題解決策の中の「最適なコーチングを行うために必要な知識・技能の明確化とその活用を図るための方策」については，2014年4月に日本体育協会が，文部科学省委託事業「コーチ育成のためのモデル・コア・カリキュラム作成（以下，モデル・コア・カリキュラムと略す）」に着手した。

　モデル・コア・カリキュラム（表1-1）の特徴は，従来のスポーツ指導者養成カリキュラムが目指した知識・技能の習得だけではなく，スポーツ指導現場で起こる様々な課題に対して適切に対処する実践力を獲得することを重視したところにある。例えば，従来の日本体育協会の指導者養成カリキュラムは，スポーツ医・科学や専門競技に関する知識・技能を学ぶことに重点が置かれ，本来，コーチングの中心を形づくるはずの思考・判断や，その思考・判断を適切な形で表現する態度・行動を学ぶ割合が少なかった（図1-4）。コーチング現場においては，年齢・性別・体力・能力・志向など，対象者は様々であり，それぞれに目標や課題も違っている。グッドコーチの役割が，コーチ自身がもっている資質能力（思考・判断，態度・行動，知識と技能）のすべてを駆使して，

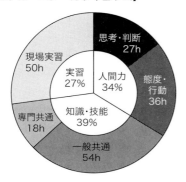
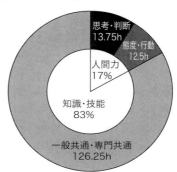

図1-4 モデル・コア・カリキュラムと日本体育協会共通科目Ⅰ～Ⅲカリキュラム（現行）の比較

対象者の行動をプラス方向に変容させることであるとするならば,「どのような知識を得たか」ではなく,「現場で起こりうる様々な課題をいかに対処できるようになったのか」という思考・判断や態度・行動を含めた実践力を獲得することに軸足を置くべきであるといえるだろう。言い換えれば,知識・技能を得ることで,コーチングが「わかる」または「わかったつもり」で満足するのではなく,活動現場で「できる」状態にすることが求められているのである。

　スポーツ指導（コーチング）における実践力を獲得するためには,スポーツ医・科学の知識・技能を高めつつ,現場で起こり得る実際的な課題を設定し,その課題を解決するための仮説を立て,仮説に基づき検証を行うことで自信を深めていく「学びのプロセス（試行と振り返り）」が必要である。したがって,テキストや講習会などの定められた学びだけではなく,日々の活動の中で,悩み,試行錯誤しながら,他のコーチとともに学び支え合う中で成長していくことが求められる。今後は,このモデル・コア・カリキュラムが,日本におけるスポーツ指導者（コーチ）育成の基準カリキュラムとして,日本体育協会のスポーツ指導者養成や体育系大学等の教育システムに導入されていくことにより,すべてのスポーツ関係団体・組織・個人が,グッドコーチの育成についての理念と方向性を共有していくことになるだろう。

（岡　達生）

●文献

* Abraham, A., Collins, D. and Martindale, R. (2006) "The coaching schematic: Validation through expert coach consensus." *J Sports Sci, 24(6)*: 549-564.
* Ahlberg, M., Mallett, C. J. and Tinning, R. (2008) "Developing autonomy supportive coaching behaviors: An action research approach to coach development." *International Journal of Coaching Science, 2(2)*: 3-22.
* Bartholomew, K. J., Ntoumanis, N. and Thøgersen-Ntoumani, C. (2009) "A review of controlling motivational strategies from a self-determination theory perspective: implications for sports coaches." *International Review of Sport and Exercise Psychology, 2(2)*: 215-233.
* Burns, J. (1978) "*Leadership, 1978.*" New Yorker: Harper & Row.
* Chesterfield, G., Potrac, P. and Jones, R. (2010) "'Studentship' and 'impression management' in an advanced soccer coach education award." *Sport, Education and Society, 15(3)*: 299-314.
* Côté, J. and Gilbert, W. (2009) "An Integrative Definition of Coaching Effectiveness and Expertise." *International Journal of Sports Science and Coaching, 4(3)*: 307-323.
* Culver, D. and Trudel, P. (2008) "Clarifying the concept of communities of practice in sport." *International Journal of Sports Science and Coaching, 3(1)*: 1-10.
* Culver, D. M., Trudel, P. and Werthner, P. (2009) "A sport leader's attempt to foster a coaches' community of practice." *International Journal of Sports Science and Coaching, 4(3)*: 365-383.
* Cushion, C. (2007) "Modelling the Complexity of the Coaching Process." *International Journal of Sports Science & Coaching, 2(4)*: 427-433.
* Cushion, C. and Nelson, L. (2012) Coach Education and Learning. Developing the field. *Routledge handbook of sports coaching.* Potrac, P., Gilbert, W. and Denison, J., Routledge, pp. 359-374.
* Day, D. (2013) Historical Perspectives on Coaching. *Routledge Handbook of Sports Coaching.* Potrac, P., Gilbert, W. and Denison, J. Oxon, Routledge, pp. 5-15.
* Gilbert, W., Gallimore, R. and Trudel, P. (2009) "A Learning Community Approach to Coach Development in Youth Sport." *Journal of Coaching Education, 2(2)*.
* Gilbert, W. and Trudel, P. (2001) "Learning to Coach Through Experience: Reflection in Model Youth Sport Coaches." *Journal of Teaching in Physical Education, 21*: 16-34.
* Greenleaf, R. K. (1977) *Servant leadership*, Paulist Press.
* Greenleaf, R. K. and Spears, L. C. (2002) *Servant leadership: A journey into the nature of legitimate power and greatness*, Paulist Press.
* Hersey, P. and Blanchard, K. H. (1969) "Life cycle theory of leadership." *Training & Development Journal, 23(5)*: 23-34.
* Horn, T. S. (2008) *Advances in sport psychology*, Human Kinetics.
* ホイジンガ：高橋英夫 訳 (1973) ホモ・ルーデンス. 中央公論社, p. 73.
* International Council for Coaching Excellence, Association of Summer Olympic Interantinal Federations, and Leeds Metropolitan University. (2013) *International Sport Coaching Framework (Version 1.2)*. Human Kinetics.
  http://www.icce.ws/about-us.html（参照　2016年8月23日）
* Irwin, G., Hanton, S. and Kerwin, D. (2004) "Reflective practice and the origins of elite coaching knowledge." *Reflective practice, 5(3)*: 425-442.

* 伊藤守 (2002) コーチング・マネジメント. ディスカヴァー・トゥエンティワン.
* Jowett, S. and Cockerill, I. (2002) "Incompatibility in the coach-athlete relationship." *Solutions in sport psychology*, pp. 16-31.
* 川谷茂樹 (2005) スポーツ倫理学講義. ナカニシヤ出版.
* Kidman, L. (2010) *Athlete-centred coaching: Developing decision makers*, IPC Print Resources.
* 菊幸一 (2012) 序・スポーツ文化論の視点. 井上俊・菊幸一 編. よくわかるスポーツ文化論, ミネルヴァ書房, pp. 2-5.
* Lafreniere, M. A., Jowett, S., Vallerand, R. J., Gonahue, E. G. and Lorimer, R. (2008) "Passion in sport: on the quality of the coach-athlete relationship." *J Sport Exerc Psychol, 30(5)*: 541-560.
* Lave, J. and Wenger, E. (1991) *Situated learning: Legitimate peripheral participation*, Cambridge university press.
* Lemyre, F., Trudel, P. and Durand-Bush, N. (2007) "How youth-sport coaches learn to coach." *Sport Psychologist, 21(2)*: 191-209.
* レンク・ピルツ: 片岡暁夫 監訳 (2000) フェアネスの表と裏. 不昧堂出版, pp. 43-46.
* Lyle, J. (1999) The coaching process: an overview. In: Cross, N. and Lyle, J. (ed.) *The Coaching Process: Principles and Practice for Sport*. Butterworth-Heinemann.
* Lyle, J. (2003) "Stimulated recall: a report on its use in naturalistic research." *British Educational Research Journal, 29(6)*: 861-878.
* Mageau, G. A. and Vallerand, R. J. (2003) "The coach-athlete relationship: a motivational model." *J Sports Sci, 21(11)*: 883-904.
* Mallett, C. (2007) "Modelling the Complexity of the Coaching Process: A Commentary." *International Journal of Sports Science & Coaching, 2(4)*: 419-421.
* Mallett, C. J. (2005) "Self-Determination Theory: A Case Study of Evidence-Based Coaching." *Sport Psychologist, 19(4)*: 417-429.
* 文部科学省 (2013) スポーツ指導者の資質能力向上のための有識者会議（タスクフォース）報告書. http://www.mext.go.jp/b_menu/shingi/chousa/sports/017/toushin/__icsFiles/afieldfile/2014/06/12/1337250_01.pdf (参照 2016年10月31日)
* Mosston, M. and Ashworth, S. (2008) *Teaching physical education. (First Online Edition)*, Spectrum Institute for Teaching and Learning.
* Nash, C. and Collins, D. (2006) "Tacit knowledge in expert coaching: Science or art?" *Quest, 58(4)*: 465-477.
* Nelson, L., Groom, R. and Potrac, P. (2016) *Learning in Sports Coaching: Theory and Application*, Routledge.
* 日本体育学会 監修 (2006) 最新スポーツ科学事典. 平凡社, p. 513.
* 日本体育協会 編 (2016) 指導者育成50年のあゆみ. http://www.japan-sports.or.jp/Portals/0/data/katsudousuishin/doc/2015shidosha50th/shidosha_50th.pdf (参照 2016年10月31日)
* 日本体育協会 編 (2016) 平成27年度コーチ育成のための「モデル・コア・カリキュラム」作成事業報告書. http://www.japan-sports.or.jp/Portals/0/data/ikusei/doc/curriculum/modelcore.pdf (参照 2016年10月31日)

* 日本体育協会 ほか (2013) スポーツ界における暴力行為根絶宣言.
http://www.japan-sports.or.jp/tabid/931/Default.aspx (参照 2016年10月31日)
* Ryan, R. M. and Deci, E. L. (2000) "Intrinsic and Extrinsic Motivations: Classic Definitions and New Directions." *Contemp Educ Psychol, 25(1)*: 54-67.
* 坂上康博 (2012) 近代オリンピックの誕生. 井上俊・菊幸一 編. よくわかるスポーツ文化論, pp. 10-11.
* 坂本拓 (2011) 運動部活動における身体性 ―体罰の継続性に着目して―. 体育・スポーツ哲学研究, 33 (2): 63-73.
* Schön, D. A. (1983) *The reflective practitioner: How professionals think in action*, Basic books.
* 島崎仁 (2007) ホモ・ルーデンスとしての人間とプレイ・スポーツ・文化. 松田恵示 ほか編. スポーツ文化と教育, 学術図書出版社, pp. 19-20.
* 清水重勇 (1989) クーベルタン その虚像と実像2. 体育の科学, 39 (2): 153-160.
* 寒川恒夫 (2004) スポーツの起源と伝搬. 寒川恒夫 編. 教養としてのスポーツ人類学, 大修館書店, pp. 22-28.
* 田原淳子 (2008) オリンピックと教育 ―オリンピック競技大会誕生の背景とその今日的意義―. 体育・スポーツ科学研究, 8: 7-12.
* 田原淳子 (2010) 近代スポーツの発達と近代オリンピックの創始. 木村吉次編. 体育・スポーツ史概論 (改訂2版), 市村出版, pp. 99-120.
* 冨江英 (2008) 中学校・高等学校の運動部活動における体罰. 埼玉学園大学紀要 (人間学部篇), 8: 221-227.
* Trudel, P. and W. Gilbert, W. (2013) "The role of deliberate practice in becoming an expert coach-Part 3-Creating optimal setting." *Olympic Coach Magagine, 24(2)*: 15-28.
* Trudel, P., Rodrigue, F. and Gilbert, W. (2016) "The Journey from Competent to Innovator: Using Appreciative Inquiry to Enhance High Performance Coaching." *AI Practitioner, 18(2)*: 40-46.
* Vallerand, R. J., Blanchard, C., Mageau, G. A., Koestner, R., Ratelle, C., Léonard, M., Gagné, M. and Marsolais, J. (2003) "Les passions de l'ame: on obsessive and harmonious passion." *Journal of personality and social psychology, 85(4)*: 756-767.
* Weimer, M. (2002) *Learner-centered teaching: Five key changes to practice*, John Wiley & Sons.
* Werthner, P. and Trudel, P. (2006) "A New Theoretical Perspective for Understanding How Coaches Learn to Coach." *Sport Psychologist, 20(2)*: 198-212.
* Wright, T., Trudel, P. and Culver, D. (2007) "Learning how to coach: the different learning situations reported by youth ice hockey coaches." *Physical education and sport pedagogy, 12(2)*: 127-144.
* 図子浩二 (2014) コーチングモデルと体育系大学で行うべき一般コーチング学の内容. コーチング学研究, 27 (2): 149-161.

第 2 章

コーチング学とは何か

第1節
コーチング学の源流

　運動の指導に関する理論の発生は，18世紀中頃以降にヨーロッパで生まれた近代学校教育制度において「身体習練」が教科として位置づけられたところにまでさかのぼることができる。この近代体育草創期の「身体習練の理論」には，子供たちにどのような教育内容を，どんな教材を使って，どのような手順で教えるのかがまとめられていた。その後，19世紀にはヨーロッパでナショナリズムが台頭し，国民学校制度が確立されていく中で，当時主要な教材であった「体操」の指導方法論が「体育運動の理論」の中核を占めるようになっていく。さらに20世紀に入ると，ヨーロッパで生まれた近代スポーツが学校体育の中に取り入れられるようになり，種目横断的な指導方法論が求められると同時に，「体育の理論」は教授学，運動学，方法学へと分化していくことになる。

1. 19世紀の「体育運動の理論」

　近代体育の始まりは18世紀中頃に起こった「汎愛派」（Philanthropinist）による教育改革運動にまでさかのぼることができる（日本体育学会, 2006, p. 242）。そこでは，ドイツの啓蒙思想家バセドウ（Basedow）を中心にして，ドイツ，スイスの各地にルソー（Rousseau）の『エミール』の教育思想を忠実に具現化するための「汎愛学舎」（Philanthropinum）が創設され，当時の教育思想に画期的な改革がもたらされたという。この教育改革運動では，特権階級の子弟を対象にしたそれまでの私的教育から脱して，市民（ブルジョア）の子弟を対象とする準公的な教育制度（学校）を立ち上げ，それまでは多様な目的の下で行われていた「身体習練」（Leibesübungen）を全人教育のための統合契機とみなして学校の教科として位置づけたからである（Grosser, 1978）。例えばグーツ・ムーツ（Guts Muths, 1970）は，1793年に上梓した『青年のための体操』において，自らが考案した「体操体系」（Gymnastik）を「教育的身体習練」（pädagogische Leibesübungen）と呼び，どのような教育内容を，どんな教材を使って，どのような手順で教えるのかをまとめている。

その後19世紀に入ると，ヨーロッパではナショナリズムが台頭し，各国が富国強兵を目指して国民教育のための学校制度をつくり上げていく中で，この教育的身体習練は学校教育における主要な教科（教科名 Leibesübungen）としてその地歩を固めていくことになる。しかしこの時期の学校では，教育対象を富裕階級の市民（ブルジョア）の子弟から国民すべての子弟へと拡大したために，必然的に短期間のうちに多数の教員を養成することが求められ，これを達成するために教材の「鋳型化」「モザイク化」「構築化」が推し進められていった（Meinel, 1960, pp. 31-40）。こうして，この時期の教員養成課程では，体育運動（Leibesübungen）を通してどのような教育内容を達成するのかよりも，授業においてどのような運動をどのような手順で教えるのかに主たる関心が向けられるようになり，「体育運動の理論」の中で次第に教材の指導方法論が中心的な位置を占めるようになっていく。しかも19世紀の教科体育では，教材は大部分が「体操」（Turnen: gymnastics）だったので，この時期の指導方法論は狭く体操の領域に限定されていた。

2. 20世紀における「体育の理論」の発展

　ヨーロッパにおいて近代スポーツが具体的にその姿を現すのは19世紀後半に入ってからである（岸野, 1984）。その後，ドイツ語圏では「遊戯普及運動」（Spielbewegung）や「スポーツ普及運動」（Sportbewegung）（Röthig, 1992, p. 414, p. 426）が起こり，従来の体操中心の教科体育に次々と新しい種目が取り入れられ，教員養成課程でも個別のスポーツ種目の指導方法論を取り上げざるをえなくなっていった。しかし教員養成課程において，次々と登場するスポーツ種目のすべてに対応して個別の指導方法論を提供することは不可能であった。このために，20世紀に入る頃には次第に種目横断的な指導方法論の必要性が認められるようになり，1920年代になると「体育運動の一般方法学」（allgemeine Methodik der Leibesübungen）の試みが登場し始める（フェッツ, 1977）。

　これに加えて，19世紀の終わりから20世紀初頭にかけてヨーロッパとアメリカで起こった新教育運動がこの一般理論構築の歩みに決定的な影響を与えた。そこでは，19世紀の技能中心的な教科体育のあり方への批判が高まり，教材

に力点を置いた従来の「体育運動」(Leibesübungen: Turnen: gymnastics)という教科名に代えて，教育作用に力点を置いた「体育」(Leibeserziehung: physical education) という名称が用いられるようになり，「体育の理論」(Theorie der Leibeserziehung) の中で，教育全体で体育が果たす役割，体育の教育内容，教材の体系化などに関する理論の構築が目指されるようになっていく (Röthig, 1992, p. 272)。例えばオーストリアのガウルホーファ (Gaulhofer, 1927) は，「体育運動の体系」(System des Schulturnens) という論文の中で，体育の理論は運動財の体系化を中心に据えた理論と指導方法に関する理論の2つから構成されなければならないことを指摘している。これに関連して，ここでは特に，ガウルホーファの運動財の体系化に関する理論には後に運動学 (Bewegungslehre) へと発展していく「動きつくり」(Bewegungsformung) の理論が内包されていたこと，指導方法に関する理論には教授学 (Didaktik) と方法学 (Methodik) へと分化する内容がまとめられていたことを強調しておきたい (フェッツ, 1979, pp. 28-29)。

その後ヨーロッパでは，第二次世界大戦を経て1950年代から60年代にかけて体育の理論の科学化をめぐる論議が沸騰する中で，一方では，体育は何を教えるのかに問いかける「体育教授学」，運動財の具体的な指導方法を提示する「体育方法学」，動きの質的評価と形成の問題を扱う「体育運動学」という3つの研究領域が体育の理論の中核領域として独立して扱われるようになり，他方では，研究対象の複合的性格を反映して，体育運動に関する生理学，解剖学，心理学，美学，生物学，物理学，民俗学，歴史，社会学などの個別諸科学の研究の分化が促され，次第にこれらをひとつにまとめた研究複合体として「体育科学」(Wissenschaft der Leibeserziehung) を構築すべきであるという要求が高まってくる(フェッツ, 1979, pp. 32-38)。さらに1960年代から1970年代にかけて，ヨーロッパでは，この体育科学に代わって「スポーツ科学」(Sportwissenschaft)（バイヤー, 1993, pp. 283-286）という名称が用いられるようになり，これに伴って上に挙げた3つの領域もスポーツ教育学 (Sportpädagogik)，スポーツ方法学 (Sportmethodik)，スポーツ運動学 (Bewegungslehre des Sports) へと名称を変更して独立した研究領域として発展していくことになる（バイヤー, 1993, pp. 281-282, pp. 289-291, p. 312）。

これに対して英語圏では「スポーツ教育学」(sport pedagogy) という用語

は今日でも市民権を得た専門語とはなっていない。このために体育の理論に関わる内容は"pedagogy"もしくは"education"の領域で取り上げられ，スポーツ教育学と方法学の内容は"curriculum and instruction"というテーマの下で，スポーツ運動学の内容は主として"professional theory"の名称の下で一括して扱われていて，この3つの領域は独立した研究領域とはなっていない（バイヤー, 1993, p. 282, p. 291）。

第2節
コーチング論からコーチング科学へ

　ここでは，1960年代に入って東欧圏で生まれた"Trainingslehre"の概要に立ち入る前に，ドイツ語の"Training"と"Übung"，英語の"training"と"exercise"の語意の違いを示すことによって，この"Trainingslehre"をわが国では「コーチング論」と呼ばざるを得ない事情を明らかにする。続いて，1920年代以降の個別種目のコーチング論の発展と種目横断的な一般理論としてのコーチング論の発生経緯を概説する。そして最後に，この一般理論とみなされるコーチング論が，対象領域の拡大と研究法の科学化への要求に伴って，コーチング科学への名称変更を迫られる経緯をまとめ，さらにこれに伴って生じたコーチング科学の問題点が示される。

1. "training" "exercise" "coaching"

　"training"という語は，元々は「馬をレースのために準備させる：調教する」を意味していた18世紀のアングロサクソン語"train"に由来し，この語の起源はラテン語の"trahere"（引っ張る：引きずる）にまでさかのぼることができる。この動詞"train"に由来する英語の"training"という語は，19世紀の前半に競馬からボートレースへと転用され，その後次第に人間の他の活動にも用いられて，20世紀にはスポーツの領域だけでなく，軍事，経済などの多様な生活領域で用いられるようになった。バスムント–ボーデンシュテット（Wasmund-Bodenstedt, 1982, p. 16）によれば，このような適用領域の拡大は，英語の動詞"train"が元々は他動詞であり，この語に由来する"training"を「学習という目的に向かって他者に影響を与える」という広い意味に捉えることによって可能になったという。したがって，"training"という語は元々，他者への働きかけを意味し，その類義語には"teaching"，"instruction"，"discipline"などを挙げることができる。

　しかし，今日のわが国の「学習指導」（教授–学習）という表現に見られるように，他者への働きかけを意味する"teaching"には常に自己に対する働き

かけを意味する"learning"の活動が含まれる（日本体育学会，2006, p. 109）。同様の理由から，元々は他者への影響行使を意味していた"training"の語は自己への影響行使を意味するドイツ語"Übung"（練習）の類義語としても用いられるようになる。それゆえ今日では，"Training"には選手に対するコーチの活動も選手自身の活動も含まれる（Wasmund-Bodenstedt, 1982, S. 16）。

さらにドイツ語の"Übung"には，英語の"exercise"と"practice"という2つの意味内容が含まれている（バイヤー, 1993, p. 529）。ここでは"exercise"と"practice"の違いには立ち入らないが，この2つの意味内容を包含するドイツ語の"Übung"は個人の最適達成を目指して行われる生物学的－教育学的活動を意味しているのに対して，"Training"は競技における最高達成を目指して行われる強度の高い組織的活動であるという（Goedel, 1968, S. 133）。それゆえ，ヨーロッパでは，"Training"は「スポーツの達成力（＝競技力）を具体的な目標に向かって計画的に発達させることを目指した複合的な行為の過程」と解され，70年代以降にヨーロッパで確立された"Trainingslehre"には，この広い意味の"Training"の目標，原理，類型，内容，方法などに関する理論が体系的にまとめられている（バイヤー, 1993, pp. 414-417）。

これに対して，わが国では，アメリカにフィットネス概念を導入した体育生理学者スタインハウス（Steinhaus）による"training"と"practice"の区別に端を発して（日本体育学会，2006, p. 697），今日でも「トレーニング」を「人体の外部から運動刺激を与え，人体の適応性を利用しながら体力を改善・向上させていく一連の過程」と捉える立場が大勢を占めている（日本体育学会，2006, p. 185: p. 310: p. 319）。同様にアメリカでも，英語の"training"は"the process of training or being trained"を意味する以外に，"special physical exercises that are part of a plan for keeping someone fit and healthy"の意味に用いられる（Longman Group Ltd., 1995, p. 1536）。このために，英語の"tarainer"は"athletic trainer"（=Terapeut: Masseur）もしくは"strength trainer"（=Konditionstrainer）（バイヤー, 1993, p. 177）を指し，"to teach a person or team the skills they need for a sport"（Longman Group Ltd., 1995, p. 245）を意味する"coach"からは明確に区別される。それゆえ，1960年代に入って東欧圏を中心に競技スポーツの広義のトレーニングに関する一般理論として発展した"Trainingslehre"を"theory of training"もしくは

「トレーニング論」と呼ぶと，いわゆる「体力トレーニング論」と混同されてしまうことになる。

そもそも"coach"という語は，ハンガリーの"Kocs"という場所で最初に作られた「屋根付きの馬車」（kocsi）に由来し，馬車が人を目的地に運ぶところから，「コーチングを受ける人（クライアント）を目標達成に導く人」を意味するようになり，19世紀中頃に学生が個人的に雇った家庭教師を指す俗称として用いられていたものが，近代スポーツの誕生とともにスポーツ指導者に転用されるようになったという（Onions, 1994）。すでに述べたように，ドイツ語の"Training"には選手に対するコーチの活動と選手自身の活動が含まれる。同様に，"coaching"には，コーチからの働きかけだけでなく，自らを律するという意味の"self coaching"の活動がその前提となっている。この意味で，広義の「スポーツの練習と指導に関する理論」を「コーチング論」と呼ぶことは，近年の英語圏の用法とも一致している（USA Track & Field, 2000: Cross, N. & Llyle, J., 2002: Martens, R., 2004）。また，1870年代以降今日に至るまで，この語が主としてスポーツで用いられてきたことを考えれば，この語の前に「スポーツ」という規定詞を付けるのはスポーツ以外の領域との区別が問題になる場合だけで十分であろう。

2. コーチング論の登場

ヨーロッパでは，すでに1920年代から30年代にかけて，例えば1920年代を代表する中長距離走者として知られるフィンランドのヌルミ（Nurmi）のコーチ，ピーカラ（Pihkala）の「丘陵トレーニング」や，1930年代を代表する中距離走者として知られるドイツのハービック（Harbig）のコーチ，ゲルシュラー（Gerschler）の「ショート-ロング法」に代表されるように，実践経験に基づいて競技力を高めるトレーニング法を開発する試みが登場し始めている。しかし40年代に入ると，ヨーロッパでは，第二次世界大戦のためにこの種の試みは一時中断されてしまう。これに対してアメリカでは，種目固有のトレーニング法の開発とともに，体力トレーニングに関する実験研究が推し進められ，陸上競技と水泳に筋力トレーニングが導入されるようになっていく（Martin, 1977, p. 11）。

その後，第二次世界大戦後の1940年代の終わりから50年代の初めには，ソ連，チェコ，ポーランド，ハンガリーといった東欧諸国で，陸上競技，サッカー，水泳などの個別種目の練習法に関する著作が出版されるようになり（Martin, 1977, p. 12），西側でも，体操競技（Bertram, 1951）や陸上競技（Nett, 1952）の練習法に関する著作が登場し始める。これらの個別種目の練習法に関する著作の出版に刺激されて，この時期にはさらに，競技力の向上には専門種目のトレーニングだけでなく，多面的な基礎トレーニングが不可欠であることが徐々に認識されるようになっていく。例えば西ドイツのハネブート（Hanebuth）はボーデ（Bode）の「有機的リズム運動論」に基づいて，走・跳・投／重量挙げ／器械運動／体操の競技力向上のための基礎トレーニング法をまとめている（Hanebuth, 1949）。

これと平行して，1950年代に入ると，世界はアメリカとソ連を中心とした東西冷戦の時代となり，徐々にオリンピックにおける東西対決が激しさを増していった。こうした状況の中で，とりわけ共産圏において，従来の「体育の理論」とは一線を画して，主として医科学の研究を中心とした競技スポーツに関する科学的研究というものの必要性が認められるようになる。この50年代の競技スポーツへの医科学研究の導入は，持久的なスポーツ種目，とりわけ陸上競技の中・長距離走において大きな成果を収めた。これに対して，それ以外の種目では，50年代の終わりから60年代にかけて，従来のインターバルトレーニングに代わって，いわゆる「複合トレーニング」の重要性が認められるようになり（Matwejew, 1962），さらにトレーニング計画論（Thieß, 1964），球技に関する研究（Mahlo, 1965）などが次々と発表されて，次第に競技スポーツのトレーニングに関する一般理論構築の機運が高まっていった（Harre et al., 1964）。これに加えて，この時期の東欧圏では，競技スポーツの強化と普及のために，教育を受けたスポーツ指導者に対する社会的ニーズが高まり，スポーツ指導者の養成制度が確立されていき，このことを通してトレーニングに関する種目横断的な一般理論の構築に一層拍車がかけられることになった。というのも，すでに述べた体育の理論の場合と同様に，スポーツの指導者養成機関において，次々と登場する新しい種目に対応して，すべての種目のトレーニング方法論を理論として提供することは不可能だからである。

こうした時代背景の下で，1969年には東ドイツのハレ（Harre, 1969）が，

1977年にはソ連のマトヴェイエフ（Matwejew, 1981）が競技スポーツのトレーニングに関する一般理論を意味する「コーチング論」（Trainingslehre）を発表する。この競技スポーツの一般理論構築の試みはただちに西欧へも波及し，1977年と1980年にはマルチン（Martin, 1977, 1980）が，1980年にはレッツェルター（Letzelter, 1980）が，さらに1983年にはカナダのボンパ（Bompa, 1983）が同様の理論を上梓している。

3. コーチング科学への発展

　すでに述べたように，東欧圏では，1950年代に入ると医学や他の諸科学の研究成果が積極的に競技スポーツの練習や指導に導入され，これに伴って体育の理論の科学化への要求が高まり，「体育科学」を吸収するかたちで次第に「スポーツ科学」（Sportwissenschaft）という名称が用いられるようになっていく（Lukas, 1956）。同様に西ヨーロッパでも，この時期に起こったスポーツの大衆化によって，それまで研究対象を学校体育に限定していた体育の理論の拡大が迫られ，その科学化をめぐって次第にスポーツ科学という名称が用いられるようになる（Grupe, 1971）。こうして60年代には，東西ヨーロッパでスポーツ科学の科学論的基礎づけに関する論議が巻き起こり，60年代の中頃以降になるとスポーツ科学を構成する複数の研究領域をサイバネティクスという共通の研究方法を用いることによって一つの横断科学（Querschnittswissenschaft）として統合しようとする構想（Erbach, 1965; Willimczik, 1968）が現れて，それまで教員養成過程や指導者養成課程の中に位置づけられていた「体育の理論」は，70年代の終わり頃には，すでに「技能者養成の理論」から脱して，スポーツ科学という名称で大学における正規の学領域（fully-fledged science）として市民権を得ることに成功している（Prohl, 1991, p. 7）。さらに80年代に入ると，このスポーツ科学をめぐる科学論的論議は，研究の科学性をめぐるそれまでの論議から脱して，いわゆる「プラグマティック・ターン」（pragmatic turn）（Prohl, 1991, p. 24）の中で，スポーツ科学を「学際応用科学」（angewandte, interdisziplinäre Wissenschaft）として構築する構想（Willimczik, 1979）へと発展していくことになる。

　このスポーツ科学をめぐる科学論的論議と平行して，1970年代に入る頃には，

東ドイツを中心にして，当初は実践経験から帰納的に一般理論を構築しようとした「コーチング論」(Trainingslehre)を科学化すべきだという要求が高まり，次第に「コーチング科学」(Trainingswissenschaft) という名称が用いられるようになっていく (Letzelter, 1978, S. 102)。

　この東ドイツにおける「コーチング科学」への名称変更は，同時に，競技スポーツのトレーニング法が学校体育や社会体育における身体的形成の模範となりうるという認識に基づいて，それまでは競技スポーツに限定されていた「コーチング論」を，学校体育や社会体育をも含めた，広義の「スポーツの練習と指導に関する一般理論」へと拡大すべきだという主張と結びついていた (Letzelter, 1978, S. 102-107)。同様に，この時期の西側諸国でも，スポーツの急激な大衆化に伴って，例えばヴァイネックの著書"Optimales Training" (Weineck, 1980) にみられるように，"Training"の応用領域を競技スポーツから学校体育，余暇スポーツ，予防・リハビリテーションの領域へと広げることによって，「コーチング論」の研究対象に"training・exercise・instruction・teaching"のすべてが含まれるようになって，次第に「コーチング科学」への名称変更が迫られることになる (Lezelter, 1978, pp. 102-125)。

　こうしてみると，東西ドイツで起こった70年代以降の「コーチング科学」への名称変更は，経験的実践理論の科学化だけでなく，同時に対象領域の拡大をも引き起こしていたことが分かる。したがって，今日では「コーチング科学」は，一方では，レクリエーションや体育的活動からプロスポーツまでを含めた，最広義の「スポーツの練習と指導に関する一般理論」と解され，他方では，スポーツ教育学，スポーツ社会学，バイオメカニクス，スポーツ運動学，スポーツ医学，スポーツ心理学などの多数の研究領域から構成される学際応用科学とみなされることになる (Letzelter, 1978, S. 103-107)。しかし，「コーチング科学」を学際応用科学として構築すべきだとする多くの研究者の要求にもかかわらず，今日なお「コーチング科学」は，後に述べるように，統合の方法論を確立できないまま諸科学の研究成果を単に寄せ集めただけで，個々の研究成果を実践へ応用することは非常に限られた範囲でしか可能にはなっていない。

第3節
コーチング研究の現状

　体育における運動実践に科学的研究を役立てようとする試みが登場するのは19世紀中頃以降であり，この種の研究はその後キネシオロジーへ，そして1970年代以降にはバイオメカニクスへと受け継がれていく。これに対して，実践経験から帰納的に運動指導に関する理論を構築しようとしたのが1960年代に入ってドイツ語圏で生まれた「運動学」である。しかしこの「運動学」は70年代以降の体育理論の科学化のうねりの中で次第にバイオメカニクスやトレーニング科学と同じ路線を進むことになる。このような状況の中で，1980年代に入ると，バイオメカニクスの問題点を克服して人間の運動に関する研究をキネシオロジーの名称の下に再統合しようとする試みが現れる。ここでは最後に，この新しいキネシオロジーの問題点をまとめることによって，いわゆる学際応用理論では研究と実践の乖離という問題は解決できないことが示される。

1. 科学的運動研究の発生と展開

　人間の運動とその原因を記述しようとする試みは紀元前350年頃のアリストテレス（Aristoteles）にまでさかのぼられる。しかし人間の運動がいわゆる科学の研究対象として取り上げられるのは17世紀以降のことである。しかも，17世紀から19世紀までの人間の運動に関する研究はその大部分が生理学や力学といった既存の科学的研究の一部として行われたものであった。これに対して，体育や健康教育における運動実践のために科学的な基礎理論を構築しようとする試みが現れるのは，フランスのダリ（Dally）が『キネシオロジーもしくは教育，衛生，治療に関わる運動の科学』と題した著作を発表した19世紀の中頃以降のことである。そこでは，人間の運動の哲学的・歴史的研究をベースにして，それに力学的，解剖−生理学的分析を加えた複合的運動研究が提唱されていたという（岸野雄三，1968, pp. 2-3）。

　このダリの試みは，その後19世紀の終わりから20世紀の初頭にかけてアメリカのポッス（Posse）やスカーストロム（Skarstrom）らに引き継がれ，さ

らに第二次世界大戦以降になると、スコット（Scott），ラッシュとバーグ（Rasch and Burk）らが立て続けにキネシオロジーに関する著作を発表している（岸野雄三，1968, p. 3: p. 9）。岸野（1968, pp. 10-11）によれば，この時期のキネシオロジーは自然科学的統合理論を標榜してはいたが，実際には解剖学，生理学，物理学といったごく一部の科学の応用理論にとどまっていたという。しかし，このキネシオロジーは，後に述べるように，1970年代に入ると，国際バイオメカニクス学会の設立とともに，次第にバイオメカニクスというに名称に吸収されていくことになる。

2. 運動学から運動科学へ

すでに述べたように，体育の領域における「運動学」（Bewegungslehre）の発生はオーストリアの「自然体育」の提唱者ガウルホーファの「動きつくり」の理論（Gaulhofer, 1927）にまでさかのぼることができる。しかし運動学に関する本格的な著作が現れるのは，第二次世界大戦以降の60年代まで待たなければならない。60年代に入ると，東ドイツのマイネル（Meinel, 1960）が『運動学』（Bewegungslehre）を，オーストリアのフェッツ（Fetz, 1964）が『体育運動の運動学研究』を発表し，その後数多くの研究論文に支えられて，ドイツ語圏では70年代に入る頃には運動学は指導者養成課程に不可欠な教育領域としてその地歩が確立されていくことになる（Göhner, 1980）。

この運動学は，元々は体育の指導現場の経験から帰納的に運動指導に関する理論を構築しようとする試みであった（朝岡，1999, pp. 256-257）。しかし，運動学が研究領域として確立されていく1960年から70年代の終わりまでの20年間は，バイオメカニクスの領域で分析機器が劇的な進歩を遂げ，体育の理論の科学化へ強いうねりが生じていた時期でもあった（朝岡，1999, pp. 71-82）。すでに述べたように，60年代中頃には，スポーツ科学を独立科学として構築しようとする試みの中で，スポーツ科学を構成する複数の研究領域を共通の研究法という視点から一つの横断科学として統合しようとする構想が現れ，この構想はただちに運動学にも影響を与えた。例えばバルライヒ（Ballreich, 1972）は，運動学をバイオメカニクス，生理学，心理学，サイバネティクスという4つの研究領域から構成される自然科学的統合理論としてまとめ直し，

それを「スポーツキネシオロジー」（Sportkinesiologie）と呼ぶことを提案している。

しかし，この構想はその後，研究対象の複合性をめぐる論議の中で頓挫し，代わって80年代には，スポーツ科学を共通の研究対象に異なる研究法を適用する「学際応用科学」として構築しようとする提言が相次いで発表されるようになり（朝岡，1999, pp. 78-82），これを受けて運動学を学際応用科学とみなされる「運動科学」（Bewegungswissenschaft）として再構築しようとする試みが現れることになる。例えば，メヒリンク（Mechling, 1984）は，「運動科学」と題した論文で，すでに確立されている様々な基礎科学の研究に基づいて人間の運動に関する固有の研究領域を構築する試みを発表している。しかし，このように運動学を運動科学へと拡大する試みは，一方では，後に述べる学際応用科学を目指すバイオメカニクスとの間に，他方では，すでに述べた学際応用科学とみなされるコーチング科学との間に境界線を引くことを難しくしてしまった（Letzelter, 1978, S. 107-108）。

3. バイオメカニクスからキネシオロジーへ

周知のように，スポーツ・バイオメカニクスは1930年代の旧ロシア帝国で発生した。この初期のバイオメカニクスは純粋な「応用力学」とみなすことができる（Donskoi, 1975, S. 31）。1960年代に入ると，ヨーロッパではスポーツ科学における東西交流が活発になり，この流れの中で，1973年には国際バイオメカニクス学会が設立された。こうしてバイオメカニクスの国際的認知度が高まっていく過程で，60年代の終わり頃には，スポーツ・バイオメカニクスを純粋な「応用力学」から「学際応用科学」へと発展させるべきだという考えが次第に強く主張されるようになり，それまでのキネシオロジーはバイオメカニクスという名称に吸収されていくことになる。

例えばスイスのワルテンワイラー（Wartenweiler, 1968）は1967年にチューリッヒで開催された第1回国際バイオメカニクス・セミナーにおいてバイオメカニクスに生理学と心理学を取り込むことを，西ドイツのバルライヒほか（Ballreich and Kuhlow, 1974）は神経生理学を取り込むことを，ソビエトのドンスコイ（Donskoi, 1975, S. 29）はサイバネティクスを取り込むことを主

張している。

　こうして1970年代の終わり頃には，バイオメカニクスの研究を応用力学の領域に限定すべきか，解剖学・生理学，力学，心理学といった個別諸科学を統合した学際応用科学として発展させるべきかをめぐって激しい論争が展開されるようになる。しかも，バイオメカニクスを広く運動指導に関わる学際応用科学と捉えようとすると，すでに述べたように，バイオメカニクスと運動科学の間に境界を引くことは不可能になってしまう。

　このような流れの中で，1980年代に入ると，アメリカでは，学際応用科学とみなされる広義のバイオメカニクスを「人間の運動に関する研究を教える領域」と理解して，再び「キネシオロジー」の名称で統合しようとする試みが登場することになる。この新たに登場した「キネシオロジー」は，バイオメカニクス，解剖・生理学，心理学（サイバネティクス）などの自然科学的運動研究を統合した領域であり，「教育，コーチング，ダンス，アスレティックトレーニング，スポーツ医学，物理療法，フィットネス，人間工学などに携わる人に人間の運動に関する研究を教える領域」（Newell, 1990）と解されるという。以下では，この1980年代のアメリカにおけるキネシオロジーの「質的運動分析」（qualitative analysis of human movement）の例を用いて，運動の指導理論を学際応用科学として構築する試みの問題性を明らかにしていきたい。

4. キネシオロジーにおける質的運動分析の登場

　上に述べたキネシオロジーの質的運動分析は，一言でいえば，運動の指導実践を核にして専門諸科学の研究を再統合しようとする試みと解される（クヌッソン・モリソン, 2007, pp. 7-9）。この場合，質的運動分析は，現場の指導者が「学習者の動きを改善するために用いる」分析法，「運動の質に関する主観的な判断」「運動の専門家の意見」（クヌッソン・モリソン, 2007, p. 3, p. 5）と解されている。この専門家の主観的な判断が運動指導には不可欠であるという認識は，日本の体育学会にあたるアメリカの"National Assotiation for Sport and P. E"（NASPE）の"National Council for the Accreditation of Teacher Education"（NCATE）が1992年に教職課程における質的運動分析の必修化に関するガイドラインを公表したことに端的に示されている（Knudson and Morrison, 1996)。

　キネシオロジーでこの質的運動分析が再評価されるようになった背景としてはじめに挙げられるのは，研究対象である「人間の運動」が複雑すぎて，現状では量化する研究でそのすべてをカバーすることはできないということ，言い換えれば，「定量化は妥当性や信頼性をいつも保証する」わけではないという分析結果に対する不信感の存在であったという（クヌッソン・モリソン，2007, p. 6）。さらに，もうひとつの背景には，膨大な時間と費用をかけてそのように精密なデータを収集することが指導現場では果たして必要なのか，言い換えれば，こうして得られた量的データはほとんど実践には役立っていないのではないかという疑問をキネシオロジーの研究者たち自身が強くもつようになったということが挙げられる（クヌッソン・モリソン，2007, p. 6）。すなわち，キネシオロジーにおける質的運動分析の再評価というものは，従来の量的運動分析の行き詰まりを打破するために，現場の指導者たちの経験的・主観的な運動分析や評価というものを再評価して，それを運動研究の中心に据えようとした試みに他ならないのである（クヌッソン・モリソン，2007, pp. 79-80）。

5. 学際応用科学という名のアポリア

　上に述べた「質的運動分析」の具体的な内容は，指導者による「人間の運動の質に関する組織的観察と内省に基づく評価」である（Knudson and Morrison, 1996）。しかし，キネシオロジーの専門家によれば，現場の指導者の意見は「互いに矛盾する」だけでなく，「しばしば変化」し，熟練した選手でさえも「自分が運動している時に何をやっているのかについて，誤った考えをもっていることが多い」ので，この間違いだらけの，非科学的な評価の妥当性・信頼性を高めるには，科学的な研究が必要だという。なぜなら，科学的研究は「質的分析の判断基準となる根拠のある正確な情報を提供してくれる」からである（クヌッソン・モリソン，2007, p. 80）。

　しかし，この主張は，すでに述べた「定量化は妥当性や信頼性をいつも保証する」わけではない（クヌッソン・モリソン，2007, p. 6）というキネシオロジーの専門家たち自身の指摘と矛盾しているのではないだろうか。この疑問に対し

て彼らは，量的分析結果に対して不信が生じる原因は分析が個別科学の一面的視点から行われているところにあるので，単一の視点から行われる運動分析ではなくて，複数の視点から行われる多様な分析結果を統合することによって，つまり学際的アプローチによって，量的分析結果は現場には役立たないという問題を解決できると主張している（クヌッソン・モリソン，2007, pp. 7-8）。この複数の視点に関連して，ここでは学際応用科学に内在する研究領域の「分化と統合」というアポリア（解決不能の問題）に言及しておきたい。

　質的運動分析が登場した1980年代のアメリカでは，キネシオロジーに関係する国内学会だけでもすでに6つあり，これら6つの学会はさらに90の異なる個別の研究領域から構成されていたという。キネシオロジーを構成する研究領域がこのように細分化されている状況の中で，ある個別領域の専門家が他の領域の内容を熟知することは不可能に近いし，ましてや個別領域の研究成果を境界をまたいでひとつにまとめることは非常に難しいというのがキネシオロジーの専門家たちの考えである（クヌッソン・モリソン，2007, p. 9）。

　このように，研究の分化に伴って統合はますます困難になるという問題は，学際応用科学を目指すわが国の体育学でも，ヨーロッパのスポーツ科学でも同じように発生している。例えば現在の日本体育学会には，体育学を構成している個別の研究分野の専門家はいても，すべての分野の研究成果を統合できる人は，言い換えれば，体育学そのものを研究している人は皆無といっても過言ではない。

　それでは，キネシオロジーにおける質的運動分析ではこの問題をどのようにして解決しようとしているのであろうか。キネシオロジーでは，この統合の役割を教師やコーチ，つまり現場の指導者に丸投げしている。キネシオロジーの専門家たちによれば，「よい質的分析を行うには，教師やコーチがキネシオロジーの各領域の知識を豊富にもち，同時に各領域から得られた情報を適切に統合することが要求される」という（クヌッソン・モリソン，2007, p. 8）。つまり，現場の指導者が個別科学の研究成果を実践に役立つようにコーディネートしなければならないというのである。しかし，キネシオロジーの専門家たちでさえできない，このコーディネートという仕事は一体どのようにすれば可能になるというのであろうか。その答えは，「学位」をとることにあるという（クヌッソン・モリソン，2007, p. 81）。一体，どの学位をとれば個別諸科学の研

究成果をスポーツの現場に役立つように統合することができるのであろうか。そうではなくて，複数の学位が必要なのであろうか。そうだとすれば，一体いくつの学位が必要なのであろうか。それとも，この統合を可能にするような学位があるのだろうか。

第4節
コーチング学の今日的課題

　ここでは，はじめに，これまでのコーチング科学における理論と実践の乖離を埋めるには，現場の実践経験から帰納的に共通部分を取り出して理論を構築することによって新しいコーチングに関する理論（コーチング学）を構築する必要があること，種目横断的な一般理論を構築するには個別種目のコーチング学の確立が前提となっており，わが国にはこのための条件が十分に整っていることが明らかにされる。そして最後に，コーチング学は「マネジメント方法論」「トレーニング方法論」「動きつくり方法論」という3つの中核領域から構成され，これらの分野の研究を進めていくには研究パラダイムの変換が必要であることが示される。

1. コーチング科学からコーチング学へ

　上に述べた学際応用理論は既存の諸科学の研究成果を寄せ集めることによって現場の問題を解決するという考え方から出発している。つまりこの場合には，すでに確立されている一般法則を個別の事例に当てはめて事実を説明しようとする方法が，言い換えれば「一般的原理から特殊な原理や事実を導く」という意味の演繹的理論構築の方法が用いられている。これに対して，スポーツの実践から得られた豊富な経験から帰納的に一般理論を構築しようとするのが帰納的理論構築の方法である（Wiemeyer, 1992）。

　ここでは論の展開に先立って，上に述べた演繹的方法で自然科学的学際応用科学として構想された「コーチング科学」と区別して，経験的実践理論から帰納的方法ですべてのスポーツに通底する「練習と指導に関する一般理論」の構築を目指す研究領域を，現場の知を研究の中に統合することを意図して創られた「スポーツ学」という名称（日本体育学会, 2006, p. 458）に倣って，「コーチング学」と呼ぶことにしたい。

　演繹的方法に基づく学際応用科学というものは，研究対象と達成課題が非常に狭く限定されている場合には確かに有効な研究方法となりうる。しかしスポーツの場合には，研究対象は人間という著しく複合的な現象であり，そこに

動員される個別諸科学の数も膨大にならざるをえない。このことは，すでに述べたように，キネシオロジーの領域が1980年代には90の個別の研究領域に細分化していたことからも明らかであろう。こうして学際応用科学では，研究領域が細分化すればするほどそれらを統合することは難しくなるというアポリア（解決不能の問題）に突き当たることになる。このアポリアを解決するには，学際応用科学で取り上げる個別の研究領域をできるだけ少ないものに限定することがどうしても必要になる。しかし，際限なく分化する研究の中からどの領域が重要で，どの領域が重要でないのかを決めること，言い換えれば，学際応用科学における研究領域の取捨選択の原理を構築することはほとんど不可能に近い。例えば，すでに述べたクヌッソン・モリソン（2007, p. 7）の質的運動分析では，それに用いられる研究領域としてバイオメカニクス，教育学，運動学習，運動発達という4つの研究領域が挙げられているが，この4つの領域が選ばれたのは「混乱をまねかない」という理由からだけであり，おそらくは解決すべき問題に応じて「適切に」程度のことしかいえないというのが実情なのである。

　このような演繹的理論構築の方法ではなく，現場の豊富な経験から共通部分を取り出して一般理論を構築しようとするのが帰納的理論構築の方法である。このような考え方は，1970年に東ドイツのドイツ体育大学の紀要に掲載された「スポーツ科学の将来像」（Sindler et al., 1970）の中に示されている（図2-1参照）。この図の中でスポーツ科学の中核領域として位置づけられている

形式科学	社会科学	(中核領域)	自然科学	医科学	（補助科学）
スポーツ統計学	スポーツ史 スポーツ社会学 スポーツ教育学 スポーツ心理学	コーチング論	バイオメカニクス スポーツ生理学 スポーツ生化学	スポーツ医学 スポーツ衛生学 スポーツ外傷学	

一般理論としてのコーチング論				
トレーニング方法論	スポーツ技術論	身体的・心的能力に関する理論	適正診断学	競技論
個別種目のコーチング論				
持久系スポーツ	スピード系スポーツ	対人系スポーツ	評価系スポーツ	球技

図2-1 ●スポーツ科学の将来像　（Sindler et al., 1970）

「コーチング論」は，まさしく現場の経験を通して獲得された個々の実践知から帰納的に個別種目のコーチング論を構築し，さらにそれらの個別種目の指導理論から帰納的に一般理論を構築しようとするものであった。

しかし，このような考え方から出発したコーチング論も，スポーツ科学の科学化の流れの中で今日の学術研究を支配している自然科学的研究パラダイムに制約されて，体力・技術・戦術を別々にトレーニングして後でそれらを足し合わせるという還元主義的研究方法論を用いたために，すでに1980年代の終わり頃には，実践にはほとんど役立たないという非難が浴びせられるようになってしまった。

これに関連して，ここではドイツのチーネ（Tschiene, 1988）の次のような指摘を挙げておきたい。「これまでの多くのコーチング論がトレーニング実践の現実とほとんど一致しなくなっていることは，かなり以前から多くの人々が確信するところとなっている。」その理由は，「これまでのコーチング論の研究が分析的な立場から結果を量化し，それらの相互関係を明らかにしないまま個々の問題を羅列的に論述している」ところに求められる。「この種の論述の多くは，やった方がよいといった程度の説得力しかもたず，本当にオリンピッククラスの競技力の構築に役立つとは考えられない。（…中略…）このために，コーチは自分自身で現場の指導法や練習法を考え出しているというのが現状である。」

そもそも個別種目の指導方法論から帰納的に種目横断的な一般理論を構築することを目指したコーチング論がこのように現場から乖離してしまった背景にはヨーロッパ固有の事情がある。ヨーロッパではコーチと大学教授はまったく別の職業であり，大学で"Professor"と呼ばれるのは大学で"Lehrstuhl"をもっている人，つまり研究指導ができる人を指し，いわゆるコーチや実技指導者（Dozent）からは厳然と区別されている。"Professor"になるには博士の学位を取得し，教授資格論文を書かなければならない。このために，一般理論としてのコーチング論の研究者が本格的なスポーツ指導に携わることはきわめて稀である。

2. 個別種目のコーチング論から一般理論としてのコーチング学へ

　これに対してわが国では，第二次世界大戦以降の大学における一般体育の必修化に伴い大学で多数の体育教員が必要になって多くの個別種目の専門家が大学の教員となり，このことを通してかなり早い時期から個別種目の本格的な指導方法論を構築することが可能になっている．一例を挙げれば，1968年に上梓された『種目別現代トレーニング』（猪飼，1968）では，陸上競技，水泳，体操競技，バスケットボール，サッカー，柔道，剣道，ウエイトリフティング，ボートに関する個別の指導理論がそれぞれの種目の専門家によってまとめられている．これらの指導理論は，さらに1973年から1977年にかけて，競泳（宮下，1973），バレーボール（松平ほか，1974），体操競技（金子，1974），サッカー（多和ほか，1974），柔道（松本，1975），陸上競技（金原，1976），バスケットボール（吉井，1977）の指導に関する重厚な理論書へと発展させられている．それゆえ，実践に根ざした個別種目の指導理論から帰納的に一般理論を構築できる可能性はわが国が最も高いと考えられる．

　このようなわが国の体育系大学における教員事情と比較的近かったのが旧東ドイツであった．東ドイツでは，その内容は今日から見れば必ずしも十分なものとは言い難いとしても，1969年という比較的早い時期に，指導者養成課程の教科書として種目横断的な球技の理論書が出版されている（Döbler, 1969）．これに続いて1975年以降になると，戦術の体系化を含めて，球技における個別種目の本格的な指導書が出版されようになる（朝岡，1999, p. 166）．こうして個別種目の指導書の内容が充実していくのを受けて，さらに1988年には「球技」（Sportspiele）と題した本格的な球技に関する理論書が公刊された．そこでは，バスケットボール，サッカー，ハンドボール，バレーボールという4種目の個別理論がそれぞれ80頁程度でまとめられ，その前段に175頁にわたって種目横断的な球技の一般理論がまとめられている（Stiehler, 1988）．しかし残念なことに，1990年の東西ドイツ統合以降，この種の一般理論構築の試みはほとんど注目されなくなってしまった．

　これに対してわが国では，1980年以降に個別種目に関する本格的な指導書がまとめられたという話は耳にしない．ましてや，専門種目の指導だけで大学に席を占めることができるというわが国の現状からは，一般理論構築へのエネ

ルギーはなかなか生まれてこない。近年，わが国では体育教員の指導力の低下が問題になり，指導者養成課程において実技実習を増やすべきだという要求が徐々に高まっている。しかし，指導者養成課程において，今日では300とも500ともいわれるスポーツ種目のすべてを教えることはできない。スポーツの指導者養成では，どの種目を，どのレベルまでマスターさせなければならないのであろうか。また，できれば教えられるのか。指導者養成課程における実技実習には一般理論の立場からなお解決されなければならない多くの問題が残されたままになっている。それゆえ，今こそコーチング論発生の原点に戻って，個別種目の指導理論の中からそこに通底する問題とその解決の方法を帰納的に集約し，それらの体系化を通してスポーツの「練習と指導に関する一般理論」という意味の「コーチング学」を立ち上げることが求められる。

　アメリカの影響を強く受けているわが国において，学際応用科学としてスポーツの指導理論を構築しうるという考えに異論を唱えることは非常に難しい。しかし，シーデントップ（1981, pp. 53-81）も指摘しているように，1960年代以降にアメリカで起こった体育の理論の科学化運動では，実践への応用から離れた，純粋に科学的な，没価値的真理の探求が目指されたために，体育学部でも体育系大学院でも教育の重点は科学的な研究に置かれ，指導者養成には目が向けられてこなかった。このために，70年代後半から現場の指導に役立つ理論として体育教授学の構築が提唱されるようになった事情は，やはり同じ時期にヨーロッパのスポーツ教育学の領域において「プラグマティック・ターン」が起こった事情と重なっている。

3. コーチング学の研究法

　すでに述べたように，競技スポーツの「練習と指導に関する一般理論」として構想された「コーチング論」が「コーチング科学」へと名称を変えていった直接的な動機は，実践知は非科学的だから，科学的研究によってその妥当性・信頼性を高めなければならないという考え方に求められる。しかもこの場合には，「科学的」というのは「自然科学の方法を用いて」と同義に解されている。しかし，いわゆる「科学」は「自然科学」に限定されているわけではない。

　自然科学は，数学的手段を用いることによって対象から価値を捨象して，普

遍的法則を探求しようとする．つまり自然科学では，何度でも繰り返し再現できる現象を測定を通して数量化することによって，どんな人が発見してもその人のあり方とは無関係に成立する，言い換えれば，いつ・どこで・誰がやっても（見ても）必ず同じことが起こるという，いわゆる「客観的真理」の探究が目指される．これに対して，人間科学では，価値に関係づけて対象の個性を記述することが目指される．すなわち，人間科学では，現象の内容をイデア化（概念化）することを通して，特定の事実を「相互主観的に理解可能な事実」として共有することが，言い換えれば，そこでどのような意味をもった事象が起こっているのかを明らかにすることが目指される．しかも，こうして区別された2つの方法のうちどちらを使うのかによって，研究者は現実をどのように把握するのかを前もって方向づけられてしまう．それゆえ，自然科学の方法は万能ではないし，自然科学の研究パラダイムで解決できる問題はたくさんの問題の中の一部にしかすぎない（朝岡，1991）．

例えば，たまたままぐれで上手くできてしまった「バク転」とできるという確信をもって行われた「バク転」の違いは，生理学でもバイオメカニクスでも説明できない．同様に，球技のゲーム中に情況を読んで巧みに戦術課題を達成できる選手の能力は，「技術を身につける」×「体力を高める」×「戦術を理解する」では説明がつかない．これらの違いを明らかにするには，現象学の方法を用いた運動体験における運動感覚意識の発生分析が必要になる（金子，2009，pp. 142-147）．

さらに，槍をうまく投げることができない生徒がいて，その生徒が両手を使って「回転投」で槍を遠くに投げた時に，それはダメだということは，自然科学的運動分析からは出てこない．陸上競技の投てき種目には，ドイツ語の"Werfen"に当たるオーバーハンドスロー，"Schlagen"に当たるサイドハンドスロー，"Stoßen"に当たる突き出す投げ方という3つの異なる投げ方があって，古代ギリシャの時代から，どんな投げ方でもいいから遠くへ投げるというのではなく，ある特定の投げ方で遠くに投げることが競われてきたからである．同様に，どのような行動パターンを今の選手に戦術として教えるべきかは，戦術発達史に関する洞察抜きでは決められない．この種の問題に答えるには，歴史目的論の視点に基づく動きかたの価値構造論的考察が不可欠となる（金子，2009，pp. 147-149）．

「スポーツの練習と指導に関する一般理論」は「マネジメント方法論」「トレーニング方法論」「動きつくり方法論」という3つの中核的な研究分野から構成される。この中のマネジメント方法論の研究において，例えば運動学習におけるフィードバック情報の重要性が明らかにされ，これに基づいて，とび箱を跳び越した小学生が自分のいた元の位置に戻ってくるとタイムラグ機能のついたビデオで今自分が跳んだ開脚跳びを克明に見ることができる学習援助システムが開発されている。しかしこのシステムはスポーツの上級者には有効でも，初心者や年齢の低い学習者には大きな問題を引き起こしてしまう。なぜなら，はじめからこのシステムに頼って運動学習を行わせると，学習者が自らの運動感覚の世界をつくり出すことを，言い換えれば運動内観力の発達を妨げてしまうからである。同様に，競技パフォーマンスを高めるうえで，体力トレーニングもメンタルトレーニングも不可欠であることに異論はない。しかし，このどちらも運動者自身の運動感覚の世界を絶縁しては成立しない。動きかたが変われば，精神状態も変わるし，動員される筋の活動状態も大きく変化してしまうからである。それゆえ，マネジメント方法論の構築にも，トレーニング方法論の構築にも，運動を行う人自身の運動体験に踏み込む「感覚論的運動学」の研究が不可欠の前提とならざるを得ない（金子，2009, pp. 14-15）。

　運動指導の前提となるこれらの問題を研究するには，さしあたり自然科学の研究パラダイムを捨てて，研究すべき問題そのものに立ち返ることが必要である。言い換えれば，すでに存在している前提を捨てて，スポーツのパフォーマンスとは何か，指導力とは何かをもう一度ゼロから問い直してみる必要がある。この種の要求を，ドイツの精神医学の大家ヴァイツゼッカー（1975）は「解剖学なき生理学」という言葉で示している。簡単にいえば，解剖学に基づく機械仕掛けの部品によって作動するロボットを前提にして，それを構成している部品の機能から人間を説明しようとする前に，もう一度，人間に起こっていることそれ自体に立ち返って研究することが必要だといっているのである。しかもヴァイツゼッカーは，このような自然科学では明らかにできない問題を，今は解明されていないが，いずれ研究が進めば科学によって解明できるという意味の「前科学的」な問題と理解することを厳に戒めている。この種の問題は自然科学の研究に先立って存在していて，その方法では研究できない問題だからである。スポーツの実践知はこの意味の「先科学的知」に当たる。

スポーツの実践知の研究は運動経験や指導経験に基づいて初めて可能になる。これに対して，自然科学の運動研究では，運動経験それ自体が研究プログラムの中に位置づけられることも，研究者の運動経験や指導経験が問われることもない。しかも運動経験や指導経験に関する臨床研究や実践研究の重要性をどれほど強調しても，そこで用いられる研究法が既存の自然科学の方法であれば，感覚論的内容は「非科学的」の一言で葬り去られてしまう。

　オランダの現象学者ボイテンデイク（Buytendijk, 1956）は，その著『人間の姿勢と運動に関する一般理論』の中で，人間の運動の研究における感覚論的研究の不可欠性に言及し，この種の研究の発展によって学際応用科学における自然科学との協同研究が初めて可能になることを指摘している。残念ながら，この種の研究はまだその緒についたばかりであり，その方法についてはなお難解な問題が立ちはだかってはいる。しかし，ここで特に強調しておきたいことは，運動を行っている人自身の運動経験を出発点とした運動研究の方法論を構築することが一般理論としてのコーチング学の喫緊の課題であり，その後で初めて，実践上の様々な問題の解決の一部が自然科学の研究に委ねられ，実践に役立つ研究成果を提供できるようになるのである。

（朝岡正雄）

●文献

＊朝岡正雄 (1991) 人間科学の方法と運動研究．スポーツ運動学研究, 4: 1-12.
＊朝岡正雄 (1999) スポーツ運動学序説．不昧堂出版, pp. 1-366.
＊朝岡正雄 (2011) ドイツ語圏における発展過程から見たコーチング学の今日的課題．体育学研究, 56: 1-18.
＊Ballreich, R. (1972) Probleme und Methoden der Bewegungsforschung. *Sportwissenschaft, 1*: 9-32.
＊Ballreich, R., Kuhlow, A. (1974) Begriffsbestimmung, Objekt- und Probolembereich der Biomechanik des Sports. *Sportwissenschaft, 4*: 337-356.
＊Bertram, A. (1951) *Neuzeitliches Turnen*. Wilhelm Limpert-Verlag.
＊バイヤー 編：朝岡正雄 監訳 (1993) 日独英仏対照 スポーツ科学辞典．大修館書店．
＊Bompa, T. O. (1983) *Theory and Methodologie of Training*. Kendall/Hunt: Dubuque.
＊Buytendijk, F. J. J. (1956) *Allgemeine Theorie der menschlichen Haltung und Bewegung*. Springer-Verlag.
＊Cross, N. and Llyle, J. (2002) *The Coaching Process*, Elsevier.
＊Döbler, H. (1969) *Abriß einer Theorie der Sportspiele*. DHfK.
＊Donskoi, D. D. (1975) *Grundlagen der Biomechanik*. Sportverlag.
＊Erbach, G. (1965) Sportwissenschaft und Sportsoziologie (II). *Theorie und Praxis der Körperkultur, 11*: 950-963.

＊Fetz, F. (1964) *Beiträge einer Bewegungslehre der Leibesübungen*. Österreicher Bundesverlag.
＊フェッツ：阿部和雄 訳 (1977) 体育の一般方法学．プレス・ギムナスチカ, p. 8.
＊フェッツ：金子明友・朝岡正雄 訳 (1979) 体育運動学．大修館書店, pp. 28-29.
＊Gaulhofer, K. (1927) System des Schulturnens. In: Gaulhofer, K. und Streicher, M. (1949) *Natürliches Turnen, Gesammelte Aufsätze, Band II*. Verlag für Jugend und Volk, pp. 59-89.
＊Goeldel, P. (1968) Übung. In: Bernett, H. (Red.), *Terminologie der Leibeserziehung*, 4. Auflage, Karl Hofmann, pp. 129-133.
＊Göhner, U. (1980) Abriß einer Bewegungslehre des Sports. *Sportwissenschaft, 10*: 223-239.
＊Grosser, M. (1978) Ansätze zu einer Bewegungslehre des Sports. *Sportwissenschcaft, 4*: 370-392.
＊Grupe, O. (1971) Einleitung in die "Sportwissenschaft. *Sportwissenschaft, 1*: 7-18.
＊GutsMuths, J. C. F. (1970) *Gymnastik für die Jugend*. Wilhelm Limpert, p. 12.
＊Hanebuth, O. (1949) *Grundschulung zur sportlichen Leistung*. Wilhelm Limpert.
＊Harre, D., Deltow, B. und Ritter, J. (1964) *Einführung in die allgemeine Trainings- und Wettkampfslehre*. Anleitung für das Fernstudium, DHfK.
＊Harre, D. (Red.) (1969) *Trainingslehre*. Sportverlag.
＊猪飼道夫 編著 (1968) 種目別現代トレーニング．大修館書店．
＊金子明友 (1974) 体操競技のコーチング．大修館書店．
＊金子明友 (2009) スポーツ運動学．明和出版．
＊金原勇 編著 (1976) 陸上競技のコーチング，総論・トラック編，フィールド編．大修館書店．
＊岸野雄三 (1968) 運動学の対象と研究領域．岸野雄三 ほか編．序説運動学．大修館書店, pp. 2-47.
＊岸野雄三 (1977) スポーツ科学とは何か．朝比奈一男 ほか著．スポーツの科学的原理．大修館書店．
＊岸野雄三 (1984) 体育史講義．大修館書店, pp. 97-100.
＊Knudson, D. and Morrison, C. (1996) An integrated qualitative analysis of over arm throwing. *Journal of Physical Education, Recreation and Dance, 67(6)*: 31-36.
＊クヌッソン・モリソン：阿江通良 監訳 (2007) 体育・スポーツ指導のための動きの質的分析入門．ナップ．
＊Letzelter, M. (1978) Trainingswissenschaft. In: Rösch, H.-E. (Hrsg.), *Einführung in die Sportwissenchaft*. Wissenschaftiche Buchgesellschaft, pp. 102-125.
＊Letzelter, M. (1980) *Trainingsgrundlagen*. Rowohlt.
＊Longman Group Ltd. (1995) *Longman Dictionary of contemporary English (3. Edition)*. Longman Dictionaries, Burnt Mill.
＊Lukas, G. (1956) Probleme einer Sportwissenschaft. *Theorei und Praxis der Körperkultur, 7*: 504-509.
＊Mahlo, F. (1965) Theoretische Problem der taktischen Ausbildung in den Sportspielen (I und II). *Theorie und Praxis der Körperkultur, 14(9)*: 809-816.
＊Maraun, H.-K. (1987) Sportmethodik. In: Gottwald, B. (Hrsg.), *Handlexion Sportwissenschaft*, Rowohlt Taschenbuch Verlag, Reinbek, pp. 380-384.
＊Martens, R. (2004) *Successful Coaching*, American Sport Education Program.
＊Martin, D. (1977) *Grundlagen der Trainingslehre, Teil I*. Karl Hofmann.
＊Martin, D. (1980) *Grundlagen der Trainingslehre, Teil II*. Karl Hofmann.
＊松平康隆・大野武治・豊田博・稲山壬子 編著 (1974) バレーボールのコーチング．大修館書店．
＊松本芳三 (1975) 柔道のコーチング．大修館書店．
＊Matwejew, L. P. (1962) Die Dynamik der Belastung im sportlichen Training. *Theorie und Praxis der Körperkultur, 11*: 988-995.

* マトヴェイエフ：江上修代 訳 (1985) ソビエト・スポーツ・トレーニングの原理. 白帝社.
* Mechling, H (1984) Bewegungswissenschaft. In: Carl, K., Kayser, D., Mechling, H., Preising, W. (Hrsg.), *Handbuch Sport*, Bd. 1, Schwann, pp. 83-134.
* Meinel, K. (1960) *Bewegungslehre*. Volk und Wissen Vorkseigener Verlag.
* 宮下充正・波多野勲・林裕三 編著 (1973) 競泳のコーチング. 大修館書店.
* 永嶋正俊 (2005) 体育方法専門分科会の活動を顧みる. 体育学研究, 50: 91-104.
* Nett, T. (1952) *Das Übungs- und Trainingsbuch der Leichtathletik*. Verlag für Sport und Leibesübungen Harry Bartels.
* Newell, K. M. (1990) Kinesiology - The label for the study of physical activity in higher education. *Quest, 42*: 269-278.
* 日本体育学会 監修 (2006) 最新スポーツ科学事典. 平凡社.
* Onions, C. T. (Ed.) (1944) *The Schoter Oxford English Dictionary (3. ed.)*. Oxford University Press.
* Prohl, R. (1991) *Sportwissenschaft und Sportpädagogik*. Karl Hofmann.
* Röthig, P. u.a. (Hrsg.) (1992) *Sportwissenschaftliches Lexikon (6. Aufl.)*. Verlag Hofmann.
* シーデントップ：高橋健夫 訳 (1981) 楽しい体育の創造. 大修館書店.
* Sindler, G., Schnabel, G., Trogsch, F. (1970) Zur Prognose der Sportwissenschaft. *Wissenschaftliche Zeitschrift der DHfK Leipzig, 3*: 25-40.
* シュティーラー・コンツァック・デブラー：唐木國彦 監訳 (1993) ボールゲーム指導事典. 大修館書店.
* 多和健雄・長沼健・永嶋正俊 編著 (1974) サッカーのコーチング. 大修館書店.
* Thieß, G. (1964) Bestimmung der Trainingsetappen als Grundlage der Traininngsplannung im Aufbautraining. *Wissenschaftliche Zeitschrift der DHfK Leipzig, Sonderheft 6*: 17-26.
* Tschiene, P. (1988) Qualitative Ansatz zu einer Theorie des Trainings. *Leistungssport, 3*: 8-11.
* USA Track & Field (2000) *USA Track & Field Coaching Manual*, Human Kinetics.
* Wahrig, G. (Hrsg.) (1978) *Deutsches Wörterbuch*. Bertelsmann Lexikon-Verlag, S. 3711.
* Wartenweiler, J., Jokl, E., Hebbelinck, M. (Ed.) (1968) *Biomechanics*. S. Karger.
* Wasmund-Bodenstedt, U. (1982) Einfuhrung in die Methodologie der Trainingswissenschaft. In: Ballreich, R., u.a., *Trainingseissenschaft 1*, Limpert Verlag, 7-38.
* Weineck, J. (1980) *Optimales Training*. Perimed Fachbuch-Verlagsgesellschaft.
* ヴァイツゼッカー：木村敏・浜中淑彦 訳 (1975) ゲシュタルトクライス. みすず書房, p. 144.
* Wiemeyer, J. (1992) Bewegungslernen als Schema-Erwerb. *Sportunterricht, 41(6)*, 244-251.
* Willimczik, K. (1968) *Wissenschaftstheoretische Aspekte einer Sportwissenschaft*. Wilhelm Limpert, pp. 35-37.
* Willimczik, K. (1979) Wissenschaftstheoretische Probleme der Sportwissenschaft. In: Willimczik, K. (Hrsg.), *Wissenschaftstheoretische Beiträge zur Sportwissenschaft*. Karl Hofmann, pp. 11-54.
* 吉井四郎 (1977) バスケットボールのコーチング. 大修館書店.

(注) 本章は2011年に体育学研究に発表した拙論「ドイツ語圏における発展過程から見たコーチング学の今日的課題」に加筆・修正を加えたものである。

第 3 章

競技力とトレーニング

第1節 競技力とは何か

　競技力は「競技を遂行する能力」を意味している。1960年代には旧東ドイツを中心に，競技スポーツの強化のために，この意味の競技力を構成する下位能力の存在を明らかにする試みが精力的に推し進められた。本節でははじめに，この旧東ドイツの研究に基づいて「個人の競技力」と「チームの競技力」の構造を明示する。しかし，一般理論の立場から理論的につくり出された競技力の構造は実際には競技類型ごとに，そして種目ごとに異なるものとならざるをえない。さらに，わが国の体育科教育学の領域では，「スポーツを遂行する能力」を表すのに「運動技能」という言葉が用いられている。この意味の最広義の運動技能と上に述べた競技力を「スポーツ達成力」という一つの概念の下に包摂することによって，体育科教育学とコーチング学の研究の間に実りある架橋が可能になる。

1. 競技力の構造

　競技力という言葉がわが国で初めて公式に使われたのは，1964年の東京オリンピック対策として，日本オリンピック委員会の中に「競技力向上委員会」が設立された時である（金子，2005, p. 222）。猪飼（1968, p. 291）はこの競技力を次のように説明している。「競技力というのは，スポーツの記録を出す能力であり，演技を遂行する能力であり，また攻撃し防御する能力である。それらは1つの目的のために集約された遂行能力であり，performanceといわれるものに相当する。」

　英語の"performance"は「行う・果たす・成し遂げる・演じる」などを原義とする動詞"perform"の名詞形であり，その意味内容には何かを行う過程・その結果や成果だけでなく，それを達成する能力も含まれ，日本語では「遂行・上演・出来栄え・成績・遂行能力・性能」など多様な語によって置き換えることができる。これに対して，日本語の競技力の場合には能力という意味が強調されていて，この能力によって達成される結果は「成績」や「記録」という言葉を用いて区別される。

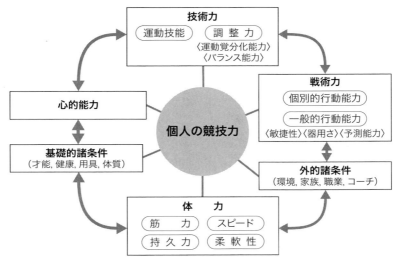

図3-1 ●個人の競技力　(Ehlenz et al., 1985, p. 12参照)

　競技スポーツの強化のために，競技力を構成している下位能力の存在を明らかにしようとする試みは，1960年代以降になって，特に旧東ドイツを中心にして精力的に推し進められている。そこでは，はじめに「個人の競技力」の構造化が試みられ，さらにそれをベースにして「チームの競技力」の構造分析が行われている（ケルン，1998, pp. 17-20）。

　図3-1は，旧東ドイツで行われた研究をベースにしてエーレンツほか（Ehlenz et al., 1985）がまとめた個人の競技力の全体像である。この図の中で，「体力」と並列的に位置づけられているのは技術と戦術ではなく，「技術力」（技術上の課題を達成できる能力）と「戦術力」（戦術上の課題を達成できる能力）である。また，技術力は「運動技能」と「調整力」から構成されている。ここでいう運動技能とは，例えばインステップキック，け上がり，背面跳びのような特定の「動きかた」を上手に行うことができる能力であり，調整力は筋の活動を支配する神経系の能力と解され，それはさらに「運動覚分化能力」や「バランス能力」のような能力から構成されている。これに対して，戦術力は「個別的行動能力」と「一般的行動能力」から構成されている。個別的行動能力は，例えばパス，シュート，スクリーンプレイのような個人戦術を達成するのに不可欠な

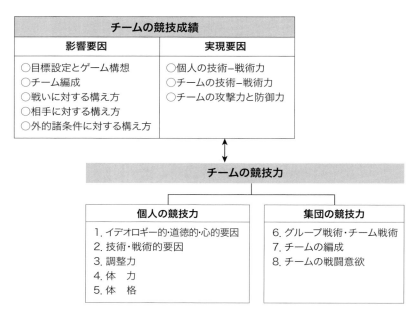

図3-2 ●チームの競技力 (Stiehler et al., 1988, p. 44参照)

構成要素をうまく行うことができる能力であり，一般的行動能力は調整力の一部と解される「敏捷性」「器用さ」「予測能力」などから構成されている。

図3-2は，東ドイツの研究者シュティーラーほか（Stiehler et al., 1988）がまとめた球技におけるチームの競技力の全体像である。ここでは，チームの競技力は「個人の競技力」と「集団の競技力」に分けられているだけでなく，さらに競技力と競技成績が明確に区分されている。このように，競技結果は運も含めて多様な影響要因によって左右されるということは，チームスポーツだけでなく個人スポーツにも当てはまる。

2. 競技力と競技類型

上に述べた，どのスポーツ種目にも当てはまる個人の競技力とチームの競技力の理論的構造化にもかかわらず，実際には，すでに猪飼の定義に示されているように，「記録を出す」種目・「演技を遂行する」種目・「攻撃し防御する」種目に必要な競技力の構造はかなり異なったものとならざるをえない。これに

関連して，金子（2002, pp. 430-432）は，スポーツを行う物理的条件ではなく，「動きかた」そのものの優劣を判定する方法の違いに基づいて，スポーツを「測定スポーツ」・「評定スポーツ」・「判定スポーツ」の3つに大別している。

測定スポーツは，例えば陸上競技や競泳のように，優劣を判定する資料を時間や距離の計測値に求めるスポーツである。これに対して，評定競技は，例えば体操競技やシンクロナイズドスイミングのように，美しさと難しさという2つの相反する基準に従ってその優劣を審判員が採点するという特徴をもつ。さらに判定競技は，ボクシングやレスリング，そして球技のように，レフリーによって選手の個々の「動きかた」の有効・無効の判定が行われるスポーツである。この場合，勝敗の決定資料は数量化されたポイント数やシュート数から得られるというところは測定競技に近く，レフリーが自らの目を通して個々の「動きかた」の有効・無効を評価するところは評定競技に近い特性をもっている。

この金子による競技類型に従えば，わが国古来の尚武の精神に由来する武道は判定競技に位置づけられる。しかし，武道は，そもそも戦場で自分の身を守り相手を殺したり傷つけたりするものであった武術が，近代に入って比較的平和な時代になり，戦闘に必要な総合的な技に替わって個々の技の習得そのものに価値が見出され，技のうまさを競うようになって生まれたわが国独自の文化であり（日本体育学会，2006），いわゆるスポーツからは一線が画される。それゆえ，本書では，各種スポーツの競技力の共通点と相違点を，測定スポーツ・評定スポーツ・判定スポーツ，そして武道という4つの競技類型に分けて考察していくことになる。

しかし，スポーツをこのような4つのカテゴリーに分類しても，フェンシングのフルーレやエペのように，機器による判定を用いて限りなく測定スポーツに接近している判定スポーツもあれば，スキーのジャンプのように，測定競技と評定競技の両面を備えているものもあるというように，実際にはこれらの競技類型の間に明確な区分線を引くことは不可能である（金子，2002, p. 432）。さらに，例えば技術力や戦術力に関して競技類型内に共通する構造を見出すことができたとしても，技術力や戦術力を発揮する実際の「動きかた」は種目ごとに著しく異なる。それゆえ，競技力を構成する様々な下位能力を種目固有の具体的な「動きかた」から切り離して絶縁的に練習しても，競技結果に直結する競技力の向上を達成することはできない。

3. 運動技能と競技力

　教科として行われる「体育」の領域では，技を競いその優劣を争う「競技」もそれを行う能力という意味の「競技力」も関心の対象にはならないと考えるのが一般である。しかし，学校体育であれ，競争を目的とせず，健康や気晴らしのために自分に合った目標を設定して行う一般スポーツであっても，その活動の根底には，動きの善し悪しを他者と比較し，自らの「動きかた」をよりよいものに向かって改善しようとする努力志向性が存在している。言い換えれば，脱目的性（金子，2009）を本質とする今日のスポーツでは，どのスポーツにも常に「動きかた」の優劣に関する価値判断が働いていて，これに導かれて「動きかた」の習練に向かうという，人間形成に欠くことのできない教育的契機が含まれているのである（金子，2002, p. 431）。体育の学習指導要領において運動技能を高めることが教科の主要な学習目標として位置づけられているのはこの教育的契機を子供たちに提供するためである。

　それにもかかわらず，わが国の体育・スポーツの領域には，技能という言葉の理解に明らかな混乱が認められる（朝岡正雄，1999, pp. 132-133）。すなわち，技能を「客観的な存在としてのいわゆる近代技術が個人の能力として立体化されたもの」と捉え，技術と技能を短絡的に結びつけてしまうという混乱である。しかし，この種の理解は，技能という言葉を構成している漢字の字義を解釈することから生じた誤解である。技能という言葉は，わが国の古来からの言葉「技倆」と同義に用いられる場合もあるが，技倆は熟練と工夫の好さのことを主として言い表しているのに対して，技能はドイツ語の"Fähigkeit"もしくは"Geschicklichkeit"の訳語として生まれ，そこでは元々「やれる」（fähig）ということが，つまり能力という意味が強調されている（三枝，1951）。

　しかも，日本語の運動は多義的に使用されるために，学習指導要領では，サッカーや器械運動といった運動領域を達成する能力，スクリーンプレイのような特定の運動種目の戦術行動を達成する能力，パスやドリブルといった戦術行動を構成する下位成分を上手く行うことができる能力，チェストパスや背面跳びのような特定の「動きかた」を上手に行うことのできる能力のすべてが運動技能という一語でくくられてしまっている（朝岡，1999, pp. 136-139）。

　さらに，体育授業では，これらの階層が異なる運動技能のどれを身につけさ

せる場合にも，はじめに学習の到達目標となる学習内容を説明し，それを一連の学習課題に分解して順に並べて，課題の提示と達成のチェックを繰り返すという方法（プログラム学習）で指導が行われるのが一般である。この場合，課題を達成できない生徒がいれば，課題をさらに細分化して学習ステップの数を増やことによって学習を容易にするという方略が用いられる。これによって，大半の生徒は学習課題を自習を通して達成できるようになってしまうが，それでもできない生徒は必ずいる。この時に，教師は，自分が提供した方法で大半の生徒が課題を達成できたのだから，できないのは生徒自身の努力不足のせいであり，教師はそれにあまり心を痛める必要はないと考えてしまう。また，体育授業の場合には，明日重要な試合が控えているわけでもないので，今日のうちに必ずできるようにしなければならないという切迫性に欠けるきらいもある。さらに，生徒が失意のどん底で苦しんでいても，諦めずに自己の最善を尽くして頑張ることが大切だと考えて，できない生徒を叱咤激励するだけでお茶を濁してしまうことも珍しくない。しかし，学習の課題と手順を説明し，頑張れと励ましていれば，後は生徒が自分で解決してくれるとすれば，体育教師は誰にでも勤まることになり，専門職である必要はなくなってしまう。

　これに対して，競技スポーツでは，選手が学習課題を達成できたかどうかは直接競技成績に跳ね返るので，指導者はできない選手をできるようにすることに大きな関心を向けざるをえない。しかも，学習指導要領で学習目標に掲げられている最広義の運動技能，すなわち「スポーツ技能」の構造は，同一種目であれば，目標とする達成レベルに違いはあるとしても，競技として行われる種目の競技力と異なっているはずもない。それゆえ，流れの速い競技の世界で専門家として選手を指導している中で獲得された競技指導者の様々な経験知は，体育教師ができないで苦しんでいる生徒を指導するうえできわめて有効な手引きとなりうるはずである。競技指導者のこの種の経験知を体育指導に活かすには，学習指導要領でいう最広義の運動技能とコーチング学における競技力の概念を「スポーツ達成力」（sport performance）という上位概念に包摂することによって，コーチング学と体育科教育学の研究が共通の土俵上で交流できるようにすることが急務である。

（朝岡正雄）

第2節
各種スポーツの競技力

　競技スポーツに共通する特徴は，規則によって定められた方法で他者と「動きかた」の優劣を争うところにある。このため，「動きかた」そのものの優劣を判定する方法の違いに基づいて，今日の競技スポーツは「測定スポーツ」・「評定スポーツ」・「判定スポーツ」の3つに大別することができる。ここでは，この3つの競技類型に加えて，わが国独自の価値意識が優劣の判的に決定的な意義をもつ「武道」を独立した競技類型と捉えることによって，4つの異なる構造をもつ競技力が取り上げられる。競技力は技術力・戦術力・体力・心的能力・基礎的諸条件といった下位能力から組み立てられているが，その重みづけは競技類型ごとに異なるというだけでなく，実際の「動きかた」は種目ごとに様々なので，これらの下位能力の構造も種目ごとに異なるものとならざるを得ない。

（朝岡正雄）

1. 測定スポーツにおける競技力

(1) 測定スポーツの特徴

　測定スポーツには，陸上競技，競泳，スピードスケートなどが挙げられ，その勝敗は運動の結果を客観的に計量化することによって得られる時間または距離といった指標により決定される。そこでは，目新しい技術や戦術が出現することは希であり，競技成績は競技者自身の身体的能力に大きく依存する。以下では，測定スポーツの一つである陸上競技の跳躍種目を取り上げて，競技力について概説していくこととする。

(2) 跳躍種目における競技力の構造

　陸上競技の跳躍種目は，走高跳，棒高跳，走幅跳，三段跳の4種目からなり，そこで用いられる跳躍法はいずれも助走局面，踏切局面，空中局面，着地局面から構成されている（村木, 1993; 図子, 2006）。ここでは，競技成績に対して貢献度の高い助走局面と踏切局面に焦点を当てて，跳躍種目における競技力

の構造を明らかにしていきたい。

　助走局面には，踏切時に高い助走速度を獲得し，適切な踏切動作のための準備を行う（少ない減速で身体重心の低下を生じさせる）という2つの目的がある。跳躍種目における競技成績と助走速度の間には有意な相関関係がある（深代，1990）ので，高い助走速度の獲得は競技力を高めるうえで最も重要な課題となるが，どれだけ高い助走速度を獲得できたとしても踏切がうまく行われなければ意味がない。それゆえ，跳躍種目の助走で要求される走動作は，できるだけ速く走ることを目的とした100m走のそれとは大きく異なったものとなる（伊藤，2007）。跳躍種目の助走局面はスタート局面，加速局面，加速慣性（フロー）局面，踏切準備局面に区分できる（図子，2006）が，上に述べた踏切準備という課題を達成するために，スタートから加速慣性局面までの経過は短距離走とはかなり異なる，独特の経過をたどることになる。このような助走局面の出来栄えは，続く踏切局面へ影響し，さらに空中局面，着地局面と，最終的な競技成績を決定づけることになる。このこともさかのぼれば，助走局面の始まりであるスタート局面から影響が始まっていることになる。したがって，各局面の時系列的な因果関係を把握するとともに，助走が競技種目の成否を決定する起点にあることを理解しておく必要がある。

　跳躍結果に最も大きな影響を及ぼす踏切局面は，さらに踏切前の先取り局面，踏切前半の受け動作局面，踏切後半の跳び出し局面に区分される（図子，2006）。踏切局面では，助走で得た水平速度を効果的に鉛直速度へと変換することが課題となる。踏切時間はわずか0.1〜0.2秒ほどときわめて短く，その間に体重の十数倍もの地面反力が身体に作用する（Muraki et al., 2008; Perttunen et al., 2000）。このような爆発的な力発揮に対応するには，踏切接地前に主動筋に予備緊張をつくり出し，踏切時の軸づくりのための有効な身体配列を行う技術が求められる。さらに，受け動作局面から跳び出し局面では，下肢の主動筋群（筋腱複合体）は着地とともに強制的に伸長され，その後短縮する伸張–短縮サイクル（Stretch-Shortening Cycle: SSC）運動（Asmussen and Bonde-Petersen, 1974）が行われている。この跳躍種目の場合のSSC運動による力発揮特性は，最大筋力の評価に用いられるスクワット実施時の神経制御機構や筋収縮特性とは大きく異なっている（Andersen and Aagaard, 2006; 図子・高松，1996）。したがって，SSC運動による力発揮能力の向上を

意図したトレーニングを行う場合には，各種筋力を区別し，その特異性（専門性）を考慮することが重要になる（苅山・図子，2013: 2014; 図子，2006）。また，このSSC運動による力発揮は助走における支持脚の一歩ごとの接地時にも確認されるので，助走局面に求められる体力要因としても重要である。

　以上，助走局面と踏切局面の共通性に基づいて跳躍種目の競技力について述べてきたが，実際には種目の特性に応じて要求される技術力も体力もかなり異なったものとなる。例えば棒高跳では，長く重いポールを持って競技が行われるので，ポール操作と身体の動かし方の間の調整が不可欠である。また走高跳の助走の場合には，効果的に踏切ることのできる範囲内での最大速度（限界速度）を高めるという制約が強いので，速く走るためのスプリントトレーニングだけでなく，高い助走速度に対応できる踏切技術や踏切脚の筋力向上がより重要になる。競技力を構成している身体的能力は厳密にいえば種目ごとに異なり，そのトレーニングには種目ごとに特異な動きかたを用いることが求められる。本項では，動きを外側から客観的に分析するという立場から跳躍種目の競技力の構造を考察してきたが，競技力を高めるには，トレーニングの中で選手自身が一回一回自分の動きかたを意識してその良し悪しを評価することが不可欠である。それゆえ，運動をやっている時の主観的な感じやコツのような自己観察の視点をも含めて競技力を捉えることが重要である（図子，2003）。

（苅山　靖）

2. 評定スポーツにおける競技力

(1) 評定スポーツの特徴

　前述の測定スポーツでは運動の結果を客観的に計量化して表した測定値によって技能の優劣が決定される。これに対して評定スポーツでは，審査員もしくは審判員の評価に基づいて個人ないしペア，あるいは集団の演技の優劣が決定される。例えばダンスコンクールでは，どの動きが良いか，どんな表現が観る人の心を打つのか，どのグループの踊りがより魅力的なのかについて，審査員は社会通念としての美的規範に従って演技の優劣を決定する。これに対して体操競技，新体操，フィギュアスケート，シンクロナイズドスイミンのような

競技スポーツの領域では，演技の優劣は，審判員が採点規則に基づいて採点した得点に基づいて決定される。

評定スポーツの場合には，どれほど厳密な採点規則に基づいて演技の優劣が決められても，そこには常に個人の主観が入らざるをえないという理由から，その決定に疑問が投げかけられることも少なくない。それにもかかわらず，評定スポーツは，無機的な物理量だけで優劣が決められる測定スポーツの対極に位置づけられて，人間の美意識を追求する営みとして今日なお競技スポーツの中で欠くことのできない存在となっていることは，オリンピックにおいて近年トランポリン，スケートボード，スキーのモーグル，スノーボードのハーフパイプといった新しい種目が続々と採用され，さらに国際体操連盟がエアロビクスの国際大会を主催していることに端的に示されている。

(2) 評定スポーツの競技力の構造

金子によれば，評定競技において優位決定を行うために用いられる採点規則は時代の美意識や運動様式を反映しながら変更され続けるという宿命を負ってはいても，採点の対象は個人もしくは集団の技術力であり，どの種目でも演技の中で〈何を演じたのか〉と〈どのように演じたのか〉という2つの観点に基づいて採点が行われているという（金子，2002, p. 434; 金子，2005, pp. 243-245）。

上に述べた〈何を〉の観点の下で，評定スポーツの競技力を構成する1つ目の要素に挙げられるのが演技に含まれる難度要素の難しさである。難度要素となる新しい技は，従来の技を複雑化することによって，そして形態的にまったく独創的な技を開発することによってつくり出される（金子，2005, p. 248）。さらに，〈何を〉の観点の下で競技力を構成する2つ目の要素とみなされるのが，難度要素の組合せと演技全体の構成の難しさである。この場合，より難しい難度要素を，易しい技を間に挟まずに，できるだけたくさん直接連続したり，より難しい技や組合せを演技の後半部分に配置することによって演技の構成価値を高めることができる。

これに対して，〈どのように〉の観点の下で競技力を構成している要素とみなされるのが「技術的完全さ」である。評定競技における技術力の評価では，体力勝負の無粋さが嫌われ，力ずくの技さばきは侮蔑され（金子明友，2005, p.

244），動いている人に心地よいという感情がわき起こってくるような，無駄な動きがいっさい消えた，安定した，すっきりした，流れるような，リズミカルな動きが高く評価される。金子は，この動きの美しさを評価する一般的な判断基準として，「優雅さ」「安定さ」「雄大さ」という空間動感質，「リズム感」「スピード感」「停止感」という時間動感質，そして空間動感質と時間動感質が統一された，すっきりとした，無駄のない，簡潔な動きかたに見出される「冴え」という動感質を挙げている（金子, 2007, pp. 423-427）。

　私たちは，わざとらしさや努力感のない，丸みのある，ゆったりとした，しなやかな動きかたに「優雅さ」を，運動経過に釣り合いと調和が示され，余分な動きが消し去られ，余裕をもって運動が遂行されるときに「安定さ」を，安定さに支えられて動きかたに大きさが示されたときに「雄大さ」を感じ，運動が流れるように経過しながらも，その中に緊張と解緊の規則的な変化が認められるときに「リズム感」を，安定さに支えられて運動が遂行される中に加速性が示されるときに「スピード感」を，同様に安定さに支えられて運動が遂行の中に素早いブレーキ動作や突然の方向転換が示されるときに「停止感」を感じ，これら6つの動感質が統一された，すっきりした，無駄のない，簡潔な動きかたの中に「冴え」という動感質を感じ取ることができる（金子, 1976）。

　私たちは自らが美しい動きを遂行する中でその時の楽しさや快さを体験し，その体験に魅了された時に動きの美しさに対する感受性を獲得し，この体験に基づいてはじめて他者の動きに美しさを感じとることができるようになる（マイネル, 1998）。それゆえ，評定スポーツの体験を通して子供たちに健全な感性学的判断力を育成することは体育の主要な課題の一つとみなされる。

〈寺山由美〉

3. 判定スポーツにおける競技力

(1) 判定スポーツの特徴

　判定スポーツとは，審判員が選手の個々の「動きかた」の有効・無効の判定を行うことによって競技が行われるスポーツである。金子（2005, p. 255）は，ゴルフやアーチェリーのようにホールや的が潜在的な判定条件となっている間

接的判定スポーツの存在に言及しながらも、それ以外の判定スポーツには共通して「直接的な対人構造をもつ」という特徴が認められることを指摘している。この場合、対人という表現には、身体接触の有無にかかわらず、試合において対峙する相手が一人の場合も、複数の場合も、さらには連携してプレーする味方がいない場合も、一人もしくは複数の場合も含まれる。以下では、この「直接的な対人構造をもつ判定スポーツ」に限定して、競技力について概説していくこととする。

(2) 判定スポーツの競技力の構造

相手の動きに対応してどのように戦うかということが常に主題となる判定スポーツの競技力について、金子（2005, p. 257）は、「どんな情況の変化、どんな相手のとっさの動きの変化にも間髪入れずに、同時的にその有効な戦術を即興できる能力、すなわち戦術力がそれを特徴づける」と述べている。高いレベルの戦術力を獲得していくには、様々に応用できる十分な数の技術を習得していることが必要である。この場合、技術は固定化された経済的な運動の仕方ではなく、対峙する相手の存在を前提とした戦術上の課題を解決できる、合目的々な可変性のある技術でなければならない。また、この技術力を効果的に発揮するためには、対戦相手のプレーを注意深く観察し、常に先を読むことが必要である。したがって、相手への対応においては、刻々と変化する試合状況において的確にプレーを選択していく戦術的思考力が技術力を導くと同時に、その時に発揮できる選手の技術力が戦術的思考力を限定することになる（會田、2011, p. 21）。

判定スポーツの試合を体力的観点で分析すると、変化する相手の状況に合わせて、ダッシュ、ジャンプ、タックルなどの最大努力の運動を、ランニングやステッピングなどの最大下運動をはさんで、不完全回復の状態で不規則的に反復することが特徴的である（坂井、2006, p. 1）ことがわかる。こうしたパワーおよび加速や非循環的動作のスピードを高いレベルで発揮し続ける間欠的運動の持久力が、高い競技力獲得のための前提となる（シュテーラーほか、1993, p. 31, p. 36）。

また、こうした体力的に厳しい負荷がかかった状態で、相手の威圧的行為やときには審判員の判定に対して、自分の行為を制御していく心的能力が必要と

なる。意識的，創造的な行為には，状況を把握する認識能力が不可欠であり，動機と情動を最大限に利用しながら，それの否定的な作用を抑える能力を身につけなければならない（シュテーラーほか，1993, p. 58）。

(3) チームで対峙する球技における競技力の構造

　ここでは，チームで対峙する判定スポーツの中から特に球技を取り上げてその競技力の特性をまとめておきたい。チームで対峙する球技の場合には，個人で対峙する判定スポーツに比べて，認知しなければならない対象が多く（複数の相手，複数の味方，自分，ボール），競技場が広くなるほど選手の移動スピードが速くなり，移動距離も長くなるために，ゲーム状況はより複雑になり，その変化もより速くなる。このために，シュテーラーほか（1993, p.31）によれば，チームで対峙する球技では「競技力が何よりもまずチームの競技力（協和的競技力）として現れる」。ゲームの最中に選手全員が協力的なプレーを行うには選手全員を方向づける基本的な指針が必要となる（シュテーラーほか，1993, p. 37）。この指針は，どのような戦い方をしたいのかに関する基本的な考えや立場を意味する「ゲーム観」と，このゲーム観を実際の試合で実現するための具体的な計画を意味する「ゲーム構想」によって示される（會田，1994, p. 27）。したがって，チームで対峙する球技では，個人の競技力はゲーム構想に方向づけられて強化され，強化された各選手の競技力がチームに一体化された時に，チームの最高の競技力が達成されることになる（シュテーラーほか，1993, p. 31）。

　また，チームの競技力は，チームを構成する選手全員の相互理解，協力，そして調和に基づいて初めてつくり出すことができる。したがって，チームで対峙する球技の選手の心的特徴として，味方の選手と親しく付き合い，解放的であること，味方の選手の気持ちを汲んで理解すること，進んで味方の選手の弱点や失敗をカバーすること，責任分担体制やポジション別の役割分担体制に自発的に，積極的に加わること，味方の選手との考え方の相違やずれを積極的に克服し，集団の目標を設定するために共通の見解を得ようとすることが必要となる（シュテーラーほか，1993, p. 55）。

（藤本　元）

4. 武道における競技力

(1) 武道とは何か

　武道は現在，広義には「柔道，剣道，弓道など日本伝来の戦闘由来殺傷捕縛術系諸道を総称するもの」と解される（寒川，2009，p. 34）。これに対して，1977年に設立された日本武道協議会は，武道を柔道，剣道，弓道，相撲，空手道，合気道，少林寺拳法，なぎなた，銃剣道の9種目に限定し，1987年に制定した「武道憲章」において，武道は「心技一如の教えに則り，礼を修め，技を磨き，身体を鍛え，心胆を練る修行道・鍛錬道とし洗練され発展してきた」わが国固有の伝統文化であると述べている（日本武道館，2015）。何よりも対戦相手に勝つことが優先される西欧生まれの判定スポーツとは異なって，わが国の武道には，競技よりも人格形成を強調し，練習を「稽古」，練習場を「道場」と呼び，礼法を重んじ，形の稽古や演武を行い，段位制をとっているなどの共通点がみられる。

(2) 武道の国際化

　柔道は1964年の東京オリンピックから正式種目として採用され，空手道は2020年東京オリンピックにて開催都市の希望・提案する追加種目として行われることが決まっている。また，日本相撲連盟はオリンピックへの参加を目指して国際相撲連盟を創設し，1998年には国際オリンピック委員会（IOC）の暫定承認団体となっている（櫟原，2015）。

　これに対して，合気道は「入身と転換の体捌きと呼吸力から生まれる技によって，お互いに切磋琢磨し合って稽古を積み重ね，心身の錬成を図る」ことを目的としているために「他人と優劣を競うこと」（試合）は行わない（公益財団法人合気会）。さらに，全日本剣道連盟は，ホームページ上で次のように述べてオリンピックへの参加に否定的な見解を示している。

　　「『剣道』とは，日本の武士が剣（日本刀）を使った戦いを通じ，剣の理法を自得するために歩む道を指し，剣道を学ぶということはこの剣の理法を学ぶことを意味します。敢えて言えば，剣の理法の奥にある武士の精神を学ぶことが重要で，剣の操法を厳しい稽古を通じて学ぶことは，その為の

一つの手段と見られています。」(全日本剣道連盟)

それゆえ，わが国の武道には，競技のスポーツ化を通してオリンピックに参加して武道の国際化を目指そうとする種目と，わが国固有の武道の伝統を守って昔の形のままの武道を海外に普及することを目指す種目が混在している。

(3) 武道における競技力の特徴

多くの武道では，試合で対戦相手と優劣を競う場合に「一本をとる」ことに大きな価値を認めている。それゆえ以下では，この「一本をとる」ということに着目して，武道における競技力について概説していくこととする。

全日本剣道連盟は，剣道における「一本」を「有効打突」といい，「充実した気勢，適正な姿勢をもって，竹刀の打突部で打突部位を刃筋正しく打突し，残心あるもの」と規定している（全日本剣道連盟，2012, p. 6）。つまり剣道では，竹刀であっても真剣で斬れる方向，すなわち正しい刃筋と太刀筋で定められた部位を打ち，その後に感情を高ぶらせずにその構えを保って次への準備をしていなければ，有効な打突とは認めないのである。

同様に，国際柔道連盟試合審判規則において，柔道の「一本」は「試合者の一方が，相手を制しながら，大きなインパクトを伴って背が畳に着くように，相当な強さと速さをもって投げたとき」と規定されている（全日本柔道連盟）。この場合，どちらが早く畳に背を着いたのかといった量的基準に基づいて勝敗が決められるのではなく，十分に相手をコントロールして冴えのある技捌きで投げることが，そして剣道同様，残心と相手を思いやって礼法を重んじる態度が求められている。

武道は元々，真剣勝負だったので敗者は命を奪われることも希ではなく，命を奪った側（勝者）は負けた相手を思いやって礼を尽くし，勝っても常に自らの行為を自省することが求められた。このことを通して，わが国の武道は，技術だけに偏ることなく，心技体を一体として修練することを通して，常に感情を抑えて平常心を保ち，相手の気持ちを考え，勝って奢らず・負けて悔やまずの精神の下，常に節度ある態度を保つことのできる人間へと成長することを究極の目的としたのである。

これに関連して，柔道の創始者嘉納治五郎は試合における勝利至上主義へと

向かう柔道を強く憂いて，1922年に「精力善用・自他共栄」を柔道原理として制定し，柔道のスポーツ化ではなく，オリンピックスポーツの武道化を掲げている（日本オリンピック委員会）。この意味で，1964年に開催された東京オリンピックに出場し，決勝戦で日本の神永昭夫を袈裟固めの一本で下して，外国人として初めて無差別級の金メダルを獲得したオランダの柔道家アントン・ヘーシンクは勝利の瞬間に，オランダの競技関係者が歓喜のあまり畳の上に土足で上がり駆け寄ろうとしたのを手で制して試合場に上がらせず，自らは静かに礼をして畳を下りたという逸話（日本武道館, 2015, p. 132）は，「礼に始まり礼に終わる」という柔道の精神を体現したものとして現在でも高く評価されている。

　したがって，武道の場合には，勝敗を左右するどれほど決定的な技術や戦術であっても，「人はいかに生きるべきか」という美意識に反するものは価値をもちえない。つまり，わが国の武道では，レスリングやアーチェリーのような西欧生まれの判定スポーツとは本質的に異なる基準に基づいて競技力の判定が行われているのである。

　　　　　　　　　　　　　　　　　　　　　　　　　　　　（有田祐二）

第3節
トレーニングの構造

　スポーツパフォーマンス（競技力）とは単一事象によって構築されるものではなく，多数の要因が複雑に絡み合い，有機的に影響し合って一つのシステムとして構築される。陸上競技の跳躍種目を例に挙げると，脚筋力を高めればすぐに跳べるようになるかというと，身体全体のバランスが崩れて跳べなくなることもある。一つの技術を変更すると，その影響が他の技術へと転移連鎖し，動きを壊してしまうことも少なくない。この複雑で難解な競技力の向上を目指して行う思考と行為，作業の総称がトレーニングと定義される。さらにトレーニングとは，ある現象を深く追求し正解を見つけ出す探求作業ではなく，錯綜する諸要因をシステムアップしながら目標とする競技力を構築していく創造作業に他ならない。本節では，この創造作業を推進していくうえで不可欠な，トレーニングサイクルにおける循環モデルについて概説していくこととする。

1. 基本的な考え方と進め方

　トレーニングサイクルにおける循環モデル（図3-3）とは，トレーニング実践におけるコーチや選手に必要な思考・行動を理論化し，体系化したものである。トレーニングサイクルでは，一連の問題解決過程の循環が生じる仕組みになっており，常に変化を生み出す機構を内在させている。失敗を恐れず，斬新なアイデアをもって大きな変化を導くようにサイクルを循環させ続ければ，トレーニングイノベーションを継続的に創り出し，競技力を向上させ続けることができる。

　このモデルの円滑な循環を導くためには，何よりもまず，専門とするスポーツ種目における競技力の構造を高度に理解しておくことが要求される（スポーツパフォーマンス構造論）。上述の通り，競技力は多数の諸要因が複雑に，構造的に結合し合う複雑系モデルであるために，この視点から競技力を捉え，その構造モデルを創造・設計する必要がある。

　トレーニング手段や測定評価のためのテスト運動を選択する場合には，この

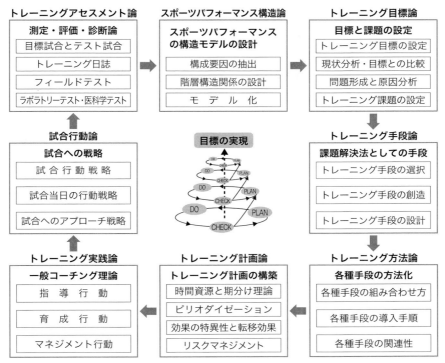

図3-3●図子のトレーニングサイクルにおける循環モデル （図子, 1999, 2002, 2003, 2004, 2013, 2016を統合し, 筆者作成）

構造モデルに基づく考え方が必要になる。すべてのトレーニングが, "初めに運動ありき"といわれる所以がここに存在する。最大筋力やパワー, 最大酸素摂取量や無酸素性作業閾値などの各指標, あるいは最新のトレーニング手段や高度な医科学テストが先行し, この種の科学的な諸要素からトレーニングを組み立てる方法は誤りであり, 失敗を引き起こす原因となる。また, あるスポーツに必要不可欠なトレーニング手段や方法が, 他のスポーツにはマイナスに働くこともある。これらを防ぎ, 高いトレーニング効果を得るためには, 競技力の構造モデルを高度に理解しておくことが不可欠である。このモデル設計には, 自らが行うスポーツに関する高度な理解と知識だけではなく, スポーツ実践を通して体得した豊富な経験則と実践的知恵が要求される。なお, 各種スポーツにおける競技力の構造については, 本章第2節と図子 (2013) に詳しい。

2. 目標の設定

　トレーニングは適切な目標を設定することから開始される（トレーニング目標論）。そこでは，①実現可能性，②時間資源，③個別性と構造性，④発達段階などに配慮しながら，現状を正確に把握し，未来を見据えて目標を設定する必要がある（図子，1999, 2013）。

　①では，実現する可能性が50％程度の，高すぎず低すぎない目標を設定する必要がある。一方で，意欲の低い選手には目標設定を低くするなど，個別性へ配慮することも重要である。②では，目標を設定する場合には，「いつまでに達成するか」という時間に対する制限を設ける必要がある。例えば「何歳まで競技を実施するか」，「最高成績をどの年齢で出すのか」である。これらの考慮の有無によってトレーニングは大きく変化する。③では，目標を達成するための課題や，それを解決する手段や方法は選手個々に異なる。そのために，目標設定は選手個人の特性に配慮して個々に設定する。また，このことはチームスポーツにおいても同様であり，チームの目標を考慮しながら，それを達成するためのポジション（ユニット）別，さらに，個人別の目標といった構造性をもち，各段階における目標設定が重要になる。④では，発育段階の相違によって，発育に関する諸要因やスポーツスキルの習熟度などが大きく異なる。そのために，目標達成の程度（目標達成率）は，中・高生の場合や競技水準が低い場合には高いが，大学生以上のシニア選手や高度に発達した選手になるほど低下する。つまり，目標を設定する際には，選手がどの発育段階にいるのか，十分な配慮が必要になる。

　上記の留意点をもとに目標が設定できれば，次に，現状を分析する。そこでは，数値で表される客観的な情報だけでなく印象や感じといった主観的な情報も用いて，明鏡止水の心境から，あるがままの状態を，あらゆる視点から正確に分析する。そして，目標と現状との間に生じるギャップを問題として形成し，その原因をあらゆる視点から究明する。そのうえで個々の原因を解決する課題を数種類提案し，それらに優先順位をつけて配列・整理する。

3. 課題解決法の選択および決定

　目標を立て，課題が設定できたならば，それを効果的に解決する課題解決法，すなわちトレーニング手段を選択する（トレーニング手段・方法論）。トレーニング手段・方法論の下位構造には，技術力，戦術力，体力，メンタルなどに関するトレーニング論が位置づけられ，さらに，例えば体力トレーニング論では，筋力，持久力，柔軟性，調整力などに関するトレーニング論が位置づけられる（図子，2013）。各理論から課題解決に必要な手段を数種類選択するとともに，現時点で効果的な手段が存在しない場合には，新たな手段を創造する。一つの課題を解決するための手段は一つだけではないために，数種類の手段を組み合わせる必要がある。組み合わせ方や導入手順を設定し，方法化しながら計画立案に取り組んでいく。ここで，トレーニング手段や方法には医療の場合と同様，正の効果と同時に負の効果が必ず存在することに注意する必要がある。大きな効果が期待できるものほど強い負の効果もあり，万能薬的な手段や方法は存在しない。以下では，トレーニング手段・方法論に関する基礎理論について概説していくこととする（図子，1999，2002，2013）。

(1) トレーニング手段の分類と体系化

　トレーニングとは競技力向上のために行う思考や行為，作業の総称であり，狭義の体力要素のみに限定したものではない。したがって，トレーニング手段は，①試合そのものの手段化，②限定的な試合の手段化，③競技力の構造に直結した要素を取り出した手段（専門的な運動），④競技力の構造に直結しないが，習熟および強化すれば貢献が期待できる手段（一般的な運動）に分類できる。①から④に向かうほど，実際の競技力からの類縁性は少なくなり，競技専門的手段から一般的手段へと移り変わる。一方では，④は③の基礎を成しており，③は②および①の部分的要素を形成していることから，すべては相互に関連し合った構造体を形成している。これらのどこかが抜け落ちると，競技力を高いレベルまで継続的に向上させることはできない。

(2) トレーニング手段を構成する体力と技術力

　競技力を向上させるためには，そのスポーツに内在する運動の動きを変容さ

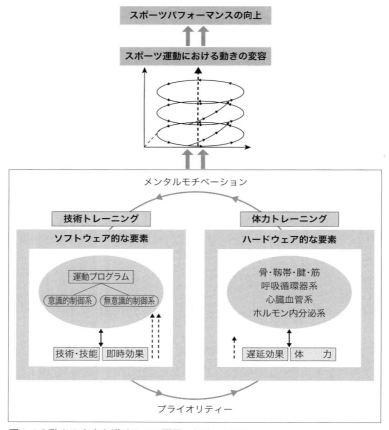

図3-4 ●動きの変容を導く2つの要因 （図子, 2003）

せることが必要不可欠である。動きの変容には，図3-4に示した2つの要因，いわゆる体力と技術力が影響する。また，この2つの要因が変化していく過程はかなり異なっている（図3-5）。

　一つ目はハードウェア的な要因，すなわち，筋や腱・靱帯を強化し，発揮できる力やスピードを高めるとともに，心臓循環器系や呼吸器系，免疫系などを改善し，疲労現象に耐えて，それらを長時間にわたって出力し続けるための要因である。このためには，過負荷の原則に則りながら，目標とする身体各組織や器官に対して過度の負荷を課して適応現象を引き出す（超過回復）ことが要

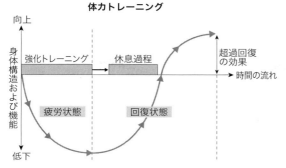

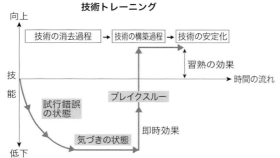

図3-5 ●動きを変容させる2つの要因が向上する過程の相違　（図子, 2003）

求される。身体各組織や諸器官の細胞が分解と再合成を繰り返し、トレーニング効果が得られるまでには遅延時間が必要になる。このように、身体をハードウェアとして捉えて過負荷の原則に基づいたトレーニングは、体力トレーニングと呼ばれている。

他方はソフトウェア的な要因、すなわち大脳中枢の運動制御機構と運動プログラム、神経系の諸要因を改善するとともに、動きの感じやコツを体得させて運動習熟を導くための要因である。このためには、負荷強度の大きさではなく、専門性の原則や特異性の原則に則りながら、専門とするスポーツと類似性の高い運動、つまり動きの感じや主観的なコツを体得するための諸運動、身振り運動や模倣運動、繰り返し行うドリル系の運動をトレーニング手段として用いる。このようなトレーニングを継続すると、試行錯誤が連続する混沌世界から突然

に動きが変わり，トレーニング効果が即時的に出現する．このように，動きの変容の原因をソフトウェアの問題として捉えて専門性の原則に基づいたトレーニングは，技術トレーニングと呼ばれている．

(3) トレーニングにおける体力と技術力の二面性

ウェイトリフティングでは，クリーンエクササイズやスナッチエクササイズは試合で行われる運動であると同時に専門的なトレーニング手段である．一方，球技スポーツや陸上競技になると，これらのエクササイズは一般的な体力トレーニング手段として位置づけられる．このように実施するスポーツの構造モデルが異なれば，トレーニング手段の位置づけは相対的に変化する．

陸上競技の跳躍種目を例にすると，踏切動作を模倣した片脚ボックスジャンプドリルは，技術課題を単純化した分習運動であり，専門的な技術トレーニング手段である（永松・図子，1999）．この運動は，助走をつけて台から跳び出して行うために，着地地点までの距離が遠くなるほど水平速度は高くなる．その場合，接地前の先取り動作や踏切動作の課題が高度になるとともに，地面反力も，鉛直方向では約8000N，水平方向でも1500Nとかなりの大きさになる．これらのことは，ジャンプドリルは技術トレーニング手段である一方で，下肢の筋や腱・靱帯に高負荷が課される体力トレーニング手段にもなり得ることを意味している．これと同様のことは，他のスポーツ種目，例えば球技スポーツのゲーム中においても確認できる．トレーニング手段としてのゲームは，本来的にはグループ戦術の向上を目指したトレーニング手段である．しかし，視点を変えると，そこではかなりの頻度でジャンプや素早いフットワークが実施されていることから，個人の技術力を改善する手段にもなり得るし，さらには下肢の筋や腱・靱帯を強化するための体力トレーニング手段にもなることに注意を向ける必要がある．

トレーニング手段としての運動を，体力と技術力の要因に分解して考えることは，トレーニングサイクルを円滑に循環させるために効果的である．運動は2つの側面から観察できるが，部分的で強化的であれば体力トレーニング，全体的で習熟的であれば技術トレーニングとして位置づけられる．技術トレーニングを遂行し，動きの変容を導くことによって動きが良くなる．動きが良くなると身体各部位に適切な過負荷がかかり，効果的な体力トレーニングになる．

体力が高まると当然ながら，動きはさらに良くなり競技力は連鎖的に向上していくこととなる。トレーニングではこのような相乗効果を期待するものであるが，上述の通り，すべてのトレーニング手段は体力と技術力の両面の特性を有していることへ注意する必要がある。つまり，体力トレーニング，技術トレーニングとして実施しながらも，それによる効果は，不可分な体力と技術力の要因が相互に関わり合いながら生まれるものであり，その原因を一つの要素に帰することはできない。

4. 競技力養成の計画と実践

　目標と課題を設定し，その解決手段や方法が設定できたならば，いよいよトレーニング計画を立案する（トレーニング計画論）。計画立案の際には，時間資源の長短に基づいて，①スポーツによる人生計画（選手の発達初期から引退までの15〜20年スパン），②超長期計画（4年間単位のオリンピックサイクル），③長期計画（1年間単位のマクロサイクル），④中期計画（数ヶ月単位のメゾサイクル），⑤短期計画（1週間単位のミクロサイクル），⑥1日計画（その日のトレーニングメニュー）を作成する。その場合には，トレーニングにおける期分け理論，超過回復理論，ピリオダイゼーション理論を導入し，試合配置とその周期モデルへの配慮を行う（ザチオルスキーほか，2009；村木，1994；図子，1999）。

　立案したトレーニング計画に沿ってトレーニングを実践し（トレーニング実践論），目標とする試合に臨むことになる（試合行動論）。長期計画の中に設定された最重要試合ともなると，選手やコーチは最高の緊張レベルとなり，危機的状態と同様の状況に陥ることも少なくない。このような特別な状況下で最高の成果を獲得するためには，試合における1日の行動戦略と試合進行戦略を計画することが必要になる。優先順位の低い試合を利用してリハーサルを行い，戦略や方略を試していく。また，試合直前のコンディショニングやピーキングに関する計画を用意し，何度も試しながら成果につながる最もよい戦略的アプローチを確立する。

5. 競技力の評価判断

最終的な目標試合へと至る過程の中で，段階的かつ定期的に各種の測定評価および診断を行い，トレーニングの進行状況についてのアセスメントが必要不可欠である（トレーニングアセスメント論）。トレーニングサイクルの各時点で推進した思考と行動に問題はないか，各種測定結果に基づいて評価診断する。適切でないと診断された場合には，トレーニング目標の設定段階にまで再び立ち返り，各時点の問題点を洗い出し適時修正を加える必要がある。以下では，評価診断で用いられるテスト法の種類と評価診断法について概説していくこととする（図子，2002，2004，2016）。

(1) ラボラトリーテストとフィールドテスト

競技力の評価に用いられるテスト法としては，ラボラトリーテストとフィールドテストがある（図3-6）。ラボラトリーテストは客観的な基礎測定法で，高度に測定できる機器を使って数値化したデータが提示できる。ここでは，より単純化した形で運動能力や身体の構造および機能について測定することができ，専門的で高度なものになる。一方，フィールドテストはより実際の競技に近い総合的な能力を評価することができる。この方法は，ラボラトリーテストと異なり，いつでも，どこでも，誰でも，簡単に，精度の高いものとして用い

フィールドテスト		ラボラトリーテスト
主観的運動測定法 ・映像観察の測定評価 ・運動観察・印象・アートとしての評価 ⇒より総合的かつ全体的に運動を把握し評価する	**客観的運動測定法** ・数値化したデータによる測定評価 ⇒単純化し，要素を的確に抽出して測定評価する	**客観的基礎測定法** ・数値化したデータによる測定評価 ⇒高度な測定機器を利用した測定評価

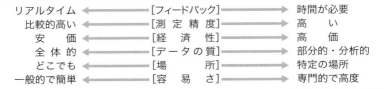

	[フィードバック]	
リアルタイム	← →	時間が必要
比較的高い	[測定精度]	高い
安価	[経済性]	高価
全体的	[データの質]	部分的・分析的
どこでも	[場所]	特定の場所
一般的で簡単	[容易さ]	専門的で高度

図3-6●ラボラトリーテストとフィールドテストの比較　（図子，2002，2004，2016を統合し，筆者作成）

ることができる。なお，フィールドテストは2種類ある。一つは，例えば30m走のタイムを測るなど，ラボラトリーテストでなくとも数値化できる方法を用いるものである。もう一つは，映像に残すなど，日々のトレーニングの主観的で数値化できない運動の観測を行うものである。さらには，トレーニング日誌などによって，体調，トレーニング内容，運動感覚などの主観的な情報を蓄積することも重要となる。両テストの長所と短所を見極め，役割に応じた活用法について考える必要がある。

(2) 競技力の評価項目と階層構造性

ラボラトリーテストやフィールドテストを実施し，様々なデータが得られたとしても，最終的には競技力の向上につながらなければ意味がない。図3-7には，跳躍種目における競技力の構造と，それを評価するための各種テスト運動の階層構造性が示されている。

一番下にあるのは，専門家による分析的なもので，神経系や筋といった基礎的な機能と形態に関する医科学テストである。もう一つ上には，筋力に関するものが位置づけられている。この段階では実際の跳躍種目には程遠く，筋力が上がればすぐに跳べるようになるかといえば，そういうわけにはいかない。ここで高めた筋力などが競技特有の動きに転化され，技術化されて初めて，競技力に生きたという評価になる。

間違いやすいことは，医科学研究によって新しいものが発見・開発されたり，トレーニングによって筋力が上がったりすると，それがすぐに競技力に直結すると思ってしまうことである。図3-7を見ると分かるように，その間には実に様々な階層があり，それらを経てようやく競技力の向上へたどり着けるのである。しかもこれは陸上競技の跳躍種目の構造であり，球技などの団体競技になると，その複雑性は増してくる。しかしながら，どの競技種目においても，この階層性を把握しておくことは，適切な評価診断の実施において不可欠である。

6. コーチングにおけるトレーニング実践の位置づけ

ここまで，トレーニングサイクルにおける循環モデル（図3-3）をもとに，コーチや選手に要求されるトレーニング実践での思考や行動に関する理論を示して

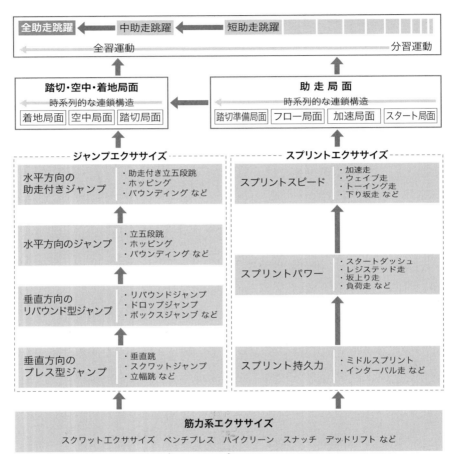

図3-7 ●跳躍選手における評価項目の階層構造性　(図子, 2016)

きた．各理論を理解し，適切な道筋に則りながらトレーニングサイクルを循環させることができれば，競技力の向上が期待できる．しかしながら，そのためには，コーチングにおけるトレーニング実践の位置づけを理解しておくことが不可欠となる．以下では，その位置づけに関する指導行動と育成行動について概説していくこととする（図子，2014）．

コーチングとは，コーチが選手・チームとの間に良好な関係を築きながら，競技力の向上に至る思考および行動の総称のことである（図子，2014）．コーチングにおける目的と行動は主に2つに分類でき，一つは，競技力の向上を目的とした指導行動，もう一つは，人間としてのライフスキル（人間力）の向上を目的とした育成行動である．このダブルゴールを設定し，「主役は選手であり，決してコーチではない」ことを強く認識するとともに，アスリートファーストの精神をもつことが必要になる（図3-8）．

競技力の向上を目的とした指導行動に要求される能力は，専門スポーツ種目の知識・経験・スキルである．また，どの種目にも共通する一般理論としてのトレーニングに関する知識・経験・スキルが必要になる．このことは，本節で述べてきた，トレーニングサイクルを循環させる問題解決型思考と行動を知恵化して体得することに他ならない．

人間力の向上を目的とした育成行動に要求される能力は，心理学，コミュニケーション，カウンセリング，教育学，感情コントロールなどに関する知識・

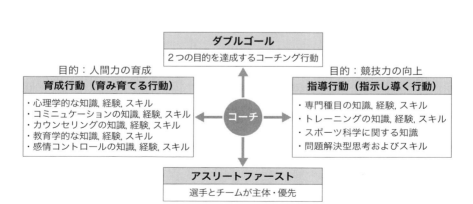

図3-8 ●プロフェッショナルコーチにおけるダブルゴールとアスリートファースト，そのための2つの行動基軸　（図子，2014）

経験・スキルが必要とされる。これらをもっていないと，自分の考えや思いを一方的に伝えるだけの命令型のコーチングになるとともに，勝利至上主義によって選手を統制・コントロールしてしまう恐れもある。そして，自らの感情をコントロールできず，体罰や暴言を加えてしまい，選手の心を破壊することにもつながっていく。

　競技力と人間力との間に正の相関関係があると仮定するならば，迷わず最大限に競技力を高めるコーチングを行えばよい。しかし，勝利至上主義のコーチングを行うと，合目的的な思考や行動ができない選手，正しい哲学や倫理をもたない選手が育ってしまい，ある時点での競技力は高いとしても，長期間に渡って高度に向上し続けることが困難になる。また，命を危険に曝しても勝つことを目指すドーピング，競技力だけ高く人間力が大幅に欠如したバーバリアンアスリートの存在，このアスリート（選手）がコーチになって起こすセクハラ・暴力・金銭問題など，多数の深刻な問題が引き起こされる。さらに，競技を引退した後に，優れたコーチに成長できないばかりか，社会に役立つ日本国民として幸せに生きることも心許ない。したがって，コーチングには競技力向上を目指した指導行動に加え，必ず教育的な配慮が必要になり，人間力を高める育成行動が重要になる。加えて，実際のコーチングにおいては，選手・チームにおける発育発達特性，体力的特性，技術的特性，戦術的特性，心理的特性，人間力特性などを評価診断し，それに応じて指導行動と育成行動の割合を変化させる可変型コーチングスタイル（図子，2014）が必要とされる。

（図子浩二・苅山靖）

＊第3章は，2016年3月の担当者執筆依頼の時点までは，図子浩二先生が分担責任者として章の内容の企画・立案を担当しておられました。同年6月に先生の突然の訃報に接し，執筆者と協議した結果，図子先生の企画の意図を可能な限り生かすことを前提として，図子先生が執筆される予定であった第1節を編集責任者の朝岡正雄が，第3節を図子先生の愛弟子である苅山靖が担当することとなりました。執筆にあたって，可能な限り先生が生前ご発表になった業績を熟読・吟味し，先生のお考えを反映できるように努力したつもりですが，先生の高邁な理論構築を汚す内容となってしまったかもしれません。そうだとすれば，偏に我々の不勉強によるところです。この場をお借りして，先生のご冥福をお祈り致しますとともに，読者諸兄のお許しをお願いする次第です。

朝岡正雄・苅山靖

●文献

* 會田宏 (1994) ボールゲームにおける戦術の発達に関する研究. スポーツ運動学研究, 7: 25-32.
* 會田宏 (2011) 球技の個人戦術における実践知の構造に関する研究 ―ハンドボールの事例を中心にして―. (筑波大学博士論文)
* Andersen, L. L., Aagaard, P. (2006) Influence of maximal muscle strength and intrinsic muscle contractile properties on contractile rate of force development. Eur. *J. Appl. Physiol., 96(1)*: 46-52.
* 朝岡正雄 (1999) 運動学序説. 不昧堂出版.
* Asmussen, E., Bonde-Petersen, F. (1974) Storage of elastic energy in skeletal muscles in man. Acta. *Physiol. Scand., 91(3)*: 385-392.
* ブラディミール・ザチオルスキー, ウィリアム・クレーマー 著: 高松薫 監訳, 図子浩二 訳 (2009) 筋力トレーニングの理論と実践. 大修館書店.
* Ehlenz, H., Grosser, M., and Zimmermann, E. (1985) *Krafttraining (2. Aufl.)*. blv sportwissen, p. 12.
* 深代千之 (1990) 跳ぶ科学. 大修館書店, p. 41.
* 櫟原利明 (2015) オリンピックで我が国技を. 立法と調査, 369: 2. (参議院事務局企画調整室)
* 猪飼道夫 (1968) 生理学からみた体力と技術. 体育の科学, 5: 291-294.
* 一般財団法人全日本剣道連盟 (2012) 剣道試合・審判規則　剣道試合・審判細則. 全日本剣道連盟.
* 一般財団法人全日本剣道連盟. 剣道を知る.
  http://www.kendo.or.jp/kendo/　(参照　2016年10月1日)
* 伊藤信之 (2007) 一流走幅跳選手の助走から見たスプリントと助走における走動作の違いと共通点について. スプリント研究, 17: 1-9.
* 金子明友 (1976) 体操競技の運動における美学的一考察. 体育原理研究会 編. スポーツの美学論 (体育の原理〈第10号〉). 不昧堂出版, pp. 116-126.
* 金子明友 (2002) わざの伝承. 明和出版.
* 金子明友 (2005) 身体知の形成 (上). 明和出版.
* 金子明友 (2009) スポーツ運動学. 明和出版, pp.163-164.
* 苅山靖・図子浩二 (2013) プライオメトリックトレーニング手段としての各種リバウンドジャンプの用い方 ―両脚型と片脚型および鉛直型と水平型の相違に着目して―. 陸上競技研究, 92(1): 2-14.
* 苅山靖・図子浩二 (2014) ジャンプエクササイズを用いたプライオメトリックトレーニングにおける手段および方法の構築 ―バイオメカニクス知見をエビデンスとして用いることの重要性―. バイオメカニクス研究, 18(3): 176-188.
* ケルン: 朝岡正雄 ほか訳 (1998) スポーツの戦術入門. 大修館書店.
* 公益財団法人合気会.
  http://www.aikikai.or.jp/aikido/index.html　(参照　2016年10月1日)
* 公益財団法人日本武道館 (2015) 日本武道館五十年史. 日本武道館.
* 公益財団法人日本武道館. 武道の振興・普及／武道の理念.
  http://www.nipponbudokan.or.jp/shinkoujigyou/rinen (参照　2016年10月1日)
* 公益財団法人日本オリンピック委員会. オリンピックムーブメントと嘉納治五郎.
  http://www.joc.or.jp/olympism/kano/20071220_1940jigoro05.html (参照　2016年10月1日)
* 公益財団法人全日本空手道連盟.
  http://www.jkf.ne.jp/ (参照　2016年10月1日)

＊公益財団法人全日本柔道連盟. 2014〜2016年 国際柔道連盟試合審判規定（和訳・ガイド付き）http://www.judo.or.jp/p/35115（参照 2016年10月1日）
＊マイネル：金子明友 編訳 (1998) マイネル遺稿 動きの感性学. 大修館書店, pp. 98-103.
＊村木征人 (1993) コーチングからみた全身の動きと部分の動き —跳躍競技における全体と部分. 体育の科学, 43(12): 973-980.
＊村木征人 (1994) スポーツトレーニング理論. ブックハウスHD.
＊Muraki, Y., Ae, M., Koyama, H., Yokozawa, T. (2008) Joint torque and power of the takeoff leg in the long jump. Int. *J. Sport Health Sci., 6*: 21-32.
＊永松幸一・図子浩二 (1999) 踏切中の地面反力と身体の振子運動からみたバウンディングの特性. バイオメカニクス研究概論（第14回日本バイオメカニクス学会大会論文集）: 356-360.
＊日本体育学会 監修 (2006) 最新スポーツ科学事典. 平凡社, p. 757.
＊Perttunen, J. O., Kyröläinen, H., Komi, P. V., Heinonen, A. (2000) Biomechanical loading in the triple jump. *J. Sports Sci, 18(5)*: 363-370.
＊三枝博音 (1951) 技術の哲学. 岩波書店, p. 177.
＊坂井和明 (2006) 球技スポーツ競技者における間欠的運動パフォーマンスのトレーニング課題に関する研究. (筑波大学博士論文)
＊寒川恒夫 (2009) 近代語としての武道の概念形成. 現代スポーツ評論, 21: 34-51.
＊シュテーラー・コンツァック・デブラー：唐木國彦 監訳 (1993) ボールゲーム指導事典. 大修館書店.
＊Stiehler, G. et al. (1988) *Sportspiele*. Sportverlag, p. 44.
＊図子浩二 (1999) トレーニングマネジメント・スキルアップ革命—スポーツトレーニングの計画がわかる①〜⑦—問題解決型思考によるトレーニング計画の勧め. コーチングクリニック, 14(1)-(7)の連載.
＊図子浩二 (2002) 体力測定I: 競技スポーツの場合. 臨床スポーツ医学, 19(12): 1461-1472.
＊図子浩二 (2003) スポーツ練習による動きが変容する要因 —体力要因と技術要因に関する相互関係. バイオメカニクス研究, 7(4): 303-312.
＊図子浩二 (2004) トレーニングを計画・評価する. 鹿屋体育大学スポーツトレーニング教育研究センター 編. スポーツ選手と指導者のための体力・運動能力測定法. 大修館書店, pp. 143-153.
＊図子浩二 (2006) 陸上競技・跳躍. 体育の科学, 56(2): 127-133.
＊図子浩二 (2012) 体育方法学研究およびコーチング学研究が目指す研究のすがた. コーチング学研究, 25(2): 203-209.
＊図子浩二 (2013) トレーニング論II/トレーニング理論と方法論. 公認スポーツ指導者養成テキスト共通科目III. 日本体育協会, pp. 104-117.
＊図子浩二 (2014) コーチングモデルと体育系大学で行うべき一般コーチング学の内容. コーチング学研究, 27(2): 149-161.
＊図子浩二 (2016) パフォーマンスの構造を理解しトレーニングサイクルを循環させる—特集：パフォーマンスを評価する—. コーチングクリニック, 30(6): 4-7.
＊図子浩二・高松薫 (1995) バリスティックな伸張—短縮サイクル運動の遂行能力を決定する要因 —筋力および瞬発力に着目して—. 体力科学, 44(1): pp. 147-154.

第 4 章

競技力の養成

第4章 競技力の養成

第1節
技術トレーニング

　スポーツにおける技術力の獲得は，戦術力と並んでトレーニングの直接的目標となる。そのため，運動技術の開発，改良，ならびにその指導はスポーツパフォーマンスに対して決定的な意義をもっている。本節では，コーチングという実践の立場から技術概念を確定し，特性を概説する。さらに，技術は選手がそれを身体化してはじめて実践の場に活きるものとなるため，技術習得の方法，つまり技術トレーニングの方法論が検討されねばならない。そのために，身体知としての技術力の構造を探り，運動発生論の立場から技術のコーチングの手順を解説する。

　　　　　　　　　　　　　　　　　　　　　　　　　　　　　　　　　　（佐藤　徹）

1. 技術とは何か

(1) 技術と技術力

　マイネル（1981, p. 31）によると，運動技術が問題になり始めたのは1896年の第1回アテネオリンピック大会以降とされる。この大会の陸上競技100m走でアメリカのバーク選手がクラウチングスタートを行って優勝したが，それをきっかけに，スポーツ競技において選手が本来もっている能力だけでなく，動き方に何らかの工夫をすることによってより高い成果を挙げる可能性が生まれるということが認識されるようになった。もちろんそれ以前にも，どのように動けば効率的で正確に目標が達成できるかについて絶えず考えられていたことは想像に難くない。当のアテネ大会の100m走のスタートの映像を見ると，バーク選手以外にも奇妙な姿勢をとっている選手がいた。よりよい動き方は古来，人々の思考の対象となっていたことがうかがえる。最近では，リオデジャネイロオリンピック大会の陸上男子400mリレーにおいて，日本チームがバトンの手渡し方に工夫を施し，4人の走者のうち誰も100m走の決勝まで進出できなかったにもかかわらず銀メダルを獲得したことは，スポーツにおける技術改良の意義を改めて知らしめた出来事である。

今日まで，わが国においても，また欧米においても，スポーツの技術という語は多様な使われ方をしてきている。ここで述べる技術とは，「ある一定のスポーツの課題をもっともよく解決していくために，実践のなかで発生し，検証された仕方」（マイネル，p. 261）というマイネルの定義に従うものである。

つまり，この場合の運動の仕方とは，具体的な動き方として提示できるものを指しており，動きの質的特性や，総合的達成力としての技能，あるいはコーディネーションとは区別すべきである。というのは，しばしば体力と技術は並列的に話題にされ，単に運動習熟度が高いことを技術的に優れていると表現することも少なくないからである。どれほど流動的でリズミカルな動きであっても，運動技術的にみれば時代遅れであることは珍しくない。

また，運動技術の重要な特性として"一般妥当性"（マイネル，p. 261）が挙げられる。ある個人が新しい動きの仕方によって成果を挙げたとしても，それが他の者にも転移可能なものであるのか，あるいはその個人固有の特徴に過ぎないのか確認作業が必要となる。その動き方が単なる"くせ"であったり，あるいはその選手にしかできないような個人的技法ではなく，他の者に運動感覚的に受け入れられる新しい動き方は「共通感覚的図式技術」（金子，1985）と呼ばれ，目指すべき動き方として練習対象となる。

このような技術概念に基づけば，技術力とは，その時々で最も効果的な動きを状況に応じて適用できる実践的能力ということができる。スポーツにおいて技術力を高めるトレーニング，いわゆる「技術トレーニング」は，筋力などの体力の向上，さらに戦い方としての戦術力の向上と並んでスポーツパフォーマンスにとって最重要項目のひとつである。

(2) 運動技術の階層構造

前項において，本論で扱う運動技術を「課題解決に向けて工夫された運動の仕方」と限定し用語の指定範囲を設定したが，それでもこの場合の「課題」をどのレベルに設定するかによって技術の内容も変わってくる。

わが国の体育・スポーツ理論において，「背面跳び」「逆上がり」「クロール」あるいは「背負い投げ」などを技術と呼ぶことにこれまであまり抵抗はなかった。確かにこれらは，「バーを跳び越す」「鉄棒の上に上がる」「速く泳ぐ」「相手を投げる」というスポーツ課題を達成するために有効な運動であり，その意

味では運動技術と呼ぶことが間違いとはいえない。

　1968年のメキシコオリンピック大会において，それまでベリーロールが主流であった走高跳競技で，アメリカのフォズベリー選手はまったく新しい跳び方である背面跳びを行って優勝した。当初は新技術の開発に驚嘆のまなざしが向けられていたが，今日の大きな大会ではほとんど全員がこの跳び方を行っている。このように出現当初は画期的な技術とされた運動の仕方も，時代を経てそれを行う人間の数が多くなれば，一般的な練習対象としてのひとつの運動形態となっていく。このような運動形態は，相撲や柔道，体操競技などにおいては「技（わざ）」と呼ばれている。クロールとかインサイドキックという運動形態を技と呼ぶことは，水泳やサッカーなどの種目においては一般的ではないかもしれないが概念的には技と捉えるべきである。したがってこれらの運動形態は，「技としての技術」ということができる。

　多くの選手に実施される技は，より高いパフォーマンスの達成に向けて改良される。つまり，「技としての技術」を行うための技術（=「技の技術」）の開発である。例えば，水泳のクロール泳法での腕のかき方（動かす経路）は，手のひらで腹の下でＳ字を描くように動かす方法や，腹の下を通さずに肩のラインをほぼまっすぐ下にかく方法など，今日でもなおクロールの技術は変容しつつある。変化し続けることが技術の本質的特性であるともいえる。

　ある技を効果的に行うための新しい技術も，それが多くの選手に普及伝播すれば，さらにもっと効果的に行うための新技術が開発されることになる。このように，技術はその時々の目標をどこに設定するかによって内容の階層は異なってくる。そのため，技術についての論議は，どの階層での問題であるのかに注意を払う必要がある（佐藤，1997）。

　技術が高度化するにつれて，一般にその習得はより難しくなっていく。新しい技術を習得しようとする場合，前提となる下位技術をマスターしておく必要があるからである。この点において，機械などの技術発展と比べて本質的な相違がみられる。つまり，自動車の開発によって私たちの日常の歩行距離が大きく減少したように，機械技術は発達すればするほど人間の関与，苦労は減少する。一方，運動技術は高度になればなるほど，その習得のために身につけておくべき下位技術は増大，高度化するのである。

(3) トレーニング目標となる運動技術の把握

　どんな運動（技）であっても，それをより高いレベルで達成しようとすれば，技術の習得，および適用が不可欠である。その際に，どのような技術をトレーニング目標として設定するのかは選手および指導者にとってきわめて重要な選択事項である。トレーニングの目標となるのは常に最新の，最高のパフォーマンスを示すエリート選手の動き方であるとは限らない。

　前述したように，高度な上位技術の実現にはその土台となる下位技術の習得が前提となる。習得していくべき下位技術の学習順序は，単にその動きの難易度だけから決まるのではない。最終的に目標とする運動（技）の最良の達成に向けて，体力的，技能的レディネスに応じて必要なトレーニング対象が選ばれることになる。その優先度やトレーニング開始時期などの判断に際しては，指導者は技術に関する知識だけでなく，人間の運動発達に関する知識，さらにそれを個人的特性に合わせて処方する専門的な能力を要求される。

　例えば，まだ身体的成熟が進んでいない少年期の選手には成人と同じ技術を要求することはできない。少年野球では変化球の使用が禁止されていることからも分かるように，身体的，成長的観点からトレーニング対象の選択も慎重に行うべきであるし，若年者であれば将来の運動発達にとって基礎となる基本技術の習得が優先されるべきである。また，柔軟性や筋力に大きな違いがある男女間に関しては，同じ技の実施においてもその技術はかなり異なっていることが少なくない。

　また，当面の試合に間に合わせるために理想とする技術の習得を先延ばしにすることも実際にはしばしば行われる。つまり，本来であれば最新の技術を身につけることが選手の将来にとって不可欠であったとしても，技術改善はそれまでの習慣化していた動き方を変えることであるため，試合直前の運動修正は動きの協調性が崩れる危険性があることを十分に認識すべきである。

　このように，トレーニングの目標としての運動技術は固定した理想モデルと捉えるのではなく，選手の技能レベル，発達年齢，レディネスなど様々な個人的特性を十分に配慮したうえで精選する必要がある。トレーニング対象とする技術の取捨選択は，指導者の指導経験を通した高度な専門能力に基づいて行われる。

2. 技術力の構造

(1) 身体知としての技術力

　スポーツの競技力を本質的に決定づけるのは技術力と戦術力である。体力や精神力はパフォーマンスにとってきわめて重要な因子ではあっても，それらは技術や戦術を競技の場で具現できるための条件と捉えるべきである。

　ここでいう技術力は，選手が実際の運動場面で最適の行動が遂行できるための実践力を意味している。つまり，運動の物理的メカニズムの知識をもっていることとか，力学的法則の適用を図るといった内容を表すものではない。

　金子（2005a, p. 224）は，技術力について「現時点でもっとも有効な〈図式技術〉を私の動感身体で思うままに駆使できる能力」と述べている。他の者にも転移可能な公共性をもった図式技術がどれほど効果的な動き方であっても，それを試合などの場で即座に実行に移せる能力が選手に獲得され，技能として定着していなければ実戦の役には立たない。つまり，図式技術を使いこなせる身体知にまで高めていくことが技術トレーニングの課題となる。

　技術力は，具体的には動きのコツとカンの習得によって形成される。スポーツ運動学的概念としてのコツは自我中心化的身体知と呼ばれ，「自我身体の意味核を感じ取る動感力」（金子，2007, p. 307）である。端的にいえば，自分自身の動き方に向けた意識である。だれでも，"こういうふうに意識して行ったらうまくいった"という経験があるはずである。その"動きの感じ"をコツとして捉えることになる。コツについて金子（2007, p. 307）は，「私の身体それ自体に居合わせていて，求心的な志向体験をもつ身体能力」と説明している。

　一方，カンは状況投射化的身体知として，「私の身体とそれを取り巻く情況との関わりのなかで，動き方を選び，決断して実行に移せる遠心的な志向体験をもつ身体能力」（金子，2007, p. 307）を意味する。例えば，飛来してくるボールの落下点に正確に入ることができるとか，味方の動きのスピードに合わせて的確な位置にパスができるというような能力はカンの作用がなければできない。自分の動き方に対する意識としてのコツと違って，自分以外の対象に向けられた意識といえる。

意識の向き先によって区別されるコツとカンであるが，両者は同時に作動するのであって，どちらかだけが絶縁的に機能するのではない。しかし，意識活動の特性から両方同時に意識されることはなく，状況に応じて意識が向かう先は絶えず入れ替わる。これを金子は反転化と呼んで，技術力を支える重要な要因であり，習練対象とすべき能力であることを指摘している（金子, 2007, p. 313）。

　試合やゲームの最中に自分の動き方，つまりコツについて意識することは少ない。絶えず状況が入れ替わる球技などにおいては，自分の動きのコツを意識することはほとんどないといってもよいくらいである。自分の動き方などに意識を向けている時間的余裕はないといってよい。しかし，優れた選手の脳内では，遂行時はコツとカンの意識が絶えず入れ替わっているはずである。それによって状況に最適の行動を選び，しかも巧みな身のこなしでスーパープレイを生み出している。

　例えば，イチロー選手がみせる"スーパービーム"は，持ち前の強肩とスローイングの正確性だけから成り立っているのではない。フライボールを普通にキャッチしていたのでは3塁ランナーがタッチアップから簡単にホームに生還できるような場面でも，キャッチ動作に工夫を加え，予想を超えたスピードプレイを行う。その際には，飛来してくるボールの軌道や自分との距離などに関してカンを働かせるのはいうまでもない。しかしさらに，ランナーの動きを見ながら，素早いプレイを可能にするために，キャッチ時にはすでにスローイングの準備局面に入っているような体勢をとることを考える。そのときには，どのような角度でボールにとびつくのか，グラブの構え方はどうするのかといった自分の動きのコツを意識しなければならない。しかも，自分の動き，あるいは周囲の状況のどちらかだけにあまりに強く意識がとらわれていたのではミスを招くことになる。プレイの一瞬ごとにコツとカン意識は入れ替わって，つまり反転している。この反転化能力が土台にあってはじめてあの卓越したプレイが生み出される。

　それぞれのスポーツ種目において固有の動きのコツをつかみ，状況に即したカンを働かせることができるようになることが技術トレーニングの目的である。コツやカンは物体のように外部から目に見える特徴として捉えることはできないため，技術力の査定の際には，単にある特定の動きができるかどうかだけを

問題にするのではなく，選手がどのような場面でどのように実施しているかを評価できる能力が指導者に求められる。

同時に，動き方についてアドバイスしたときに，選手がその部分にコツ意識を向けることができているか，つまり反転化能力を備えているかどうか確認する必要がある。難しい状況のなかでは，アドバイスをしても周囲のことに向けたカンだけを作動させて，コツの方には意識を向けることができない事態になっていることがある。それでは指導の効果は上がらない。例えば，技能の低いスキーヤーが不整地や急斜面のゲレンデを前にすれば，自分の動き方に注意を向けることはできない。その場合には，状況への注意，つまりカンをあまり働かせる必要がないような練習の場を選ぶなど，指導の方法を変えなければならない。

(2) 運動感覚意識の構成化

人間が運動を学習する際には，その運動をどのように行っているか意識（運動感覚意識＝動感意識）することもあればまったく意識しないこともあり得る。小さな子どもは次々と新しい運動を習得していくが，実施の感じを意識にとどめていることはあまりない。大人であってもどの程度の動感意識が形成されているかはまったく千差万別である。スポーツの名選手でさえ，自分の動きについて語れないことは珍しくない。極端な言い方をすれば，ある動作が上達するのに動感意識はなくてもかまわない。また，明確な動感意識があることがその運動の熟練度が高いということと直接的関連があるわけでもない。あるいは，練習時には様々な動感意識をもっていたが，その運動が熟練の域に入り，自動化されてくるにつれて動感意識がなくなってしまうこともしばしばみられる。これは，運動が熟練し，習慣化したことによる匿名性現象（金子，2009，p. 247）と呼ばれる。このように，動感意識は捉えどころのない，確固たる必要性が感じられないものに一見思われる。それでもスポーツ選手にとって動感意識の形成は，以下の理由によって大きな意義をもっていると考えられる。

それは，技術トレーニングのなかで次に行うべき課題を設定するためである。つまり，子どもが遊びの動きを覚える時とは違って，パフォーマンスの向上を目指すスポーツ選手は，練習時に何も考えずに同じことを繰り返しているのではない。「今の実施は失敗だったから次は○○に意識しよう」とか「今のはよかっ

たから次も同じようにやろう」などと考えているはずである。このとき，いま実施した動きの感じが記憶に残っていなければ，次に目指す動き方を考えることなどありえない。

　また，動感を意識しておくことの大きな意義のひとつとして，動きの感覚に狂いが生じた時の対処の仕方が挙げられる。うまくできるようになった運動でも，その状態が永遠に続くわけではない。環境条件によって狂いが生じることもあるし，絶好調の時でも突然できなくなることはスポーツ選手であれば少なからず経験があるはずである。野球において「打撃は水物」といわれるように，些細なきっかけで動きは良くなったり悪くなったりする。

　好調時には自分の動き方についてあまり意識を向けることはない。むしろ向けない方がよい結果を招くことが多い。しかし，自分の動きがおかしくなってきたと感じた時に，そこに意識を向けないわけにはいかない。その際，それまでの体験の中で，自分の動き方に常に反省の意識を向けていた選手は，修正の方法を自ら考えることができる。それに対して，日常のトレーニングの中で動きを振り返る習慣のない者は，その動きを繰り返し遂行する中で改善されてくる偶然性を待つしかない。指導者からいわれた通りにしか行わない選手によくみられるタイプである。

　主体的に自分の動きを修正できる選手を育成するには，日常のトレーニングの中で自分の動き，動感に意識を向ける習慣をもたせることが必要である。いわゆる運動の自己観察である。しかし，一言で動感の意識化といっても，何を感じ取り，何を意識に上らせることができるかはまったく多様である。成功失敗の結果のみ，あるいは「今のはよかった」などという漠然とした感じだけを記憶しても次の練習に活きる情報とはなり得ない。

　さらに，指導者になった時のアドバイスのための感覚素材として動感意識が大きな役割を果たすことを認識する必要がある。運動指導には指導者自身による動感の意識化体験が不可欠であるからである。

　運動を効果的に行うための技術ポイントは指導書などを参考にすることはできるが，実際に選手にその動きを身につけさせるためには具体的な動きの感じを伝えることになる。その際，指導者の自分自身の動感意識が土台となっていることはいうまでもない。例えば，かつて自分が全然うまくいかないと考えていたやり方を他者に指導するわけはない。自分がうまくいった時の経験，つま

りコツをつかんだ時の経験がもとになる。あるいは，それに類する感じをアナロゴンとして捉え，想像的に動感を伝えることになる。その際の比較材料となるのが動感意識である。

　しかしこの場合，注意すべきことがある。それは，指導者がもっている動感意識が他の者にとってまったく有効ではないことがあるという点である。場合によっては有害なことさえある。例えば，ある動き方に対して「このように動きを行っている」という意識と実際の運動経過が異なっている場合などが考えられる。あるいは以前に指導者から指摘された言葉が自分の動感意識と混同してしまっていることもある。さらに，意識している動感が，その運動の実施にとって本質的な技術的内容ではなく，末節的なことのみであることもしばしばみられることである。どのように意識しようが，自分の実施がうまくいっている時にはそれで問題はないが，他者への指導においては大きな弊害となる。

　このように動感意識はきわめて個人的で非客観的なものであることから科学的研究の場で扱われることはない。しかし，この場合の科学とは自然科学を意味しているのであり，意識が学問そのものの対象とならないというわけではない。実際の運動学習，指導の場でこの動感意識を抜きにした活動はあり得ない。技術とは動きの物理的メカニズムではなく，選手の身体によって実現されてはじめて生化するものであり，そのために動感意識の理解は不可欠の研究対象領域に位置する。

(3) 運動感覚意識の本質的特性

　技術の習得，修正あるいは指導のための資産として動感意識の形成の重要性は認められても，それがどのレベルで達成されているか検証することは容易ではない。たとえ運動遂行後に明確な実施意識があり，それが実施者本人にとっては有用なコツ情報ではあっても，その内容が他の者にもそのまま適用できるとは限らない。あるいは，意識されている内容が運動技術的要点と大きな隔たりがあることもある。例えば，野球のピッチャーで，投球時に投げる方の手ではなく，グラブを持った手の位置などに意識を向けていることがあるが，この意識によってピッチング全体に好結果をもたらしていたとしても，技術的に本質的な内容とはいえない。つまり，動きの内容については，そこに関心があるか，あるいは通常の実施と比べて大きな変化などがあった場合にしか普段は意

識されないからである。このことから，熟練者の意識内容の言表をどれだけ集めても，技術的視点からみて真に重要な内容が出てこない可能性もある。むしろ熟練者がすでに意識する必要がないほどに習熟度が進んでいる部分に，初心者にとって最も必要なコツが潜んでいる可能性があることを認識すべきである。

したがって，明瞭かどうかは別としても，元々，動感意識なるものがあって，それを確認することが動感意識の形成であると考えるべきではない。動感意識は，実施者の注意や関心などによって意図的および非意図的に作りあげられる。つまり本人によって構成されるものである。そのため，どのようにすれば動感の意識化を図ることができるのかが問われなければならない。

構成されるといっても，まったく何もないところから組み立てあげられるわけではない。例えば，私たちが普通に歩く時，特に何も意識していなくてもまったくの無意識というわけではない。何も意識として残らないのであれば，私たちは自分が今何をしているかさえ分からない。したがって，そのような素材としての漠然とした感覚から，練習に有用な情報となる明瞭な意識に変換していく作業が重要な意義をもってくる。いわば，受動的（潜在的）動感意識の能動化が必要なのである。

この問題性について，バレーボールのアンダーハンドパスの例から指摘してみよう。

体育教材として一般的なアンダーハンドパスであるが，運動が得意ではない生徒のなかには正確な打ち返しができない者も少なくない。この運動の技術的説明や練習法などに関する指導書，あるいは練習法を掲載したホームページなどは数多く見られる。

アンダーハンドパスの技術的ポイントとして最も一般的なものは，「腕を振るのではなく，膝の曲げ伸ばしを使って打つ」というものである。確かに，膝を柔らかく使って打ち返す動きは熟練者に共通して見られる特徴である。したがってこの解説に誤りがあるわけではない。しかし，膝の使い方が活きてくるのは，ボールをうまく弾く腕の操作ができるようになってからのことである。腕でボールを打つのであるから，初心者にとって最も肝心な技術は腕の操作にあることは当然である。それにもかかわらず，どのようなタイミングでどのように力を入れるのかなど，初心者に最も必要な打ち方を説明している解説はほとんど見られない。

これは指導者を含め，この運動の熟練者が，実際に行っている動きの動感内実を意識していないために起こったものである。つまり，上手にボールを打つことはできるが，初心者が行う場合どのような動感が必要なのかについて，実際にその運動を行ってみても気づくことができないからだといえる。前述した運動熟練による動感匿名性のレベルまで習熟度が高まった状態になっているのである。とはいっても，自分自身の運動実施に関していえば，このような高度な習熟段階に至ることになにか問題があるわけではない。しかし，指導する立場に立つ者であれば，どのような感じで打つべきか意識できていないのでは，学習者に対して効果的な指導ができるはずがない。

　したがってこの場合，意図的な動感意識化作業が必要となってくる。その手段としてここでは２つの方法を挙げてみたい。ひとつは動感消去の方法と，もうひとつは意図的質問・関心づけの方法である。

◎動感消去（動感解体）法
　ある運動の遂行において不可欠な動感を取り去って実施させてみる方法である。「意味核と目されている動感志向形態を故意に取り外してみる」（金子，2005b, p. 42）消去法によって，それまで意識していなかった身体部分や動きの特徴に気づくことができる。

　前記のアンダーハンドパスの動感確認においては，腕の操作に制限を加えることにより，熟練者が無意識的に行っていた腕の操作の動感に気づかせることができた（佐藤，2007）。

　運動指導において，「学習者の立場になって」という言葉はどこでもいわれるが，具体的に何を学習者のレベルに下げるのかは曖昧である。できない者の動感レベルに自分を置くことができるかが指導者の動感潜入力といえるが，そのためにはすでに熟練した動きを動感発生の立場から学び直すことが効果的な手段である。その際に必要となるのが動感消去である。

◎焦点化質問法
　運動を巧みにこなす子供に，どのように行っているか，あるいはどのようになっていると思うか動感意識を尋ねても，たいていは分からないとしか答えない。大人であっても，行った運動の詳細について答えられる者は少ない。そこ

で，意識させたい動きの部分に焦点を当てて，今行った動きはどのようであったか，前回とはどこに違いがあったかなどを意図的に，誘導的に質問することによって，技術的に重要な部分に関心を持たせる方法を採るのである。金子（2002, p. 524）は，このような質問の仕方を借問と呼んで，学習者の動感意識を探るために不可欠な方法であることを指摘している。

この場合，前提となるのは，指導者自身が当該の運動についてもっている動感意識の深みである。つまり，質問する側の者が，気づかせたい動感について正しい理解をもっていることである。それがなくては，単にどう行ったのかを尋ねても，求める返答は引き出せない。この動感意識の深みを支えるのは，指導者自身の動感分析経験である。ここで，前述した運動感覚の能動的意識化の意義が浮かび上がることになる。

これらの方法によって，選手に自分の動きの意識させることはスポーツコーチングにおいて不可欠の指導内容といえる。

（佐藤　徹）

3. 技術トレーニング

(1) 技術トレーニングへの新たなアプローチ

スポーツにおける技術を獲得する可能性は，「自由習得」と「指導による習得」が区別できる。自由習得においては，学習者は計画的な訓練を経ずに，見よう見まねで試行錯誤を繰り返して運動を身につけていく。こうして子供は，「握ること」，「移動すること」，「投げること」，「捕ること」などのスポーツの「基本形態」のほとんどを身につけるという（マイネル, 1981, pp. 380-383）。これに対して「指導による習得」の場合は，自由習得に見られる無駄な試行錯誤は省かれ，計画的に技術を習得することができるので，学習の労力と時間は大幅に削減される。指導システムの確立した現在の競技スポーツにおいては，自由習得だけで国際的な競争に勝つことは不可能である。

周知の通り，様々な科学的知識を総動員した「スポーツトレーニング」の方法論として旧ソ連と東ドイツを中心にして生まれたのが「コーチング論」（Trainingslehre）である（ノイマイヤー, 1995, 前書き）。コーチング論は70

年代には東西ヨーロッパの各国に広まり，80年代にはカナダやアメリカでも知られるようになって，現在においては「スポーツ科学」における重要な研究分野となっている。一般に，コーチング論における「技術トレーニング」の目的は，「スポーツという状況のなかで運動課題を解決する際に用いられる固有の運動経過を習得し，改善する」ことと理解されている（バイヤー，1993, p. 96)。この場合の「運動経過」とは，「客観的な方法によって距離と時間の関係としてとらえられる，身体質料ないしはその一部の変化」を意味している（バイヤー，1993, p. 25)。こうした技術トレーニングという問題圏は，戦術トレーニングおよび体力トレーニングとともに，コーチング論の初めから中心的な研究領域のひとつとして位置づけられてきた。しかし，70年代までに発表された技術トレーニングに関する論述の大半は，技術の構造を「運動経過」に基づいて自然科学的な立場から説明することに重点が置かれ，例えばバイオメカニクスの方法で客観化することと「学習位相論」や「サイバネティクス的学習理論」に基づいて技術トレーニングの原理を説明するにとどまり，その方法論を具体的に取り上げるまでには至らなかった。その後80年代になると，ドイツ語圏において技術トレーニングの方法論構築に向けた研究が次々に発表されるようになり，「技術トレーニングの一般理論」の構築が試みられるようになる。

　しかしながら，自然科学的方法論に基づいて運動の客観情報と学習理論に基づく習得手順を呈示したとしても，それだけで学習者がただちに運動習得に成功するわけではない。例えばボウリングの場合，レーンの傾斜や表面の摩擦，レーンを転がるボールの軌道や回転，投球する際のボールスピード，身体各部の移動軌跡や関節の角度変化といった精密な定量データをいくら提示されたとしても，選手が「あそこを狙って，こんな感じの投げ方と力加減で」というコツとカンを意識しなければ投球しようがないということを否定できる人はいないであろう。

　外部視点で確認できる運動経過を運動遂行者自身の目で見てコントロールすることはできないし，角度や方向，スピードなどの精密なデータを入力して直接的に動き方へ変換できる装置を人間の身体は備えていない。スポーツにおける技術を習得するためには，「こういう感じでやる」という「運動感覚意識」（金子，2002, p. 3)，すなわち，コツやカンを明らかにして，学習者の個人的特性に合わせて個人化させる方法の解明が必要になる。

こうした，運動感覚意識としてのコツやカンの構造解明と習得法の一般論を目指した理論は，わが国において1990年代から次々に発表されるようになり，2000年代に入ると，コツとカンという身体知の発生論と構造論を基軸とした「発生運動学」という現象学的な運動分析論が体系化された（金子, 2002; 2005a; 2005b; 2007; 2009; 2015）。発生運動学においては，コツとカンを学習者に発生させるための理論と方法が「促発分析論」としてまとめられている。コツやカンという運動感覚意識は発生運動学では〈動きの感じ〉を意味する「動感」という用語で呼ばれ，「促発」とは「動感の発生を促す」ことを意味している。そして技術を身につけさせるということは，「いろいろな動感意識に統一的な意味づけが与えられる志向的形態」，すなわち「動感形態」（金子, 2005, p. 33）を学習者に発生させることと理解される。

　本項では，技術トレーニングの目的である運動技術の習得をコツやカンの発生問題と捉え，これまでの自然科学的方法論に基づく機械論的技術トレーニングとまったく異なる，現象学的な運動感覚論的立場から動感形態を発生させる方法を概説しよう。

(2) 技術トレーニングの目標運動の決定

◎目標運動の達成に不可欠なコツの確認

　技術トレーニングにおいては，できない動きを初めて身につける「習得トレーニング」においても，できている動きを改善する「修正トレーニング」においても，コツやカンをつかんで新しい「動きかた」を発生させなければならない。運動のビデオ映像を見せ，さらにそれをスローにし，あるいはコマ送りやストップモーションにして，その運動が客観的にどのように展開しているのかをどれほど正確に理解させたとしても，このことを通してただちにその運動の実行に必要なコツとカンを学習者がつかめるわけではない。ここでいう「動きかた」とは，運動遂行者の意識の中で奏でている「動感メロディー」（金子, 2005, p. 46）として捉えられる運動感覚図式であり，つまり，「動感形態」の発生学習こそがスポーツにおける技術トレーニングの中核的な目標とみなされなければならない。

　戦術力と技術力のトレーニングのいずれの場合にも，「動きかた」の習得・修正という視点からみれば，「対私的動き方」としてのコツ身体知と「情況的

関わり方」としてのカン身体知（金子, 2002, p. 467）の獲得が必要であるが，以下では，技術力のトレーニングにおけるコツ身体知の獲得に焦点を絞って解説しよう。

　ひとつの動感形態を達成するためのコツは，いくつかの要素に分節化された全体構造をなしている。例えば，「キャベツの千切り」の場合，できるようになった人は，身体各部の姿勢や動き方をいちいち意識しなくてもトントンとリズミカルに切り進むことができる。しかし料理の初心者がこれを身につけるためには，キャベツを押さえる「手の形や押さえ方」，「包丁の握り方」と「動かし方」，「腕の構え」や「まな板の前に立つ姿勢や位置」といったように，「キャベツの千切り」という運動を分節化して，個々のコツを段階的に身につけなければならない。このように，学習者に動感形態を発生させるには，目標技術となる運動形態の達成に不可欠な「コツの構造」を確認しておくことが第一の前提となる。

　目標運動の達成に不可欠なコツの構造は，できるようになった人自身が自らの運動体験を振り返ることによって明らかにされる。運動者が自身の動感体験を自己観察し，運動遂行の要点となる運動感覚意識を過去に経験した類似の動感運動（＝動感アナロゴン）に結びつけるという志向分析を通して，「この部分はこういう（動感アナロゴンの）感じでやる」という「個人のコツ」が明らかにできる。例えば卓球のバックハンドストロークの場合，シェイクハンドでロングに打ち返す際は，「フライングディスクを投げるような感じで腕を振る」というようにである。

　こうした個人のコツは，「言語」を用いて自己の運動を反省することによって，いくつかの部分に分節化された階層的な全体秩序として把握される。それゆえ，個人のコツという主観的な意識といえども，歴史的社会的に共有されてきた言語を通して対象を認識し秩序づける以上は，他者が理解できない孤立した個人的意識だけで構成されることはあり得ない。こうした意識の特性に基づき，個人のコツは現象学的な「本質直観」（金子, 2015, pp. 234-239）の手続きを経ることによって，他者と共有可能な「われわれのコツ」へ昇華することができる。

　「われわれのコツ」の構造を把握するために本質直観の方法を用いる前提として，個人のコツとして運動者が関心をもって強く意識している内容を確認す

るだけでなく，運動者自身が自覚していない運動感覚意識をも指導者が運動者に代わって感じ取る作業が必要になる。このためには，目で観察することと動きの感じを聞き出すことによって運動者の感覚に潜入し，「潜勢自己運動」を通して，学習者の動感形態を構成している感覚的な内容を確認しなければならない。ここでいう潜勢自己運動とは，運動経験として蓄積された運動感覚意識のストックの中から，類似した感覚を引き合いに出してその運動をやる時の感じを想像的に組み立てる能力のことである（朝岡，2015）。例えば，子供の頃に「相撲ごっこ」をやったことのある人が，大相撲の取り組みを見ながら力んでしまうという現象は，いつのまにか潜勢自己運動を行っていることによって生じたものである。

現象学における本質直観の方法とは，現象の発生に関与する要素が別様に変化したらどうなるのか，想像力を働かせてあらゆる可能性を想定したうえで，多様な変化の中にあって変わることなく残る要素を「本質」として抽出する志向分析のことである。この方法でコツの解明作業を行う場合には，コツを構成する個々の要素を別様に変更した際に運動遂行がどうなるかを想像的に構成し，そのコツがなくなると運動形態の達成が不可能になるという本質的なコツ，すなわち絶対不可欠なコツを確定するとともに，さらに，別の要素に置き換えがきくコツのバリエーション，あるいは，そのやり方では別の運動形態に変化してしまうということを確認するのである。この場合，コツを置き換えたらどうなるかを実際の運動遂行によって試すことができる場合もあるが，運動経験が豊富で潜勢自己運動の能力が高い選手や指導者の場合には，実際に経験したことのない運動であっても潜勢自己運動を通してやった時の感じを作り出すことができ，さらに，他者がやっている感じを自分の感覚として理解することができるのである。こうした潜勢自己運動を用いる技術開発の方法論を解明し，新しい技の開発に成功した例が報告されている（渡辺，2011）。

運動者の動きを見る，相手から感じを聞き出す，想像的に動感を作り出すという手段を使って，「いまどんな感じでやったのか」という，学習者の今現在の運動感覚意識を把握する作業は「発生分析」（金子，2002, pp. 452-532）と呼ばれる。指導者は，発生分析を行うことで確認したコツの素材を一つ一つ消去したり，別のコツに置き換えた時にどのように運動遂行が変わってゆくのかを，さらには，運動遂行者の身体的特性や能力的前提が変わった場合にはどう

なるのかまでも,「潜勢自己運動」で確認することができる。こうした作業を通じて, 個人的コツのなかに含まれるその場その時の偶然的要素と学習者固有の個人的特性を取り除き, ある一定の条件をもった学習者一般が共有可能なコツ, つまり, 間主観性という特性をもった「われわれのコツ」へと一般化するのである。

なお,「われわれのコツ」が明らかにされて, それを個人の習得目標とした場合においても, コツ情報を知ればただちに技術を身につけることができるわけではない。「技としての技術」あるいは「技の技術」（第4章第1節1-b）が高度になればなるほど, そのコツを身につけるための基礎技能も高度にならざるを得ないからである。例えば, サッカーの「オーバーヘッドキック」を身につけるためには,「頭越しでボールを蹴る」ことや「ジャンプして背中側で受け身をとる」といった高度な技能が前提となる。また, オリンピック代表選手の「背泳ぎ」の手の使い方のコツを身につけるためには, 肩周辺の可動域を拡大するための専門的な体力トレーニングが必要となる。このように, 高度な技術は日常生活で身についている一般的な技能に基づいて習得することができないので, 専門的なトレーニングによってより高度な基礎技能を作り出さなければならない。コツを習得するための技術トレーニングにおいては, 目標技術の構造体系とともに, コツを身につける前提となっている基礎技能も含めて習得法が体系的に解明される必要がある。

◎目標運動の動感構造体系

技術トレーニングでは, はじめに, 当該のスポーツ種目にはどのような技術があり, それらは相互にどのような関係をもち, どのように発展してゆくのかを知っていなければならない。つまり, 技術トレーニングの前提として目標技術が体系化されている必要がある。それぞれのスポーツ種目で用いられる「技としての技術」を,「運動構造」（バイヤー, 1993, p. 30）に基づいて体系化したものが一般的に「構造体系」と呼ばれる。コーチは当該種目の構造体系の中に, 選手がすでに習得している技術とこれから習得しようとしている技術を位置づけることによって, 習得すべき技術の選択と習得順序を計画することができる。

しかし, 客観的な運動経過の類似性を分類基準として体系化した場合, コツ

の類似性とかけ離れた構造体系が構築されてしまうことがある（渡辺，2011，pp. 32-33）。技術の学習に役立つ構造体系を構築するためには，コツの類縁性に基づいて，ある特定の運動技術のバリエーション全体の相互関係を系統立てた「動感構造体系」を構築する必要がある。これによって，同一の運動技術に含まれるコツのバリエーションが明らかになり，コツの学習対象の存在および技術指導の系統性と段階性を確保する根拠を呈示することができる。こうした動感構造体系を構築する方法論は，発生運動学において「体系論的構造分析」（金子，2007，pp. 136-240）として体系化されている。

◎具体的な学習目標像の決定と評価の根拠

技術の指導を行う際には，目標技術を学習対象として選択した根拠を明らかにし，さらに，学習者が身につける運動形態の具体的な目標像と評価基準およびその根拠が明らかにされていなければならない。いうまでもなく，スポーツの指導場面で指導者は，学習者の動きをみて「よし」あるいは「だめ」という評価を迫られ，さらに，なぜそうした動きがよくて他の動き方がだめなのかについて評価判断の根拠呈示を求められるからである。

目標像が曖昧で，動感形態を価値判断する根拠を自覚することなしに技術指導を行っていると，例えば，技術の選択や指導者による成否判断が単なる個人的好みで的外れなことになりかねない。さらには，せっかく身につけた技術や戦術が時代遅れだったり，世界の動向に合わないことも生じてしまう。苦労して向上させた体力がパフォーマンスに結びつかなかったとしたら，その努力は無駄になってしまうことと同じである。それゆえ技術や戦術，ルールや用具が移り変わっていく時代の流れや運動に対する価値意識の変容を見定める技術発達史的研究を欠かすことはできない。

例えば，組み合いを避けて相手を倒しにいく「双手刈」が柔道らしい試合展開を阻碍するとして，ルールによって規制されたことは記憶に新しい。こうした流れに対応してどうすべきか具体的な見通しを立てなければ，競技の世界で取り残されてしまう。さらに，このルール改正に向けた国際柔道連盟の意図や根拠を示すには，「柔道らしさ」とは何かという，柔道本来の価値観を理論的に説明する必要があろう。動き方の良し悪しがどのような価値意識に基づいているのか，あるいは，時代の流れがどうなるのかという，運動の価値観に対す

る根拠や枠組みを通時的・共時的視点から解明する運動分析は，発生運動学において「始原論的構造分析」（金子，2007, pp. 70-134）と呼ばれ，その方法論が体系化されている。

(3) コツを習得する方法

◎学習レディネスの査定と学習課題

　すでに述べたように，動感意識のいま現在の発生様態を分析して解釈する作業は「発生分析」（金子，2002, pp. 457-459）と呼ばれ，これによって指導者は学習者の身体知の現在値を確認するとともに，「こうすればああなるはずだ」という指導の未来予測を行う手がかりをつかむ。コツの指導は，発生分析によって学習者のいま現在の身体知のどこに問題があるのかを発見するとともに，学習者の動感形態が形成位相のどの階層に位置しているのかを査定することから始められる。医師が治療を始める際に，視診，触診，問診などの手段を通して診察を行い，患者の異変を発見して病名と症状を査定してから処方するのと同じである。動感形態の形成位相については後述することとして，ここでは発生分析について説明しよう。発生分析においては，「観察」（目で見て身体で感じ取る），「交信」（聞き出して身体で感じ取る），「代行」（学習者の動感を指導者の動感として感じ取る）という3つ分析手段が用いられる（金子，2005b, pp. 134-221）。

　「観察分析」においては，観察対象に何を見ようとするのか，何を読み解こうとするのかという，いわゆる「目のつけどころ」がその成果を左右する。それゆえ観察分析の場合，単に運動経過をカメラのように正確に見て取ることが重要なのではない。問題性を見出すための視点が見えてくるものを決めるからであり，問題を見て取ることに適した「視点」を選択しなければならない。

　同様に「交信分析」においては，聞き出すべき内容の選択と聞き出し方が，学習者の動感意識を理解する深さを決める。動感を聞き出す「借問」においては，学習者の動感形成に影響を与えている歴史的社会的な運動認識や価値観との関わりの中で，学習者の「動感形成生活史」（金子，2005b, p. 196）をチェックすることが必要になる。つまり，現在の動感形態が形成されてきた経緯と個人的な動感目標像および「今やった感じ」を聞き出し，さらに，学習者が知らず知らずに影響されてきたその時代の運動認識を確認することによって，観察

だけでは把握できない，歴史性を背負った学習者の問題点を明らかにするのである．

このように，学習者の動感形態の問題点を見抜き，改善すべき動き方の課題を見つけ出すための「観察」と「交信」を行うためには，選手あるいは指導者として蓄積した動感経験の深さ，一般的な習得手順や典型的な学習障害（つまずき）とその解決事例，技術や戦術の構造や発達史，運動発達や運動形成位相論など，豊富な経験と専門的知識に基づく問題意識が重要なのである．こうした観察分析と交信分析は相互に補完し合うことで，発生分析の厳密さを確保することが重要である．

観察と交信に基づいて行われる「代行分析」においては，潜勢自己運動によって指導者が「もし自分が学習者だったとしたらこんな感じで動けば成功する」とか，「こんな感じでやると失敗してしまう」という内的意識を想像的に体験することを通して，学習者に呈示する学習課題を作り出す作業が行われる．指導者は学習者の「できる動感形態」と現在における「できない動感形態」を，指導者自身の身体経験として「自己観察」することによって比較し，学習者が新たに身につけなければならない「動きの感じ」を見出すのである．つまり，「こういう感じが分かっていないからできない」，「こういう感じが分かればできるようになる」ということを潜勢自己運動によって確認し，コツの「動感アナロゴン」となる学習課題を作り出すのである．例えばハードル走の場合，ハードリング動作の抜き脚の引きつけに問題がある生徒に，「抜き脚だけをハードルの上を通して歩く」という学習課題を与えて，抜き脚の腿がハードルと平行になっているか，ハードル上で素早く胸に引きつけられているかなどをチェックする指導などである．

なお，潜勢自己運動は学習者自身にとっても重要な能力である．学習者は指導者によって段階的に呈示される学習課題の達成を通して，潜勢自己運動の中で「こういう感じでやればできる」という動感メロディーを構成することによって，目標運動の「運動投企」（バイヤー，1993, pp. 41-42）を形成しなければならないからである．さらに，学習者自ら動感形成のセルフコーチングを行う場合においても，学習者は自己の動感形成位相を査定するとともに今現在の動感形態の問題点を確認し，上手な人からコツを聞き出すことと「他者観察」を通して潜勢自己運動を行うことによって，学習者個人のコツを構成できるから

である。このように，学習者が自らの運動感覚意識を分析し目標とする運動感覚図式を作り出すという体験の積み重ねは，指導者となって促発分析を行うための貴重な財産となってゆく。学習者自身が自己の動感体験を発生分析することは「創発分析」と呼ばれ，促発分析とともに動感発生論の重要な研究対象となっている（金子，2005b, pp. 2-72）。

創発および促発という2つの動感発生領域における発生分析を通して確認されるコツやカンを類型学的に一般化する方法は，発生運動学では「地平論的構造分析」として体系化されている（金子，2007, pp. 242-432）。

◎形成位相と指導の対策

スポーツ技術の習得は，それぞれの学習段階ごとに特徴的で逆戻りしない形成位相に沿って進行してゆく。こうした一般的な動感形成のプロセスを類型的に示すのが「運動形成の五位相」（金子，2005b, pp. 158-167）であり，これを手引きとして，指導者は学習者の発生分析を行う中で学習者の動感形態の形成位相を査定し，その特性に合わせて指導の対策を講じることができる。以下にその概要を示そう。

●運動形成の五位相

①原志向位相：いわゆる「なじみの地平」とも呼ばれる原志向位相においては，学習者は目標とする運動に対して「なんとなく嫌な気分はしない」など，その動感世界を忌避しないという意味で，学習者自身も気がつかないうちに動きの感じとして共感が生じていることが特徴である。もし，その動感世界にも心情的になじめず，何となく嫌な気分に襲われる人なら，最初からそこに近づかないからである。習得目標とする運動を初めて見たという学習者においても，過去に類似した運動経験が蓄積されている場合には，自ら運動することや他人と一緒に運動することに取り立てて違和感もなく，その動感世界になじんでいる状態が観察できる。

こうした位相へ学習者を導くためには，例えば小学校低学年における「運動遊び」の領域では，学習者が気づかないうちに興味を示すような「運動の場作り」や，仲間が動く様子につられてしまうような運動場面を工夫することが重要である。運動習得に先駆けて，スポーツ種目やルール，用具などの枠組みを超えて，多様かつ容易な動感アナロゴンの提供が指導の対

策として重要である。

② 探索位相：練習に興味をもち，主体的に取り組むようになると，学習者は，たといおぼろげながらも，それまで持っている動感アナロゴンを駆使して目標とする動き方のコツやカンに探り入れをしていくようになる。

ここでは，指導者は学習者の予感的探り入れがまったく的外れなのか，あるいはもう少しでコツをうまく捉えられそうなのかを注意深く観察しなければならない。ごく漠然と「こんな感じでやるのかな？」というように，おずおずと動感触手を伸ばそうとしている学習者は，後述する「目当て道しるべ」を欲しがっている。指導者による「こういう感じが分かるかな？」とか「あの動きのこんな感じに似ている気がするでしょ」といった，「目当て形態」の適否が学習成果を大きく左右する。

③ 偶発位相：練習を続けるうちにときどき成功が現れるようになるが，その運動の成功が「まぐれ当たり」を特徴とする位相である。この位相における学習者の志向性は「何となく動く感じが分かるような気がする」というものであり，学習者は，何回か同じ運動を反復しているうちに，前にやった動く感じとよく似たものに出会うことに気がつくようになる。

この場合，似ていることに気がつくと同時に，類似していない，異質な動感形態を学習者自身が感じ取り，それを切り捨てることができなければならない。指導者は，学習者が自らの身体知を駆使して行うコツやカンの取捨選択をうまく導いてやることが重要である。さらに，指導者には「まぐれの質」を評価できる能力が要求される。さもないと，無反省な反復練習を繰り返すことによって，あとからの修正がきわめて困難な重大な欠点までも固定させることがあるからである。

探索位相から偶発位相における学習者の自己観察能力の特徴は，細かな運動経過に意識が十分に行き届かないことにあり，細部に注意を向けるとせっかくできそうになってきた運動の「粗形態」（マイネル，1981，p. 375）が破壊されてしまうことになる。それゆえ指導者は，この位相における学習者に対しては，運動を大雑把に全体として感じ取るように仕向ける。この位相で一定の安定性を獲得するまでは，後の運動修正に支障がない範囲の欠点に対して事細かな修正は差し控えるようにする。

④ 形態化位相：「できる」ことを意味する形態化という位相は，コツやカン

を意識することから始まって，単に反復練習を通して安定化が順調に進んでゆくわけではない。技術トレーニングにおける動感指導の大半を占める形態化位相においては，詳細に観察すると，高度なパフォーマンスを獲得するまでにいくつかの特徴的な局面を経て動感形成が進行してゆくことがわかる。とりわけ高度な競技力の養成を目的とする競技スポーツの専門的立場から動感指導を行う場合には，形態化位相の中に下位の位相として4つの局面を見分けて，それぞれにおいて異なる指導の対策を講じなければならない。形態化位相は，コツやカンをつかんで一応の確信がもてる「図式化位相」，一度できるようになった運動ができなくなる「分裂危機位相」，さらに質の高い動き方を志向する「洗練化位相」，成功の幅を広げる「わざ幅位相」に区別できる。

〈図式化位相〉まぐれ当たりを繰り返す中で，いい感じと悪い感じの取捨選択が行われ，コツやカンを「こういう感じ」というように，似た感じを動感アナロゴンとして明確に意識できるようになる。できるようになる期待感で反復練習が楽しくて仕方ない様子が観察できる。学習者のコツやカンは次第に身体化されて，「こういう感じの時はうまくいかない」ということと，「こういう感じでやればできる」という一応の確信がもてるようになる。

ここにおいても指導者は，無反省な反復練習によって引き起こされる力動ステレオタイプの形成に注意しなければならない。運動形態の修正改善にマイナスになる欠点を定着させないためには，学習者が前にやった感じと今やった感じの違いを比較するとともに，ねらいとしている動感目標像との差を区別できるよう，自己観察を徐々に細かな箇所に向けるように仕向け，その精度を向上させるよう導いてやる。

〈分裂危機位相〉それまで何の問題もなくできていた動き方が，何の前触れもなく，そのコツやカンが突然に破壊されてあわててしまう位相であり，運動学習の過程では大なり小なり必ず生じる現象である。

指導者は，学習者のどのコツに狂いが出始めているか注意深く見抜かなければならない。例えば走高跳の場合，助走のリズムやスピードに問題があるのか，踏み切りの後傾姿勢あるいは腕や脚の振り上げ方などに問題があるのかを指導者が見抜けなければ適切な修正指示を出すことができない。

こうした動き方の狂いは学習者にとってあまり歓迎されない現象であるが，この分裂危機位相を乗り切ることによってコツやカンが新たに再構成され，以前より安定した秩序をもった動感形態へ生まれ変わる重要な契機となる。それゆえ学習者は，一回ごとの違いと目標像との違いというように，動感差へ向けた自己観察のまなざしをより鋭くしてゆく必要がある。

〈洗練化位相〉質の高い動き方に向けて粗形態を意図的に改善する位相である。上位の動き方を志向するかぎり，先に示した分裂危機は何度でも出現することを忘れてはならない。優れた指導者は，動感形態の洗練化を目指して，学習者に対してこの分裂危機を意図的に招き入れることも知られている。危機を呼び込む意図的な転機は，例えば，姿勢の修正指示であったり，運動リズムの変更要求であったり，意図的に不利な状況に追い込んだりということであったりする。修正目標像に成功し「修正形態を一応はできる」という洗練化の段階は，修正指示によって生じる大なり小なりの崩壊危機を乗り越えてはじめて達成することができるのである。

こうして発生した運動の修正形態そのものは，まだ「うまいやり方ができたばかり」で，そのやり方が定着しているものではない。このため，偶発位相と同様に，達成の仕方や記録にばらつきが目立ち，場合によっては以前よりパフォーマンスの低下が確認される。したがってこの位相では，さしあたって良い条件下でコンスタントに成功できることを重視する。実戦への適用を急ぎ，条件を悪くした状態でトレーニングしてせっかくの良いさばきが破壊されてはもともこもなくなってしまうからである。ある程度の定着が見られるようになるまでは，やりやすい条件下でよいさばきを繰り返すことによって自動化を試みる。ある程度まで自動化が進むと，実施者は個々の姿勢や動作にいちいち気を配らなくても運動を遂行できるようになり，主観的には疲労感が減少し，気軽にさばけるという印象が生まれる。

〈わざ幅位相〉動感形態に一応の修正が成功したとしても，ただちに過酷な競技実戦に耐えられる身体知が身についたわけではない。その先に〈わざ幅〉の形成指導を忘れてはならない。わざ幅とは，行おうとした動き方に成功する時の境界の幅であり，自動車のハンドルの遊びに似た一種のゆとりが意味されている。いろいろな変化条件に即座に対応できる，弛みが

なく臨機応変に動ける能力のゆとり幅を獲得するのがこの位相である。
　わざ幅位相に達するためには，「必ず失敗できる動き方」を確認するのと，同様に，指導者も動感志向性の失敗例証を収集する努力が必要になる。すなわち，「どうやったらうまくいくか」を確実にするためには，「どうやったら必ずうまくいかないのか」を自覚することが重要である。指導者は，技術力，戦術力に負荷を増大させて学習者にやらせてみて，危機補正のためにどんなことができるのか，体力および心的負荷をかけた時にどんなミスを出してしまうのかをチェックする必要がある。この位相においては，いわゆる「免疫性」（マイネル，1981, p. 403）の獲得へ向けた指導内容の構想が重要であり，試合で予想される様々な負荷条件を取り入れたトレーニング法が怪我の防止に配慮して工夫されなければならない。
　こうした「わざ幅のトレーニング」の視点は，戦術トレーニングと技術トレーニングの一体化，あるいは，体力トレーニングと技術トレーニングの一体化によって「高いパフォーマンスレベルを獲得し維持するための技術トレーニング」に重要な示唆を与えることになる（グロッサー・ノイマイヤー，1995, pp. 132-142）。

⑤自在化位相：あらゆる習練の末に自由自在な動感形態が成立する位相で，情況の変化に応じて即興的に最善の動き方が可能になる。この位相ではまさに「思うままに理にかなって動ける段階」に達する。例えば，自転車に乗りながら人に手を振って挨拶したり，歩きながら携帯電話で長々とメールを打つなどが例として挙げられる。ここまで自在即興性が現れるようになると，コツやカンといった動感意識はすっかり消えてしまう。どこをどうやってという意識なしで実行できる自由無碍な動感形態は，潜在的な意識の中へと沈み込んで，他の動感発生のなじみ地平を構成するようになる。

● 運動の個別形成位相の解明

　上述の五位相からなる動感形成の一般類型は，運動学習のプロセスを時間的経過に従って構造化したものであるが，個別の運動形態の形成プロセスを類型化したものではない。マイネル（1980, p. 375）は，スポーツや運動形態の違いを超えた一般論としての運動形成位相論の他に，「個々にわたる，特殊な運動技能の発達はある特殊な，徹底した研究が必要」であることを強調している。運動技術の指導においては，どの形成位相の段階でどのような特徴的な学習障

害(つまずき)が生じ,また,それに対してどのように対策を講じるのか,形成位相ごとに運動感覚意識はどのように変容していくのかといった,目標技術ごとにより詳細で具体的な手引きが求められるからである。しかし,スポーツにおける個々の運動形態の形成プロセスに関する研究は十分とはいえない状況にあり,実践に役立つ指導法を構築するためには,運動形成の一般類型をひな形として個々の運動形態の形成位相に関する類型学的研究が「個別運動学」の重要な研究対象として掲げられなければならない(渡辺,2015)。

◎コツの指導法

　コツを指導する動感促発の方法を編み出すための運動分析は,発生運動学では「処方分析」(金子,2005b, pp. 222-252)と呼ばれる。処方分析のねらいは,コツやカンを身につけさせるための動感アナロゴンをステップバイステップとして提供し,学習者にオーダーメイドの指導を構築することである。この場合,コツやカンの動感アナロゴンとして学習者に与えられる学習課題は,ルールや用具といったスポーツ種目と運動遂行条件の枠組みを超えて,「動感類縁性」に基づいて見出される。

　処方分析には,指導手順を作り出す「道しるべ構成化」,動きの感じを伝える手段と方法を作り出す「動感呈示構成化」,指導のタイミングを決断する「促発起点構成化」という3つの問題領域がある。これら3つの問題領域の中で,学習者がどんな道を歩くか,何を目当てに歩いていくのかなど,学習者がコツを身につける道筋を呈示する道しるべ構成化が処方分析の起点をなす。

　動感呈示構成化においては,動きの感じを伝えるために言葉を用いる動感呈示,動きの特徴を真似して見せる動感呈示,連続図やビデオなど呈示媒体による動感呈示などが問題とされる。例えば,目で見ただけでは分かりにくい動きの感じを大げさにデフォルメして「示範」してみせるとか,あるいは,ジャンプのリズムを伝えるために「ピョンピョン」とか「タタン,タタン」といった言葉を使うなどである。こうした動感呈示の手段はいくつか組み合わせて用いることでより効果的になる。

　促発起点構成化においては,道しるべの中での目当てとなる動感呈示内容を,どんな状況になれば,いつどのようなタイミングで学習者に指導するのか,あるいは,いまは修正指示を与えずに待つべきであるといったことが問題とされ

る。例えば試合直前に指導者が選手の技術欠点に対して修正指示を出してしまい，このことが試合の失敗につながったというよくある指導の失敗談は，指導すべきタイミングのミスということになる。

以下に，コツ指導の起点となる道しるべ構成化に的を絞って解説してゆく。

●道しるべ構成化の方法

①道しるべ構成化：道しるべ構成化とは，目標となる動感形態を発生させるために，運動感覚の類似図式，つまり動感アナロゴンを体系化した指導手順をつくり上げることである。すなわち，習得目標となるコツやカンを手順良く身につけさせるために，動感アナロゴンを順に並べて動感発生の道筋を呈示することが道しるべの構成化である。道しるべ構成化においては，「方向形態道しるべ」と「目当て形態道しるべ」の2つ視点から動感発生の道のりが示される。

②方向形態道しるべ：方向形態道しるべにおいては，数多くの学習課題がどのようにつながっているのかが示される。つまり，どんな教材を使い，どんな順序で指導をはじめ，どのような方向に進んでいくのかという，現在の位置確認と先行きを見通すための，学習全体の「見取り図」を構成する。このための基礎は，先に述べた「動感構造体系」によって提供される。

こうした，学習の見取り図としての道しるべの中で飛び石的に配置された学習課題ごとの間隔は，ひとつのステップが達成されたら次の課題も「なんとなくできそうな気がする」というような間隔で配置されていることが重要である。

③目当て形態道しるべ：方向形態道しるべの道筋のなかでは，学習課題として示されたアナロゴン的運動形態の運動経過の大枠が達成されたかどうかを確認するだけではなく，それを達成する際の細かな動き方の特徴や動感意識をチェックすることによって，その課題でねらいとするコツとカンがきちんと身についたのか確認しながら学習が進められる必要がある。そうした動感発生がうまくいっているかどうかを確認するための目安になるのが「目当て形態」（金子，2005b, p. 232）である。例えば平泳ぎの場合，ビート板を使ってキック動作を練習する課題においては，腿に引きつけた足首の形はどうか，引きつけたときのかかとの位置がお尻より低くなっていないか，キックのフィニッシュで両足がしっかり揃っているか，キックで水

を押し出す感じを捉えているかなど，注意深く観察しないと見落としてしまう動き方や，外から見えない動きの感じを確認する「目当て」によってチェックすることが重要である。

このように，ステップバイステップとして呈示される学習課題においては，運動経過としての達成基準だけでなく，運動感覚意識の適否を判断するための「目当て」が示されなければならない。

● 発生分析における解釈学的循環

動感指導の過程では，学習者が課題遂行する様相を指導者は発生分析し続け，学習者の動感形態に対する解釈を修正し続けるということが重要である。

学習者は目当て課題を遂行するごとに新たなコツやカンに気づき，指導者はそれに対して良し悪しの判断を呈示する。こうして学習者の身体知は変化し続けるとともに動感形成位相も進行する。学習者の動感形態は学習プロセスの中で常に変化しているのであり，学習者の身体知も更新され続けることによって，その都度，修正すべき問題点も変わっていくのである。指導者は学習者の動感形態が変化する様相を発生分析することによって，動感目標像も含め動感指導の手段と手順を創造し続けなければならない。こうした，発生分析による動感解釈と指導の道筋変更の循環作業は，形成位相のさらなる高みを求めるかぎりエンドレスに続けられるはずである。つまり，動感指導のプロセスの中では，学習者の今現在の動感形態を繰り返しチェックし直す「解釈学的循環」が発生分析に求められることになる。

(渡辺良夫)

● 文献

＊朝岡正雄 (2015) スポーツと身体知．中村敏雄ほか 編．21世紀スポーツ大事典，大修館書店, p. 513.
＊バイヤー 編：朝岡正雄 監訳 (1993) 日独英仏対照　スポーツ科学辞典．大修館書店．
＊金子明友 (1985) Prolegomena zur Methodik der sporttechnischen Neugestaltung. 筑波大学体育科学系紀要, 8: 101-112.
＊金子明友 (1987) 運動観察のモルフォロギー．筑波大学体育科学系紀要, 10: 113-124.
＊金子明友 (2002) わざの伝承．明和出版．
＊金子明友 (2005a) 身体知の形成 (上)．明和出版．
＊金子明友 (2005b) 身体知の形成 (下)．明和出版．
＊金子明友 (2007) 身体知の構造．明和出版．

＊金子明友 (2009) スポーツ運動学．明和出版．
＊金子明友 (2015) 運動感覚の深層．明和出版．
＊マイネル：金子明友 訳 (1981) スポーツ運動学．大修館書店．
＊ノイマイヤー：朝岡正雄 ほか訳 (1995) スポーツ技術のトレーニング．大修館書店．
＊佐藤徹 (1997)「運動」の階層と「運動技術」の位置づけに関する一考察，体育学研究，41: 340-351．
＊佐藤徹 (2007) 指導者の運動感覚意識覚醒の意義と方法 ―アンダーハンドパスの指導事例に基づいて―，スポーツ運動学研究，20: 17-31．
＊渡辺良夫 (2011) あん馬運動における一腕全転向に関する構造体系論的研究．体育学研究，56: 31-46．
＊渡辺良夫 (2015) 個別運動学と一般運動学の架橋性，伝承，15: 1-26．

第2節 戦術トレーニング

　スポーツにおける戦術は，対戦相手とのかけ引きが求められる場において重要な概念である。コーチは選手の戦術力を十分に発揮させ，それを合理的に養成するために必要な理論を理解しておかなければならない。本節では，まず「戦術」という用語がもつ多義性，戦術の階層構造について説明した後，トレーニング目標となる戦術をどのように把握したらよいかを解説する。次に，個人戦術力，グループ戦術力およびチーム戦術力のそれぞれの構造について，実践現場のリアリティーが反映されるように明示する。さらに，戦術における系統発生の特徴と個体発生を規定する原則について説明し，最後に，個人，グループおよびチームの各戦術力の養成方法について詳解する。

1. 戦術とは何か

(1) 戦術と戦術力

◎戦術とは

　スポーツにおける戦術（tactics）とは，最も合理的（合目的的かつ経済的）に目的を達成するために，対戦相手の行動や状況に応じて自らの行動を調整し，個人でまたは味方と協力して行う具体的，実践的な行為であり，その行為を観察者の視点から説明するために構築された理論であり，その行為を制御するために計画された構想である（図4-1）。元来は戦略（strategy）と並ぶ基本的な軍事概念であったが，今日では軍事の領域を超えて，スポーツ，企業経営，政

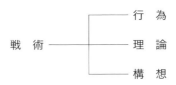

図4-1 ●戦術という用語の多義性

治活動など，相対する主体間の相互行為が因果連鎖として展開される場，すなわち相手の行為に対して自らの行為を調整し，自らの行為に応じて相手の行為が変わるというかけ引きが求められる場において，幅広く適用されるようになっている（野中ほか，2005）。

また戦術は，状況を解決できる行為の数，協働する人数，対戦相手の行為のレパートリーなど，行為に影響する外的条件が多ければ多いほど大きな意味をもつ（Döbler, 1989, p. 190）。そのため，体操競技やフィギアスケート，陸上競技や競泳などの種目群（評定スポーツや測定スポーツ）よりも，相手と直接対峙する球技や格技などの種目群（判定スポーツならびに武道）における競技力に，より大きな影響を及ぼす要因になっている。

◎戦術と戦略の区別

戦術に関する研究がスポーツ種目全体を網羅して行われるようになった1960年代後半以降，戦術という用語は，攻撃や防御活動の構想，試合におけるコーチの采配，個別の試合やリーグ戦などの大会を戦うための事前計画，シーズン全般におけるチームの活動計画などのように，短期的な行動指針から長期的な行動指針に至るまで，様々に定義されている（ケルン，1998, pp. 20-22）。そのため，同類語である戦略との区別は，コーチあるいは研究者によって大きく異なる。しかし多くのコーチや研究者の間で共通する認識は，戦略は戦術よりも高位，長期，広域の視点で最終目的の達成を目指す包括的な方策であるということである（防衛学会，1980）。今後は，戦術に関する一般理論の構築のために，戦術や戦略に関する概念が整理されることが求められる。具体的には，チームの長期的な方針（ビジョン）を「活動戦略」，シーズン中の強化方針を「シーズン戦略」，個別の大会および試合における戦い方の方策を「大会戦略」および「ゲーム構想」，試合で現れる個々の状況の解決に関わる方策を「戦術」という用語を用いて，区別することが望ましい。

◎スポーツにおける戦術力

スポーツにおける戦術力とは，目の前の状況を個人でまたは味方と協力して合理的に解決する実践的能力である。それは「解決される状況の分析」「行為（プレー）の選択」「味方との時間的，空間的調整」「動作の遂行」など，戦術行為

を規定する要因が互いに関連を保ちながら発揮される。戦術力は，状況を自らの身体を動かして工夫して解決する訓練によって非言語的に，暗黙的に獲得される知的達成力であり，大脳への中枢回路の働きだけでは獲得できない（村上，1981）。また，体験することなしに言語的活動だけで理解できるものでもない（加藤，1993）。

　一般に，戦術行為，戦術理論，戦術構想，戦術力は明確に区別されない。しかし，コーチが選手の戦術力を十分に発揮させ，それを合理的に養成することを目指すならば，これらは明確に区別され，認識される必要がある。

(2) 戦術の階層構造

　戦術は戦略の定めた構想に従って，選手の能力を効果的に発揮するための実践的な行為，理論または構想である。また，戦術が大きな役割を演じるスポーツ種目において，技術は，戦術的課題を解決するための最も合理的な身体の動かし方（金子，1985）と理解されている。これらのことは，戦術は，戦略を上位に，技術を下位に置く階層構造を作り上げていることを意味している（図4-2）。

　例えば，サッカーやホッケーの攻撃では，得点することを主な目的としている。しかし，残り数分間で1ポイントリードしていたり，退場者が出ている場面では，得点をねらうよりも長い時間ボールを保持している方が，ゲームに勝つために有利になることがある。そのために，あえて攻撃の組み立て局面を長引かせるチーム戦術を採用することがある。逆に，試合終了間際にポイントをリードされている場面では，相手のボールを奪い，素早く得点チャンスを作り出すために，ゾーンプレスやオールコートプレスなどの積極的な防御戦術を採用することがある。しかし，それらの戦術が採用できるのは，相手にボールを奪われずにボールを回す戦術力，あるいは機動的な防御活動を行える戦術力を各選手が備えている場合のみである。また，バレーボールのスパイクでは，ストレートに打つフォームからクロスに打つ行為が見られる。これは，対峙する相手ブロッカーやレシーバーに判断を迷わせたり，間違った動作を行わせたりしてポイントを得ることをねらった個人の戦術行為である。これを効果的に行うためには，選手は同じ準備動作からストレートに打つ技術力とクロスに打つ技術力のそれぞれを獲得していなければならない。

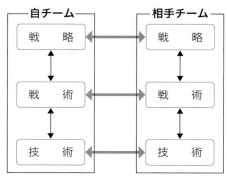

図4-2 ●戦術の階層構造

　これらの例は，スポーツにおける戦術は，「戦略―戦術―技術」の階層の中に位置づけられてはじめて意味をもつこと，それぞれの階層は近接する階層から影響を受け，戦略は戦術行為に，戦術構想は技術に一定の方向性を与えると同時に，戦略や戦術に関する構想の広がりは，実際の戦術力や技術力によって制約されることを示している。

　戦術や戦略が競技力に大きな影響を及ぼす球技や格技では，攻める／守る，仕掛ける／応じるという相反する2つのねらいが対峙する。相手の競技力を上回るためには，戦略，戦術，技術のいずれの階層においても，合理的な行為と構想が必要である。つまり戦術は，「戦略―戦術―技術」の階層の中で垂直的に，それぞれの階層の中で対戦相手と対立的に位置づけられるという複雑な体系の中で構造化されている（図4-2）。

(3) トレーニング目標となる戦術の把握

　スポーツにおいて，もし1つの絶対的な攻撃戦術や防御戦術があったならば，すべての選手やチームはそれを選び，他の戦術は消滅する（會田，1999）。しかし，いずれの戦術も長所と短所を併せ持っているので，1つの絶対的な戦術が現われることはない。そこで，相手に勝つためには，①相手の攻撃および防御戦術に対してどれだけ有効な防御および攻撃戦術を選択できるか，②その戦術をどれだけ高いレベルで習熟できるか，の2つが重要になる。相手に対して最も有効な戦術を考え出せてもその習熟が低ければ，また戦術の習熟が高くて

> 戦術力＝戦術有効性 × 戦術習熟性

図4-3 ●戦術力のモデル

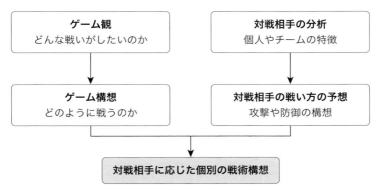

図4-4 ●戦術構想の発生モデル　（Stiehler et al., 1988を改変）

もその戦術が相手に対して有効でなければ，いずれも高い戦術力は期待できない。スポーツにおける戦術力は，戦術の有効性と戦術の習熟性の積としてモデル化でき（図4-3），有効な戦術を常に高い習熟レベルで実行できるように準備することが戦術トレーニングの長期的な目標になる。

　具体的なトレーニング目標となる戦術構想は，まずはチームの強化方針やコーチのゲーム観に方向づけられる（Döbler, 1989, p. 64）（図4-4）。ゲーム観とは戦い方に関する基本的な考えや立場，すなわち「どのような戦いをしたいか」に対する答えであり，「どのように生きるのか」という人生観に相当するものである。ゲーム観は，スピード豊かな戦いを目指す，パワーで押し切る戦いを目指すなど，コーチによって様々である。スピードあふれるゲームに魅力を感じるコーチは，スピードが生かせる戦術を選択し，それを可能にする体力トレーニング，技術・戦術トレーニングを行い，試合ではスピーディーな行為へと方向づけるように指揮する。

　ゲーム観を実際の試合で実現するための具体的な計画がゲーム構想（Döbler, 1989, pp. 170-171）である。これは，人生観から導かれる具体的な生き方の計画，すなわち人生設計に相当する。ゲーム構想は戦い方に関する事前計画で

あり，チームにおいて養成すべき戦術は，この中に明確に位置づけられる。ゲーム構想は，大会やシーズンに先立ち計画される標準的なゲーム構想と対戦相手に応じた個別のゲーム構想に分けられる。標準的なゲーム構想では，コーチのゲーム観と選手の身体的，精神的，技術・戦術的発達段階をもとにして，個々の選手の能力が最大に発揮される戦い方の基本方針，戦術的な取り決めが計画される。例えば，サッカーやバスケットボールにおいて，際立ったエースストライカーやポイントゲッターがいないチームでは，グループ戦術やチーム戦術中心の，いわゆる組織的な攻撃構想が採用され，機動力に優れたチームでは，その特徴を生かすためにゾーンプレスやオールコートプレスなどの積極的な防御構想が採用される。

対戦相手に応じた個別のゲーム構想は，自分たちの短所を広く補償し，長所を効果的に発揮するように，また相手の長所をできるだけ抑え込み，短所を効果的に利用するように計画される（Döbler, 1989, pp. 170-171）。そこでは，自分たちの標準的なゲーム構想をもとにして，対戦相手の戦術的特徴と個々の選手の技術的特徴などに関するスカウティング結果，予想される相手の戦術，想定されるゲーム展開などが考慮される（Stiehler et al., 1988, pp. 96-101）。例えば，消極的な防御戦術を採用する構想をもっていたとしても，対戦相手のロングシュート力が非常に優れる場合，ロングシュートの効果を失わせる，より積極的な防御戦術を取り入れることが検討される。

このようにトレーニング目標となる戦術構想は，自らのゲーム観およびゲーム構想，さらには対戦相手の戦力分析をもとに，勝利に対して合目的的に計画される。

しかし，戦い方の異なる様々なチームに対して，最も有効な戦術を常に準備し，高いレベルで習熟させることは簡単ではない。そこでコーチは，自チームと対戦相手の競技力のレベルとタイプを査定，比較し，現在の戦術力のままで勝てるかどうかをまず予想する。もし，現在のままでは勝てないと予想すれば，戦術構想を変更，修正し，戦術の習熟性が低くなっても戦術の有効性を向上させることで戦術力を高めるのか，戦術構想を変更，修正せず，自分たちの戦い方をさらに徹底させ，より高い習熟性を目指すことで戦術力を高めるのかを，残りのトレーニング時間を考慮しながら決断することになる。その決断結果が，戦術トレーニングの短期的な目標になり，その目標を達成するための手段を準

備し，トレーニングを計画，実施し，トレーニングまたは練習試合などで評価するというプロセスを実践していく。

2. 戦術力の構造

(1) 個人戦術力

　個人戦術力とは，相手選手と1対1で対峙する状況を合理的に解決するために，個々の選手が行為を選択，実行していく実践的能力であり，戦術的思考力（知覚・認知的要素）と技術力（技術的要素）が個人内で統合して形成された実践知である（會田，2012）。個人戦術力が発揮される典型的な行為には，シューターとゴールキーパーが対峙するシュート／シュート阻止がある。

　これまでのスポーツ科学は，個人戦術力を観察者の立場から客観的に捉え，実際の試合中に観察，測定および検証可能な現象を対象にしたり，試合で現れる典型的な状況を実験的に再現したりして，個人戦術力の構造について明らかにしようとしてきた。その際，戦術的思考力が技術力に先立って働くというモデル，すなわち動作の遂行の前に，外的ゲーム状況に対する選択的注意，ゲームの状況の認知，ゲーム状況の予測，プレーに関する決定の4つの過程があるという情報処理的なモデル（中川，1984）を採用してきた（図4-5）。しかし，

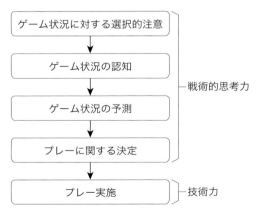

図4-5 ●個人戦術力を理解する情報処理モデル

戦術的思考力と技術力は，一方を志向すると他方が隠れるコインの表裏のような関係にある。

図4-6 ● 戦術的思考力と技術力との関係

同じようなシュート場面であっても，瞬発的な動作でスピードボールを投げられる選手とそうでない選手とでは，状況を解決するために選択すべき「正解」は異なる。また，それは対峙するゴールキーパーの競技力によっても変わる。つまり，個人戦術力は，個人的，状況的な知であり，個々の選手の戦術的思考力が技術力を導くと同時に，その時に発揮できる選手の技術力が戦術的思考力を限定する。さらに，シューターはゴールキーパーを見て行為を選択，実行する主体的，能動的な立場であると同時に，見られて対応される客体的，受動的な立場でもあることを考慮すれば，個人戦術力の構造を実践現場のリアリティが反映されるように理解するためには，それを客観化して対象として捉えるのではなく，行為者の立場から理解する必要がある（Nicholls et al., 2005）。

卓越した選手の場合，シュートの最終局面では，ゴールキーパーもシューターもゲーム状況を有利に解決するために，相手選手の行為に対するリアクションの行為を志向しており，対峙する選手と相互主体的関係（主―従でなく主―主の関係）を結び，間主観的に相手選手と「対話」しながら（互いに相手の意図を感じながら），行為の中で知を働かせ，その行為自体を前意識的に（行為に意識を向けることなく）変化させている（會田，2008）。また，卓越した個人戦術力を獲得する前は，自らの動作そのものを意識し，相手の意図を探れない状況に陥っている。つまり個人戦術力を規定する戦術的思考力と技術力は，知覚した内容が運動に影響を及ぼすという情報処理的因果関係ではなく，同時に発生し同時に消えていく関係にあり，一方を志向すると他方が隠れるコインの表裏のような関係にあると理解できる（図4-6）。

(2) グループ戦術力とチーム戦術力

　グループ戦術力とチーム戦術力とは，いずれもWeとTheyとの対立の中で形成される状況を組織的，合理的に解決する実践的能力である。それらは，選手一人一人の個人戦術力の総体として捉えられる。個人戦術では，主に自らと相手の行為の因果連鎖が状況を作り出すが，グループ戦術とチーム戦術ではそれに加えて，味方の行為と味方が対峙する相手の行為も状況を変化させる。そのため，状況を先取りしようとする個々の選手の意識は，対峙する相手選手だけでなく，協働する味方選手，それに対峙する相手選手のそれぞれの行為の意図にも向けられる。このような複雑な状況において個々の選手の個人戦術力の総体を大きくするためには，状況の見え方や解決像をグループまたはチームのメンバー間で共有しておくことが必要不可欠である。そうすることで，自らの動作や味方との行為の調整にかかる負担が軽減され，相手選手の行為や意図に意識を向け，適切に対応したり先取ることが可能になるからである。

　典型的なグループ戦術およびチーム戦術には，バレーボールにおけるセッターとアタッカーとのコンビネーションプレー，バスケットボールにおけるゾーンディフェンスのようなチームプレーがある。優れたグループ戦術やチーム戦術は，まるで1つの有機体として振る舞っているように見える。それは，グループやチームを形成する選手の役割が機能的に分化，統合し，状況の解決を目指すからである。

　グループまたはチームにおける個々の選手の役割を明確にし，状況の合理的な解決を目指す指針が，グループ戦術およびチーム戦術に関する事前計画，すなわち戦術構想である。この戦術構想がない，または共有されない場合，状況は偶発的，即興的な行為のみで解決され，有利な状況を作れないことが多くなる。それでは，個人戦術力に優れる選手が揃っていても，味方と合わせる方法，位置，タイミングなどがずれたりして，グループ戦術力やチーム戦術力は高くならない。

　一方，グループやチームの戦術構想が優先されすぎた場合には，選手はそれらの約束事に強く縛られ，個々の選手の長所や自由な発想が押さえ込まれてしまう。その場合，可変性をもたない機械化，鋳型化されたプレースタイルに陥る危険性が生まれる。このようなプレースタイルは相手に対応されやすく，状

況の変化に適切に対応できないため（ケルン，1998, p. 97），グループ戦術力やチーム戦術力は高まりを見せない。

　グループ戦術力やチーム戦術力を個人戦術力の総体として最も大きくするためには，グループやチームの戦術構想をメンバーの個人戦術力の高さに応じて準備する必要がある。個人戦術力が高い選手が揃っている場合，より緩やかで柔軟で可変性をもつ戦術構想を採用することで，選手の高い個人戦術力を最大限に生かすことができ，複雑で多様で変化するゲーム状況に瞬時に対応することが可能になる。このようにグループ戦術力とチーム戦術力は，それぞれ個人戦術力を下位に置く階層構造にあり，グループおよびチームの戦術構想が「状況の分析」「行為の選択」「味方との時間的，空間的調整」「動作の遂行」といった個人の戦術行為に一定の方針を与え，個人戦術力がグループ戦術およびチーム戦術の構想の広がりを限定するという関係にある。

3. 戦術の個体発生と系統発生

(1) 戦術の系統発生とコーチング

　攻防が対峙するスポーツ種目では，ある攻撃戦術を守る適切な防御戦術が展開され，その防御戦術を攻める効果的な攻撃戦術が生まれていく。このような戦術の発達を観察するのに，世界選手権やオリンピックは最高の舞台である（Döbler, 1989, pp. 67-68）。というのは，競技レベルが高く，競技力が拮抗している国際大会では，どの選手も技術的，体力的，精神的にかなり高度にトレーニングされており，戦術的な要素が勝敗に大きく関わるからである。そこでは，既成の戦術がより洗練されると同時に，それまでに見られなかった新たな戦術が現われる。トップレベルの大会が連続していく中で形づくられる戦術の発達の過程は，それぞれのスポーツ種目における戦術の系統発生そのものである。

　図4-7は，1970〜1980年代におけるハンドボールの攻撃および防御戦術の発達である。これを見ると，戦術が，対戦相手の戦術力との相対的，対立的な関係の中で，合目的的に発生すること，その繰り返しによって戦術が段階的に発達することが分かる。防御戦術に着目すると，まず消極的なものから積極

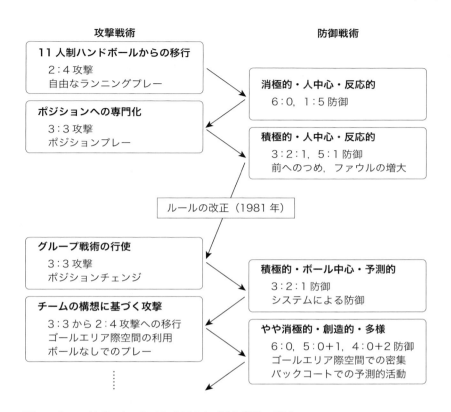

図4-7 ●ハンドボールにおける攻撃および防御戦術の発達

的なものへと変化し，さらに消極的なものへと変化するゆらぎの過程が認められる。ただし，ゆらぎの中で戻ってきた消極的な防御戦術は，以前のものに新たな内容が加わって組織化されている。つまり，戦術の発達は「新築」ではなく「増改築」であり（山口，1993），相手がどのような戦術を採用しようとも，自分たちが優位性をもてるように多様化していくのである。

トップレベルの大会で新たに発生した戦術は，何年か遅れて，各国内のシニアチーム，ジュニアチーム，さらに中程度の競技レベルのチームでも現われるようになる（Späte und Wilke, 1989）。例えば，バレーボールにおける「Bクイック」は，1965年に世界で初めて創案されたコンビネーションによる速攻の攻撃戦術であるが（大野，1974），今や基本的なグループ戦術の1つとして

広く指導されている。このことは，トップレベルにおける戦術の発達の歴史が，その後のそれぞれのスポーツ種目における個体発生の実践的な見本になることを示唆している（Döbler, 1989, p. 90; 瀧井, 1988）。したがって，トップレベルにおける戦術の発達の要因や過程を理論的，実践的に明らかにすることは，個人およびチームの習熟段階や発達の方向を理解したり（Döbler, 1989, pp. 67-68），長期的な視点をもって指導するのに役立ち（Ehret und Späte, 1994），コーチングおよびトレーニングの場に有用な知見を提供することにつながる。

(2) 戦術の個体発生の順序性

　サッカーやハンドボールといった攻防が入り混じる混戦型球技では，初級・中級レベルのチームの戦術力が高まっていく過程，すなわち戦術の個体発生において，動作の習熟過程に見られるような発生，洗練，定着といった学習の段階的な順序性と同じく，うまくなっていくのに必ず通り抜けなければならない諸位相が認められる（瀧井，1988）。戦術の個体発生をゲーム様相に着目して観察すると，選手がボールを中心に密集する段階から，ボールを遠くに蹴られる／投げられるようになって，密集の中から攻撃選手がゴールに向かって飛び出すことが有効になり，選手のまとまりが縦長になる段階へ，次にボールをコントロールできるようになって，短いパスで攻撃が組み立てられるようになり，選手がコート上に広がる段階へ，さらに的確な状況判断に基づく技術力を獲得し，状況や相手に応じた行為が高い活動性をもって展開できるようになり，選手の役割が分化する段階へと発達していく。また，ゲームパフォーマンスに着目して観察すると，特に最初の段階において，攻撃回数とミス率（シュートに至らずに攻撃が完了する割合）の低下，攻撃成功率（攻撃回数に占める得点の割合）とシュート成功率（シュート数に占める得点の割合）の向上，速攻（相手のボールを奪って短時間で攻撃を完了させる攻撃）における攻撃回数，ミス数およびシュート数の減少が見られる（會田・河村，1993）。さらに，戦術行為の質に着目すると，個人の単発的な攻撃活動とそれに対するマンツーマンディフェンスという特徴を持ったゲームが，コンビネーションによる攻撃とゾーンディフェンスを中心としたゲームに，さらに意図的なコンビネーションによる攻撃とチームで決められた約束事に基づく防御が現れるゲームへと発達

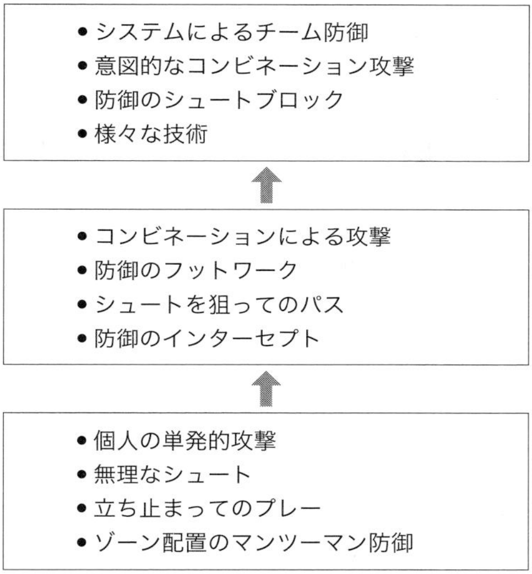

```
┌─────────────────────────────┐
│ ● システムによるチーム防御      │
│ ● 意図的なコンビネーション攻撃  │
│ ● 防御のシュートブロック        │
│ ● 様々な技術                  │
└─────────────────────────────┘
              ↑
┌─────────────────────────────┐
│ ● コンビネーションによる攻撃    │
│ ● 防御のフットワーク           │
│ ● シュートを狙ってのパス       │
│ ● 防御のインターセプト         │
└─────────────────────────────┘
              ↑
┌─────────────────────────────┐
│ ● 個人の単発的攻撃            │
│ ● 無理なシュート              │
│ ● 立ち止まってのプレー        │
│ ● ゾーン配置のマンツーマン防御 │
└─────────────────────────────┘
```

図4-8 初級・中級レベルにおける戦術の質の変化

していく（図4-8）。これらのことは，初級および中級レベルでは個々の選手の技術力の向上と戦術の発達が密接に関連すること，より確実で無駄が少なく，より意図的な行為が選択，実行されるように戦術が発達すること，すなわち戦術の個体発生が，安全性の原則，経済性の原則，合目的性の原則に従うことを示している。

4. 戦術トレーニング

(1) 戦術トレーニングの原則

スポーツにおけるトレーニングの原則，すなわち全面性の原則，意識性の原則，漸進性の原則，個別性の原則，反復性の原則は，戦術トレーニングにもあてはまる。つまり，戦術力の養成においても，様々な要素をバランスよく，トレーニングの目的を理解して，易しいものから難しいものへ，個人の能力に合わせて，繰り返し行うことが目指される。

戦術力を向上させるトレーニング形式には，動きの自動化およびレパート

リーの獲得を主なねらいとしたドリル形式，一定時間内に行われたパスの回数をチームごとに競うなどの競争的な場面における動きの発揮や習熟を主なねらいとした競争形式，対峙する相手選手との対応力や協力する味方選手との調整力の習得を主なねらいとした攻防・試合形式の3つがある（會田，1992）。これらは，個人，グループおよびチームの戦術力の向上に対して，互いに相補的な関係にあり，それぞれの条件を実際の試合で現れる様々な状況を想定して設定することで，より実戦的に戦術力を養成できる。具体的には，施設，用具，時間，空間，人数，自らの行為および相手の対応などを指定したり，制限したり，付加したりすることを通して状況の難易度を変化させ，戦術力を規定する個別の構成要素，すなわち相手との対応，味方との調整，発揮される動作などに意図的に過負荷をかけることが可能となる。

　ただし，戦術行為の結果は，相手との相対的，対立的な関係の中で現れるため，特に攻防・試合形式のトレーニングでは，選手の行為が状況の解決に適切でなかったとしても，対峙する相手の動作や判断が十分でない場合には状況が解決されてしまうことがある。したがって，コーチは戦術行為の結果だけでなく，対峙する選手やチームを「検査装置」にして，トレーニングの対象となる選手やチームの戦術行為の達成度がどれくらいか，達成度を高めるための課題は何かを読み取り，トレーニングの目標，手段，計画を修正していかなければならない。この意味において，実践される戦術トレーニングの質は，コーチの能力に大きく左右される。

(2) 個人戦術力の養成

◎養成の観点

　相手選手と1対1で対峙する状況において，必要十分な数の習熟した動作をもっていれば，行為の選択の幅が広がり，相手に対して効果的な行為を選択，実行できる可能性が高まる（中川，1986）。しかし，状況を解決する動作が1つしかなければ，自らの行為は相手に簡単に予測され（読まれ），それを阻止する最適な行為が行われてしまう。このことは，個人戦術力を向上させるためには，戦術的思考力と技術力の両方を養成しなければならないことを意味している。しかし，これら2つは情報処理的因果関係ではなく，一方を意識すると他方を意識できないコインの表裏のような関係にある。したがって要素還元的

な考え方に基づいて，技術力と戦術的思考力のそれぞれを絶縁的に養成し，後からそれらを統合させようとする方法は適切ではない。

◎習熟レベルに応じた養成方法
●戦術力の発生段階
　初級レベルにおいて，相手に応じた動きが初めて姿を現す瞬間，わからなかった動きかたが身体によって「あっ，そうか」と合点される瞬間，私はそのように動くことができるという運動感覚能力を身体がもつ瞬間（三木，2005）は，偶然に，突然に，一気に，まぐれ当たりを特徴としてやってくる（金子，2002, p. 422）。運動のかたちは部分部分が少しずつわかってきてでき上がってくるわけではない（金子，2002, p. 425）。そのため初級レベルにおける個人戦術力の養成においては，ゲームを行える必要最小限の技術を最低限のレベルで発揮できるようになった段階で，ただちに初歩的なゲームを行うことが重要である。その際，戦術的思考力と技術力を同時に発生させられる場の設定は，個人戦術力の発生に大きな影響を与える。

●戦術力の修正段階
　相手と対峙する状況を解決するための要が，相手の運動経過の裏側にある戦術的意図を探ることと相手の動作に対して有効な動作で反応することの2つであることを身体が了解し，何度繰り返しても，思うような動きの感じに出会えるようになってからは，戦術的思考力と技術力のそれぞれを意識し，個人戦術力を養成することが可能になる。

　戦術的思考力の養成は，一般に戦術的課題が内在した攻防・試合形式のトレーニングやリードアップゲーム（會田，2006）を用いて行われる。そこでのねらいは，対峙する相手選手との対応力と味方選手との調整力を向上させることである（會田，1992）。しかし，個人戦術力の構造を考慮すれば，戦術的思考力の養成では，相手との対応力の向上だけを目的とするのではなく，「対峙する相手選手の行為に適切に対応するリアクションの行為を可能にする動作を習熟させた上で」（會田，2012）という条件を設定することが妥当である。つまり，相手ゴールキーパーが右に動くなら左のコースに，左に動くなら右のコースに，「あとだしジャンケン」のようなシュートを打つために，左右それぞれのコースへのシュート動作の習熟性をあらかじめ高めておくのである。その条件が満

たされるならば，いわゆる状況判断能力が個人戦術力から離れて絶縁的に養成されることはなくなる。

一方，技術力の養成は，一般に繰り返し練習（ドリル形式のトレーニング）を用いて行われる（會田，1992）。そこでのねらいは，ゲーム状況を解決する十分なバリエーションの動作の獲得とその自動化である。しかし，個人戦術力の構造を考慮すれば，技術力の養成では，動作の獲得および自動化だけを目的とするのではなく「対峙する相手選手と相互主体的関係を結び，間主観的に対話できるように」（會田，2012）という上位の目的を設定することが妥当である。つまり，相手の行為から戦術的意図を先読みし，相手がどのように動いても適切に対応できるように，自らの動作を自動化させておくという目的を技術力の養成の際に設定するのである。その目的を達成しようとすれば，運動経過の型の繰り返しによる動作の鋳型化は起こりえないからである。

このように，戦術的思考力と技術力の養成では，それぞれの個別の目的に上位の目的や条件を設定することで，技術的な達成と同時に戦術的な問題を処理できるようになる。

● 戦術力の完成段階

上級レベルで目指される行為は，戦術的思考力が働いている（相手や状況を意識に顕在化させている）時に，技術力が裏に居合わせて（働いて）いる行為，言い換えると対峙する選手と「対話」することを志向しながら動作に関しては意識せずに成立する行為である（會田，2012）。したがって，このレベルにおける個人戦術力の養成では，意識して習得，修正した動作をゲームで前意識的に発揮し，前意識的に発揮した動作を省察し，トレーニングで意識的に修正するといった繰り返しが不可欠である。このような実践と省察の繰り返しを通して，他者との関わりのなかで，自ら動くのに何らの心身の束縛も障害もなく，まったく思うままに動いてすべて理に適っているという，運動感覚身体の織りなすわざの最高の位相（金子，2002，p. 428）への到達が可能になる。

(3) グループ戦術力の養成

◎ 養成の観点

グループ戦術力の養成では個々の選手に，①状況を解決する協働的な行為を選択する能力，②位置やタイミングを味方と合わせる能力，③行為を遂行する

技術力，の3つを高めることが求められ，それぞれに過負荷がかかるように，しかし絶縁されないようにトレーニングすることが重要である。グループ戦術では，協働する人数が多くなればなるほど状況が複雑になるため，まずは状況の見え方や解決像をメンバー間で共有し，グループにおける戦術構想を具現化することが目指される。次の段階として，状況の変化に即興的に対応し，グループの優位性が大きくなっていく行為を連続させていくことが目指される。グループ戦術の基本単位は，通常ボールを保持している攻撃選手とそれに合わせる攻撃選手，およびそれぞれに対峙する防御選手，つまり2対2である。それより人数が多いグループ戦術，例えば3対3や4対4は，オンザボールの攻撃および防御選手とオフザボールの攻撃および防御選手との組み合わせと捉えると，状況を単純化して理解できる。

◎習熟レベルに応じた養成方法
●戦術力の発生段階

初級レベルにおいては，より広い空間で，より少ない人数でトレーニングを構成し，複雑な判断を必要としない状況で成功と失敗を体験させることを通して，①協働的な行為を選択する能力，②味方と合わせる能力，③遂行する技術力の3つを分化することなく，グループ戦術的行動を習慣化させることが目指される。広い空間でプレーさせることで，攻撃選手には行為の先取りと防御を突破するスピードを，防御選手には対峙する攻撃選手に対する観察能力を向上させられる。また，トレーニングの場を数的不均衡に構成することで，例えば2対1や3対2に設定することで，攻撃選手には状況を的確に判断して協働的な行為を選択，実行する能力の養成が，防御選手には空間を中心に守るゾーンディフェンスの考え方に基づき協働的な行為を選択，実行する能力の養成が期待できる。

●戦術力の修正段階

グループによる協働的な行為が表出されるようになってからは，グループ戦術力に求められる3つの要素，すなわち①協働的な行為を選択する能力，②味方とあわせる能力，③遂行する技術力のそれぞれに過負荷をかけることが可能になる。

ハンドボールやバスケットボールのような混戦型球技の攻撃を例にすると，

図4-9 ●協働的な行為を選択する能力を高める方法

協働的な行為を選択する能力の養成に焦点化し，過負荷をかける方法として，攻撃と防御は対峙するが，ボールは使わない2対2や3対3の攻防を行う方法がある（図4-9）。ここでは，いずれの選手にも，あたかもボールがあるかのようにプレーさせ，ドリブル，パス，フェイントなどもボールを持っている時と同じような動作で行わせる。防御との均衡を打破するオンザボールの選手には「シュートまたはカットイン（防御ラインの突破）ができるか」「相手の防御選手のカバー（ヘルプ）があるために味方にパスしてプレーを継続した方が優位性を大きくできたり保持できるか」を判断させる。一方，オンザボールの味方に合わせるフォロー（オフザボール）の選手には「クロスで合わせるか」「オープンで合わせるか」などを，防御選手の状況に応じて判断させる。

位置やタイミングを味方と合わせる能力の養成に焦点化し，過負荷をかける方法に，ボールは使うが，防御選手を入れない「シャドー練習」がある。例えば，2：0や3：0の攻撃を行う方法がある（図4-10）が，ここでは，選手にあたかも防御選手がいるかのようにプレーさせる。防御との均衡を打破するオンザボールの選手にも，それに合わせるオフザボールの選手にも，グループ戦術に関する構想に基づいてプレーさせ，パスを放す位置やタイミング，パスを受けるために走り始める位置やタイミングを調整させる。防御選手がいないために，実戦の状況を想像できない場合には，攻撃への対応方法を指定した「ロボットディフェンス」を配置し，いわゆる約束練習とすることで選手の想像性を補助できる。

遂行する技術力に過負荷をかける方法に関しては，個人戦術力のそれと同様

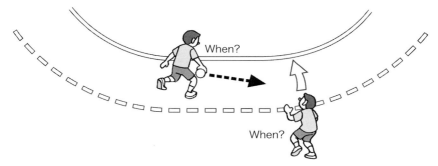

図4-10 ●位置やタイミングを味方と合わせる能力を高める方法

である。すなわち，主にドリル形式のトレーニングを使って，状況を解決するための動作の獲得，洗練および自動化を目指す。

●戦術力の完成段階

　上級レベルでは，狭い空間で，多くの人数で，短い時間で状況を解決させるように攻防・試合形式のトレーニングを行うことで，的確な戦術的思考力と精度の高い技術力の両方を総合的に養成できる。また，実際の試合で現れる状況や相手の対応を想定してトレーニングの場を設定したり，選手の行為や相手への対応方法を指定，限定，制限したりすることで，より困難な状況において協働的な行為を遂行する実戦的な能力を養成できる。さらに個々の選手に，行為の細部に意識を向けさせることで，より高度な駆け引きが可能になる。例えば対峙する選手に視線を向ける／外すことや突破する前にパスフェイク（味方にパスする振り）することで，自らの意図を先読みされにくくさせ，相手の意図を探ることが可能になる。

(4) チーム戦術力の養成

◎養成の観点

　対峙する相手を圧倒できる個人戦術力をもっていれば，攻撃，防御のいずれにおいてもチーム戦術は必要ない。それは，味方の助けを借りず，個人による攻撃行為や防御行為で得点できたり，攻撃権（ボール）を奪えるならば，最も効率的に目的を達成できると考えられるからである。しかし，攻撃力と対峙する防御力との間に大きな差がない場合には，攻撃も防御も個々の行為を連続さ

せて，それぞれの目的を達成する可能性を高めていく必要に迫られる。これが，チーム戦術の目的となる。攻撃においては，防御との均衡を打破し，相手に対して優位性を獲得した後は，個人またはグループによる戦術行為を連続させて，その優位性を大きくしていく「圧」をかけ続け，詰め将棋のように相手を追い詰めていくこと，防御においては，それに抵抗したり，跳ね返したりすることがチーム戦術力の養成の観点となる。そのため，チーム戦術を効果的に行使するためには，個人戦術力とグループ戦術力を個々の選手が一定レベルで有することが前提となる。

◎習熟レベルに応じた養成方法
●戦術力の発生段階

多くのチームでは，自分たちに有利で相手に不利な状況を効率的，組織的，計画的に作り出すためのシナリオをチームの戦術構想としてもち，個々の選手の役割を明確にさせる。自チームおよび対戦相手の戦力分析に基づき具体化されたチームの戦術構想は，コート上における選手の配置と機能として現れ，選手の主な活動範囲や役割，コンビネーションプレーを行う選手間の戦術的な関係を規定する。それはシステムともいわれる（會田，2006）。チーム戦術力を発生させる段階では，まずこのシステムが知的に理解されること，すなわちどの局面で，誰が，どのようにプレーし，プレーをどのように継続していくのかといった標準的な経過（シナリオ）をコート上で表現することが目指される。それは，一般に，言葉や図，映像によって選手に提示される。コート上では，相手選手がいない状況または行為への対応を指定した相手選手を配置した状況でデモンストレーションされ，その後，相手選手に課す制限を少なくした状況で攻防練習が行われ，戦術構想の具現化が目指される。

●戦術力の修正段階

標準的な状況を解決するチーム戦術力が養成された後は，自チームの行為に対応または先取りする相手の行為を想定し，それに対する適切な戦術行為を選択，実行できるようにトレーニングが行われる。例えば，相手防御選手が想定通りマークにくれば戦術構想に従って味方にパスする，マークにこなければ（下がっていれば）シュートというように，相手の行動に応じて二者択一的に状況を解決する能力の養成が行われる。そこでは，個々の選手に，チームの構想に

規定されながらも，得点するという上位の目標を達成するように行動することが求められる。

　このような能力は，通常，チーム内での攻防練習と他チームとの練習試合によって養成される。チーム内での攻防練習においては，チームの戦術構想を個人戦術とグループ戦術に分節化してトレーニングすることで，チーム戦術の精度と安定性を高めることが目指される。一方，他チームとの練習試合においては，異なるゲーム観，ゲーム構想，プレー方法をもつチームとの対戦を通して，実戦的な場においてチーム戦術の可変性や適応性を高めることが目指される。ただし，特定の相手に対して行為を調整し，適応させることは，それとは異なるレベルやタイプの相手に対する不適応を招く危険性をはらんでいるため，練習試合は様々なチームと行われる。

● 戦術力の完成段階

　相手に応じた二者択一的な行為が連続されるチーム戦術が見られるようになった後は，戦略的思考に基づく高度な駆け引きの養成が行われる。それは，相手のシステム（人の配置やボールの動かし方の規則）を読み切ってその弱点をつく行為，相手の行為を先取りして相手に意図した行為を行わせないようにする（相手に対応させる）行為，チームの戦術構想（約束事，システム）を上位の目的を達成するために自覚的に破る行為，さらにそれによって発生する標準的でない状況に周りの味方選手が連動していく行為などとして現れる。この段階においては，味方とのあわせ，自らの動作，さらにはチームの戦術構想も意識に顕在化されずに前意識的に処理され，対峙する相手選手の行為の意図に注意が向くことになる。それによって，選手の動きやボールの展開を緩やかな約束事としてチーム全体で共有しながらも，選手が対峙する個々の場面では，個人の判断を優先させていき，他の選手もそれに即興的に合わせていく自動化されたチーム戦術に到達する。

　このようにしてチーム戦術力は，複雑で多様な状況を解決するために，「組織的な行為を行おうとする」段階から，「組織的な行為の中で，状況や相手の行為に対して最適な行為を選択，実行しようとする」段階へ，さらには「状況や相手の行為に応じた行為や先取り的な行為を連続していく中で，組織的な行為になっていく」段階へと高まっていくことになる。

（會田　宏）

●文献

* 會田宏 (1992) ボールゲームにおける技術の特性および技術トレーニングのあり方：球技運動学的視点からの一考察．スポーツ運動学研究, 5: 17-25.
* 會田宏・河村レイ子 (1993) ハンドボールにおけるゲーム様相の発達 ―集中形式の授業における短期的な発達を中心にして―．スポーツ運動学研究, 6: 23-33.
* 會田宏 (1999) 球技の監督にとって戦術とは？．バイオメカニクス研究, 3: 68-73.
* 會田宏 (2006) 球技の戦術．日本体育学会 監修．最新スポーツ科学事典．平凡社, pp. 178-180.
* 會田宏 (2008) ハンドボールのシュート局面における個人戦術の実践知に関する質的研究：国際レベルで活躍したゴールキーパーとシューターの語りを手がかりに．体育学研究, 53: 61-74.
* 會田宏 (2012) 球技における個人戦術に関する実践知の理解の仕方．スポーツ運動学研究, 25: 17-28.
* 防衛学会 編 (1980) 国防用語辞典．朝雲新聞社, p. 178.
* Döbler, H. (1989) *Grungbegriffe der Sportspiele*. Sportverlag.
* Ehret, A. und Späte, D. (1994) Leitlinien der neuen DHB-Rahmentrainingskonzeption für Kinder und Jugendliche. *handballtraining, 3/4*: 3-11.
* 金子明友 (1985) 運動技術の今日的問題性．体育科教育, 33: 20-22.
* 金子明友 (2002) わざの伝承．明和出版．
* 加藤敏弘 (1993) 人間の運動と身体．茨城大学健康スポーツ教育研究会 編．健康スポーツの科学．大修館書店, pp. 74-75.
* ケルン：朝岡正雄 ほか監訳 (1998) スポーツの戦術入門．大修館書店．
* 三木四郎 (2005) 新しい体育授業の運動学．明和出版, p. 149.
* 村上陽一郎 (1981) 技術を考えるための予備的考察 ―古代ギリシア社会を手がかりとして―．村上陽一郎 編．知の革命史7 技術思想の変遷．朝倉書店, p. 15.
* 中川昭 (1984) ボールゲームにおける状況判断研究のための基本概念の検討．体育学研究, 28: 287-297.
* 中川昭 (1986) ボールゲームにおける状況判断の指導に関する理論的提言．スポーツ教育学研究, 6: 39-45.
* Nicholls, A., Holt, N. L., and Pollman, R. (2005) A phenomenological analysis of coping effectiveness in golf. *The Sport Psychologist, 19*: 111-130.
* 野中郁次郎・戸部良一・鎌田伸一・寺本義也・杉之尾宜生・村井友秀 (2005) 戦略の本質．日本経済新聞社, pp. 299-300.
* 大野武治 (1974) バレーボールのルールと戦法の変遷．松平康隆 ほか編．バレーボールのコーチング．大修館書店, p. 25.
* Späte, D. und Wilke, G. (1989) *Antizipatives Abwehrspiel (2. Auflage)*. Philippka-Verlag, S. 9-23.
* Stiehler, G., Konzag, I., und Döbler, H. (1988) *Sportspiele*. Sportverlag, pp. 96-101.
* 瀧井敏郎 (1988) 学習の適時性に合ったサッカーの内容．学校体育, 41 (12): 23-28.
* 山口實 (1993) 生命のメタフィジックス．ティービーエス・ブリタニカ, pp. 145-146.

第3節 体力トレーニング

　体力は活動のエネルギーであり，スポーツにおいては精神および技術とともに，そのパフォーマンスに直接的に強い影響を及ぼす。また，スポーツ技術の習得には，一定水準の体力が求められたり，スポーツ障害の予防にも体力を備えておくことが効果的となる。このように直接的に間接的に，体力はスポーツパフォーマンスとの関わりが強いため，選手は体力トレーニングに多くの時間を費やす。そこで，本節では効率良く体力を高める一助となるよう，体力トレーニングの原理を解説したうえで，体力を一般体力と専門的体力に分類し，それぞれのトレーニングの実際について述べる。　　　　　　　　　　　　　　　　（尾縣　貢）

1. 体力トレーニングの原理

(1) 体力と体力トレーニング

　体力とは，人間が様々な活動を行っていくために身体を動かす力であり，一般に身体的要素と精神的要素から構成されるが，ここでは身体的要素を取り上げる。さらに，身体的要素は，外部の環境，ウィルスや細菌などのストレスから身を守り健康に生きていくための防衛体力と，積極的に身体を動かすための行動体力とに分類される。このうち，スポーツや運動に直接的にかかわってくるのは行動体力であり，本項では，行動体力を「体力」と定義する。

　体力には，運動の発現に必要な筋力と瞬発力（パワー），運動の持続に必要な全身持久力と筋持久力，運動の調整に必要な平衡性，敏捷性（スピード），巧緻性，柔軟性がある。さらには，それぞれのスポーツ種目に直接的に高いレベルで要求される専門的体力と，基礎として支える一般的体力に分類される。例えば，マラソンを速く走るためには，高いレベルの全身持久力が必要とされるが，これはマラソンにとっての専門的体力である。同時に筋力や調整力もマラソンランナーには必要であるが，それほど高いレベルのものは要求されず，これらは，一般的体力に位置付けられる。図4-11は，体力の構造を示している。

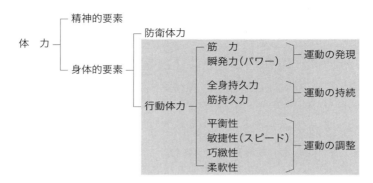

図4-11 ●体力の構造

体力を高めていくために，トレーニングというストレスを利用する。人間は，より強くなるために各種のストレスに適応していくが，トレーニングというストレスに対しても同様なのである。この適応を利用してスポーツ活動に必要な体力を高めていく行為が体力トレーニングである。

(2) 体力トレーニングの処方

体力トレーニングは，トレーニングの種類，強度，継続時間，密度などの条件によって，出現する効果は違ってくる。体力を効率良く高めるためには，これらの条件を適切に処方することが重要となる。

◎トレーニングの種類

トレーニングの種類により，その反応は異なる。そのため，高めようとする体力に応じた適切なトレーニングを選択する必要があることから，それぞれの体力の特性を理解しておくことが大切である。

ここでは，スピード，パワー，筋力，筋持久力，全身持久力を取り上げ，それぞれの特性とトレーニングの考え方を概説する。

●スピード

スピードは，①目や耳からの刺激に反応して動作を開始するまでの時間，②ステッピングのような同じ動作を反復するスピード，③走る，泳ぐなどの移動のスピードの3つに分類できる。①は，感覚器で刺激を感知してから筋肉が収

縮するまでの時間であり，神経系の関与が大きい。②のように同じ動作を素早くリズミカルに連続する場合には，主動筋と拮抗筋のスムーズな交替運動が行われる。この筋肉のコントロールに関する反射を相反神経支配と呼び，反復スピードに影響を及ぼす重要な要因である。③は，神経系の関与に加え，筋力・パワーの影響が強くなる。

①を高めるには，音や光，相手の動きなどの刺激に対して素早く動く運動，②はその場ステッピング，軽い負荷でのペダリング，ラダーを使用したエクササイズなどの運動，③は負荷軽減（アシスティッド）により，筋と神経系に刺激を与えるトーイング，坂下走などの運動が挙げられる。

● パワー

「力×スピード」で表されるパワーは，"速い動きの中で大きな力を発揮する能力"であり，多くのスポーツ種目で要求される。

パワーを高めるトレーニングとしては，軽めのバーベルなどの重量物を速いスピードで反復するトレーニング以外に，メディシンボールを投げたり，ジャンプを行ったりするトレーニングがある。ボールを投げる前やジャンプをする前には準備動作（反動動作）を取り，筋-腱に弾性エネルギーが蓄え，主運動の準備をする。蓄えられた弾性エネルギーを主運動時にうまく利用することができると，より大きなパワーを発揮できる。

● 筋力

筋力とは，筋肉が収縮するときに発揮される張力のことであるが，その収縮のタイプは等尺性筋収縮（アイソメトリック：筋肉が長さを変えないで力を発揮する），等張性筋収縮（アイソトニック：筋肉が伸び縮みしながら力を発揮する）に分けられる。それぞれの収縮力を高めるトレーニングがアイソメトリックスおよびアイソトニックスである。さらにアイソトニックは，筋肉が短縮しながら力を発揮する短縮性筋収縮（コンセントリック），伸ばされながら力を発揮する伸張性筋収縮（エキセントリック）に分けられる。

筋力は，筋肉の断面積と，筋肉を支配している神経系の機能によって規定される。そのため，筋力の増加には，筋肥大と筋力発揮に関与する運動単位増加が条件となる。代表的なトレーニングとしては，バーベルやダンベルなどのフリーウエイトを用いたレジスタンストレーニングが挙げられる。

● 筋持久力

　筋持久力とは，筋肉が強い収縮を連続したり，大きな力を長い時間にわたり発揮し続ける能力である。筋持久力は，筋肉へ酸素を運搬する能力，筋肉で酸素を利用する能力，そして筋肉に貯蔵されているエネルギー源の量などに規定される。そのため，筋持久力のトレーニングでは，筋肉のエネルギー源の量を増加させるとともに，筋肉を取り囲む毛細血管数を増加させ，酸素の利用を促進することがねらいとなる。

　代表的な筋持久力のトレーニングとしては，低負荷・高回数のアイソトニックスが挙げられる。それとともに，筋肉の毛細血管を増加させるという観点からは，長時間にわたるランニング，サイクリング，水泳などの有酸素運動も有効である。

● 全身持久力

　全身的な運動を長く続ける能力を全身持久力と呼び，長距離走やマラソンなどで重要となる。また，サッカーやバスケットボールなどの球技においても，そのパフォーマンスに強い影響を及ぼす。全身持久力は，酸素を摂取・利用する呼吸・循環器の機能との関連が深い。

　全身持久力のトレーニングでは，運動中に大量の酸素を摂取しながら産出する有酸素的エネルギーを用いる。最大酸素摂取量が増加したり，無酸素性作業閾値（Anaerobic Threshold: AT）が高まっていき，長時間続く運動におけるパフォーマンスが高まっていく。

◎ トレーニング強度・継続時間（反復回数）

　トレーニングの目的に応じて，強度と継続時間（反復回数）を的確に設定することは重要である。

　同じランニングであっても，ジョギングのように長い距離をゆっくりと走れば，主に全身持久力を高めることができ，400m走のように乳酸産生が最大になるようなスピードで走れば筋持久力を高めることができる。また，数十メートルのダッシュのように爆発的なスピードで走れば，筋力・パワー，スピードなどが改善される。このように，ランニングによるトレーニングの効果は，運動の強度と継続時間の関係により変化をしていく。

　同様に，筋力トレーニングには，強度と反復回数の条件により，トレーニン

表4-1 ●筋力トレーニングにおける強度・反復回数と効果　（石井，1999）

1RMに対する割合(%)	最高反復回数	期待できる主な効果
100	1	集中力（神経系）
90	3〜4	
80	8〜10	筋肥大・筋力
70	12〜15	
60	15〜20	筋持久力
50	20〜30	（最大敏捷に行えば，
1/3	50〜60	パワートレーニング）

RM：repetition maximum

グ効果が決まる。表4-1は，最大反復回数とその効果との関係を示している（石井，1999）。高重量で反復回数が1〜4回であると，動員する運動単位を増やしたり，力の立ち上がりを速くするなどの神経面の効果が期待できる。中重量で4〜15回繰り返すと，筋肥大により筋力増加を導く。軽い重量で回数を多くする（15〜60回）と，筋持久力の改善が望める。

◎トレーニング密度

　時間軸でみた運動と回復の関係である密度も重要である。レジスタンストレーニングにおけるエクササイズのセット間，インターバルトレーニングのセット間の休息時間などがこれに該当する。

　また，週あたりのトレーニング頻度も重要である。例えば，同じようなトレーニングストレスを2回与える場合には，その間隔をどの程度とるかもトレーニング効果に影響を及ぼす。この考え方の基礎となるのが図4-12に示す超回復理論である（日本体育協会，1997）。トレーニングを行うと，身体は疲労状態に陥り，一時的にその機能は低下する。その後，休息をとると，ある時間に達した時点で低下していた機能がトレーニング前のレベルを超える超回復の状態にさしかかる。そこで，次の適切なトレーニングを行えば，さらなる超回復を迎えることができる。このように，負荷と回復をうまく配置したトレーニング計画を実践すれば，身体の機能は，図12中aのように右肩上がりに改善されていく。もし，回復が不十分な場合には，図12中bのようにトレーニング前の水準に達しないまま，次のストレスを受けることになるので，機能は右肩下がりを示してしまう。回復の様相は，トレーニングの種類や強度，競技者のレ

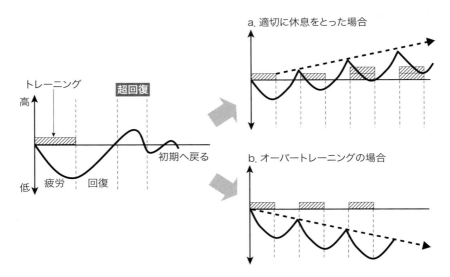

図4-12 ●超回復現象の説明 （日本体育協会，1997を改変）

ベルや年齢などによって異なるため，適切に休養を設定することは簡単なことではない。

(3) 発育発達とトレーニング

　身長が最も伸びる時期をPHV（Peak Height Velocity）年齢と定義するが，これを基準にして，それぞれの体力の発達の様相を確認することができる。図4-13は，5歳から19歳までの間で，調整力，全身持久力，筋力が1年間でどれくらい伸びるかを身長の伸びを重ねあわせて示したものである（宮下，1980）。最も早い時期に調整力が発達し，持久力はPHV年齢の1～2年前，筋力はPHV年齢の1～2年後に発達のピークを迎えることになる。この成長には，個人差があるので，トレーニングの計画・実行には十分な配慮が必要となる。

　成長期に該当する小学校，中学校，高校のそれぞれの段階でのトレーニングのあり方は次のようになる。

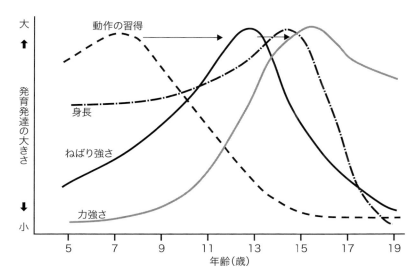

図4-13 ●身長および各体力要因の発育・発達の様相　(宮下, 1980)

◎小学校期

　この時期は，神経系の発達が顕著なため，動作の習得に最適な時期といえる。様々な遊びやスポーツを通して，リズム，バランス，タイミング，スペーシング，グレーディングなどの動きを調整する神経-筋の機能を高めることが優先課題となる。また，多様な運動経験を積んでおくことにより，その後，専門的にスポーツに取り組んだ時に，技術の習熟が円滑に進む。また，豊富な運動量が，筋肉，呼吸循環器などへの適度な刺激となり，一般的体力としての筋力や持久力を無理なく高めることになる。

◎中学校期

　専門種目への傾斜を始めるが，この段階では，それぞれのスポーツの基本的な技術を正確に習得させることが主たる課題となる。

　また，呼吸循環器が徐々にトレーニングに耐えうる状態になるので，PHV年齢を迎える少し前辺りから持久性トレーニングを開始する。ただし，いきなり高強度のトレーニングを行うのではなく，軽い強度から徐々に高めるようにする。トレーニングの開始直後は，初期効果でパフォーマンスの伸びが顕著な

ため，さらなる効果を求めて過度なトレーニングを行いがちであるが，それがスポーツ障害やバーンアウトの原因になることを認識しておかなければならない。

◎高校期

この段階では，身長の発育が停止する者も多く，身体はかなり強いトレーニング負荷に耐えることができる。この頃から専門的体力の向上をねらいとしたトレーニングを計画・実行していく。しかし，この時期においても，合理的・合目的的な動作を習得することが重要であり，筋力やパワーなどの体力は，より高度な技術を身につけるうえでの基礎であると考える。筋力やパワーのみを高めることによって，パフォーマンスを高めるという考えはもつべきでない。

高校期および中学校期は，スポーツ障害が発生しやすいので，同一部位に高強度の負荷を与え続けることを避ける。また，トレーニング時間の短縮を心がけたり，定期的に休養日を設定するなどの配慮を忘れないようにする。

(4) トレーニングの原則

目標に到達するためには，トレーニングの原則に基づき，適切なトレーニングを実行する必要がある。ここでは，トレーニングの原則のうち主たる5つを挙げる。

◎オーバーロードの原則

トレーニングは，刺激となりうる一定以上の負荷で実施しなければ効果は得られない。体力が改善されても，同じ負荷のトレーニングを続けていると，それ以上のトレーニング効果は期待できない。

◎漸進性の原則

トレーニング負荷は，初心者から上級者に至るまで個人の生理的，心理的能力に応じて徐々に増加していく。これは，トレーニングにより体力が改善された場合には，常にオーバーロードの状態を維持するように漸増する必要があることを意味する。この原則は，ミクロサイクルからオリンピックサイクル（4年間）までのすべてのスパンのトレーニング計画を作成するうえで適用される。

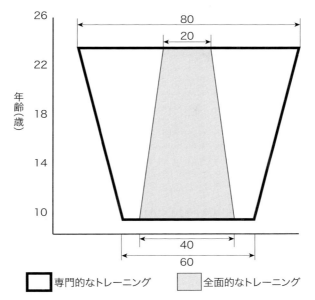

図4-14 ●専門的トレーニングと全面的トレーニングの割合の目安
(ボンパ, 2006)

◎全面性の原則

　トレーニングの初期段階では，基礎を作るために全面的なトレーニングが必要である。コーチは，早期に専門的トレーニングを取り入れようとしがちであるが，全面的な基礎づくりをしておくことこそが，後に訪れる専門化のための体つくりや技術獲得にとって重要な条件となる。図4-14は，年齢に応じた全面的発達のためのトレーニングと専門的なトレーニングの割合を示している（ボンパ, 2006）。

◎専門性の原則

　専門的トレーニングは，その競技に適した形態的，生理的変化を生じさせることができる。体操競技などのような高度な調整力が要求される競技では，比較的若い年齢で，専門的トレーニングを開始し，高いパフォーマンスに到達することができる。一方，ランニング，クロスカントリースキー，ボートなど高いレベルの全身持久力や筋持久力が要求される競技では，早期に専門化する試

みが効果的なパフォーマス向上につながらないだけではなく，早々にバーンアウトを引き起こすことがある。

◎個別性の原則

　個別性で考慮すべき重要な要因としては，性別，年齢（発育の程度），体型などが挙げられる。コーチは，指導している競技者の個性，経験などを無視して，過去に成功したトレーニング計画をそのまま用いるというような間違ったアプローチをすることがある。

　なかでも，男女差は，トレーニングにおける慎重な配慮が必要である。例えば筋力トレーニングにおいては，女性の骨盤の形状や大きさが特徴的であるために，腰背部や腹部の筋肉をバランス良く強化する必要がある。また，月経周期やホルモンバランスは，生理的，心理的にも影響を及ぼすことを忘れてはならない。加えて，出産後のトレーニングは，生殖機能が正常に戻った後に再開するが，適切に処方されたトレーニングであれば出産後4ヶ月，競技会参加のためのトレーニングであれば出産後10ヶ月から開始できるなどといった知識を持ち合わせておく必要がある。

（尾縣　貢）

2. 一般的体力トレーニングの実際

(1) 筋力・パワーのトレーニング

　力学的にはパワーは，力とスピードの積であるので，筋力と筋パワーは異なる能力といえる。そして，それぞれを高めるためのトレーニングも異なる。体力トレーニングの成果とは，ストレスへの適応の結果であり，トレーニングの負荷を変えることがストレスを変えることになる。したがって，筋力の養成を目指すのであれば，速度発揮は低く，大きな力発揮が求められる負荷を採用することになり，この方法とは一般的に最大筋力法と呼ばれる。また，パワーの養成を目指すのであれば，力発揮はある程度確保しつつも，速度発揮が大きくなる負荷を採用することになり，この方法とは一般的に動的筋量法などと呼ばれる。ウエイトトレーニングを例にとり，それぞれの方法における具体的な負

荷を挙げると，最大筋力法では最大挙上重量（100% 1RM）に近い重量を用いて，1回から5回といった少ない挙上回数でセットを組むのに対して，動的筋力法では最大下重量（50〜80% 1RM）を用いて，最大速度を発揮することを主課題として5回から10回の挙上回数でセットを組むことが一般的である。なお，両者ともに，セット間の休息は完全回復とし，次のセットにおいて疲労が残ることによる出力の低下は避ける必要がある。また，一般的にプライオメトリックトレーニングと呼ばれる各種ジャンプ系運動も，パワーの養成を目指したトレーニングである。軽量のバーベルを持ったスクワットジャンプ運動（図4-15）やケトルベルを持ったジャンプ運動（図4-16）などは，一般的体力としてのパワーのトレーニングとして有効である。

　一方，間接的な影響ではあるものの，筋を肥大させることを目的としたトレーニングも，結果として筋力の向上を目指したトレーニングになる。これは，筋力が筋の断面積に比例するためである。そして，筋肥大をねらいとする場合には最大反復法やバルクアップ法を用いる。これらは，最大下重量（40〜80%）を用いて，10回程度の挙上回数でセットを組み，セット間は不完全な回復でつなぐ方法である。このように，目指す効果によって負荷，繰り返し回

図4-15●バーベルを用いたジャンプ運動

図4-16●ケトルベルを用いたジャンプ運動

数，休息時間などを適切にデザインする必要がある。

(2) 持久力のトレーニング

　持久力は，大きく筋持久力と全身持久力とに分類され，それぞれを高めるトレーニングは異なる。筋持久力を高めるためには局所運動（下肢のみ，および上肢のみを用いたトレーニングも含める）を用いて行い，全身持久力を高めるためには全身を用いた運動，代表的な運動としては走運動を用いる。酸化系からのエネルギー供給の貢献が高い全身運動とは陸上競技長距離種目（マラソンを含む）やサッカーやバスケットボールなどの球技などであり，解糖系からのエネルギー供給の貢献が高い全身運動とは陸上競技400m走やスピードスケートの1000mなどである。一方，酸化系からのエネルギー供給の貢献が高い局所運動とは自転車競技のロードレースなどであり，解糖系からのエネルギー供給の貢献が高い局所運動とは自転車競技のスプリントなどである。

　酸化系からのエネルギー供給の貢献が高い全身持久力を高めるためのトレーニングでは，ATを高めることや酸素摂取能力を高めることがねらいとなる。具体的にはAT強度よりもわずかに高い強度を用いた一定のペース走や，インターバル法を用いたインターバルトレーニングが行われることが多い。解糖系からのエネルギー供給能力を高めるためには，乳酸を多く生成しながら運動を行うことが必要であり，そのためインターバルトレーニングが有効となる。具体的には，150mから300m程度の距離の高強度での疾走を不完全休息で繰り返すトレーニングなどが該当する。

　持久力をエネルギー供給の観点からみると，酸素を摂取してこれを利用して脂肪を酸化させることによってエネルギーを生み出す「酸化系」からのエネルギー供給と，糖を分解することによってエネルギーを生み出す「解糖系」からのエネルギー供給との2種類がある。両者のバランスは，運動遂行時間と運動強度によって決まる。

　一方，酸化系からのエネルギー供給の貢献が高い筋持久力を高めるためのトレーニングを，下肢で考えた場合，自転車ペダリング運動を用いてATを高めるようなトレーニングが有効となる。さらに，解糖系からのエネルギー供給の貢献が高い筋持久力を高めるためのトレーニングとしては，サーキットトレーニングが挙げられる。サーキットトレーニングとは，自体重やバーベルを用い

た主動筋の異なる様々な全身運動をサークル状に配置して，エクササイズ間を不完全な休息でつなぎ，それを数周繰り返す運動である。それぞれのエクササイズにおける繰り返し回数の設定方法には多様な考え方があるが，事前にそれぞれのエクササイズの1分間での最大繰り返し回数を測定し，その半数程度の回数に設定することで，トレーニング対象者全員のトータル時間を揃えることができる。

一方，局所の持久力を高めるためのトレーニングとしては，自転車ペダリング運動などが有効であろう。酸化系からのエネルギー供給能力を高めるためには，ATレベルでの運動を持続することが挙げられる。一方，解糖系からのエネルギー供給能力を高めるためには，30秒間の全力ペダリングや，腕立て伏せやスクワットなどの局所運動をオールアウト（疲労困憊）まで繰り返すような運動が挙げられる。

(3) 調整力のトレーニング

調整力とは，大きく分けて，動きの巧緻性，敏捷性および平衡性などに分類される。具体的な動きおよび運動としては，投運動に見られるムチ動作などの動きの巧みさは巧緻性，球技などのフェイントにみられるような素早いフットワークは敏捷性，体操競技にみられるバランス能力は平衡性といえる。

次に，それぞれを高めるトレーニングについて考える。まず，巧緻性を高めるためのトレーニングとしては，器用でなければできない運動が挙げられる。例えば，ボールの背面キャッチや，新体操で見られる上に投げ上げたボールを前方回転後にキャッチする運動などである。また，左右の腕，もしくは上肢と下肢で別々の動作を行わせる運動なども有効である。この時に，動きに集中するために，筋への負荷となるようなものは排除すべきである。例えばキャッチする運動で用いるボールの重量などは軽くする必要がある。

次に，敏捷性を高めるためのトレーニングとしては，素早さが求められる運動が挙げられる。素早さとは短い移動距離をきわめて短い時間で動くことであり，単に100m走などの短距離走が速いこととは区別される。例えば，ラダーを用いて各種ステップを短い時間で遂行する課題や，短い時間での反復横跳びなどがこれにあたる。この時に，持久的な運動とならないために，持続時間を短くすることが求められる。

さらに，平衡性を高めるトレーニングとしては，バランスが求められる運動が挙げられる。平均台における歩行や平均台からの着地，アイススケート，スキーなどが挙げられる。

　調整力のトレーナビリティーについては，トレーニングを実施する年齢が影響する可能性も考えられる。それは，調整力が運動単位の動員数や神経筋支配比といった「神経系」に規定されており，神経系の発達は早いからである。スキャモンの発達曲線にみられる神経型の発達は，14歳の時点でほぼ成人と同程度まで発達することが知られており，これ以降は顕著な発達はみられないと考えられている。したがって，調整力のトレーニングは，幼少期において積極的に行うべきで，それ以降は可動域を拡げることや動きのステレオタイプ化の打破などを目的とすべきである。

(4) 柔軟性の養成法

　筋の柔軟性が高いことや関節の可動域が大きいことには，メリットが多い。筋が伸張した後に短縮する収縮様式として知られる伸張-短縮サイクル運動の遂行能力には柔軟性が影響しているとの報告（金高，2006）もあり，競技力そのものに影響を及ぼす可能性もある。また，ムチ動作のように近位端から遠位端に向けてエネルギーを伝えて，遠位端の速度を高めるような動きでは，上肢の関節可動域が高いことが条件となる。これに加えて，筋の肉離れなどの怪我の予防につながることも考えられる。例えば，大腿四頭筋の筋緊張が亢進することによって膝蓋靭帯炎などのリスクが高まる可能性もある（Antich et al., 1986）。

　柔軟性に影響を及ぼす要因として，解剖学的な関節の構造，筋温や拮抗筋の弛緩具合などが考えられる。また，柔軟性は一日のなかでも大きく変動することも知られている。柔軟性を高めるための方法として，静的ストレッチ，動的ストレッチ，固有受容性神経-筋促通法（Proprioceptive neuromuscular facilitation: PNF）などが挙げられる。

　静的（スタティスティック）ストレッチとは，目的とする関節および筋・腱を伸ばした状態で，30秒程度静止し，ストレッチングを行うものである。このときに，痛みを感じるほどに伸ばさないこと，および呼吸を止めないこと，少しずつ息を吐くことなどに注意する必要がある。

動的（ダイナミック）ストレッチは，関節および筋・腱を伸張する姿勢は静的ストレッチと同じであるが，動きを伴いながらリズミカルに行うものである。ハムストリングスおよび大腿四頭筋のストレッチングとして，立位で一方の脚を前後に大きく振る動作が例に挙げられる。この際，拮抗筋（ハムストリングスを伸ばす場合には大腿四頭筋がこれにあたる）の収縮によって，主動筋が伸張されていることを感じること，痛みを感じるほどに伸ばさないことなどに注意する必要がある。

　PNFは，通常は補助者による施術を受けながら行う。ストレッチングを目的とする関節および筋・腱の可動制限が認められる角度まで自らの拮抗筋の働きによって行い，その後，主動筋を短縮させて元の角度まで戻すが，その際に補助者がそれに抗することで，より強い伸張負荷を課す。この負荷のかけ方には，ホールド・リラックス，コントラクト・リラックスなどの種類がある。

　三つの方法間の効果の差については認められないといえる（Behm and Chaouachi, 2011）。一方で，ストレッチの仕方そのものが柔軟性に影響を及ぼしている場合もある。実際に，股関節伸展筋群のストレッチとして，立位で片脚を水平まで上げ，その後体幹を前傾させるというストレッチを実施し，猫背にしながら体幹を前傾させていく試技（図4-17）と，胸を張って顎をつま

図4-17 ●猫背で行うストレッチ

図4-18 ●胸を張って，顎をつま先につけるように行うストレッチ

先につけるように体幹を前傾させる試技（図4-18）では，後者の方がハムストリングスの柔軟性が高まったとの報告（Sullivan, 1992）もある。この報告では，後者の試技でハムストリングスの柔軟性が高まった理由として，後者では骨盤が前傾しハムストリングスに適切に張力がかかっていたことが挙げられている。このように，筋または筋腱複合体が適切に長さ変化して，張力がかかるような試技を実施しなければ，柔軟性の向上は期待できないようである。

また，柔軟性の向上が一時的な筋の出力低下を招くおそれも指摘されている（Nelson et al., 2005）。これは，ストレッチングが，筋や腱の長さ変化を感知する器官である筋紡錘およびゴルジ腱器官の感知する長さ変化の閾値に影響を及ぼすためであると考えられる。そのため，運動開始前のウォーミングアップとして，柔軟運動を行う場合には注意が必要である。

（木越清信）

3. 専門的体力トレーニングの実際

トレーニングとはスポーツの達成力を具体的な目標に向かって計画的に発達させることを目指した複合的な行為の過程（朝岡, 1993）であり，基礎的運動能力向上のための体力トレーニングから，専門とする競技力を向上させるための技術トレーニングまで様々に分類されてきた。その中には任意の目的を達

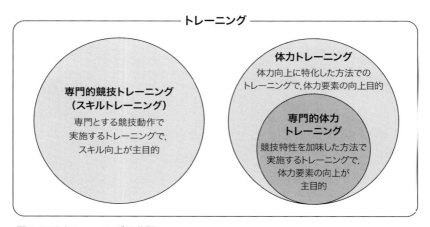

図4-19 ●トレーニングの分類

成するために実施されつつも，副次的な効果が得られるものも少なくない。体操競技におけるスキルトレーニングによって筋量も増大するという現象がこれにあたる。このようにトレーニングは，その効果をもとに分類しようとすると混乱を招くため，本項においてはトレーニングの主目的をもとに分類を行う（図4-19）。そのなかで，競技特性を加味した方法によって体力要素を向上させることを目的としたものを専門的体力トレーニングと定義する。

(1) 筋力トレーニング

本来，筋力トレーニングとは専門競技の練習では得にくい大きな負荷を筋にかけ，生体反応としての筋肥大ならびに最大筋力向上を目的とするものである。例えば陸上競技における砲丸投の選手が，そのトレーニング過程においてバーベルを用いたスクワットトレーニングを行うとする。この場合はあくまでも脚の最大伸展力を向上させることがねらいであり，それがそのまま砲丸投における投擲距離に直結することはない。その理由についてトレーニング時の速度と，実際の競技運動での速度が大きく異なることが原因であるという言葉を耳にす

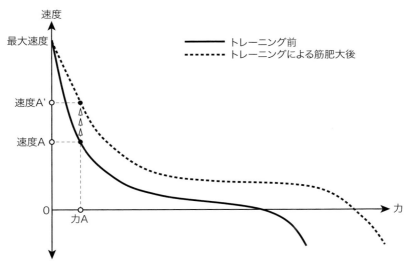

トレーニングにより発揮可能な最大速度は増大しなくとも，最大下出力発揮時における運動速度は増大させることが出来る。

図4-20 ●筋肥大による筋の力―速度関係の変化 （谷本，2008をもとに作図）

バーベルを振り回す強さは，筋力と技術の両方に影響を受ける。

図4-21 ●バーベルを利用した振り回しトレーニング

る。しかしながら，これは大きな間違いを含んでおり，筋肥大は競技運動における速度増大に関与していることは明白な事実である（図4-20）。

スクワットトレーニングの成果が砲丸投の飛距離に直結しないのは，その間に技術が介在するためである。脚で発揮したパワーを効率良く投擲物へと伝えるために行うのは，図4-19でいう専門的競技トレーニング，いわゆるスキルトレーニングである。しかしながら，トレーニング現場においてはスキルトレーニングとも専門的体力トレーニングとも分類できない，あるいはその両方に分類されてしまうようなトレーニングが散見される。例えば，図4-21は重量物を振り回すパワー増大を目的としたトレーニングである。一見すると投擲競技における専門的な体力トレーニングのようであるが，多関節運動として発揮されるパワーは筋力増大に加え，振り回す技術の改善によっても増大する。このように体力の向上が目的なのか技術の改善が目的なのかが曖昧なトレーニングは，効果の検証がきわめて困難である。その効果を否定するものでは決してないが，トレーニング実践者は目的と得られる効果に注意して実施するべきであろう。

陸上競技と同様に自らの身体を運ぶ競技の一つに体操競技がある。体操競技は全身をコントロールするための筋力，美を表現するための柔軟性など，様々な身体能力が要求される競技である。特に上肢のみにて身体を支え，全身をコントロールしなければならない種目もあるため，上肢および体幹を中心とした

実施者は補助者の徒手抵抗に抗い、姿勢を保持し続ける。反動を使う場合もある。

①から②までの動作を補助を受けながら繰り返す。体幹の姿勢は常に維持したまま実施する。

図4-22 ● 体操競技における姿勢保持力向上を目的としたトレーニング

筋力トレーニングが多く実施されている。また、表現する技が高度になるほど、大きなパワーや筋力を要求されることから、スキルトレーニングと筋力トレーニングの区別がつきにくいという特徴もある。そのなかでも、多くの競技種目に応用が利き、技の完成度や美しさに大きく影響を与え、さらに傷害予防にもつながるのが体幹の姿勢保持力を向上させるためのトレーニングである（図4-22）。体操競技の指導現場では「締める」という言葉で表現されることが多いが、これは技の表現時において姿勢を保ち、見た目としての美しさを表現することにつながる。また、力技と表現されるような技において求められる筋力ならびに局所の筋持久力を向上させる目的でも実施される。

次に、対人競技における筋力トレーニングとして柔道に焦点を当てる。柔道において四肢が発揮するパワーは競技パフォーマンスに大きな影響を与えると考えられるが、それらは他の競技も同様であり、柔道特有の事象ではない。その一方、組み手の際に相手の胴着を離さない、離されないための握力は他の競技よりも重要となる。特に柔道競技者におけるエキセントリック収縮によって発揮される握力は、野球やテニスを専門とする競技者よりも強いことが知られている（若林ら，1989）。上記理由より、柔道競技者は他のパワー系種目と比較しても、握力の強化を目的としたトレーニングを多用していることが推察される。また、柔道は階級制が採用されている競技でもあるため、最大筋力よりも体重当たりの相対筋力が重要となる。特に軽量級では体脂肪を減少させるた

めの減量と，相対筋力を増大させるための筋力トレーニングとのバランスに苦慮している競技者は少なくない。

　コンタクトを伴う球技スポーツであるラグビーにおいて，全身で発揮されるパワーはきわめて重要である。ラグビー特有の動作であるスクラムにおいては地面反力の方向が重要であり，それが水平に近づくほど脚伸展パワーが相手を押す方向に作用しやすくなる（前田・小林，1979）。そのため，専門的競技トレーニングによって地面反力を水平に近づける技術を磨きつつ，脚伸展パワーを増大させることが重要である。特にスクラムにおいて高度なスキルが獲得されている場合，勝負を決めるのは脚伸展パワーの多寡となるため，他の球技以上に脚伸展筋群を強化する必要があろう。

　また，スクラムと同様にラグビー固有の動作であるタックルについて，その競技パフォーマンスを評価することは難しい。しかしながら運動量の観点からすれば，その破壊力は質量と速度の積であり，体力トレーニングによる筋肥大で身体質量を増大させ，結果としてタックル時の運動量を増大させることは可能である。さらに，タックルを受けた際の衝撃から骨や内臓を守る意味でも，全身の筋量増大は必須である。これらの理由から，ラグビー競技者は脚伸展筋群ならびに体幹筋群を積極的に強化しなければならない。

(2) スピードトレーニング

　陸上競技短距離種目は規定された距離を走りどれだけ速くゴールできるかを競うものであり，そのトレーニングは疾走速度をどれだけ高めることができるかに集約される。最大疾走速度発揮時において，競技者は股関節を支点として脚を一本の棒のように後方へスイングしていることが知られている（伊藤ほか，1998）。この脚の後方スイング動作の主動筋は股関節伸展筋群であり，これらの筋を積極的に強化することが短距離競技者にとっては重要である。先で述べたように，最大筋力の増大は速度の増大につながる（図4-20）ことから，高速で行われる疾走動作であっても，まずは股関節伸展の最大出力を増大させるべきである。そして，それに加えてより高速での出力を高めるトレーニングこそが短距離競技者に求められる専門的体力トレーニングであるといえる。また，疾走は左右の位相が半分ずれた運動であり，支持脚の股関節が伸展している際，反対側は股関節屈曲動作が行われている。よって，股関節伸展筋群のみでなく，

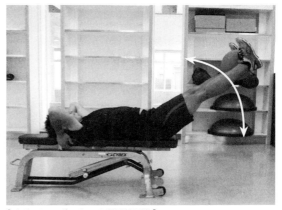

【片脚スクワット】
・支持脚と反対側の手でダンベルを保持する。
・支持脚の膝はつま先より前方へ出さない。
・後ろ脚はベンチにのせてバランスを保持する。

【メディシンボールでの股関節屈曲】
・2〜5kg程度のメディシンボールを足部で保持しながら股関節屈曲動作を行う。

【フライングスプリット】
・脚を前後に大きく開いた状態から跳躍し、空中で脚の前後を入れ替える。
・前脚の膝はつま先より前方へ出さない。
・前側股関節の伸展力と、後側股関節の屈曲力を発揮して跳躍する。

図4-23 ●短距離走競技者向け股関節トレーニング

屈曲筋群の強化も必要である（図4-23）。なお、競技者をロープやゴムチューブで牽引し、競技者自身が発揮できる疾走速度以上の速度を体感させるようなトレーニングは体力トレーニングではなくスキル向上を目的とした専門的競技トレーニングに分類されるため、本項では言及しない。

　一方で、サッカーやバスケットボールなどの球技においては最大疾走速度よりも短い距離をダッシュする能力や、より鋭く方向転換する能力が重要となる。

【スイング型】
陸上競技短距離走：短距離走における中間疾走では脚を後方にスイングして走る。

【ピストン型】
サッカーにおけるダッシュ：サッカーなどの近距離でのダッシュは膝と足首を伸展して走る。

図4-24 ●スイング型とピストン型

これらはアジリティという言葉で表現されることが多いが，同じ移動でも短距離走における最大疾走速度出現時とは動作が大きく異なるため，強化しなければならない筋も異なる。スタートダッシュにおける加速は上体を前傾させ，脚の3関節をすべて伸展させる，いわゆるピストン型の動作が用いられる（図4-24）。これはフェイントなどの方向転換時においても同様である。そのため，球技スポーツでは短距離走競技者のような股関節を主体としたトレーニングだけでなく，膝関節ならびに足関節の伸展筋群も同時に強化しなければならない。

また，スピードトレーニングの中には，剣道のように，ほぼ静止した状態から出来るだけ速く動き出す，クイックネスと呼ばれる能力を高めるものも含まれる。椿ほか（2009）は剣道競技者を用いて刺激に対する全身反応時間および移動時間を，両足での短いジャンプ運動にて検証している。その結果，競技レベル間において全身反応時間に差異は認められないとしつつも，刺激に反応して移動を完了させるまでの移動時間については，競技レベルと反比例の関係にあるとしている。特に移動時間については競技パフォーマンスが高い者ほど，ジャンプ動作が低く行われているとし，剣道特有の摺り足動作や打突動作時の足捌きの熟練度が影響していると推察している。図4-25は剣道における跳躍素振りと呼ばれるトレーニング方法であるが，このトレーニングは鋭い足捌きと竹刀を振るタイミングを合わせ，正確かつ速く振るというスキルトレーニン

①から④までの動作を連続的に前後に跳躍しながら繰り返す。竹刀を振り上げる，振り下ろすタイミングと足が接地するタイミングを合わせることが重要。
図4-25 ●跳躍素振り

グである。その一方で前後へ鋭く移動するために必要な体力要素も強化されることを踏まえると，図4-21で示したような異なる二つの目的が含まれる複合的トレーニングと捉えることもできる。このように武道系競技においては，技術の向上と体力の向上の両方を目的とした複合的トレーニングが数多く存在することが特徴である。

(3) 持久力トレーニング

陸上競技長距離種目における専門的体力トレーニングとしての持久力トレーニングは全身持久力，つまり酸化系エネルギーの供給能力向上を目的として実施される。長距離種目は文字通り，走る動作そのものが競技動作であるため，そのトレーニング手段においても走を中心としたものになる。そして全身持久力のトレーニングは他の筋力トレーニングなどと異なり，身体に強い負荷をかけることが必ずしも良いとは限らない。特にトレーニング初心者などにおいては，まずはLong Slow Distanceと称される，長い距離をゆっくり走るトレーニングを実施するべきである。それにより毛細血管の発達，ミトコンドリアの増加に伴う酸化酵素の増大，消費エネルギーの増大に伴う体脂肪の減少など全身持久力の基幹を構築することができる。また，体内の代謝に着目し，乳酸性作業閾値（Lactate Threshold: LT）もしくは乳酸濃度の指標であるOBLA

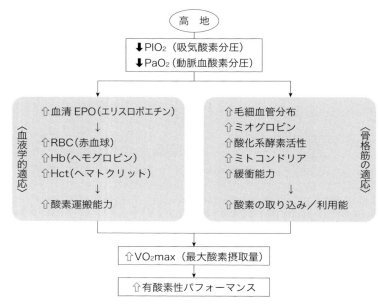

図4-26 ●高地トレーニングの効果 (Wilber, 2008をもとに作図)

(Onset of Blood Lactate Accumulation) などを利用したトレーニング手法もある。さらに国際レベルの競技者などになると、酸素分圧の低い高地でのトレーニング実施例が認められる。高地トレーニングとは、低酸素条件下にある生体が発揮する順化機能を利用し、換気量増大、赤血球数およびヘモグロビン量の増加、筋毛細血管網の発達といった酸素獲得能力の向上を目的として実施されるものである（図4-26）。日本長距離界を含め、国際レベルにある多くの競技者、チームが採用しているトレーニング法であり、理論的には優れた効果が期待できる反面、具体的な実施方法や施設面、金銭面といった現実的な部分において、その困難さは常に指摘されている。さらに、東アフリカ系の高地民族の活躍は高地トレーニングの影響のみでなく、荒れたサーフェスに対応する疾走フォームを原因としたランニングエコノミーも大きく影響しているという報告（榎本, 2014）も認められる。高地トレーニングについては、今後さらなる検証が必要であろう。

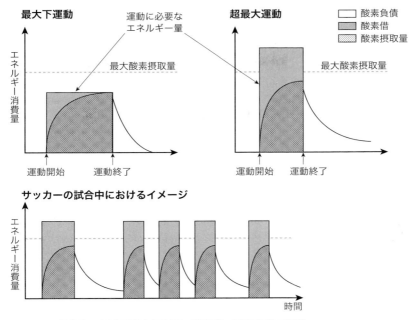

図4-27 ●運動時における酸素摂取量，酸素借，酸素負債の関係

　酸化系からのエネルギー供給の貢献度が高い陸上長距離走と比較し，サッカーなどのゴール型球技スポーツでは酸化系エネルギー供給を主体としながらも，数秒〜30秒程度のダッシュといった，解糖系からのエネルギー供給の貢献度も高いのが特徴である。全力でのドリブルやディフェンス，タックルなどの激しいプレー中は解糖系エネルギー供給機構が中心となり，乳酸の生成量増加から筋が酸性に傾き，プレーに関与していない時のウォーキング中に，乳酸の除去や酸素負債の解消が行われる（図4-27）。そのため，サッカー競技者は酸化系エネルギー供給能向上を目的としたトレーニングに加え，乳酸の酸化および緩衝能力向上を目的としたインターバルトレーニング，サーキットトレーニング，およびクロスカントリー走などが効果的である。なお，トレーニング実施時には，実際の競技における運動パターンに類似させることが重要である。
　一方，武道および格闘系競技であるレスリングの場合は，球技よりも単位時間あたりの運動負荷が高いため，筋持久力向上を目的としたトレーニングが実

【腹筋】
・30秒間×3セット。
・30秒インターバル。
・腹筋台を40度にセットする。
・背中がシートに着くまで下げ，足首パッドの中央を左右どちらかの手で触れる。
・手動にてタイムを測定する。

【300m】
・300m×6セット。
・インターバルは10秒と30秒を繰り返す。
・手動にてタイムを測定する。
・終了後に血中乳酸濃度を測定する。

【ロープ登り】
・6m×2セット。
・30秒インターバル。
・長座から開始し6mの高さにあるテープに触れる。
・手動にてタイムを測定する。
・終了後に血中乳酸濃度を測定する。

図4-28 ●レスリング競技における専門的フィットネステスト （荒川ほか，2015をもとに作図）

施される。間欠的かつ高強度の筋力発揮が求められるため，レスリングのトレーニング現場においては，1日における練習スケジュールの前半に体力トレーニングを実施し，一度疲労困憊状態に持ち込んでから，専門的競技トレーニングを実施するというパターンが多く認められる。疲労が少ない前半にスキルを磨く専門的競技トレーニングを実施するべきとの意見もあるが，トーナメント制で実施されるレスリングにおいては，疲労時においても技の精度や威力を低下させないことが重要との理由で，こうしたトレーニングパターンが採用されることが多い。また，階級制競技でもあるため，多くの競技者が減量を目的としたトレーニングを行う。その中には，自身の階級が除脂肪体重と同様もしくはそれ以下という競技者も存在しており，筋持久力を向上させるトレーニングに減量という別の目的が組み込まれることも珍しくない。

　なお，レスリングの日本代表をサポートしている国立スポーツ科学センター

では，その専門的フィットネステストとして図4-28の項目を実施している（荒川ほか，2015）。このフィットネステストは筋持久力を計測することが目的であり，解糖系能力を高めて試合後半でも大きなパワーを維持できるような身体作りをトレーニングにおけるコンセンサスとして取り組んでいる。

(4) 調整力トレーニング

　本項で述べる調整力とは，高い競技パフォーマンス発揮につながる動きの巧緻性，敏捷性ならびに平衡性を示す。そして，これらを強化するためのトレーニングとは，専門的体力トレーニングの枠を越え，スキルの向上が第一の目的となる。よって，専門的体力トレーニングについて論ずる本項とは趣旨を変え，図4-19における専門的競技トレーニングの枠内としての調整力トレーニングを述べる。

　調整力の高低が競技パフォーマンスに直結する競技の一つに走幅跳がある。走幅跳を代表とする助走付き跳躍運動においてきわめて重要なのが，踏み切り位置を調整する能力である。陸上競技における走幅跳では，ファウル板が存在し，それを踏み越えると無効試技となってしまう。最大疾走速度に近い助走速度で走りながら踏み切り準備動作を行い，さらにファウルをしないように踏み切り位置を調整する能力は，疾走中における身体操作能としてのグレーディング，タイミング，ポジショニング，さらに迫ってくる踏み切り位置を認識する能力などを複合したものであり，専門的競技トレーニングでしか高めることができない能力の代表例であると推察する。その効果的代替トレーニングが未だ見つかっていないことから，競技者は踏切位置をフィードバックしながらの跳躍練習を継続的に実施しているのが現状である。こうした専門的競技トレーニングでしか強化できないと考えられている能力は少なくない。一方，走幅跳と異なり，垂直方向への高さを競う競技として走高跳と棒高跳がある。そのなかでも棒高跳はポールを利用して身体を上方へと運び，逆さまに反転した形でバーをクリアするという体操競技的な要素も含まれる競技である。そのため，棒高跳の競技者は空中動作の練習として，鉄棒や吊り輪などを用いたトレーニングを採用している（図4-29）。

　自身の身体を操作し，高度かつ複雑な演技を行う体操競技は，動きの巧緻性および平衡性の高さが最も重要な能力であるといっても過言ではない。特に競

◀棒高跳の競技動作

▼鉄棒での振り上げ翻転
棒高跳の特徴である空中での下肢振り上げ翻転動作を抽出し，鉄棒を利用した技術トレーニングを行う。

図4-29 ●棒高跳競技者の体操トレーニング

技成績に大きな影響を与える着地能力は，技の習得と平行して強化が求められる。着地は空中で駆使される技の最終局面であり，その前段階での技がスムーズに出来ていなければ，良い着地を行うことはできない。そのため，本来は着地のみを単独で捉えることに問題はあるかと思われるが，本項はトレーニングについて言及するものであるため，体操競技の複雑な技については割愛して話を進める。

良い着地を行うために求められるのは，着地に移行する段階における自身の身体がどのような状況にあるのかを把握し，適切な状態へと身体をコントロー

着地直前に着地位置を目視している様子がわかる。
図4-30 ●タンブリングトランポリンを利用した着地トレーニング

ルするソフト面での能力と，着地の衝撃を受け止め，着地姿勢を保持するハード面の能力である。こうした着地能力のトレーニングで多用されるのが，トランポリンおよびタンブリングトランポリンである（図4-30）。これらを利用することで，少ない筋パワーでも高い跳躍高を得ることが可能となり，少ない疲労で高難度の技が練習できるうえ，その分高度な着地技術を磨くことが可能となる。特に，体操競技に求められる動きの巧緻性と平衡性は，タンブリングトランポリンなどを使用した実践的なトレーニングによってこそ養われるものである。

　バレーボールなどのネット型球技スポーツは，高速で飛び交うボールに対し，瞬時に適切な判断行動を行う必要がある。その最大の得点源であるスパイクに着目すると，一見すれば常に全力で打ち込んでいるようにみえるが，実際の競技者は打つ直前に相手チームのブロッカーおよびレシーバーの動きに合わせ，

最も得点しやすいと思える場所に打ち込んでいる。その際に重要となるのが肩関節のインナーマッスルと手首を操作する前腕の筋である。野球におけるピッチングのように，常に一定の場所に向けて腕を振るのではなく，テイクバック後に打ち出す方向を変更することもあるスパイクでは，上肢の軌道を変更しながら腕を振ることになる。そのため，上腕骨頭を肩甲骨に引き込み，運動の支点を作り出すインナーマッスルの強化は，スパイクの多様性を生み出すことに加え，傷害予防の観点からも必要不可欠である。また，腕の軌道と同様に手首の操作も重要である。相手の状況に対応しながら打つバレーボールのスパイクは，常に手先の最大速度を求められるわけではない。先で述べた通り，打ち出し方向やボールの回転方向をコントロールしなければならないため，ボールとの接触面である掌は打ち出し時に複雑に動く。

このようにバレーボールのスパイクは，競技レベルが高くなるほど高度な状況対応力，巧緻性が求められる。こうした能力は，いわゆるスキルの要素であるが，そのスキルを安定して発揮するためには，インナーマッスルおよび手首周りの筋群強化が必要不可欠となる。

（眞鍋芳明）

4. 体格と競技力

(1) 身長と競技力

身長が競技力に影響を及ぼす典型的な例は，陸上競技の走高跳であろう。図4-31に示したように，超えうるバーの高さに踏切時の身体重心高が含まれている。また，同一の身長であっても，脚の長さによっても立位状態での身体重心高は変化する。

一方，短距離走における疾走速度にも身長が少なからず影響している。一般的に身長と脚長は相関関係にあり，高身長であれば脚長が長いといえる。そして，その脚長は疾走時の歩幅に影響を及ぼす。疾走時の疾走速度は歩幅（ストライド）と歩数（ピッチ）との積で表され，歩数が同程度であれば，疾走速度は歩幅（ストライド）の影響を受ける。

さらに，格闘技においても高身長が競技力に対して有利に働く可能性がある。

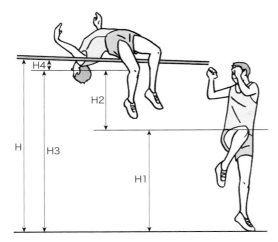

図4-31 ●走高跳におけるクリアーし得るバーの高さの構成要素

H1：踏切離地時の身体重心高
H2：実質の跳躍高
H3：最大身体重心高
H4：クリアランス動作による利得高
H total：クリアーし得るバーの高さ

脚長と同様に，一般的に身長と腕の長さは相関関係にあることから，高身長の者は腕が長いことが多く，これによりボクシングではパンチが当たりやすくなったり，柔道では組み手争いが有利になったりすることが十分に考えられる。

ここまで，高身長が競技力に対して与えるポジティブな効果を示してきたが，高身長が競技力に対してネガティブに働くことも考えられる。一つ目の例としては，高身長の者は低身長の者と比較して，体表面積が大きく，それが暑熱環境での運動の継続にマイナスになることである（O'Connor et al., 2007）。マラソンや競歩など長時間にわたって運動を持続する必要のある種目が，暑熱環境において実施される場合，背の高いランナーは，日差しなどの天気の影響を受けやすいのである。二つ目の例としては，身体重心高が高いことが格闘技において不利になる場合があるということである。柔道や相撲などの相手を持ち上げたり投げたりすることが勝敗に結び付く種目では，持ち上げたり投げたりする前にいったん，相手の身体重心位置よりも低くする必要がある。逆の言い方をすると，相手よりも身体重心位置が高い場合は，持ち上げられやすくなったり，投げられやすくなったりする可能性もある。このように，身長が競技力に与える影響はポジティブな面とネガティブな面の両面があり，競技力を高めるためには，ポジティブな影響を最大限にしつつ，ネガティブな影響を最小限

にとどめるような工夫が必要となる。

(2) 身体質量と競技力

　身体質量が競技力に影響を及ぼすことは，一部の格闘技において体重別階級制で競われていることからも明らかである。そして，体重別階級制で競われる格闘技が，身長別階級制を採用していないことを考慮すると，これらの格闘技では身長と比較して体重が競技力に与える影響は決定的であるといえる。

　格闘技以外でも，身体質量が競技力にポジティブな影響を及ぼすことが考えられる。それは，身体質量が大きいことが，力学的エネルギーを大きくすることにつながる可能性があるためである。運動エネルギーを算出する式（$1/2mv^2$）にも，位置エネルギーを算出する（mgh）式にも質量（m）があり，質量はそれぞれのエネルギーを構成する主要素であるといえる。特に，身体の有しているエネルギーをボールなどに伝える運動，つまり野球におけるピッチャーの投球のような運動では，身体質量はボールスピードに対して非常に大きな影響を及ぼす。投球では，リリースまでに身体が有していたエネルギーが保存されてボールに伝わるために，リリースまでに身体の力学的エネルギーを可能な限り大きくすることが求められる。前述のように，力学的エネルギーは位置エネルギーと運動エネルギーの和であり，その両者に身体質量（m）が影響を及ぼす。したがって，位置エネルギーを，他人と比較して，または以前の自分と比較して高めようとすると，身体質量を大きくすることのみが有効な手段といえる。これによって身体の有する大きな位置エネルギーを，リリースにおいて身体質量と比較して著しく質量の小さいボールに伝え，結果として運動エネルギーを構成する要因のうち，速度（v）を大きくすることにつながる。

(3) 体格に応じたトレーニング

　体格が大きく影響を及ぼす障害として，腰痛が挙げられる。ある報告によれば，同一のスポーツ種目において腰痛をもっている者と，そうでない者とを比較すると，前者において高身長であったことが報告されている（成田ほか，2008）。これには，トレーニングにおける身体への負担が影響している可能性が考えられる。例えば，スクワット運動を例に高身長者と低身長者とを比較すると，同じ挙上重量でまったく同じ姿勢（動き）で行ったとしても，最大沈み

込み時点における股関節中心と挙上物の重心との水平距離，つまり股関節回りのモーメントアームが異なる．すなわち，同じ挙上重量であっても体格により股関節回りの筋にかかる負荷は大きくなることが推測されるのである．このような股関節回りのモーメントアームの相違が，高身長者において腰痛を引き起こすリスクを高めている可能性も十分に考えられる．したがって，高身長者は，低身長者と比較してスクワットにおける最大沈み込み時に体幹をより起こしておくことに留意すべきである．また，高身長者は，低身長者と比較して四肢が長い場合が多く，この長い四肢を使いこなすためには，体幹など身体の中心部が安定していることが重要である．つまり，長い四肢の慣性によって体幹がぐらつくようでは，四肢が効率的に運動を行うことができなくなってしまう．したがって，高身長者は低身長者と比較して，肩関節や股関節回りの筋力，さらには体幹の安定に関わる筋力の向上が求められる．

（木越清信）

●文献

* Antich, T. J., Randall, C. C., Westbrook, R. A., Morrissey, M. C. and Brewster, C. E. (1986) Evaluation of knee extensor mechanism Disorders: Clinical presentation of 112 patients. *Journal of Orthopaedic and Sports Physical therapy, 8*: 248-254.
* 荒川裕志・山下大地・有光琢磨 (2015) 男子エリートレスリング選手の体力水準．バイオメカニクス研究, 2: 69-78.
* Behm, D. G. and Chaouachi, A. (2011) A review of the acute effects of statics and dynamic stretching on performance. *European Journal of applied Physiology, 11*: 2633-2651.
* ボンパ：尾縣貢・青山清英 監訳 (2006) 競技力向上のトレーニング戦略．大修館書店．
  <Bompa, T. O. (1999) *Periodization: Theory and Methodology of Training*. Human Kinetics Publication.>
* Cross, K. M., and Worrell, T. W. (1999) Effects of a static stretching program on the incidence of lower extremity musculotendinous strains. *Journal Athletic Training, 34*: 11-14.
* 榎本靖士 (2014) 高地トレーニング再考．トレーニング科学, 25(3): 183-188.
* バイヤー 編：朝岡正雄 監訳 (1993) 日独英仏対照　スポーツ科学辞典．大修館書店, pp. 414-415.
* 石井直方 (1999) レジスタンストレーニング (1版)．ブックハウスHD, p. 74.
* 伊藤章・市川博啓・斉藤昌久・佐川和則・伊藤道郎・小林寛道 (1998) 100m中間疾走局面における疾走動作と速度との関係．体育学研究, 43: 260-27.
* 金高宏文 (2006) 股関節伸展筋群の伸張型SSC運動トレーニングが垂直跳パフォーマンスに及ぼす影響．スポーツトレーニング科学, 7: 16-24.
* 前田寛・小林一敏 (1979) ラグビーのスクラムにおける床反力ベクトルと姿勢との関係．日本体育学会大会号(30), 361: 10.
* 宮下充正 (1980) 子どものからだ　科学的な体力づくり．東京大学出版会, pp. 159-164.

＊成田崇矢・音部繁治・釜谷邦夫・長谷川惇・門田聡・小田圭吾・野村孝路 (2008) 飛込競技全日本ジュニア強化選手における腰痛と身体特性. 理学療法学, 35 Supple. 2: 312.
＊Nelson, A. G., Driscool, N. M., Landin, D. K., Young, M. A. & Schexnayder, I. C. (2005) Acute effects of passive muscle stretching on sprint performance. *Journal of sports sciences, 23*: 449-454.
＊日本体育協会 (1997) ジュニア期のスポーツライフマネジメント.
＊O'Connor, H., Olds, T., Maughan, R. J. (2007) Physique and performance for Track and Field events. *Journal of Sports Sciences, 25 (suppl. 1)*: 49-60.
＊Sullivan, M. K., Dejulia, J. J. and Worrell, T. M. (1992) Effect of pelvic position and stretching method on hamstring muscle flexibility. *Med. Sci. Sports Exerc. 24*: 1383-1389.
＊谷本道哉・石井直方 監修 (2008) 使える筋肉・使えない筋肉 (理論編). ベースボール・マガジン社, pp. 144-145.
＊椿武・下川美佳・前阪茂樹・前田明 (2009) 大学トップレベル剣道選手の全身選択反応時間, 移動時間, 動作時間の特徴. 武道学研究, 40(2): 35-41.
＊若林眞・貝瀬輝雄・森藤才・高橋進・矢野勝 (1989) 柔道選手の握力に関する研究 —他種目選手との比較から—. 武道学研究, 22(2): 177-178.
＊Wilber, R. L.：川原貴・鈴木康弘 監訳 (2008) 高地トレーニングと競技パフォーマンス. 講談社, pp. 12-26.

第4節 心的・知的能力のトレーニング

　スポーツにおいてより良いパフォーマンスを発揮するためには、「心・技・体」の諸側面それぞれが充実していることが肝要であるはいうまでもない。コーチングに際しても、選手のこれら各側面がバランスよく向上できるように配慮されなければならない。しかし、これまでのわが国におけるコーチングにおいて、三側面のうち「心」、すなわち心理的部分についてはややもすれば後回しにされてきた経緯は否めない。そこで、本節ではまずコーチングに際してよく耳にする「やる気」「意欲」に関わって、スポーツ行動のエネルギー源となる動機づけについて、動機の内容や動機づけの方法等から知的理解を深める。また、技術的トレーニングに関わって、心理学的諸原則の応用を提案する。さらに、トレーニングという観点から心理的スキルの考え方やその内容について解説する。
　　　　　　　　　　　　　　　　　　　　　　　　　　　　　　　　　　（遠藤俊郎）

1. 競技への動機づけと知的理解

(1) 動機づけとスポーツ

◎動機づけの意味

　技術や技能を高めていためには、厳しく長い練習に対して、やる気をもって積極的に取り組み続けることが必要である。なぜなら、たとえ好きで始めたスポーツであっても、技術や技能が思うように伸びない、指導者に叱られた、チームメイトとの関係が悪くなったというような経験は、容易にやる気を低下させてしまうからである。

　また、指導者は、やる気にむらがあって長続きしない、指示したことしか練習しようとしない選手に、積極的に練習に取り組ませるためにはどのようにすれば良いのかと悩むことも多いのではないだろうか。

　このようなやる気に関わる問題を心理学では動機づけ（モチベーション）の問題として捉え、研究がすすめられてきた。動機づけとは、行動が生起し、維持され、方向づけられるプロセス全体を意味し、課題の選択、努力の量、持続

性を左右する，いわば行動のエネルギー源と考えられている．したがって，選手に十分な動機づけがなければ技能の上達や記録の向上は期待できないし，適切な指導をするためには，選手の動機づけを理解することが欠かせない．このような意味において，動機づけはスポーツの実践と指導にとって重要な問題であるといえる．

◎運動遂行と動機づけ

スポーツの技術や技能の向上には高い動機づけが必要であるが，動機づけとパフォーマンスとの関係は，動機づけが高ければ高いほどよいといった単純なものではない．

気分が乗らないといった動機づけが低い場合はパフォーマンスも低いが，動機づけが高くなるにつれてパフォーマンスも向上する．しかし，動機づけが適度な水準を超えると，入れ込みすぎ，力みすぎといった理由からパフォーマンスは低下し始めるといった関係が認められる．このような動機づけとパフォーマンスの関係に認められる逆U字関係は，動機づけには最適な水準があり，不適切な場合はリラクセーションとアクチベーション（サイキングアップ）に関わる様々なメンタルトレーニングの手法を用いることで，適切な動機づけの水準に調整する必要があることを示している．

◎内発的動機づけと外発的動機づけ

動機づけを捉える場合，これまで，行動すること自体を目的とする内発的動機づけと何らかの報酬を獲得する手段として行動する外発的動機づけの2つから捉えられてきた．例えば，練習がおもしろかったり，楽しいから練習するというように，スポーツそのものに対する興味や関心によって動機づけられている状態が内発的動機づけである．それに対して，コーチから叱られるのが嫌で，あるいは，地位や名声といった何らかの報酬を求めて練習している状態が外発的動機づけである．そして，これら2つの動機づけのうち，内発的に動機づけられている状態の方が望ましいと考えられてきた．

しかしながら，近年，2つの動機づけ以外にも様々な動機づけの状態があることが明らかとなっている．例えば，デシとライアン（Deci and Ryan, 2002）による自己決定理論（Self-Determination Theory: SDT）では，図4-32に示

第4節 心的・知的能力のトレーニング

スポーツにおいてより良いパフォーマンスを発揮するためには，「心・技・体」の諸側面それぞれが充実していることが肝要であるはいうまでもない。コーチングに際しても，選手のこれら各側面がバランスよく向上できるように配慮されなければならない。しかし，これまでのわが国におけるコーチングにおいて，三側面のうち「心」，すなわち心理的部分についてはややもすれば後回しにされてきた経緯は否めない。そこで，本節ではまずコーチングに際してよく耳にする「やる気」「意欲」に関わって，スポーツ行動のエネルギー源となる動機づけについて，動機の内容や動機づけの方法等から知的理解を深める。また，技術的トレーニングに関わって，心理学的諸原則の応用を提案する。さらに，トレーニングという観点から心理的スキルの考え方やその内容について解説する。 　　　　　　　　（遠藤俊郎）

1. 競技への動機づけと知的理解

(1) 動機づけとスポーツ

◎動機づけの意味

技術や技能を高めていためには，厳しく長い練習に対して，やる気をもって積極的に取り組み続けることが必要である。なぜなら，たとえ好きで始めたスポーツであっても，技術や技能が思うように伸びない，指導者に叱られた，チームメイトとの関係が悪くなったというような経験は，容易にやる気を低下させてしまうからである。

また，指導者は，やる気にむらがあって長続きしない，指示したことしか練習しようとしない選手に，積極的に練習に取り組ませるためにはどのようにすれば良いのかと悩むことも多いのではないだろうか。

このようなやる気に関わる問題を心理学では動機づけ（モチベーション）の問題として捉え，研究がすすめられてきた。動機づけとは，行動が生起し，維持され，方向づけられるプロセス全体を意味し，課題の選択，努力の量，持続

性を左右する，いわば行動のエネルギー源と考えられている。したがって，選手に十分な動機づけがなければ技能の上達や記録の向上は期待できないし，適切な指導をするためには，選手の動機づけを理解することが欠かせない。このような意味において，動機づけはスポーツの実践と指導にとって重要な問題であるといえる。

◎運動遂行と動機づけ

　スポーツの技術や技能の向上には高い動機づけが必要であるが，動機づけとパフォーマンスとの関係は，動機づけが高ければ高いほどよいといった単純なものではない。

　気分が乗らないといった動機づけが低い場合はパフォーマンスも低いが，動機づけが高くなるにつれてパフォーマンスも向上する。しかし，動機づけが適度な水準を超えると，入れ込みすぎ，力みすぎといった理由からパフォーマンスは低下し始めるといった関係が認められる。このような動機づけとパフォーマンスの関係に認められる逆U字関係は，動機づけには最適な水準があり，不適切な場合はリラクセーションとアクチベーション（サイキングアップ）に関わる様々なメンタルトレーニングの手法を用いることで，適切な動機づけの水準に調整する必要があることを示している。

◎内発的動機づけと外発的動機づけ

　動機づけを捉える場合，これまで，行動すること自体を目的とする内発的動機づけと何らかの報酬を獲得する手段として行動する外発的動機づけの2つから捉えられてきた。例えば，練習がおもしろかったり，楽しいから練習するというように，スポーツそのものに対する興味や関心によって動機づけられている状態が内発的動機づけである。それに対して，コーチから叱られるのが嫌で，あるいは，地位や名声といった何らかの報酬を求めて練習している状態が外発的動機づけである。そして，これら2つの動機づけのうち，内発的に動機づけられている状態の方が望ましいと考えられてきた。

　しかしながら，近年，2つの動機づけ以外にも様々な動機づけの状態があることが明らかとなっている。例えば，デシとライアン（Deci and Ryan, 2002）による自己決定理論（Self-Determination Theory: SDT）では，図4-32に示

図4-32 ●自己決定連続体　(Ryan and Deci, 2002, p. 16をもとに加筆)

すように，動機づけの状態を動機づけが欠如した状態である無動機づけ，外発的動機づけ，内発的動機づけの3つを想定している。さらに，外発的動機づけを，内在化のプロセスを想定することにより自己決定（自律性）の程度から，外的調整（コーチから言われるので仕方なく），取り入れ的調整（練習しないとあとで困るから，できると思われたいから），同一化的調整（自分にとって必要な練習だから），統合的調整（他のことよりも練習を優先させたいから）に分類し，内発的動機づけとの間に連続性をもたせている。また，同一化的調整や統合的調整，内発的動機づけの状態を自律的動機づけ（autonomous motivation）と呼び，無動機づけ・外的調整・取り入れ的調整のように外部からの働きかけが必要な統制的な動機づけ（controlled motivation）よりも望ましく，動機づけの目標と考えている。

すなわち，これまでの内発的動機づけか外発的動機づけかという二者択一的な動機づけから，たとえ，"練習がおもしろいから" "練習が楽しいから" といった内発的に動機づけられている状態にいたなら，いまでも従来の分類からみれば外発的動機づけではあるが，"自分にとって必要な練習だから" と練習の意味や価値を認識して練習に取り組むような「自律的動機づけ」を育てるという新たな動機づけの目標を提供しているのである。

(2) 競技動機を考える

◎競技を支える多様な動機

技術や記録の向上を目指して，長く厳しい練習に取り組み続ける行動は，様々な動機に支えられていると考えることができる。例えば，杉原（2008, pp. 124-127）は，仲間と一緒にいたい，指導者と良い関係をつくりたいという「親和動機」，報酬を得たいという「獲得動機」，ライバルに負けたくない，一番に

なりたいという「優越動機」，親や指導者から認められたい，褒められたいという「承認動機」，周りの人から注目されたい，有名になりたいという「顕示動機」，自分の可能性を追求したい，目標を成し遂げたいという「達成動機」を競技を支える重要な社会的動機として挙げている。競技を続ける中で，このような動機が満たされるとますます動機づけが高まるが，動機が満たされなければ，動機づけは低下することになる。

◎競技動機の評価・診断

　このような多様な競技動機を総合的に評価・診断するために，目標への挑戦，技術向上意欲，困難の克服，勝利志向性，失敗不安，緊張性不安，冷静な判断（情緒安定性），精神的強靱さ，コーチ受容性，コーチへの不適応，闘志，知的興味，生活習慣，練習意欲，競技価値観，計画性，努力への帰属の17因子からなる体協競技意欲検査（Taikyo Sport Motivation Inventory: TSMI）（松田ほか，1981）や競技意欲（忍耐力，闘争心，自己実現意欲，勝利意欲），精神の安定・集中（自己コントロール能力，リラックス能力，集中力），自信（自信，決断力），作戦能力（予測力，判断力），協調性の5つの観点からなる心理的競技能力診断検査（Diagnostic Inventory of Psychological Competitive Ability for Athletes: DIPCA）（徳永・橋本，1988）が作成されており，コーチングやメンタルトレーニングの資料として役立てることが可能になっている。

◎競技動機の強化

　以上のように，競技に関わる動機はきわめて多様であるが，これらの動機は同じように機能しているわけではない。例えば，達成動機が強い人がいる一方で，親和動機が強い人もいるというように，競技動機には人によって濃淡があることの方が一般的で，それらの動機の質と量の違いがスポーツに対する動機づけの個人差として表れると考えられる。

　競技に対する動機づけが高い選手であっても，競技を続けていく中で，思うように上達しない，指導者から叱られた，チームメイトとの関係が悪いといった様々な事態に出会うこともある。このようなネガティブな経験は選手が成長し動機づけを高める機会となることもあるが，事態への対処を誤れば，スポーツからの離脱やバーンアウトに陥る可能性もある。したがって，競技に対する

動機づけを高め，それを維持するためには，緊張・不安，ストレスなどのコントロール，目標設定，コミュニケーションなどの様々な心理的スキルに関わるトレーニングが有効となる（本節3項「メンタルトレーニング」を参照）。

スポーツの練習は，身体的・技術的なトレーニングが中心となることが多い。しかし，競技に対する動機づけを高め，それを維持していくためには，これらの練習に加え，選手の心理状態に注意し，心理的スキルの獲得を図るトレーニングを日々の練習の中に組み入れることが欠かせないといえる。

(3) コーチングと動機づけ

◎動機づけの難しさ

選手の動機づけを高め維持させていくことは，指導者の最も重要な仕事の1つといっても過言ではない。しかし，やる気は①指導者やチームメイトといった周りの状況との相互作用によって生じ，②不安定で「波」があり，③その質と量に個人差があることから（鹿毛，2007），やる気に関わる現象はきわめて複雑で，動機づけを高めるための一般化された方法を導くことが難しいことを理解しておく必要がある。ここでは，自己決定理論の視点から，動機づけを高めるスポーツ指導のあり方について見ていくことにしたい。

◎心理欲求の充足と動機づけ

自己決定理論では，動機づけを無動機づけ・外発的動機づけ・内発的動機づけの3つの状態に区分し，自己決定の程度により変化するものと捉えているが，練習の価値や意義の内在化を促進し，自己決定の程度を高めること，すなわち，活動への自律的動機づけを高めるための重要な概念が，基本的心理欲求（basic psychological needs）である。この理論によれば，人は生得的に，有能さへの欲求，自律性への欲求，関係性への欲求の3つをもつ存在であり，これらの欲求が充足されることで自律的な動機づけが高まるという。ここで，有能さへの欲求とは，「自分に能力があるということを確認したいという欲求」，自律性への欲求とは，「自分で自分の行動を決定したいという欲求」，関係性への欲求とは，「指導者や仲間との関係や結びつきをもちたいという欲求」である。つまり，より自律的な動機づけを高めるためには，これらの心理欲求が充足されることが必要であり，選手が競技に動機づけられていない場合は，3つの心理

欲求のすべて，もしくはいずれかが充足されていない状態にあると考えることができるのである。

◎自律性支援と動機づけ

　指導者が行う様々な働きかけは，選手の心理欲求の充足を促すうえできわめて大きな影響を与える。自己決定理論では，このような働きかけを自律性支援（autonomy support）として概念化し，「社会的要因（自律性支援）→心理欲求の充足→動機づけ→動機づけ結果」というモデルを提示している。指導者が選手の自律性を支援する適切な指導を行えば，選手は心理欲求を充足させ競技に対する動機づけを高めるが，選手の心理欲求の充足を阻害するような指導を行えば，選手の動機づけは高まらないのである。

　表4-2に示すように，選手の心理欲求の充足と動機づけに影響する指導者の自律性支援には，構造，自律性支援（狭義），関与の3つの成分があり，それ

表4-2 ●自律性支援の成分と心理欲求との関係

成　分	具　体　例	心理欲求
構　造	○指導者が目標や期待を明確に伝える ○最適な挑戦の機会を提供する ○目標設定を励ます ○適切なフィードバックを与える ○努力や進歩をほめる ○選手一人一人に合わせた指導を行う	有能さへの欲求
自律性支援 （狭　義）	○選手に選択の機会を提供する ○選手に自ら工夫することを促す ○選手に意見を聞いたり，選手の意見を尊重する ○選手を意思決定に参加させる ○選手自ら練習の必要性を認めるまで待つ ○指導者の価値を選手に押し付けない	自律性への欲求
関　与	○一人一人の選手に注意や関心を示す ○一人一人の選手に肯定的感情をもつ ○自らの能力や知識を選手に提供する ○できるだけ選手とともに過ごす ○特定の選手をひいきしない ○性格や能力に関わる罰や批判を回避する	関係性への欲求

（中山，2012などを参考に筆者が作成）

ぞれの成分が心理欲求の充足に対応しているという (Skinner and Belmont, 1993)。

このように，自己決定理論は，指導者の影響を含めた動機づけのメカニズム全体を提示していること，選手の心理欲求の充足という指導のポイントを明確にしているという点で，スポーツ指導における動機づけに有効な視点を提供していると考えられる。

しかしながら，現実の指導場面では，明白な報酬，統制的フィードバック，個人的統制の表明（干渉），脅し，自我関与の促進，条件付き評価といった統制的な動機づけを行う指導者が多いことも知られている (Bartholomew et al., 2009)。限られた時間の中で一定の結果を出さなければという責任感から，統制的行動の方が選手の練習に効果的だという誤解から，あるいは，統制的行動をとる指導者の方が有能とみなされるといった理由 (Reeve, 2009) から，指導者が統制的な動機づけを行うことで，結果的に選手の心理欲求の充足が阻害され，選手の動機づけが高まらない可能性があることに注意が必要であろう。

以上，自己決定理論に従えば，選手の動機づけを高める指導とは，選手の3つの心理欲求の充足を促すような働きかけを行うことであるといえよう。前述したように，選手の動機づけは選手の問題のみに起因するものではなく，指導者との相互作用によって影響を受けるものでもある。したがって，指導者は選手の動機づけに及ぼす自らの影響の大きさを十分に意識しながら，指導に携わることが求められていると考えられる。

(伊藤豊彦)

2. コーチングと心理学的諸原則

(1) 上達するとは

「コーチングは指導であり，指導とは選手の学習を援助することである。」とはレイナー・マートン (2013) の言葉である。ここでいうところの「学習」とは，練習のような一定の訓練・経験によって，例えば，選手という個人の各種運動技術に代表される運動様式が永続的・向上的に変容する過程を指してお

り，そのうち特に各種スポーツにおける練習のように，感覚系と運動系の協応関係を伴う動作に関連した学習は運動学習（motor learning）と呼ばれている。杉原（2008, pp. 2-3）は，「運動の最大の楽しさは，子どもの"できた！"とか"やった！"という喜びの叫びに象徴されるように，運動が上達していくことにある。これらの経験は運動学習なしには成立しない。」と述べており，上手くなる，上達する，といった運動様式の変容に，大きく「運動学習」が関わっていることが理解できるし，と同時に，指導の際に十分に理解しておかなければならないコーチングに関連した知識ということができるだろう。

　また，運動学習によってスポーツ等の諸技術が個人に獲得されたときには技能（skill）と呼ばれ，指導等によって受け渡し可能な技術が個人に内在化され他者には受け渡し不可能な能力となっていく。

　このように，うまくなる・上達するということは，個人の「技術」が，日々の練習の積み重ね・反復練習（drill）による運動学習の結果，「技能」まで高められること，もしくは習得された技能のさらなる向上，と考えることができる。

　しかし，上達するためにはただいたずらに練習の量だけを重ねれば良いというのもではなく，やはりどのように練習するかといった練習のやり方・質も考慮されなければ学習の効率にも関係して選手たちの明確な技術の進歩は期待できない。

　したがって，コーチングの際に指導者が取り組むべき課題は，各選手の技能の習得を促すためにはどのような練習方法を用いたらよいのかを考え，日々の指導を組織化することにある，といっても過言ではない。

　すなわち，この練習の質を規定している原理や原則と呼んでもよいものがあり，それらは運動学習と呼ばれる運動科学の一領域に属するもので，多くの研究成果は，指導者がこれら運動学習の諸原則を適用することによりコーチングの有効性が向上することを指摘している。

　逆にいえば，私たち指導者が様々な練習方法を用いるときに「どうしてそのような練習方法を選択したか？」といったことに関して，「自身の経験や他の強いチームに倣って……」ということ以外に，運動学習の諸原則に代表される理論的根拠をもたねばならない，ということになる。

　図4-33は，マグガウン（1998）を参照して，練習や個々のドリルを進める

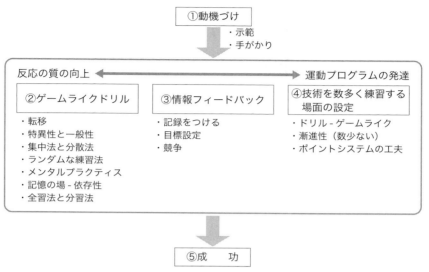

図4-33 ●運動学習理論を念頭においたスポーツ技術のコーチングモデル　(遠藤, 2001)

にあたっての基本的原則とそれらの原則を支持する運動学習諸理論の関連を模式的に示したものである（遠藤, 2011）。私たちが練習を進める際には運動学習に関連してこのモデルに示された各事柄によく留意する必要がある。特に，以下の4項目が運動学習の関心事となろう。

◎目標の提示：動機づけに配慮する

　コーチングの際に，指導しようとする運動技術に関する情報を明確に提示することによって，選手を動機づけることができる。そのためには，示範（デモンストレーション）の有効活用とキーとなる手がかりを与えることが重要となる。

　指導目標となる動作を示範することによってイメージという形で情報を導入することができ，言葉のみで説明するよりも運動プログラムの形成により貢献することが考えられる。

　また，手がかりと呼ばれるパフォーマンスに関する様々なヒント・きっかけとなるものを用いることも学習の向上に貢献する。ただし，手がかりは短く，簡潔である必要があり，また，一度にすべての手がかりを提示するのではなく，

適切な順序で一つ一つ解決したら次に移るということにも注意が必要である。

　なお，練習の始めにチーム選手全員を集め，前もって記入しておいたホワイトボード上の本練習に関する必要な情報（メニュー，タイムテーブル，グループを作るための選手の組み合わせ等）について説明し，選手たちにこれから何をやるのか，どう練習が進むのか等に関する心理的構えを作らせてから練習に入る，というようなことも目標の提示につながる。

◎ゲーム状況を作り出す：ゲームライクドリルの工夫

　ゲームや試合において発生するような場面や条件をできるだけ練習場面でも設定することにより，試合等におけるプレーへの反応の質を向上させることができる。コーチングに際して，「練習時には試合のつもりで！　試合時には練習のつもりで！」という指導は多く耳にすると思われるが，この指導の実現は，ゲームで発現する状況をいかに練習内容に取り込めるかに依存している。

　例えば，日本サッカー協会（2010）が推奨する指導方法の一つに「M-T-M」がある。これはMatch-Training-Matchの略称で，ゲーム形式を中心とした練習様式で日頃のトレーニング（練習）の成果を確認し，その結果を分析してさらにトレーニング（練習）を重ね，また次のゲーム形式練習に臨むというサイクルの中で課題克服にトライし，一つ一つ取り組み，積み重ねていくことができるという面が指摘されている。このように，ゲーム形式を中心としたM-T-Mでスパイラル的にその意識を改善していく，もしくはゲームを楽しむことによって苦手意識の萌芽を抑制する，といった効果が配慮されていると思われる。

◎情報フィードバックの活用：スコアーをつける・競争場面を設定する

　それぞれの練習において記録やスコアーをつけることによりプレーのできばえの評価，プレーの調子の客観的データの蓄積につながるし，次への目標設定にも有用である。また，練習における得点設定やペナルティー等を目標として設定して競争意識を高め，練習時においても試合時に類した緊迫感を作り出すことに役立つ。

◎反応回数の確保

　練習内容の工夫やポイントシステム等の設定により，できる限り多く目標となる技術を反復練習する機会を確保することは運動プログラム上達のためには不可欠である。繰り返し練習をしない限り，各スポーツ技術は技能にまで向上しないのである。

(2) 運動学習理論を活かしたコーチング

　コーチングと関連する運動学習の諸理論に関して6つほど例示する。ただし，この他にもコーチングに際して応用できる運動学習理論の知見は多いので引き続き参照が必要である。

◎すべての競技に秀でるために共通した一般的な能力は存在しない

　例えば，野球が上手い人はバレーボールも上手くできるであろうと思うように，コーチの中にはどんなスポーツにも通じるような共通した運動能力が存在すると考える人がいるかもしれない。このことはこれまで，技能の一般性（generality）と特異性（specificity）の問題として取り上げられてきたが，近年では諸能力はある課題もしくは活動に対して特異的なものである，という特異性の考え方が優位となっている。すなわち，個別の運動に必要とされる運動プログラムは異なっているということであり，例えば優秀な野球選手といえども必ずしも優秀なバレーボール選手ではない，ということになる。したがって，各スポーツ競技に求められる特異な技能があるので，あるスポーツ技術が上達するためにはそのスポーツの技術に直接的に結びつく練習方法が必要とされる。当り前のことかもしれないが，例えばバレーボールの練習で，もしパス力アップとしてバスケットボールを用いたオーバーパス練習を行ったとしても，これはバスケットボールを用いたパスのための運動プログラムを発達させるものであり，決してバレーボールを用いたオーバーハンドパスのための運動プログラムと同じものではないのということを理解しなければならない。

　また，このことは一般的な運動能力テストで測られたものが直接的にあるスポーツの技能を保証しないという点につながることにも注意が必要である。バレーボールを例にとると，垂直飛びで測定されたジャンプ力は必ずしもスパイクジャンプ高やブロックジャンプ高を保証しない。なぜならば，それぞれのジャ

ンプには技術が関連しているからである。

◎練習したことをゲームの場面で生かせるように，「練習の転移」を考慮した練習場面を設定する

　スポーツにおいて，過去の練習経験やスポーツ経験が次の運動経験（運動学習）に有効に働いたり，もしくは逆に妨げとなったりする場合がある。このような現象は「練習（学習）の転移（transfer of training）」と呼ばれており，さらに，転移の量は両課題の類似性に関係するといわれている．例えば，軟式テニス経験者が硬式テニスを練習しようとした場合，当初はコート感覚やネット感覚，さらにはラケットを用いる，等の点では類似性が高いと考えられるかもしれない。しかしながら，実際には軟式テニスのラケットの振り方，面の使い方，ボールの弾み方，飛び方は，硬式テニスのそれらとは全く異なるものであり，ここではポジティブな転移は考えにくいのである。このことは，前述した運動技能の特異性とも関連する。

　すなわち，練習したことが試合時に発揮できることも練習から試合への練習の転移の問題と考えられており，ここでは課題の類似性は高いのでポジティブな転移が期待できるはずである。そのためには当然ながら，練習は常にゲームを想定しながら計画・実行しなければならない，という前述のゲームライクの練習場面の設定が重要となる。つまり，どのくらいゲーム場面で発生する状況を練習場面で設定できるか，ということが問われる。例えば，バレーボールのレシーブ練習で，一般的に「シートレシーブ」と呼ばれるコート半面を利用しての練習がある。もちろんどのような目的でこの練習を行うかにもよるが，レシーブ力をアップするための練習とするならば，試合時でのレシーブ力に転移する量はあまり期待できないということになる。なぜならば，実際のゲームではボールはネットを越えて飛来するし，相手のトスボールやスパイカーの入り方，さらにはブロックとの関係で，様々なコースや種類のボールが飛んでくるからである。すなわち，シートレシーブ練習のように，ネット越しではなく自コートのレフトやライトサイドから打たれるボールはゲーム中には有り得ないということであり，ネットをはさんだゲームライクの練習場面の設定が求められるのである。

◎「ランダム練習」を採用して多様なスポーツ技術を一括して練習する

　例えば，バレーボールでレシーブ練習をする際に，コーチから打たれたボールを選手が連続してレシーブするという練習は，ボールが出る場所，レシーブする場所，返す場所，がほとんど決まっている。このような練習は型にはまった練習（ブロックド練習，blocked practice）といわれている。それに対して，ネット越しに相互にスパイクし合いながらその中でレシーブを強調した練習は，状況によってボールが出る場所，レシーブポジション等も異なるし，さらには用いなければならない技術（アンダーハンドなのかオーバーハンドなのか，ワンハンドなのかボウスハンドなのか，トス，スパイク等）が多様になる。このようないくつかの技術がまとめて練習できるような練習は変化性を導入した練習（ランダム練習，random practice）と呼ばれている。練習の過程では若干ブロックド練習の方が効果的なこともあるが，最終的にはランダム練習の方が各技術の上達には優位であることが解っており，これは文脈干渉効果（contextual interference effect）として参照されている。実際に試合においては，各技術はブロックド練習のように，いつも同じところから同じ質のボールが飛んでくる，というように変化しない状況下で遂行されることはなく，これでは実際にゲームに練習成果が転移することは期待できない。コーチは，選手が実際に試合になって経験のない予期せぬ場面に遭遇しないように，そういった場面をランダム練習によって練習時から設定することが求められる。ここでも大切なことは常にゲームに即していること，すなわちゲームライクということになる。

◎技術練習をする際には，その技術を部分部分に分割しないで，ひとまとめとして練習（全習法）する

　バレーボールの「スパイク」技術を例にとると，全体としては，助走・ジャンプ・腕の振り・ボールヒット・着地，等の局面が考えられる。これら全局面を通して練習する方法を全習法（whole practice）と呼び，各局面の部分部分を別個に練習する方法を分習法（part practice）と呼んでいる。もちろん技術の何が全体で何が部分なのかを明確に区別することは容易ではないので単純には論じられない面もある。しかし例えば，スパイク技術を，①壁に向かって腕の振りを行う，②ボールを使わず助走の練習をする，③両者を組み合わせる，

といったようなものが分習法とするならば,はじめからボールを使ってトスされたボールをスパイクするという練習が全習法と考えることができる。ところが,スパイクという技術は上記の各局面だけではなく,タイミングに代表されるような他の質の異なる要素も求められるので,はじめからこれらを含めて練習しない限りいくら部分が上達しても一連の技術動作としては釣り合いがとれないことになる。それゆえに,はじめからトスされたボールをスパイクするという全習法を原則とすることが大切で,そのうえで,例えば腕の振りや助走等の個々の要素に関しては前述した適切な手がかりを授けながら過程の中でポイントを絞って練習していくことが重要となる。

◎技術練習時の気分・雰囲気も一緒に記憶される(身につく)

私たちが練習をする際に,選手は技術に関連した情報のみならず練習時の気分や雰囲気等に関する情報も同時に記憶として蓄積される,ということが認知心理学の知見として明らかになっている。これは,記憶するということは場-依存的(state dependent remembering)である,として参照されており,このために,学習された技能は,練習時の環境や情緒的な状態と同じような状態下ではよりよく発揮される,ということが予測される。この例としては,競技経験の乏しい選手ほど大観衆の前ではうまく実力を発揮できないとか,体育館が変わるとプレーがうまくいかない,といったことに見て取ることができる。

それゆえ,練習では,常にゲーム状態に近い雰囲気や場面を作り出すことが求められる。例えば,練習が競争的(competitive)でなければ実際の試合で相手と競り合うことには転移しない。練習をより競争的にするにはスコアーをつけたり,何らかの技術的目標値を設定したり,負けサイドにはペナルティーを導入したり,と競争の原理を利用した様々な工夫をすることが重要となる。

◎多くの反応回数を確保した練習によって学習は進む

プレーの向上のためには繰り返し練習(drill)が欠かせないことはいうまでもない。それもできる限り目標となる運動技術に触る機会,すなわち,プレー・反応する機会(opportunity to respond)を多く保証することがコーチには課せられている。そのためには,例えばチームスポーツであれば,練習場面での小人数のグループ制の採用(例えば,ミニゲーム),個別指導形式の採用,等

の練習方法の工夫が求められる。

（遠藤俊郎）

3. メンタルトレーニング

(1) メンタルマネジメントとメンタルトレーニング

　競技力向上を目指すためには，身体的なトレーニングや技術トレーニングに加え，心理的な面を強化することが重要視されている。わが国では，1984年に開催されたロサンゼルスオリンピックでの日本の惨敗を契機に，翌年，日本体育協会に設置された「メンタルマネジメントに関する研究プロジェクト」が発足した。オリンピックで自分自身の能力を発揮することができず予選落ちした選手が多くいたことを憂慮しその時の文部省が，原因は技術的・体力的側面もさることながら心理的要素も大きいと，日本体育協会に「こころ」のマネジメントと強化に関する研究を指示したのである。心理的な側面からのパフォーマンス向上について本格的に研究するようになり，メンタルマネジメントという用語が頻繁に用いられるようになった（遠藤, 2007）。また近年，心理的な面を強化する方法としてメンタルトレーニングという言葉が使われるようになってきた。「メンタルトレーニング」とは，「スポーツ選手や指導者が競技力向上のために必要な心理的スキルを獲得し，実際に活用できるようになることを目的とする心理学やスポーツ心理学の理論と技法に基づく計画的で教育的な活動」である（日本スポーツ心理学会, 2005）。心理的スキルには，目標設定，緊張のコントロール，集中，心理的準備が含まれているため欧米諸国では，メンタルトレーニングのことを「心理的スキルのトレーニング（psychological skill training）」と呼んでいる（Weinberg and Gould, 2011, pp. 247-269）。

　メンタルトレーニングは，初心者から一流選手まで勝利を目指すスポーツ選手やその指導者を対象としている。その内容は多様であり，身体的トレーニングと同様に選手のレベルや目標志向などを考慮したうえでのトレーニングが必要である。しかし，深刻な心理的問題を抱えている選手は対象としていない。スポーツを行ううえでどのような行動が深刻であるかを評価するのは難しい一面もあるが，マートン（1991）は，教育的スポーツ心理学と臨床スポーツ心

理学との観点からそれぞれの役割を提案している。選手が重度のうつや神経症などの心理的問題を抱えているとき，臨床心理者，精神科医，カウンセラーらが問題の解決に適切な専門家である。問題行動がスポーツ参加と関連しているならば臨床スポーツ心理学者が援助するべきある。臨床スポーツ心理学者が扱う具体的な例としては，摂食障害，ドーピングなどの薬物問題，バーンアウトなどが挙げられる。教育的スポーツ心理学者の目的は，パフォーマンスを向上するために必要な心理的スキルを選手に獲得させることである。つまり，主に教育的スポーツ心理学者がメンタルトレーニングの手法を用いて競技力向上をサポートしている。

メンタルトレーニングの具体的な手法は，一流選手の心理的特徴を明らかにする研究とコーチの経験から得た知識を基盤として発達してきた。スポーツ心理学の領域において実力を発揮して成功した選手とそうでなかった選手の心理的な側面を比較し検討する多くの研究が行われてきた。クレインとウィリアムス（Krane and Williams, 2006）は，成功した一流選手の心理的スキルとその特徴に関わる研究をまとめた。彼女らの研究によると成功した選手の特徴として，高いレベルの自信，緊張（覚醒）をコントロールする能力，高い集中力，前向きな思考とイメージ，執着心などを挙げている。この研究の結論としては，成功した選手は目標設定，イメージ，覚醒をコントロールするスキル，試合プラン，パフォーマンスルーティンなどを使って最高のパフォーマンスを導き出していると述べている。グーほか（Gould et al., 1999）はオリンピックという舞台で自分の能力を発揮できた選手を対象として研究を行い，発揮できた選手は試合に対する綿密なプランや集中を妨げる事柄への対処方法などの心理的なスキルを最大限活用していたと報告している。一方，オリンピックを経験したコーチを対象とした選手の心理的スキルに関する研究においてもリラクセーション，集中力，チームの凝集性，セルフトークがパフォーマンス向上に重要であるとしている（Gould et al., 1991）。

上述したように一流選手は高い心理的スキルをもっている。つまり，パフォーマンスを向上するために心理的スキルを習得することが不可欠であると考えられる。1980年代に米国においてメンタルトレーニングが盛んに行われその有効性について議論された。グリーンスパンとフェルツ（Greenspan and Feltz, 1989）は，競技スポーツ選手を対象にしてメンタルトレーニングを介入した

23の研究のレビューを行い，その有効性が認められた。他にも，ビィーリー（Vealey, 1994）が行ったレビューでもメンタルトレーニングによって認知・行動に影響を与え競技力が向上すると結論づけている。

(2) メンタルトレーニング

過去の研究を基盤として心理的スキルを向上させる根幹となる手法は，目標設定，イメージ，緊張（覚醒）のコントロール，思考・注意のコントロール方法であるとされている（Vealey, 1994）。どのようなレベルの選手であれ試合前や試合中に緊張しそれらをコントロールすることの必要性を感じている。ここではメンタルトレーニングの基礎でもある緊張のコントロール方法について取り上げる。

スポーツ心理学の分野において緊張や不安（覚醒）とパフォーマンスの関係について説明している様々な理論やモデルがある。ここでは，緊張とパフォーマンスの関係で最近のスポーツ心理学で最も支持されているカタストロフィーモデル（図4-34）について説明する（Weinberg & Gould, 2011）。まずこのモデルを理解するために必要な専門用語なども含めて紹介する。図4-34にあるように，緊張や不安は大きく2つに分けられる。一つは図4-34の横軸にあたる身体的な緊張である。身体的な緊張には，体を動かすことによって引き起

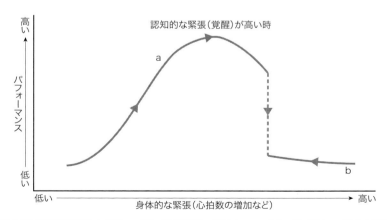

図4-34 ●緊張（覚醒）とパフォーマンスの関係　（Weinberg and Gould, 2011, p. 89から引用）

こされる生理的な変化で心拍数の増加，血圧の上昇，発汗作用などが含まれる。もう一つは認知的な緊張，不安である。これには，思考的側面が含まれており，心配，イライラ，マイナス思考などがある。身体的な緊張が高くなるにつれてパフォーマンスは向上する（図4-34のa）。しかし，認知的不安が高い状況下では，身体的な緊張によってある程度までパフォーマンスは向上するが，ある地点を境に急激にパフォーマンスが低下しその後停滞してしまう（図4-34のb）ことを意味している。一方，認知的緊張や不安が低い状態では，生理的な緊張に伴い急激にパフォーマンスが低下することはなく逆U字曲線になる。長年スポーツに携わっている指導者や選手はこのような現象を間違いなく経験的に知っているだろう。例えば，野球のピッチャーが突如ストライクが入らなくなりフォアボールを連発するようなことである。つまり，このモデルからも分かるように，自分にとって心地よい緊張（覚醒）レベルがあるとき，最高のパフォーマンス（ピークパフォーマンス）を発揮できると考えられている。したがって，様々な要因から引き起こされる緊張を，いかに最適レベルの緊張として受け止めることができるかが重要な能力となる。緊張が強すぎる場合（一般的には「あがり」といわれる）には，リラクセーションすることが必要であり，緊張が少なすぎる場合には，活性化もしくはサイキングアップ（psyching-up）することが求められている。

　緊張や不安の軽減するためのリラクセーションの代表例としては，筋弛緩法，呼吸法，視線のコントロールなどがある。筋弛緩法は，筋肉に力を加えて抜くということで，筋肉の緊張状態とリラックスした状態の違いを知るために行われている。また，筋肉をリラクセーションすることによって認知的な緊張感も軽減される。緊張しているときとリラックスしているときとでは，呼吸の方法が異なることは多くの選手が経験している。具体的には，緊張状態のときは短く不規則な浅い呼吸になりやすいのに対して，リラックスしているときは深く自然の一定を保っている。したがって，呼吸を調整することにより緊張を和らげ，リラクセーションを促すことができる。具体的は腹式呼吸を行うことがスポーツにおいても重要である。人間は緊張状態に陥ると段々と視野が狭くなっていくことが知られている（図4-35）。スポーツにおいても例外ではなく，過度な緊張は視野が狭くなり周りが見えなくなる。パフォーマンスがうまくいかなかった選手が「周りが見えてなかった」というコメントをよく耳にする。多

A．最適な緊張状態による適切な
　　視野（注意）

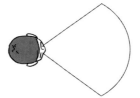

B．緊張感がなく視野が広すぎる
　　（注意力散漫な状態）

C．緊張感しすぎで視野が狭くなって
　　いる状態（周囲が見えていない）

図4-35●緊張と視野の関係　（Weinberg and Gould, 2011, p. 94から引用）

くの競技において視野が狭くなることは致命的で間違いなくパフォーマンスの低下につながるだろう。緊張して視野が狭くなることを防ぐために，試合中や練習中に遠く見つめるようにする必要がある。そのためには，競技場にある時計，旗，天井の一部などの試合中・練習中にずっと同じところにあると分かっているものを見るポイントとして選んでおくのである。そのポイントを見ることによって視野が広がる。さらに，そのポイントを見ることで，これまでやってきたことや，次のプレーへの準備をしなければならないことを思い出させてくれる。へたに周りに視線を向けすぎると，余分な情報を取り込むことになり，それにより腹を立てたり，冷静さを欠いたりなどで，プレーがおろそかになってしまうことがある。

(3) メンタルサポート

◎サポート方法

　選手やチームの必要性に応じて様々な手法でメンタルトレーニングは導入されている。一般的には，教育的段階，心理的スキルに関する知識獲得の段階，実際のスポーツで活用する段階の3つに分かれている（Weinberg and Gould, 2011）。

　まず，教育的段階においては，心理的スキルがパフォーマンスの良し悪しに大きな影響を与えることを選手に理解してもらうことが目的である。選手に対

して「心理的なスキルがパフォーマンスに影響するか」と尋ねると多くの選手は「影響する」と返答する。次に，「どれくらい心理的な側面をトレーニングしていますか」と尋ねるとほとんどの選手「ほとんどしていない」と答えるだろう。つまり，多くの選手は心理的スキルの重要性は経験的に知っているがその向上方法については知らないので心理的側面の教育の必要性について理解を促すのである。メンタルトレーニングの指導で著名なラビザ（Ravizza, 2001）は，教育的な段階で心理的スキルがパフォーマンスに大きな影響を与えることを選手に気づかせることがその後の心理的スキルの上達に大きな影響を与えると強調している。

次に，心理的スキルに関する知識獲得の段階では，様々な心理的スキルがありその向上方法にもいろいろな手法があることを学ぶことが重要であるとしている。チームミーティングの形式で行ったり個人に対して行うこともある。例えば，重要な試合でプレッシャーをどのように対処するかについて，前述したカタストロフィーモデルを理解しリラクセーションの方法などを交えながら学ぶことである。他にも動機づけを高めるための目標設定や心理的な準備を行うためのイメージトレーニングなどが含まれる。

最後に，実際のスポーツで活用する段階では，心理的スキルをスポーツしている時に無意識に活用すること，様々なスキルをパフォーマンス遂行時に組み込むこと，実際の試合の状況で使えるようにすることを目的としている。例えば，プレッシャーのかかる試合で気を逸らすものを排除し集中するために行われるパフォーマンスルーティン（以下，ルーティンと略す）などである。ルーティンを設定することでどのような状況でも環境に左右されることなく安定したパフォーマンスをすることが可能になってくる。ルーティンには，呼吸法，セルフトーク，イメージなどの心理的スキルを実際のパフォーマンスに組み込む形で行われている。設定したルーティンは練習段階から遂行し試合でも同じようにすることで効果が期待できる。

◎サポート活動の実際

ここでは2012年のロンドンオリンピックにおいて銅メダルを獲得した全日本女子バレーボールチームが取り入れていたメンタルトレーニングの活動の一端を紹介する（渡辺, 2014）。

●世界最高のスキルを身につけるために必要な心理的スキル

 2008年に全日本チームが結成され,ただちにコーチを含めたスタッフミーティングを数回行い,4年後のロンドンオリンピックでメダルを取るためのプランを綿密に練った。マスコミでも紹介されたように,1年目のテーマは「世界のバレーを知る!」であった。身体能力ではライバル国に対して不利な条件があるため,世界で勝ち抜くためには世界一のスキルを獲得することが必要であることを認識し,メンタルトレーニングの一つとして,スキルを獲得するための心理的スキルの活用方法について紹介した。

●オリンピックにおいてメダルを獲得した選手から学ぶ心理的スキル

 オリンピックでメダルを獲得するという目標を掲げて全日本はスタートしたが,スタッフ,選手とも世界大会でメダルを取った経験はなくメダリストのメンタリティーについて知識がなかった。そこで,グーとディッフェンバック(Gould and Dieffenbach, 2002)とジョーンズほか(Jones et al., 2007)の論文を中心に紹介し,メダリストになるためにはどのような心理的スキルが不足しているかについてミーティングを行った。

●個人的なメンタルスキルの指導

 選手,スタッフを集めての指導をする一方で個人的にも指導を行った。例えば,2010年の世界選手権の前のワールドグランプリで主力選手がサーブで徹底的に狙われリズムを崩してしまった。帰国してからその時の試合をメンタル面を担当するコーチとその選手二人でビデオ分析をしながらもう一度ルーティンの確認をした。シンプルなルーティンに変更しその内容はコーチに伝えた。次の日の早朝練習からコーチにはルーティンを意識させるように間をもってサーブを打ってもらった。世界選手権では32年ぶりに銅メダルを獲得し,ロンドンオリンピックでも28年ぶりに銅メダルを獲得した。

(渡辺英児)

●文献

* Bartholomew, K. J., Ntoumanis, N., and Thøgerson-Ntoumani, C. (2009) A review of controlling motivational strategies from a self-determination theory perspective: Implications for sports coaches. *International Review of Sport and Exercise Psychology, 2*: 215-233.
* Deci, E. L. and Ryan, R. M. (eds.) (2002) *Handbook of self-determination research*. The University of Rochester Press.

*遠藤俊郎 (2001) 運動学習理論に基づいてバレーボールコーチング理論. Coaching & Playing Volleyball, 14: 2-6.
*遠藤俊郎 (2007) バレーボールのメンタルマネジメント. 大修館書店, pp. 170-195.
*遠藤俊郎 (2011) 連載運動学習の諸理論を活かしたコーチング1, バレーボール競技におけるコーチングの実際. 体育の科学, 61 (5): 359-365.
*Gould, D., Eklund, R., Petlichkoff, L., Peterson, K., and Bump, L. (1991) Psychological predictions of state anxiety and performance in age-group wrestlers. *Pediatric Exercise Science, 3*: 198-208.
*Gould, D., Guinan, D., Greenleaf, C., Medbery, R., and Peterson, K. (1999) Factors affecting Olympic performance. Perceptions of athletes and coaches from more and less successsfl teams. *The Sport Psychologist, 13*: 371-394.
*Gould, D., Dieffenbach, K., and Moffett, A. (2002) Psychological characteristics and their development of Olympic champions. *Journal of Applied Sport Psychology, 14*: 172-204.
*Greenspan, M. J., and Feltz. D. F. (1989) Psychological interventions with athletes in competitive situations: A review. *The Sport Psychologist, 3*: 219-236.
*Jones, G., Hanton, S., and Connaughton, D. (2007) Framework of mental toughness in the world's best performers. *The Sport Psychologist, 21*: 243-264.
*鹿毛雅治 (2007) 教育実践におけるかかわりと学び. 中谷素之 編, 学ぶ意欲を育てる人間関係づくり ―動機づけの教育心理学―. 金子書房, pp. 89-107.
*カール・マクガウン 編著: 朳堀申二 監修, 遠藤俊郎 ほか訳 (1998) バレーボールコーチングの科学. ベースボールマガジン社, pp. 15-52.
*Krane, V. and Williams, J. M. (2006) Psychological characteristics of peak performance. In J. M. Williams (Ed.) *Applied Sport Psychology: Personal growth to peak performance (5th ed.)* Mayfield, pp. 207-227.
*マートン: 猪俣君宏 監訳 (1991) メンタルトレーニング. 大修館書店.
*マートン: 大森俊夫・山田茂 監訳 (2013) スポーツ・コーチング学 指導理念からフィジカルトレーニングまで. 西村書店, pp. 136-148.
*松田岩男・猪俣公宏・落合優・加賀秀夫・下山剛・杉原隆・藤田厚・伊藤静夫 (1981) スポーツ選手の心理的適性に関する研究 ―第3報―. 昭和56年度日本体育協会スポーツ科学研究報告書, pp. 1-39.
*中山勘次郎 (2012) 学校活動における教師の働きかけに対する自己決定理論からの分析. 上越教育大学研究紀要, 31: 111-123.
*日本サッカー協会技術委員会 (2010) 育成年代のゲーム環境に関するガイドライン. pp. 15-16.
*日本スポーツ心理学会編 (2005) スポーツメンタルトレーニング教本. 大修館書店.
*Ravizza, K. (2001) Reflection and insights from the field of performance enhancement counseling. In G. Tenenbaum (ED.) *Reflections and experiences in sport and exercise psychology*. Fitness Information Technology, pp. 197-215.
*Reeve, J. (2009) Why teachers adopt a controlling motivating style toward students and how they can become more autonomy supportive. *Educational Psychologist, 44*: 159-175.
*Ryan, R. M. and Deci, E. L. (2002) Overview of self-determination theory: An organismic dialectical perspective. In: Deci, E. L. and Ryan, R. M. (eds.) *Handbook of self-determination research*. The University of Rochester Press, pp. 3-33.

＊Skinner, E. A., and Belmont, M. J. (1993) Motivation in the classroom: Reciprocal effects of teacher behavior and student engagement across the school year, *Journal of Educational Psychology, 85*: 571-581.
＊杉原隆 (2008) 新版 運動指導の心理学 ―運動学習とモチベーションからの接近―. 大修館書店, pp. 2-3, pp. 124-127.
＊徳永幹雄・橋本公雄 (1988) スポーツ選手の心理的競技能力のトレーニングに関する研究(4) ―診断テストの作成―. 健康科学, 10: 73-84.
＊Vealey, R. (1994) Current status and prominent issues in sport psychology intervention. *Medicine and Science in Sport and Exercise, 26*: 495-502.
＊渡辺英児 (2014) バレーボールメンタル強化メソッド. 実業之日本社.
＊Weinberg, R., & Gould, D. (2011) *Foundation of Sport Psychology*. Human Kinetics, pp. 77-100, pp. 247-269.

第 5 章

競技トレーニングの計画

第1節
トレーニング計画立案の前提

　種目，競技歴，年齢など個人の状況による違いはあるが，競技スポーツにおけるトレーニングの最大の目的は，目標とする試合において最高の競技成績を達成することに集約される。しかし，年間あるいは長期にわたる競技生活の中で目標とする試合の数は限られているため，それに合わせてトレーニングを計画的に行うことが求められる。競技トレーニングの計画とは，ある特定の時点における最高の競技成績の達成を実現するために，競技を遂行する能力とみなされる競技力（朝岡，1999，pp. 131-142）を最高の状態になるよう計画的に創り上げるうえで必要不可欠な作業とみなされる。

1. トレーニング計画立案の第1プロセス「競技目標の設定」

　今日の競技スポーツでは，トレーニングを計画的に行うことは自明のこととなっている。しかし，計画に従ってトレーニングを行うことは決して新しいことではなく，古代オリンピック大会に出場した選手の間にもトレーニング計画はすでに存在していたといわれている（ボンパ，2006，pp. 106-141）。

　競技トレーニングの計画では，日々のトレーニングの仕方だけに目が向けられてはならない。トレーニング計画の目的は，最終的に目標とする試合において最高の競技成績を達成するために，計画的に競技力を最高の状態に創り上げていくことにあるからである。

　このためには，はじめに，いつ，どの試合で，どのような成績を達成するのかという競技の目標を決定する必要がある。なぜなら，適切な目標が設定されることにより，それに向かって競技力を向上させるための具体的な活動を方向づけることが可能となる（マトヴェイエフ，2003，pp. 141-146）からである。

　適切な目標設定のためには，競技歴，年齢，種目およびポジションなど，トレーニングを実施する個人の様々な状況を考慮する必要がある。さらに，トレーニング計画開始時の選手やチームの状況により，競技目標の設定には，単年次の目標だけではなく，多年次にわたる長期的な目標を設定するなど，時間軸に

違いが生じる。例えば，オリンピックへの出場を目指すトップ選手の場合には，次のオリンピックまでの4年間を見据えた最終目標を設定し，さらにその目標を達成するための年度ごとの目標を設定する必要がある。いずれにせよ，競技目標の設定では，実現の可能性を念頭に置いて，できるだけ具体的かつ明確な目標を設定することが重要である。

2. トレーニング課題の抽出

トレーニング計画立案において適切な競技目標を設定した後は，選手の競技力の現在の状態と目標として設定した競技力を比較し，目標を達成するためのトレーニング課題を抽出することが必要である。

競技スポーツでは，最高の競技成績の達成を目指すために，どうしても当該種目に特化した専門的なトレーニングを重視しがちになりやすい。しかし，専門的トレーニングに十分に適応するには，専門化の促進を可能にする基礎的・全面的な土台作りが必要不可欠となる（村木，1994, pp. 162-164）。このような基礎的・全面的な一般的トレーニングと専門的トレーニングが相互に機能することによって競技力はより高いレベルへと発達していく。したがって，トレーニング課題を検討する際には，トレーニングの一般性と専門性を十分に考慮しておかなければならない。

さらに，トレーニングによってどのような能力を高めようとするのかを検討する際には，競技力に関する正しい理解が不可欠となる。なぜなら，わが国におけるトレーニングの一般的理解には，体力偏重の傾向がみられるからである（朝岡，1999, pp. 163-165）。競技力とは，技術力，戦術力，体力，精神力等の多面的な要素から構成される複合的な能力である。また，競技力を構成している各要素は独立して機能しているのではなく，相互に関連し合い複合的なまとまりとして機能している（Платонов, 2013, pp. 16-20）。したがって，トレーニングの基本的側面は，これら競技力の構成要素すべてにわたり，一つとして欠くことができない。例えば，体力の向上を目標にしてトレーニング（筋力トレーニング、スピードトレーニング等）を行った場合には，これによって向上した体力に対応できる技術力を身につけること，すなわち「体力と技術の一体化」が実現されない限り，競技力の向上にはつながらない。体力の向上に伴っ

て，技術力のレベルアップが生じ，それまで出来なかった新しい戦術を用いることが可能となり，最終的に競技力の向上につながることになる。要するに，競技力の各要素は相補的な関係性を保ちながら機能しているので，ある一つの要素だけを取り出してトレーニングした場合には，各要素間の均衡が保てなくなり，結果的に競技成績の低下を引き起こすことにもなりかねないのである。

　競技力を構成している各要素を全体として統合できるようにトレーニングするということは，各要素についてすべて同じような割合でトレーニングを行うということを意味しているわけではない。ここで必要なことは，個人の競技力の現在値の把握と当該種目の競技特性の確認である。スポーツ種目の競技特性については，現在までに多くの研究者たちが様々な観点から分類を行っている（ボンパ，2006, p.7; マトヴェイエフ，1985, pp. 44-47）。競技力の中で体力面の占める割合が多い種目，あるいは技術面の占める割合が大きい種目というように，各種目の競技力を構成している要素の割合には違いがみられるので，すべての種目において同一内容のトレーニングが行われることはありえないということを強調しておきたい。

3. トレーニング手段の選択と実施方法の決定

　トレーニング課題を設定したら，次に課題を達成するための手段となる運動（exercise）を選択し，さらにその運動をどのように実施するのかという方法を決定する。今日の競技スポーツでは，おびただしい数の様々な運動がトレーニング手段として用いられている。この「トレーニングで用いられる運動」とは，「試合で行われる運動」との構造的類似性に基づいて，「試合運動」・「専門的トレーニング運動」・「一般的トレーニング運動」の3つに大別される（マトヴェイエフ，2003, pp. 156-169; 村木，1994, pp. 139-144）。

　「試合運動」は，各種目の「試合で行われる運動」そのものであり，例えば球技では，ゲームそのものを忠実にモデル化して実施する場合や，試合の時間的・空間的条件や，参加人数をゲームの本質的な特徴に違いが生じない程度に変化させたミニゲームなどが該当する（村木，1994, pp. 141-142）。これに対して，「専門的トレーニング運動」とは，試合で用いられる様々な専門的な動き方に感覚的・身体機能的に類似した運動（exercise）である。さらに「一般

的トレーニング運動」には，専門的なトレーニングの基礎となる身体機能を向上させるための各種運動，専門種目の技術力・戦術力を向上させるための各種の運動，疲労の回復を促進させるための運動など，多種多様な運動（exercise）が含まれる（マトヴェイエフ，2003, pp. 164-169）。しかし，これらの運動は「試合運動」との構造的類似性を基準として相対的に分類したものにすぎないので，ある種目では「専門的トレーニング運動」に分類されているものが，他の種目では「一般的トレーニング運動」として位置づけられる可能性があることを理解しておかなければならない。したがって，適切なトレーニングのための運動（exercise）を選択するには，各種目の試合で行われる運動の構造的特性を明確にしておく必要がある。

また村木（1994, p. 138）は，「トレーニングで用いられる運動」の課題や目的は，運動の実施方法によって様々に変化し得ると述べている。例えば，陸上競技の跳躍種目において「専門的トレーニング運動」として用いられる連続跳躍運動を，筋力強化を目標にして実施する際には，実施回数と距離を増やして行わせるのに対して，技術の習熟を目標として行わせる場合には，回数を少なくして1回1回を集中して実施させることになる。このように，トレーニング手段として用いられる運動とトレーニング課題の関係は固定したものではないので（村木，1994, p. 135），適切なトレーニングを構成するには，トレーニング課題にあった運動の実施方法を選択しなければならないのである。

第2節
トレーニング計画立案の原則

　適切なトレーニング計画を立案するには，実践の中でこれまでに確かめられてきたトレーニング計画立案の際に考慮すべきいくつかの原則を理解しておくことが必要である。これらの原則は独立して存在するのではなく，相互に関連し合いながら機能しているので，全体として捉えることが重要である。また，既存の知識をそのまま取り入れるだけではなく，日々発展していく競技スポーツの実態に即して理解することによってトレーニングの構成における様々な問題の本質を見抜くことができ，競技力向上のためのトレーニングを適切な方向性へと導くことが可能となる（Платонов, 2013, pp. 73-74）。

1. 最高成績への志向性と専門化

　個々の選手やチームによって目標とする競技レベルに違いはみられるが，各々の目標に向かって自己の限界を超えようと努力する姿勢はスポーツ活動の顕著な特徴のひとつとして，あらゆる選手に共通して認められている（マトヴェイエフ, 2003, p. 191）。プラトーノフ（Платонов, 2013, pp. 74-76）によれば，最高の成績（パフォーマンス）を目指すという姿勢によって，競技スポーツにおけるトレーニングの方向性や課題といった基本的な特徴が示される。この姿勢がある限り，選手はたとえ目標を達成したとしても，さらなる目標を目指して自己の限界へと志向していく。最高成績達成への志向性こそがスポーツ活動の原点なのである。

　また今日の競技スポーツでは，過去には頻繁に見られていた，競技特性の異なる複数種目で好成績を挙げる選手が顕著に減少している（マトヴェイエフ, 2008, pp. 529-530）。この現象は，各種目における試合システムの構造特性や，選手の身体機能に関する多くの知見が蓄積された結果，各々の種目で最高の成績（パフォーマンス）を達成するには，競技種目ごとの要求に合致したトレーニングを行わなくてはならないことが明らかになったことによって生じた（Платонов, 2013, pp. 74-76）。特定の種目に限定してはじめてそのためのト

レーニングにすべてのエネルギーを注ぐことが可能となり，さらなる限界へと志向していくことができる。したがって，種目を専門化することは，最高の成績（パフォーマンス）の達成を目標にして自己の限界へと志向させる重要な前提となる（マトヴェイエフ，1985, pp. 85-88）。種目の専門化は，今日の競技スポーツを特徴づける重要な原則のひとつである。

また，この原則は長期のトレーニング過程の初期段階にあるジュニア選手にもあてはまるので，タレント発掘および育成に関する研究を推し進めることがきわめて重要になる（Платонов, 2013, pp. 74-76）。

2. 一般的トレーニングと専門的トレーニングの相補的関係

競技力を高めるには，各種目の特性に応じてトレーニングを行うことが必要である。しかし，種目の専門化という原則を「選択した種目の専門的トレーニングのみを行うこと」と理解してしまうことは重大な誤りである。この原則の本質を十分に理解していないと，ジュニア選手の早期専門化による弊害を生じさせてしまうことになるであろう。

トレーニングの初期段階にあるジュニア選手は，全面的な発達が課題となるため，負荷総量の値が小さい一般的トレーニングの割合が大きいが，これに対して，専門化が顕著となるトップレベルの選手やシニア選手の場合には，専門的トレーニングの割合が増加するが，これに応じて専門的トレーニングでは十分カバーできない要素を高める一般的トレーニングも重要になる（Платонов, 2013, p. 76）。また，トレーニングのマクロサイクルの中では，専門化を促進させるための土台作りとして，準備期に行う一般的トレーニングはきわめて大きな役割を果たすことになる（村木，1994, pp. 162-163）。なぜなら，競技力の各構成要素の基礎的部分の出来栄え如何で，目標とする試合の競技力状態が左右されるからである。

このように，各種目における高度な専門化は多面的・全面的な発達を土台にして成り立つものなので（村木，1994, p.161），競技力を適切に向上させるには，一般的トレーニングと専門的トレーニングが相互に補い合ってひとつのまとまりとして機能することが絶対条件となる（Платонов, 2013, p. 76）。

3. トレーニングプロセスの連続性

　競技スポーツのトレーニングは，多年にわたり，かつ年間を通して計画的に競技力を向上させるプロセスである。このプロセスに中断が生じてしまうと，それまでに形成された競技力の各要素に脱適応の状態が生じてしまうため，競技スポーツのトレーニングでは途絶えることのない連続的なプロセスというものが必要になる（Платонов, 2013, p. 77）。しかしこのことは，休息なしでトレーニングを行わなければならないということを意味しているわけではない。適応に関するこれまでの科学的研究の成果からは，トレーニング効果はトレーニング負荷による刺激と回復の交替によって獲得できることが明らかになっている（マトヴェイエフ, 2008, pp. 531-533）。したがって，負荷によって生じた疲労を回復させながら脱適応が促進しないタイミングで次の負荷をかけることが基本となる。しかし，トレーニングプロセスは，個々の構成部分が単に連続しているというだけでなく，短期的にも長期的にも，先行するトレーニングプロセスで得たトレーニング効果（即時効果，遅延効果，残存効果，累積効果など）を有効に活用しながら展開されることになる（Платонов, 2013, p. 77）。

4. トレーニングにおける負荷増大の二面性「漸進性と最大負荷」

　トレーニング負荷や課題が一定レベルに固定されてしまうと，トレーニング効果を引き出す適応プロセスが停滞し，さらなる競技力の向上が望めなくなってしまう。したがって，最高の競技力状態を達成するためには，用いる負荷を増大していくことと自己の限界に近い最大のトレーニング負荷を用いることが要求される（村木, 1994, p. 166）。

　しかし，最大負荷について誤った認識をもってはいけない。最大負荷とは，選手の身体的能力を最大限引き出すものではあるが，適応能力の限界を超えるものであってはならず，その後の選手の活動能力を向上させてゆく強力な刺激となるものでなければならない（マトヴェイエフ, 2010, p. 310）。また，適応反応の亢進を重視するあまり，急激に最大負荷を用いることは重大な誤りである。最大負荷による有効な成果が期待できるのは，先行して行われたトレーニングプロセスにおいて最大負荷を用いることが可能なレベルまで準備が整え

られている場合に限られる（Платонов, 2013, pp. 78-79）。したがって，ジュニア選手に対し，はじめから過度のトレーニング負荷を用いたり，専門的なトレーニングばかりを行わせたり，いわゆる早期専門化を推し進める活動をさせてしまうと，競技力の向上はおろか，その後の選手生命を脅かす深刻な問題を招くことになりかねない。

　個々のいろいろな状況によって，用いることができる最大負荷のレベルに違いはみられるが，漸進的に負荷を増大させることによってはじめて最大負荷を用いる基礎が作られるということに，トレーニングにおける負荷増大の本当の意味というものが示されている（Платонов, 2013, pp. 78-79）。

5. トレーニング負荷の波状変動

　トレーニング計画立案に際して，適切な競技力向上を達成するうえで，トレーニングに用いる負荷の調節方法というものがきわめて重要な問題となる。直線的に負荷を増加し続ける方法と比較して，波状に調節する方法では，負荷の増減を自在に組み合わせることができるので，オーバートレーニングに陥ることなく短期間にトレーニング効果を得ることができるだけでなく，大きな負荷を用いたトレーニングが可能になる（マトヴェイエフ, 2008, pp. 534-544）。したがって，種目の専門化が進む今日の競技スポーツは，量・強度ともに顕著に増加しつつあるトレーニング負荷を波状に調節する方法を用いるところにその特徴が示されている。

　トレーニング負荷に対する適応のプロセスでは，刺激に対して比較的早く機能的・構造的変化が現れる組織や器官もあれば，数ヶ月の長期間を必要とするものもある（村木, 1994, p. 167）。このような，身体の各組織・器官における適応の時間差は，トレーニング負荷を波状に調節することの必要性を示す重要な根拠となっている。

　さらに，トレーニング負荷の量と強度は，あるレベル以上になると相反関係となり，量的増加は必然的に強度の低下を招くことになる。したがって，この二つを同じタイミングで増加させていくことは不可能であり，実際には，準備期の初期段階で量的増加が開始され，試合期が近づくに従って強度の増加が始まることになるので，必然的に両者のピークはずれることとなる（マトヴェイ

エフ, 2008, pp. 534-536)。

　マトヴェイエフ（1985）の研究によって，年間のトレーニングサイクルでは，マクロサイクル，メゾサイクル，ミクロサイクルの各々において大周波・中周波・小周波の3つの負荷変動の波型が示されることが明らかになっているが，個々の選手の具体的な状況，特にトレーニングの状態や種目の特性によって負荷変動のどの波型を用いるべきかは異なるという点についても注意が必要となる（村木，1994, pp. 167-168）。適切なトレーニング構成のためには，トレーニングプロセスにおける各負荷変動の目的を把握するとともに，これらの相互関係を理解することが重要となる。

6. トレーニングプロセスの周期性

　競技トレーニングの目的は，最も重要な試合で最高の成績を達成することにある。このためには1日ごとのトレーニングの結果にとらわれるのではなく，日々のトレーニングで得られた効果を積み重ねていき，目標となる試合という限定された瞬間に統合的な力としてまとめ上げることができなければ意味をなさない。すなわち，トレーニングプロセスを構成する最小の単位である「トレーニングユニット」の内容も，単体の機能として捉えるのではなく，複数の「トレーニングユニット」が相互に関連することによって生み出される効果が，重要な試合での最高の成績達成に反映されるものでなくてはならない。

　このように，最重要試合での最高の成績を達成することに向けて「トレーニングユニット」を組み立てることから開始されるトレーニングプロセスの全体は，特定の課題をもった様々な大きさ（期間）のサイクルが，先行するサイクルでのトレーニング効果を利用しながら周期的に繰り返されることによって構成されることになる。そのなかで最小のまとまりとして機能するサイクルが「ミクロサイクル」であり，複数のミクロサイクルから構成されているのが「メゾサイクル」である。そして，複数のメゾサイクルによって構成されているのが「マクロサイクル」である（マトヴェイエフ，2008, pp. 538-540）。表5-1には，各サイクルの構造的特性と機能的特性が示されている。

　このようにトレーニングプロセスを構成する各サイクルは，競技力の向上を課題としてあるサイクルから次のサイクルへと有機的に関わり合いながらト

表5-1 ●トレーニングプロセスの基本構造

	構造的特性	機能的特性
ミクロサイクル	通常は，トレーニングへの導入部・主要部・終末部から構成される1日のトレーニング（トレーニングユニット）をトレーニング強度と時間に変化をつけて一定期間繰り返すトレーニングプロセスの周期的特性をもつ最小の単位。通常1週間が基本となる。	比較的高い負荷，低い負荷，回復の日を組み合わせることによって，生体機能の超過回復の条件を作り出す。
メゾサイクル	同じタイプまたは異なるタイプの複数のミクロサイクルから構成される相対的に完結したトレーニングプロセス。通常1ヶ月が基本となる。	トレーニングによる生体の望ましい適応過程を生み出す。
マクロサイクル	スポーツフォームの「形成―維持―消失」の各発達段階を周期的に更新する最大の単位。この発達段階に対応して「準備期―試合期―移行期」に区分される。	【準備期】スポーツフォームの前提条件を形成する一般的準備期とスポーツフォームの完成を目指す専門的準備期に相対的に区分される。
		【試合期】スポーツフォームを維持し，最重要試合に向けてピークに引き上げ，最高の成績の達成を目指す。
		【移行期】当該マクロサイクルでのトレーニングおよび試合ストレスを解放して，次に続くマクロサイクル開始へと橋渡しする。

レーニングの最終成果へと統合されていく。各サイクルは単年次のみならず多年次にわたるトレーニング計画の全体を構成する一部として機能しているということを忘れてはならない。

第3節
トレーニングピリオダイゼーション

　合理的な競技トレーニングの計画立案には，トレーニング構成に関わる原則をはじめとして，様々な理論的知識を身につけていることが前提となる。なかでもトレーニングピリオダイゼーション（期分け）は，トレーニング計画立案の基礎となる重要な理論であるため，正しい理解が不可欠である。現在，コーチング学では，いくつかのトレーニングピリオダイゼーションの方法が提唱されているが，なぜピリオダイゼーションを行わなくてはならないのかを理解するには，スポーツ選手が競技を遂行することができる万全の状態を意味するスポーツフォーム（спортивная форма）の理解が重要になる。

1. トレーニングピリオダイゼーションとは何か

　マトヴェイエフ（Matwejew, 1972）はトレーニングピリオダイゼーションを，「一定のサイクルでトレーニングの構成と内容を合目的々に周期的に変化させること」と定義している。すなわちトレーニングピリオダイゼーションとは，1年あるいは半年などの，ある一定期間内の主要な試合において最高の成績を挙げることを目指して，試合までの期間をコントロールしやすい小さな期間に区分してトレーニング内容を組み立てることを意味している。今日の競技スポーツでは，年間の試合日程に基づいてトレーニングプロセスを「準備期・試合期・移行期」の3つに区分し，各期のトレーニング課題に応じた内容のトレーニングを構成し実施している場合が多い。それゆえ，トレーニングピリオダイゼーションが競技トレーニングの計画を立案する際の重要な理論であることは広く認識されていると考えられるが，「何に基づいてトレーニングプロセスを区分しているのか」というピリオダイゼーションの原理が十分に理解されているとは言い難い。確かに，トレーニングの最大の目的は目標とする試合での最高の成績を修めることにあるので，試合日程がトレーニングプロセスを区分する重要な要因になることに異論はない。しかし「試合を行っているから試合期である」といった試合ありきの方法論でトレーニング計画を立案すると，誤っ

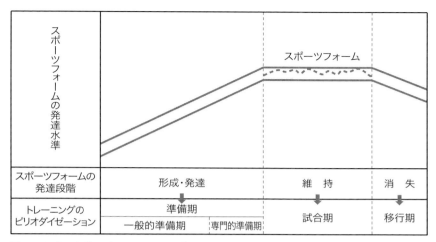

図5-1 ●ピリオダイゼーションとスポーツフォームとの関係　（村木，1994より改変）

た方向にトレーニングを導いてしまう可能性が生じてしまう。なぜなら，トレーニングピリオダイゼーションという考え方の根底には，スポーツの競技力についてその本質を究明しようとする真摯な努力が存在し，これなしでは目的の達成を保障する計画の立案は不可能だからである。

　試合で最高の成績を達成するには，「選手が試合に臨むための万全な準備状態」が必要である。マトヴェイエフ（1985, pp. 316-322）はこの「万全な準備の状態」をつくり出すプロセスに一定の周期が存在していることを見出した。「この状態」は形成されるまでに時間がかかり，いったん形成されると比較的安定してその状態を維持できる期間があり，その後それは失われていく。そこには，「形成・発達―維持―消失」という周期が存在している。それゆえ，「万全な準備状態」は長い時間を費やす準備期間を経てはじめて形成され，形成された「この状態」が維持されている間に試合を行わなければ，最高の競技成績を達成することはできないということになる。つまり，トレーニングピリオダイゼーションの本当のねらいは，「試合活動を遂行するための万全な準備状態」の発達周期に対応してトレーニングの「準備期・試合期・移行期」を決定しようとするところにある（マトヴェイエフ，1985, pp. 322-325）。

　したがって，すでに試合が開催されている期間であっても，その時点でまだ選手が試合を行うための「万全な準備状態」となっていない場合には，この準

備状態をつくり出すためのトレーニングを行っている状態なので,この期間を試合期と呼ぶことはできない。このように,「試合を行っているから試合期である」といった試合ありきの方法論に基づいてトレーニングプロセスのピリオダイゼーションを行うことによってトレーニング計画の本来の目的を達成することはできないのである。

2. スポーツフォームとは何か

「試合活動を遂行するための万全の準備状態」とはどのようなことなのか。この点について理解するためには,本章第1節で述べられている「競技力」を想起されたい。競技力とは「競技を遂行する能力」のことであるため,試合での最高の成績を達成するのに必要な「選手が試合に臨むための万全な準備状態」は「競技力の状態が試合に向けて最高の状態になっていること」と解される。トレーニングピリオダイゼーションの主要概念となるこの「万全な準備状態」はスポーツフォームと呼ばれる（Матвеев, 1962）。プラトーノフ（Платонов, 2009）によればこの状態は,選手の生物学的適応による機能向上の結果生じた,単なる高いレベルのトレーニング状態とは一線が画され,競技力を構成する様々な要素（技術力・戦術力・体力・精神力等）が有機的に作用し,複合的なまとまりとして機能する状態のことである。

また,実際の試合では選手がスポーツフォームの状態になっていないと,最高の成績を達成することは望めないので,このスポーツフォームは「競技成績の母体」と呼ばれ,この状態の良し悪しは直接競技結果に反映されると考えられている（村木, 1994, p. 65）。このスポーツフォームの構造については,近年の研究により,図5-2のような階層構造の存在が指摘されている（Суслов, 2010）。

スポーツフォームの構成要素のうち基礎的部分を担っているのが,体力的・技術的要素である。これら二つの要素は獲得されるまでに非常に長い期間を要するが,いったん獲得されると安定して持続し,極端な変動はみられないという特性をもっている。したがって,適切なトレーニングによってこれら二つの要素が形成され,スポーツフォームの基礎的部分が出来上がることによって,「相対的に高い競技成績」が担保されることになる。

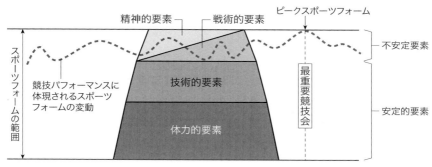

図5-2 ●スポーツフォームの構造と競技パフォーマンス変動の模式図

(Суслов, 2010より作図)

　安定的要素の上部には，精神的・戦術的要素が位置づけられている。これらの要素は獲得するには比較的時間はかからないが，非常に変動的で不安定であるという特性をもっている（Блеер et al., 2010; Суслов, 2010）。最高の成績を達成するには，体力的・技術的要素によって担保される「相対的に高い競技力」をベースにして，その時点で発揮しうる自己の可能性を最大限に引き出さなくてはならない。今日のコーチング学では，スポーツフォームの中で特別に競技力のすべての要素を最高の状態に調整した，試合に向けた「臨戦状態」を「ピークスポーツフォーム」（пик спортивной формы）と呼んで，いわゆるスポーツフォームから区別している（Суслов, 2010）。試合当日の選手のピークスポーツフォーム形成に特に重要な役割を担っているのが，精神的・戦術的要素である。試合当日の気象条件，健康状態，試合会場の設備の状態，試合会場への移動手段，観客のサポート，時差への適応など，刻々と変化する試合状況に対して準備が不十分であると，スポーツフォームの不安定要素である精神力や戦術力の部分が影響を受け，ピークスポーツフォームをつくり出すことができずに自己記録などの競技成績を達成することは難しくなる（Платонов, 2009; Суслов, 2010）。したがって，とりわけトップレベルの選手のトレーニングでは，体力・技術力に関するトレーニングを主として行うだけでは，実際の試合における最高の成績を望むことはできない。

　さらに，スポーツフォームはある一定の幅をもったゾーンの中を波状に変動するために，年間に複数回開催される試合の競技成績も変動を繰り返すことに

なる。この試合における競技成績の変動の原因は，スポーツフォームを構成しているいくつかの要素が階層構造をもっているところにある。

3. 目的に応じた年間トレーニングのピリオダイゼーション

　高度専門化を遂げた今日の競技スポーツでは，種目の特性や個々の選手の状況に応じた様々な「戦い方」を目にすることは珍しくない。そもそもトレーニングピリオダイゼーションの目的は，最重要試合で選手が最高の成績を挙げるための前提となるスポーツフォームをつくり出すことにある（Платонов, 2013, pp. 388-390）。したがって，年間を通して開催される多くの試合のすべてをターゲットにして，最高の成績を挙げるという要求に応えることはできない。このために，マトヴェイエフによって体系化された伝統的なピリオダイゼーションは今日の競技スポーツの実情には適していないと考える専門家も少なくない（Issurin, 2008; Verchoshanskij, 1999）。しかし，競技成績の母体となるスポーツフォームの発達には，厳然たる法則性が存在している（マトヴェイエフ，1985, pp. 316-345）ので，これを無視した方法の選択には大きなリスクが伴うということは逃れようのない事実である。

　このようなジレンマを解消するために，トレーニングピリオダイゼーションについての近年の研究では，今日の競技スポーツの実情に合わせたいくつかの新しいトレーニング計画が提案されている。そこでは，年間トレーニングプロセスのシングルサイクル，ダブルサイクルに変化を加えたものや，複数のサイクルから構成されるマルチサイクルの構造を採用したものなどがみられる。また，トレーニングプロセスの各サイクルの長さや内容を可変的にしたものや，基礎的トレーニング段階に同時に専門的トレーニングを行うサイクルを配置したもの，あるいは専門的トレーニング段階や試合期に，基礎的トレーニングを実施するなどの発展的な内容を取り入れたトレーニング計画などがみられる（Платонов, 2013, pp. 388-390）。

　そのひとつは，トレーニングプロセスのすべてを年間のひとつの試合で最高の成績を挙げることに集中させた最も古典的なトレーニング計画であり，この計画は今日の競技スポーツの実情にはそぐわないという批判に晒されている。しかし，このパターンの計画は，オリンピックサイクルの最終年，すなわち最

第3節 トレーニングピリオダイゼーション | 223

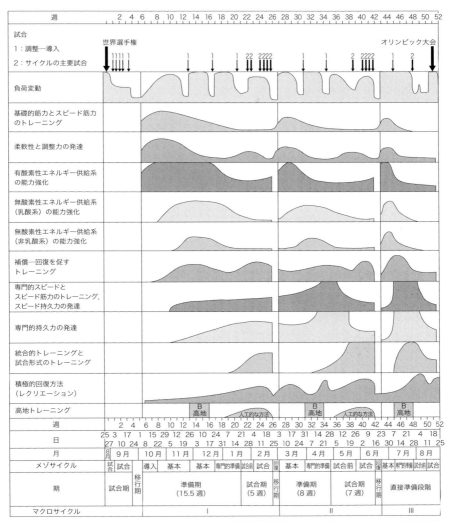

2008年オリンピック大会に向けた中距離走選手の年間準備構造（2007年10月5日〜2008年8月23日）

図5-3 ●シングルサイクル・ダブルサイクル中間型モデル

（Платонов, В. Н. 2013. Периодизация спортивной тренировки. Общая теория и её практическое применение. Олимпийская литература.: Киев, p. 436より転載）

重要試合であるオリンピック大会が開催される年のピリオダイゼーションとして，各国のナショナルチームで採用されている（Платонов, 2013, pp. 388-390）。また今日では，シングルサイクルとダブルサイクル，あるいはシングルサイクルとトリプルサイクルの二つの機能を併せもったいわゆる中間型のトレーニング計画が各種目で採用され，成果を挙げている（Платонов, 2013, pp. 388-390）。図5-3には，その一例を示してある。このパターンのトレーニング計画では，各サイクルは独立して機能しているのではなく，1年間の最重要のひとつの試合に向けて有機的なまとまりとして機能しているということが重要である。

　二つ目は，長期間にわたって開催される複数の試合に向けたトレーニングを，最重要とみなされるひとつの試合における最高の成績の達成に向けたトレーニングとして有機的に結びつけることを意図したトレーニング計画である。今日の競技スポーツでは，複数のオリンピック種目におけるトップ選手の多くがこの方法を選択している。図5-4には，この複数のマクロサイクルから構成されたマルチサイクルの構造をもったトレーニング計画が示されている。

　図5-4に示されたトレーニング計画では複数の試合出場を視野に入れているため，ひとつ目のトレーニング計画と比較して最重要試合における成績が低下することが推測される。しかしプラトーノフ（Платонов, 2013, pp. 446-452）は，このマルチサイクルの構造をもったトレーニング計画を，①年間に行われる複数の試合のための高い準備状態をつくり出すこと，②最重要試合で最高の成績を挙げることという2つの目標を共に達成することのできる合理的な方法であると述べている。マルチサイクルのトレーニングプロセスでは，各マクロサイクルは独立して機能するのではなく，トレーニングプロセスの進行に伴って競技力を構成している各要素の機能を発展的に統合していくことで，最終的に最重要試合で最高の成績を実現する（Платонов, 2013, pp. 446-452）ことが可能になるからである。このことは，各マクロサイクルにおけるスポーツフォームの発達が，最重要試合に向けた年間トレーニングという一つの大きなシステムの中で統合的に機能していることを意味している。すなわち，マルチサイクル構造のトレーニング計画は，①スポーツフォームの基礎的部分を確立する長期的なプロセスと②この基礎的部分を各マクロサイクルの試合直前に実際の試合状況と有機的に結びつける短期的なプロセスを同時に進行させるト

第3節　トレーニングピリオダイゼーション | 225

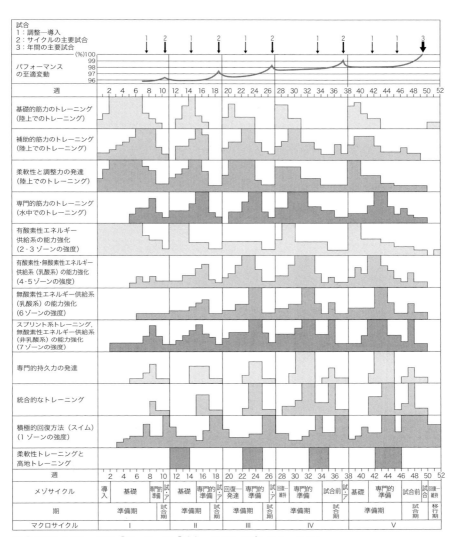

※「メゾサイクル」欄の「試・ア」は「試合・アクティブレスト」のこと。

図5-4 ●マルチサイクルのピリオダイゼーションモデル
　　　（Платонов, В. Н. 2013. Периодизация спортивной тренировки. Общая теория и её практическое применение. Олимпийская литература.: Киев, p. 447 より転載）
　　　トップレベルの競泳選手の年間準備のピリオダイゼーションの5サイクルモデル（200M, 400M）

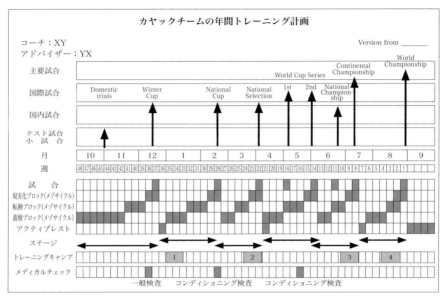

図5-5 ●ブロックピリオダイゼーションの例

(Issurin, V. 2008, Block Reriodization II, p. 170 より転載)

レーニング計画と解されなければならない。さらに注意しておきたいのは，マクロサイクルの数がいくつであっても，年間の最重要試合直前に行う直接的準備の段階が最も重要となる（Платонов, 2013, pp. 446-452）ということである。

さらに最近では，年間に行われる複数の試合にターゲットを当てたトレーニング計画として「ブロックピリオダイゼーション」（図5-5参照）という方法に注目が集まっている（Issurin, 2008a, 2008b）。

図5-5に示したように，このトレーニング計画では，年間を通して開催される複数の試合ごとに，3つのブロック（メゾサイクル）を連結した「トレーニングステージ」という短期のトレーニングプロセスが繰り返される（Issurin, 2008a, 2008b, 2010）。この方法では，各試合において「比較的高い」競技成績を繰り返し達成することが可能となっている（Issurin, 2008a, 2008b, 2010）ので，一見するとマルチサイクル構造のトレーニングプロセスと同様の構造と考えられてしまう可能性がある。しかし，このブロックピリオダイゼーションでは，各試合に合わせた短期的プロセスにおいてスポーツフォームの土

台となる基礎的部分は未完成で「試合に向けた準備状態」が形成されたまま試合が行われている。このことがマルチサイクル構造のトレーニング計画との重大な相違点である。すなわち，ブロックピリオダイゼーションの場合には，各ブロックにおいてスポーツフォームが形成されず，そのために各試合の競技成績には限界が生じ，さらに最重要試合における成績はスポーツフォームを達成した場合と比べて低くなるので，自己記録更新やシーズンベスト記録などの最高の成績を達成することは困難になる。マトヴェイエフ（2003, pp. 265-271）は，このような一つのマクロサイクル中に複数のピークを設けることについて，「疑似スポーツフォーム」と呼んで，これに対して否定的な考えを示している。

　さらに4つ目のパターンは，年間にわたって開催される試合のすべてを目標として，できるだけ高い成績を挙げようとするトレーニング計画である。この計画の場合には，最重要試合で最高の成績を挙げることを目的とせず，一定レベルの競技パフォーマンスを保ちながら，できるだけ多くの試合に出場することによってポイントや賞金を稼ぐなどの目的が優先される。例えばプロスポーツの世界で行われる自転車のロードレース，球技種目，なかでもサッカーやテニスでは，6～8ヶ月，ときには9～11ヶ月にわたって50～70もの試合が続くことも稀ではない（Платонов, 2013, pp. 452-463）。このようにたくさんの試合を行う種目では，伝統的なピリオダイゼーションがふさわしくないことは自明である。しかしこのことは，伝統的なシングルサイクルやダブルサイクルのピリオダイゼーションをこれらの種目に単純に，そのまま当てはめるべきではないということを意味しているにすぎない。このような長期にわたって多くの試合に出場するためのトレーニングプロセスでは，前年度の過酷な試合日程によって生じた心身の疲労を移行期に完全に回復させることが絶対条件となる。また，試合期が長期に及ぶことによって生じる短い準備の期間中に，スポーツフォームの基礎的構成部分をできるだけ向上させるトレーニングを組み入れなければならない。また，1年間に行われる多数の試合への準備の中で，競技力を構成する様々な要素を向上させるための基礎的トレーニングや専門的トレーニングを有機的に組み合わせることが必要になる（Платонов, 2013, pp. 452-463）。例えば，試合と試合の間を7日間確保することができれば，表5-2に示すように，比較的標準に近いミクロサイクルの形で合理的なトレーニ

表5-2 ●標準的なミクロサイクルの例

1〜2日目	回復，先の試合の結果分析，技術・戦術トレーニングを少なくし，中程度の負荷で2から3種類行う。
3〜5日目	主にスピード筋力系，調整力や専門的持久力を向上する多面的な一般的および専門的トレーニングを5から6種類行う（そのうち3から4種類は大きな負荷をかける）。
6〜7日目	回復，次の試合に向けた技術・戦術トレーニングや精神的準備を行う（少なくし，中程度の負荷でのトレーニングを2から3種類行う）。

ングプロセスを構築することが可能となる（Платонов, 2013, pp. 452-463）。

　さらに，例えば試合間隔が2〜3日しかとれないという過酷な状況では，試合期は結果的に3〜4日の非常に短期のミクロサイクルの連続とならざるをえない。このような状況では，1日目は十分な回復，そして2〜3日目に技術・戦術および精神面の準備を目的とした直接的準備を行うという方法がとられている（Платонов, 2013, pp. 452-463）。しかし，4番目のパターンも，この5番目のパターンも，オリンピックや世界選手権などの特別な意義のある試合に向けたトレーニング計画には適していないことは一目瞭然である。したがってこの種のトレーニング計画は特別な準備の必要のない，いわゆる商業化されたスポーツ種目に特化した方法であると考えられる。それゆえ，プロスポーツの選手であっても，オリンピックでの活躍を目指す場合には，オリンピック開催年にこの種のトレーニング計画を採用してはならない。

　これまで述べてきたように，コーチング学におけるピリオダイゼーション理論の発展と研究成果に基づいて，今日では，選手もコーチも年間のトレーニング計画を，個々の状況に応じて選択できるようになっている（Платонов, 1997, 2004; Матвеев, 2001）。しかしどのタイプのトレーニング計画を採用する場合にも，ピリオダイゼーションの本質についての正しい理解が不可欠であり，それに基づいて種目の特性や選手個々の状況に応じたトレーニング計画を立案することが競技で成功するための不可欠の前提となることを忘れられてはならない。

第4節
長期的なトレーニングプロセスからみたトレーニング計画

　どんなトップ選手でも，競技を開始した瞬間から引退するまでの長期間にわたり，常に頂点にあり続けることはない。競技の専門化の度合を高めるには，長期間を費やして競技力を構成している様々な要素の向上を図ることによって強固な土台を作ることが必要であり，その結果としてはじめて最高の競技力を発揮することができる。多年にわたる競技活動の中で実施されるトレーニングの内容は，選手の生物学的な発達段階に規定されるだけでなく，生活条件など個人の置かれた様々な状況によっても左右される。したがって，年間のトレーニング（計画）は，多年にわたるトレーニングプロセスの各段階におけるトレーニングの特性や課題を踏まえて検討されなければならない。

1. 基本的準備段階

　図5-6はトップレベルの選手の場合の一般的な競技成績の推移を示したものである（村木，1994, p. 41）。最初の「基礎的準備段階」（図中のAからB）は，トレーニングを開始してから通常4〜6年間を指し，この段階は競技の専門化の開始とともに終了する（マトヴェイエフ，2008, pp. 568-570; Платонов，2013, pp. 378-380）。この期間では，トレーニングユニットの時間を計画的に徐々に増やしていくこと，そして疲労を生じさせないということに十分配慮して，多面的な体力トレーニングと技術トレーニングを行うことが重要になる。またこの段階では，練習試合等の試合活動に含まれる様々な要素をトレーニングプログラムに導入していくが，その場合には試合結果を重視するのではなく，主として競技に対する意欲を向上させることが目的となる。それゆえ，この段階では，特定の試合で最高の成績を挙げることを目指した年間のトレーニング計画は用いられない（Платонов，2013, pp. 378-380）。

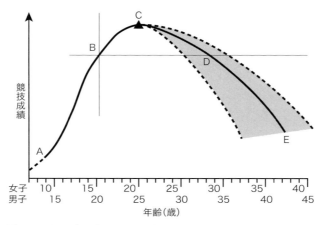

図5-6 ●トップ選手における競技成績の一般的発達の模式図
(村木,1994, p. 41より転載)

　さらに，この段階の後半には，ある程度専門的な要素を含んだトレーニングが行われ，試合に出場することを目指して初期の専門化の段階へと移っていく。この段階では，身体の多面的な発達の必要性という面からも，一般的に伝統的なシングルサイクルもしくはダブルサイクルのトレーニング計画が用いられ，その後に続く段階で用いられるトレーニング計画に徐々に近づけられることになる。しかしこの段階では，まだトレーニング量は比較的少ないままにとどめ，厳しいトレーニングは控えるように配慮することが大切である (Платонов, 2013, p. 380)。

2. 最高の競技力を達成するための準備段階

　次に続く「最高の競技力を達成するための準備段階」(図5-6中のBからC) は，専門化を開始してから生涯最高の競技力を達成するまでの時期に当たる。この段階では，長い準備段階を経て徐々に本格的な専門化へと進むことによって競技力が徐々に完成されていく。したがって，選手個人が年齢に見合った最大限可能なレベルに競技力を高めていけるように，年間のトレーニング計画を作成する必要がある。この段階でのトレーニング計画では，多数の試合に出場する

ことよりも，少ない試合を目標にして最高の競技力を発揮することに主眼を置いて，試合日程を考慮したダブルサイクルのトレーニング計画が多くの種目で採用されている（Платонов, 2013, p. 380-381）。

3. 個人の最高の競技力を発揮する段階

次の段階では，個人の競技力を最大限に引き上げることが目指される（図5-6中のCからD）。すなわち，この段階では，高いレベルの競技力を養成して，試合での最高の成績を修めることができる。スポーツフォーム形成の周期性を考慮して適切なトレーニングを行えば，通常この段階は8～10年，またはそれ以上継続することが可能となると考えられる（Платонов, 2013, pp. 381-382）。この段階では，種目の特性や選手個々の状況に応じて様々なトレーニング計画を選択することが可能となる。トレーニング計画の詳細については，本章第3節を参照してほしい。プラトーノフ（Платонов, 2013, p. 382）は，様々なタイプの年間トレーニング計画を用いることは，トレーニングに変化をもたせ，その効果を高めるとともに，選手生命を伸ばすためにも有効な手段となると述べている。

4. 最高の競技力の維持と低下の段階

次の段階では，これまでに達成した競技力を維持する段階を経て徐々に低下する段階へと移行していくため（図5-6中のDからE），結果的に試合における競技成績の低下が生じる。この段階では，選手の年齢や競技力のレベル，種目，試合日程，社会的条件など様々な要因に基づいて年間のトレーニング計画が選択される。例えば，多数の試合出場を目指す場合はマルチサイクルを，オリンピックなどの最も重要な試合での成功を目標とする場合はシングルサイクルまたはダブルサイクルのトレーニング計画を選択することとなる。しかし，生物学的な身体機能および適応能力の低下は避けられないという事実のために，この段階で行うことができるトレーニングの総量は大幅に減少する。プラトーノフ（Платонов, 2013, p. 382）は，この段階のトレーニング計画では，スポーツフォームを構成している各要素，特に体力面では脱適応が著しく進行しない

程度の軽減率（最大総負荷量の20％〜40％）にすること，これによってトレーニングの質的側面に注意を向けることが可能となると述べている。したがって，ベテランのトップ選手の場合には，休養がトレーニングにおける重要な要素となる。

第5節
トレーニング結果の分析と競技力診断

　トレーニング計画はあくまでも計画に過ぎない。実際のトレーニング内容は，選手を取り巻く様々な内的および外的状況によって影響を受けるため，トレーニングを計画通りに実施できなかったり，予想通りの効果が得られない可能性もある。そのため，常に計画を修正することができるような管理が必要になる（マトヴェイエフ，2003, pp. 273-274）。したがってトレーニングを実施していくうえでは，適宜，トレーニングの結果を分析するとともに，トレーニングプロセスの各時点で競技力を確認することによって，トレーニングを適切な方向に導くための正しい情報をフィードバックすることが必要になる。

1. トレーニング結果の分析

　トレーニング結果の分析は，実際に行われたトレーニングの状況を確認し，各トレーニングサイクルのねらい，負荷の動態や配分等の妥当性について吟味することを目的として行われる。その具体的方法では，図5-7のような活動記録用紙等を準備し，そこに実施した運動，用いた負荷の量と強度についてできるだけ詳細に記入していくことから開始される。その後で，トレーニングプロセスにおける各サイクルの特性を把握するために，毎日記録したデータを，ミクロサイクル，メゾサイクル，マクロサイクルの順に集計していく。そして，集計された結果からトレーニングのねらい，負荷の動態と配分等の妥当性を吟味する（村木，1994, pp. 188-189）。その際には，トレーニングの中で運動テスト等を導入することによって，各トレーニング要素の到達度について量的把握を行う。このようなトレーニング結果の分析を行うことによって，トレーニングプロセスの途中でトレーニングを適切な方向へと修正することが可能となり，さらにマクロサイクルのトレーニング結果をひとつのまとまりとして分析をすることによって，次の新たなマクロサイクルのトレーニング計画を立案する際，あるいは多年次のトレーニング計画を立案する際の有用な情報を得ることができる（青山，2006）。

トレーニング活動記録用紙

年　　月　　日　　曜日

授　業	1限・2限・3限・4限・5限・他・無
体　調	悪　1・2・3・4・5　良
食　欲	悪　1・2・3・4・5　良
睡眠時間	：　～　：　（　）時間
疲　労	弱　1・2・3・4・5　強
怪　我	有・無　　　部　位
体　重	kg　安静時心拍数　　　回/分

今日の目標

トレーニング内容

トータルトレーニング時間　　時間　：　～　：　（　）時間（　）分
ウォーミングアップ　　　　　時間　：　～　：　（　）時間（　）分

主練習　　　　　　　　　　　時間　：　～　：　（　）時間（　）分

クーリングダウン　　　　　　時間　：　～　：　（　）時間（　）分

反省・気づいたこと

承認印

図5-7 ●トレーニング活動記録用紙の例

表5-3 ●競技力診断の主な種類

トレーニング観察	トレーニングでの選手の行動を観察し，トレーニング状態を把握する。
テスト試合	試合という条件下における複合的な競技力を診断する。
運動テスト	特定の運動課題を遂行させ，その結果から一般的体力，一般的運動能力，技術の習熟度などを推定する。
体力検査	一般的体力の診断を目的として行われる。
心理学的検査 （適性検査，性格検査）	競技スポーツに必要な資質や才能の有無を調べる個別適性検査や，個人の欲求，興味，態度，動機などの心理的特性や情緒的特性，社会的適応などを測定する性格検査。
スポーツ医学的検査	選手の健康と身体諸機能に関する実験室的検査。
スポーツバイオメカニクス的検査	種目適性を明らかにするために，選手の形態的特性をバイオメカニクス的観点から検査するスポーツバイオメカニクス的適性検査と，技術の合理性を診断するために用いられるバイオメカニクス的技術検査。

　しかし，このような方法で導き出された結果はトレーニング活動の定量的な内容が中心となるため，競技力を構成する要素の一面的な分析とならざるを得ない。これを補うには，運動に対する主観的情報に基づいてトレーニングの質的な側面，あるいは精神的な側面に改めて注意を向けることが必要になる（村木，1994, pp. 188-189）。そのためには，トレーニングの活動結果の記載とは別に，実施したトレーニングに関する感想等を含めた自由形式での活動日誌のような存在が重要になる。

2. 競技力診断

　すでに述べたように，トレーニング結果の分析では様々な観点からトレーニング状態を把握することが目指される。これに対して，様々なテストを用いた競技力診断は，トレーニングプロセスにおける各時点の競技力を確認して，トレーニングを適切な方向へと導いて行くために行われる。
　表5-3に示したように，このための具体的な診断の方法は，非常に多岐にわたる内容となっている（青山，2006）。
　しかし，これらの検査から導き出される量的・質的データの各々は，多面的・統合的なまとまりとして機能する競技力を一面的に捉えているにすぎない。そ

れゆえ，一つの検査から競技力を判断するのではなく，種目特性を考慮しながら複数の検査を組み合わせて検討する必要がある（青山，2006）．

（青山亜紀）

●文献

＊青山清英 (2006) 競技力診断．社団法人日本体育学会 監修．スポーツ科学辞典．平凡社，pp. 207-209．
＊朝岡正雄 (1999) スポーツ運動学序説．不昧堂出版．
＊Блеер, А. Н., Суслов, Ф. П., Тышлер, Д. А. (2010) Терминология спорта толковый словарь-справочник. Издательский центр Академия, p. 250.
＊ボンパ：尾縣貢・青山清英 監訳 (2006) 競技力向上のトレーニング戦略．大修館書店，pp. 142-238．
＊Issurin, V. (2008a) Block periodization versus traditional theory: a review. *Journal of Sports Medicine and Physical Fitness, 48 (1)*: 65-75.
＊Issurin, V. (2008b) *Block periodization II*. Ultimate Athlete Concepts, p. 170.
＊Issurin, V. (2010) New Horizons for the Methodology and Physiology of Training Periodization. *Sports Medicine, 40(3)*: 189-206.
＊Матвеев, Л. П. (1962) *Спортсменам о спортивной форме*. ФИЗКУЛЬТУРА и спорт, pp. 3-18.
＊Matwejew, L. P. (1972) *Periodisierung des Sportlichen Trainings*. Bartals & Wernitz, p. 38.
＊マトヴェイエフ：江上修代 訳 (1985) ソビエトスポーツトレーニングの原理．白帝社，pp. 316-345．
＊Матвеев, Л. П. (2001) *Общая теория спорта и её прикладные аспекты*. Известия, p. 323.
＊マトヴェイエフ：渡邊謙 監訳・魚住廣信 訳 (2003) スポーツ競技学．ナップ．
＊マトヴェイエフ：魚住廣信 監訳 (2008) ロシア体育・スポーツトレーニングの理論と方法論．ナップ．
＊村木征人 (1994) スポーツトレーニング理論．ブックハウスHD．
＊Платонов, В. Н. (1997) *Общая теория подготовки спортсменов в олимпийском спорте*. Олимпийская литература, pp. 554-566.
＊Платонов, В. Н. (2004) *Системаподготовки спортсменов в олимпийском спорте*. Олимпийская литература, p. 808.
＊Платонов, В. Н. (2009) *Теория периодизации спортивной тренировки в течение года: история, вопроса, состояние, дискуссии, пути модернизации*. Теория и практика физической культуры. 9: 18-34.
＊Платонов, В. Н. (2013) *Периодизация спортивной тренировки. Общая теория и её практическое применение*. Олимпийская литература, pp. 247-251.
＊Susulov, F. (2001) Annual training progurammes and the sport specific fitness levels of world class athletes. *New Studies Athletics, 16*: 63-70.
＊Суслов, Ф. П. (2010) *О структуре (периодизации) годичного цикла подготовки и спортивной формы в современном спорте*. Теория и практика физической культуры, 4: 11-15.
＊Verchoshanskij, J. V. (1999) The end of "periodization" of training in Top-class sport. *New Studies in Athletics, 14 (2)*: 47-58.

第 6 章

試合への準備

第1節
試合の一般的特徴と構造

　ヨーロッパでは，1970年代から1980年代にかけて東欧圏を中心に，競技スポーツのトレーニング（練習）に関する一般理論を意味する"Theory of Training"が発展し，80年代にはこの練習に関する一般理論を補完するかたちで「試合に関する理論」"Theory of Competition"の体系化が試みられている。これに対して，わが国では一般理論への関心が薄く，個別のスポーツ種目のコーチングに関する理論化が押し進められてきた。それゆえ，わが国では試合という特別な活動に焦点を当てた理論の構築はその諸についたばかりである。

　ここでは，スポーツにおける「試合」の概念を明らかにし，試合において発揮される競技力の構造についてその特徴をまとめておきたい。

1. 「試合」の概念と機能

　試合とは個人あるいはチーム間で，定められた規範とルールに従って行われる競技力の優劣を競う活動である。したがって，試合は競技力を追求して他者を凌駕するスポーツの最も重要な活動といえる（シュテーラーほか，1993，p.127）。試合の結果には，試合への準備の仕方，競技者の選抜・育成システムのレベル，コーチ陣の能力，専門家養成システムの妥当性，スポーツ科学のレベル，医学的なサポートシステムの成果などが反映される（Платонов, 2013, pp. 382-386）ので，試合では選手のみならず，選手を取り巻くコーチをはじめとする様々な関係者の能力も同時に問われることになる。それゆえ，試合は，現実の世界における一種独特な人間関係によって左右される。そして結果は，戦い，勝敗，向上心，最高のパフォーマンスを目指す高い士気，創造性の発揮，社会的ステータスの獲得などによって特徴づけられる。

　他方で，発達段階にあるジュニア期においては，試合は常にトレーニング（練習）という視点からスポーツ活動全体の中に位置づけられなければならない。そこでは，あらゆる犠牲を払って勝利するというような考え方は退けられ，将来最高の競技力を発揮するための準備，あるいは遊びとして楽しみながら参加

するといったことが配慮されなければならない（シュテーラー，1993, p. 129）．したがって，試合とは長期にわたる選手の競技生活の中で，多面的な側面からその潜在力を引き出すことのできる重要な活動と位置づけることができるとともに，全人的な教育の場でもある．

2. トレーニングにおける臨戦態勢

　何事においても事に対する態勢を整えておくことは大切で，それはスポーツの試合においても同様である．『「態勢」の哲学』（2014）の著者である佐藤（2014）によれば，「態勢」とは対象種ごとに特有の迎え入れ方をする生の関わり方であり，主体が志向対象に対して自らとる関わり方を意味するという．試合で自分が目指す結果を残したければ，練習において試合に対する十分な準備が，言い換えれば戦いに対する「臨戦態勢」がとれていなければならないのである．

　試合は単に選手やチームが自らの技術や戦術を披露する場ではなく，やり直しの許されない試合という特殊な雰囲気をもった場所で自分の本当の競技力を知る絶好の機会となる．それゆえ，選手のあらゆる能力が試合では試されることになる．選手はこの自らのあらゆる能力が試される試合経験を反省的に捉えることによって，これから自分が参加する試合はどのような意味や価値をもっているかを評価できる試合観というものを形成する．この試合観は試合結果を左右するだけではなく，トレーニングに対する態度やその成果をも左右する（金子，1968）．これから参加する試合に大きな価値を認め，試合に対して万全の準備を行った選手は，トレーニングに対する高い満足感から試合への不安に立ち向かうことのできる強いこころで試合に臨むことができるだろう．こうしたトレーニングにおいて「臨戦態勢」をとることができた選手は，試合における様々な状況変化にも落ち着いて対応することができる．試合では選手は孤独であり，この孤独の中で勝負に臨むことができなければならない．したがって，コーチは選手の自立を大切にした試合への準備を日頃から心がける必要がある．

3. 試合における精神力と技術力・戦術力・体力

　第3章で述べられたように，競技力は技術力，戦術力，体力，精神力などからなる複合的能力と解される。試合では，この複合的能力としての競技力が競われることになるので，試合における競技力は，競技力を構成する要素を個別に取り出して絶縁的にトレーニングすることによって高めることはできない。

　また，今日ではトレーニング場面と試合場面の負荷強度の質的差異が明らかにされて，「技術トレーニング」，「戦術トレーニング」と「専門的体力」を一体化させたトレーニングの確立が求められている（Tschiene, 1988）。このことからも，競技力をいくつかの単純な要素に分割し，それぞれの単純な要素を理解することで競技力を理解することに問題があることは納得できるだろう。

　これまでの競技力に関する研究（Harre, 1982; シュテーラーほか, 1993, p. 31-39; Schnabel et al., 1995）によれば，試合時に発揮される競技力は，試合の特性，競技規則，出場者の構成，出場者の競技キャリア，試合カレンダー，資金面での準備，試合会場の設備，食事，気象条件，コーチの能力などの多様な要因によって影響を受けるという。図6-1は球技における試合時の競技力に

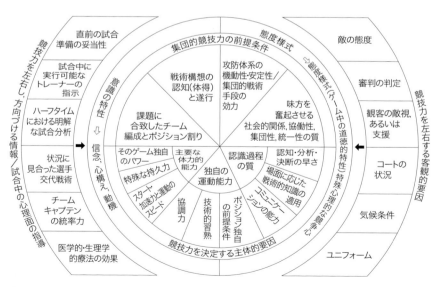

図6-1 ● 球技における試合時の競技力の構造　（シュテーラーほか, 1993, p. 32より引用改変）

影響を与える様々な要因を構造化したものである。したがって,試合当日の様々な状況に対応して高い競技力を発揮するためには,競技力の「安定性」と「変動性」という問題を取り上げざるを得ない。スースロフ（Суслов, 2010）によれば,試合当日に「ピークスポーツフォーム」（競技力の最高状態）を得るためには,達成レベルが比較的安定している要素である「体力・技術的要素」を確実に身に付けたうえで,不安定要素である「精神的・戦術的要素」をどのようにコントロールするかが課題となるという（第3節参照）。競技力を形成する主な要素である技術力,戦術力,体力は精神力と不可分な関係にあり,精神状態に大きな影響を受けることは明らかである（マトヴェーエフ, 2003, pp. 87-91）ので,試合に関わるすべての活動は,選手の精神状態を考慮したうえで決定されなければならない。

（青山清英）

第2節
試合システムと試合計画

　競技力の最大発揮のためには，試合システムに関する理解と試合計画に関する戦略的準備が不可欠である。ここでは，試合システムの全体像について概観し，そのうえで試合計画に必要な様々な視点ついて論じる。

　競技力の向上には，試合計画は単年次のみならず多年にわたる計画を検討することが重要である。そのような戦略的試合計画は，競技力の向上をもたらすだけではなく，選手の早期専門化を防ぎ理想的な競技キャリアの形成を実現することを可能にする。

1. 試合システムの分類

　プラトーノフ（Платонов，2013, pp. 382-386）によれば，試合は，①試合の意義，②規模，③目的，④当該種目と組織の関係，⑤種目形式，⑥選手の年齢，⑦性別，⑧選手の社会的位置（学生，職業人等）といった様々な基準に基づいて分類されるという。試合はトレーニングの一環でもある（村木，1994, p. 142）というコーチング学的観点を考慮すると，表6-1のように分類することもできる。また，優勝決定の方法に基づいて試合の方法は，「リーグ戦方式」「トーナメント方式」「混合方式」に分けられる（シュテーラーほか，1993, pp. 129-134）。そして，教育的意図やレクリエーション的要素を考慮すれば，試合の分類はさらに多岐にわたることになる。

　また，ジュニア世代においては，試合システムにおけるタレント発掘的な要素も重要となる。例えば，ドイツではジュニア育成を基礎とした競技会システムを5つのレベルに分類し（Carl, 1988），このなかの「レベル2」といわれる段階では，体操競技，陸上競技，水泳競技という基本種目に限定して，できるだけ多くの生徒たちに試合を経験させることによって生徒たちの動機づけを高めるという機能をもたせている。さらに，この場合の試合は，一般的体力テストと同様に，一般的運動能力の習熟と診断にも用いられる。そして，次の「レベル3」の段階では，「タレント育成」の機能が強調された「ジュニアがオリ

表6-1 ●主な試合の分類　（Платонов，2013より作表）

試合種類	機　　　能
練習試合	練習試合の主な課題は，その選手の試合活動における合理的な技術・戦術を向上させ，身体の様々な機能を試合負荷に適応させていくことにある。
テスト試合	テスト試合では，選手の準備度合いを評価する。目標とする技術・戦術がどの程度マスターされているか，試合負荷に対して精神的な構えができているかが試される。テスト試合の結果によって，準備プロセスを修正する可能性もある。テスト試合は特別に組織されることもあれば，様々なレベルの公式試合であることもある。
シミュレーション試合	シミュレーション試合の最重要課題は，マクロサイクル，年間または4年間の中の主要試合に選手を導くことにある。シミュレーション試合は選手のトレーニングシステムの中で特別に組織されることもあれば，試合カレンダー中の公式試合であることもある。シミュレーション試合は，その先にある主要試合の情況を完全または部分的にシミュレーションするものでなければならない。
選抜試合	選抜試合はナショナルチームのメンバーを選出したり，高いレベルの個人試合に出場する選手を決定するために行われる。この試合の特徴的な点は，特定順位の獲得や主要試合で出場できる基準を満たしているかなどの選抜条件にある。公式試合も特別に組織される試合も選抜試合の性質をもちうる。
主要試合	主要試合は，オリンピックや世界選手権など，選手が鍛錬プロセスを経て最高のパフォーマンスの発揮を目指す試合である。

ンピックに向けてトレーニングする」という課題が設定されることになる。

　このように試合システムは，様々な観点から分類できるが，コーチング学では，試合の達成課題をどのように設定するかという基準に基づいて試合を分類することに関心が向けられている（表6-1参照）。

2. 試合計画と試合選択

　競技スポーツでは，夏季・冬季オリンピック，世界選手権，ユニバーシアードなどといった大規模な大会が重視されるのは当然である。したがって，試合計画は最重要の試合とその代表を決定する選抜試合で好成績を挙げることを前提としなければならない。その他の試合は選手の準備段階を多面的に引き上げながら，効率的な準備へと導くためのトレーニング手段として有効に機能させ

ることになる。これに関連してプラトーノフ（Платонов, 2013, pp. 382-386）は次の3つの試合選択の方法を示している。①選手はできるだけ多くの試合に出場し，それぞれの試合で好成績を目指す。②出場試合数を少なくし，選手の関心をもっぱら主要試合に向ける。③多数ではあるが厳密にコントロールされた試合活動を念頭において試合選択を行う。

今日のコーチング学においては，③の方法が①における心理的負荷の過剰や試合慣れといった欠点，②における個人戦術力の達成や試合観へのマイナスの影響といった欠点を補うことができるということから，③の方法の有効性が指摘されている。このようにみてくると，試合計画は選手のトレーニング状態を踏まえて計画されなければならないことが分かる。

効果的なトレーニング手段としての試合の役割は種目によって異なるが，例えば，年間公式試合だけで60〜70日費やされるような競技では，試合活動はトレーニング活動における最も重要な手段と位置づけられることになる。近年のトップレベルの競技では，プロ化が進み商業化して試合頻度が急激に増加したため，多くの競技種目の試合カレンダーにおいてトレーニング活動と試合活動の適正化をはかることは困難を極めている。このことは，怪我の発生しやすい種目（器械体操，格技等）や最大負荷がかかる種目（重量挙げ，陸上競技スピード・パワー系種目），持久力系の種目（陸上競技中・長距離，スキー競技等）などでは切実な問題となっている（Платонов, 2013, pp. 382-386）。

プラトーノフ（Платонов, 2013, pp. 382-386）は，様々な試合分析の結果やトップレベルのコーチたちを対象とした調査の結果から，トレーニング活動と試合活動が適正に行われるための公式試合数は，種目にもよるが年間8〜10試合，日数にして約30日程度であると述べている。この程度の試合数であれば，最高の競技力の達成を目指した合理的トレーニング計画の立案が可能になるとともに，怪我の発生や生体の過緊張，オーバートレーニングなどを防ぐことができる。また，メゾ・ミクロサイクルレベルでの留意事項は，体力ないし技術面での本質的改善を目指すメゾ・ミクロサイクルと重なるような試合選択は控えるべきである。トレーニング・プロセスが混乱するし，生体機能の回復が不十分な状態での試合は身体のみならず，精神にも悪影響を及ぼすからである。要するに，試合計画の立案においては，適正なトレーニング・ピリオダイゼーション（期分け）が重要なのである。

これに対してジュニア世代の選手の場合の試合計画は，すでに述べたように，スポーツ活動に参加する動機づけや基礎的運動能力の充実をはかる機能に重点が置かれる。したがって，そこではたとえ主要試合といえども勝利を前提とした達成が求められるのではなく，選手個人のベスト記録が出れば上々と見なされなければならない。個人のベスト記録が出せる試合は，ジュニア選手の高い動機づけとなるからである。このようにジュニアの試合計画は，心身の発育発達状態を十分考慮したうえで立てられることが必要である。また，学業との関係も十分に留意しなければならない。試合出場によって，学習の機会が不十分になってはならない。ジュニア選手のコーチや周辺のサポートスタッフには試合と学習機会とのバランスをとることが求められる。

（青山清英）

第3節
直接的試合準備

　科学的な研究が著しく発展を遂げた今日の競技スポーツでは、「スポーツフォーム」（第5章第3節 参照）の形成に関する方法論はほぼ確立されているといっても過言ではない。他方で、目標とする最も重要な試合で最高の競技成績を達成できる選手はそれほど多くないという現実は、コーチング学の研究に未だに大きな課題が残されていることを物語っている（Суслов, 2010）。特定の最も重要な試合において最高の成績を達成するには、年間にたくさんの試合が開催される場合の準備プロセスとは異なる特別な準備を行わなければならない。ここでは、このような特別な意味をもつ最重要の試合に向けた直接的試合準備の仕方について、スポーツフォームの動態という視点から考察していきたい。

1. 直接的試合準備の概念

　今日の競技スポーツでは、年間に出場する多くの試合の準備とは別に、オリンピックや世界選手権などの最重要試合の直前に、その試合のためだけの特別な準備が必要であることを、多くの選手やコーチは理解している。この特別な準備プロセスは、主要な選抜試合（多くの場合、国内選手権）が終了した後、最重要試合が開始されるまでの間に組み込まれる特別な段階として、1回、マクロサイクルに用いることを基本としている（Казиков, 2004）。現在、直接的試合準備のアプローチにはいくつかのタイプが存在しているが、ロシア・ウクライナにおける実証的データに基づいて行われた研究では、直接的試合準備の最適な期間は5〜8週間であるということが明らかにされている（Казиков, 2004; Платонов, 2013, pp. 464-484）。

　最重要試合で最高の競技成績を挙げることを目指す多くの選手たちは、試合直前の準備段階で様々な取り組みを行っている。そのひとつとして準備の最終段階で頻繁に用いられている一般的な方法に、負荷の軽減と疲労の回復を目的とした「テーパリング」（tapering）が挙げられる（Bompa, pp. 193-252）。しかし、このような取り組みにもかかわらず、最重要試合で最高の成績を挙げ

ることに依然として大きな課題が残されたままとなっているのはなぜなのだろうか？ここでは改めて，直接的試合準備では何をしなければならないのかについて考えてみたい。

　最重要試合に向けて十分な休養をとることによって体力的・精神的ストレスを軽減し，トレーニングの遅延効果を引き出すことが重要であるのは論を俟たない（Платонов, 2013, pp. 465-466）。したがって，トレーニングの量を徐々に減らしていくことを意味するテーパリングを行うと，試合に向かって競技力が高まっていくように思われがちだが，実際には，この方法はトレーニングの量を調節するだけの一面的なアプローチにすぎない。

　最重要試合に向けた最終段階は，競技力を構成する様々な要素が相互に絡み合うきわめて複雑なプロセスである。マトヴェイエフ（MATWEJEW, 1981）は，試合当日に最高の成績を挙げることを目的として，想定される試合条件をできる限りモデル化した試合前メゾサイクルを最重要試合の直前に組み込むことを提唱している。またハレ（Harre, 1982）は，試合のための特別な準備を行う中で，試合の特性，精神面の調整，試合会場の設備，気象条件など，実践的かつ具体的な内容について注意を払うことの重要性を指摘している。すなわち直接的試合準備とは，これまでのトレーニングによって得られた新たな体力レベルに応じて技術力，戦術力，精神力といったスポーツフォームを構成している様々な要素を個々に向上させるだけでなく，目標とする試合に向けてそれらの要素を全体的にまとめ上げ，統合するための重要なプロセスなのである。したがってそこでは，トレーニング負荷量の軽減といった一元的な量的な面からのアプローチではなく，質的な面も含めたよりバランスの取れた複合的な準備が行われなければならないのである（Платонов, 2013, pp. 465-466）。

　このように直接的試合準備の意味を正しく理解することができなければ，最重要試合で最高の競技成績を挙げることを目的としたトレーニング計画を立案し実行することは不可能である。

2. スポーツフォームとピークスポーツフォーム

　すでに第5章第3節の2で述べたように，スポーツフォームは「試合活動を遂行するための万全の準備状態」を意味している。この意味のスポーツフォー

ムは体力的要素・技術的要素・戦術的要素・精神的要素からなる階層構造をもっている。

　準備期に適切なトレーニングを行うことによって，このスポーツフォームの基礎的部分を担う体力的・技術的要素が確立される。この2つの要素を高いレベルで身につけるにはかなりの期間を要するが，これらはいったん獲得されると比較的安定したまま保持され，極端な変動はみられない。そしてこの2つの要素のうえには精神的要素と戦術的要素の層が位置づけられている（Суслов，2010）。この精神的・戦術的要素は選手を取り巻く様々な要因の影響を受けやすく，これらの要素を高いレベルで身につけてもすぐに変動してしまうという性質をもっている（マトヴェイエフ，2003）。

　現代の競技スポーツでは，スポーツフォームの形成に関する方法論はほぼ確立されている。このことは，陸上競技におけるトップ選手の最重要試合における記録がほぼスポーツフォームにおける変動の範囲内にあるという研究結果からも実証されている（藤光ほか，2013；川口ほか，2016）。したがって多くのトップ選手は，最重要試合において相対的に高い記録を達成することが可能になっている。このことは，適切なトレーニングを行った結果，体力的・技術的要素から構成されるスポーツフォームの基礎的部分が一定のレベルで形成され，試合活動による様々な要因に影響されることなく試合で一定レベルの安定した記録を出すことはある程度担保されているということを意味している。

　これに対して，最重要試合において自己記録の更新やシーズンベストを出すなどの最高の記録を出す確率が低い原因は，スポーツフォームの基礎的部分を土台としてスポーツフォーム全体の機能を引き上げる役割の精神的・戦術的要素に大きく関係していると思われる。したがって，試合当日，選手に内的および外的環境から与えられる負荷を克服することができた時，はじめてスポーツフォームが全体としてその機能を発揮できるようになり，最高の成績を挙げることが可能となる。この状態がピークスポーツフォーム（peak sport form）と呼ばれている。すなわち，最も重要とみなされる大きな試合では，ピークスポーツフォームに裏付けされた臨戦体制を整えることによって，はじめて最高の成績を挙げることが可能になるのである（Суслов，2010）。

3. 直接的試合準備の具体的役割──スポーツフォームのコントロール──

　スポーツ科学が著しい発展を遂げた今日，体力および技術に関する研究は十分に進められ，さらにこの2つの要素の相補性に関する点についても研究が行われるようになってきた（村木，2008；伊藤ほか，2001；金子ほか，1999）。これらの研究は，ピークスポーツフォームを形成するために重要な前提であることに違いはないが，残念ながらスポーフォームの基礎的部分を作り上げるまでの方法論にすぎず，そのままでは様々な要素が複雑に絡み合う統合的な準備状態の達成には至らない（青山，2014）。これに対して，旧ソ連および旧東ドイツでは，直接的試合準備に関する研究がすでに1970年代から開始され，近年にはその対象が様々な競技種目や競技歴の選手にまで拡大されている。その一例として，図6-2には8週間の直接的試合準備のモデルが示されている。

　このモデルは主として高いレベルの持久的能力が要求される種目に適しているが，高地トレーニングを除くなど，若干の変更を加えることによって，他の多くの種目にも適応可能である（Платонов，2013，pp. 468-474）。

　さらに実際の試合では，選手の臨戦体制に影響を及ぼす多くの内的・外的要因が存在している。これらには，例えば気象条件，健康状態，試合会場の設備の状態，試合会場への移動手段，観客のサポート，時差への適応など多くの事

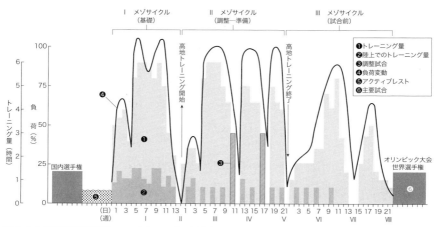

図6-2●直接準備段階のモデル──主要試合のための8週間の直接準備段階の一般的構造（水泳の例）　（Платонов, В. Н. 2013. Периодизация спортивной тренировки. Общая теория и её практическое применение. Олимпийская литература, p. 471 より転載）

柄が含まれる。選手は試合当日，これらの要因から与えられる負荷を1つでも克服できない状態になった場合，精神的・戦術的要素に影響を受けて，ピークスポーツフォームを形成できなくなってしまう。したがって，直接的試合準備の最も重要な役割は，それまでに獲得したスポーツフォームをピークスポーツフォームへと引き上げることにある。それゆえ，直接的試合準備では，試合当日の選手の臨戦体制に影響を及ぼすあらゆる出来事を想定し，それらすべてに対処できる具体的かつ実践的な準備を整えておかなければならないのである。

（青山亜紀）

第4節 試合準備に対する社会的・心理的サポート

　ここ半世紀の間に選手に対する様々な社会的・心理的サポートの普及により競技力の向上が図られてきた。しかし，依然として重要試合での自己記録更新の低率が指摘されている。ここでは，試合準備におけるコーチによる社会的・心理的サポートについて概観する。

1. 重要試合で目指す心理状態

　チクセントミハイ（Csikszentmihalyi）が提唱したフロー理論は，選手の試合に向けての心理的準備に適用できる。「フロー」は，課題の困難度と自己の能力の主観的バランスが高いレベルで合致した時に生じる包括的感覚であり，そこでは自然な楽しさが表出される。フローの時にはたとえ勝利を求める重要試合でも，勝利や敗北などの結果について考えていない。このフロー状態が試合準備として目指す心理状態であり，その形成と維持がピークスポーツフォームの条件となる。

　フローは選手の試合への準備の成果として期待される心理状態であるが，最重要試合で最高記録を達成するピーキングが難しいことは自己記録更新の低率（村木，2002）から明らかである。最高の競技力を発揮するための基盤であるスポーツフォームにおいて心理的側面は不安定要因と見なされ，その完全な予測と統制は不可能である。このような試合に向けた社会的・心理的準備では，直接的試合準備という比較的長期の「一次準備」と，試合時にフロー状態を導く「二次準備」を連携させることによりピークスポーツフォームの形成を促す。コーチは，試合での課題の困難度と競技力のバランスがフローの条件であることを理解し，効果的な集中状態や感情状態を導くための段階的サポートを行う必要がある。

2. 試合前の一次準備

　選手の競技意欲，集中，自信は1ヶ月前から試合直前まで徐々に上昇する（徳永，1998）。そこで，主な心理的要素が試合に対応して動き始める少し前の，大会6週前あたりから大会直前までの期間が「一次準備」の対象となる。選手は試合時のピークスポーツフォームを形成するために，日常・競技生活，合宿・遠征，テスト試合などを通して社会的・心理的機能の充実を図り，これを阻害する要因に対処しなければならない。コーチは一次準備期間の前半では，トレーニング効果を高めるためにネガティブ感情の機能を利用し，後半ではポジティブ感情が優位になるように選手に関与することを心がけるべきである。試合が近づくと選手の不安や緊張は過度に高まる傾向があるため，後半においてはポジティブ感情の表出を増強させるようなコーチングを行うべきである。

　このためにコーチは，選手とチームのトレーニングを観察し，十分にコミュニケーションをとりながら必要に応じて次のような心理的準備を行う。

(1) 心理的準備計画

　試合の目標や課題に応じて，試合場面での運動感覚や試合に関する収集した資料をもとに，試合情況を想定したイメージを用いたメンタルリハーサルを直接的試合準備に組み込む。メンタルリハーサルは，試合で起こりうるプレッシャー要因や選手が自ら創ってしまう様々な阻害要因に対処するために行われる。この際コーチは，イメージ想起により試合への集中状態と自信が崩れないようイメージ内容に留意する必要がある。このため日々のトレーニングでは，リハーサルを行うための時間と環境を選手に提供することが求められる。

　選手はこの直接的試合準備において，二次準備で行う「ルーティンワーク」（あらかじめ決めた行動パターン）と「プレパフォーマンスルーティン」（個人とチームのパフォーマンス直前の思考や動きの儀式）を整備してリハーサルすることが重要である。その際コーチは，それらが単純で柔軟なルーティンで構成され，適応的な思考や必要な動きの要素が含まれているかをチェックする。そして，それが習慣化するように様々な場面で使い続けることを指導する。

(2) モニタリング

一次準備では，練習日誌やコンディションチェックリストなどを用いたセルフモニタリングが必要となる。直接的試合準備期間を通して継続的に行うことで，トレーニング状態の把握と競技力の予測に有益な情報を得ることができる。

(3) 日常・競技ストレスへの対処

直接的試合準備期間に選手が曝される社会的・心理的ストレスは多様である。コーチは，選手の不適切なストレス反応を見逃すことなく，適正な対処行動をサポートするため，選手との十分なコミュニケーションと選手やチームの行動観察に加え，ストレス診断としての心理検査や生理的なストレス指標を用いることが求められる。

また，選手やチームの支援者との関係強化・改善も必要である。例えば，ジュニア選手にとって保護者は重要な支援者である。しかし，ときに保護者の行動は選手とチーム，さらにはコーチに対して最も強い負のストレッサーとなる。コーチは，このような潜在的なコンディション阻害要因を統制しなければならない。コーチングに当たっては，指導哲学や方針，支援者の影響力について事前に説明し，保護者が健全な支援者となるようにするための準備や絶えざるコミュニケーションが必要である。

(4) チームの団結力

判定スポーツの球技では特に，チームの課題に対する団結力がチームの競技力を高め，競技力の発揮を阻害する要因を抑制する（ビーリー：Vealey, 2009）。コーチはチーム内の葛藤生起が，チームの課題に対する団結力を阻害しないように，予防的な方法で介入することを考える必要がある。

3. 試合時の二次準備

最重要試合でのフロー状態の実現を目指して，引き続き二次準備となる心理的準備を行う。試合時には一次準備で習慣化したルーティンワークを基礎に，選手は自身の感情状態や集中状態を柔軟に調整し，自信と余裕をもって最重要

表6-2 ●選手が判断するコーチ行動の良否　（ビーリー, 2009, pp. 99-100）

パフォーマンスに役立つと判断したコーチ行動	パフォーマンスに有害と判断したコーチ行動
・心理的準備を提供する ・有効な技術的・身体的コンディショニングを提供する ・コーチングで落ち着きリラックスして過度に教訓的でない ・選手が一人でいる時間をとれるようにする ・注意散漫にならないように守る ・良いコミュニケーション ・言葉によるサポートと自信向上のフィードバック ・チームの持ち味を作り上げる ・うまく組織化する ・選手が目標を見通せるよう手助けする	・試合に向けた最終の準備段階で過度に神経質になる ・選手を試合に向けて引き上げようとする ・試合間際に技術的なアドバイスを過度にする ・自信を強化するフィードバックをし損ねる ・計画性の低さ，および責任，組織化，心理的・身体的準備の欠如 ・試合の結果で「コーチの首がかかっている」という印象を与える ・順位を予測してプレッシャーをかける ・適切な回復・休息時間を与えない ・熱意や努力の欠如，あるいは職業倫理の欠如 ・重要な情報を提供しない（貧弱なコミュニケーション）

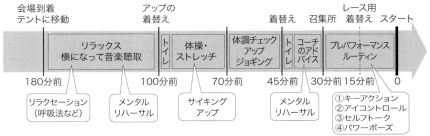

［様々な集中スイッチ］
①キーアクション：身体の動きや仕草を使う（例：胸に手を当てる，腿を叩く，両手を掲げる）
②アイコントロール：視線をコントロールする（例：焦点を絞る，空を見上げる，視線を下げる，目を閉じる）
③セルフトーク：自分に語りかける（例：俺はできる，俺は強い，などのポジティブな表現）
④パワーポーズ：前向きにする姿勢をつくる（例：脚を広げ腰に手を当て胸を張って60秒）

図6-3 ●駅伝選手のスタート前のルーティンワーク

試合に備えるようにする。ビーリー（2009）は，選手が競技力の発揮に役立つあるいは有害と判断したコーチ行動を示している（表6-2）。これらから，試合中の対処的アプローチや結果志向が悪影響を及ぼしやすいこと，適切なコーチング活動にはコミュニケーション，時間，情報の調整が重要であることがわかる。

　試合に向けてのルーティンワークは前日と当日が対象になる。準備された思考や動きに集中し，不必要な外的刺激（歓声，相手など）や内的刺激（自己批判，過去と未来など）を無視することで，最高の競技力を発揮できる心理状態を形成する。試合や動作開始直前のチームおよび個人のプレパフォーマンスルーティンは，自分（たち）だけの限られた空間と時間を使うような感覚で実行する。一例を図6-3に示したが，これらの技法のすべてを使う必要はない。競技特性や選手によって採用する技法やその構成は異なるので，最適な技法を「集中スイッチ」として用いフロー状態を形成できるようにする（第4章第4節　参照）。また試合中，コーチは「勇気づけ」の言葉がけ等によって選手のフロー状態を崩壊させる突発的なことやプレッシャー要因を統制することが必要である。

〔水落文夫〕

第5節

試合分析と試合評価

　試合は，競技力の到達水準を点検し，トレーニング状態を評価するための最も重要な機会である。したがって，競技力の向上を目指すには試合を分析し評価することが不可欠である。ここでは，試合分析の意義と方法について概観する。

1. 試合前の分析・評価の意義と方法

　試合の分析と評価は，競技力を向上させていくうえで必要不可欠な作業である。選手とコーチによる試合の分析・評価は，適切なトレーニング課題の設定に大きな影響を与える。このような作業を通して，選手とコーチは競技力の本当の現在値を把握することができる。そして，この試合分析結果を踏まえた日々

競技力診断
試合観察　　トレーニング観察　　テスト試合　　運動テスト　　体力検査 心理学的検査　　スポーツ医学的検査　　スポーツバイオメカニクス的検査

試合分析
試合の条件下における複合的な試合の競技力を分析

中心的競技力診断		周辺的競技力診断
複合的競技力の点検のためのテスト		競技力決定要因の点検のためのテスト

図6-4 ●競技力診断における試合分析の位置
　　　（シュテーラーほか，1993, p.138より引用改変）

のトレーニング実践が競技力の向上をもたらすとともに，反省的実践家としての選手とコーチを育てることになる。

「試合分析」は「競技力診断」の重要な構成部分である。試合は，トレーニングとは異なり競技力を構成している様々な要素が複合的な状態のまま確認できる機会だからである（シュテーラーほか，1993, p. 138. 図6-4参照）。

試合の分析と評価は，コーチや他の専門家による「自由観察法」を中心とした主観的・質的分析・評価と，ビデオ分析を通して行われるゲーム分析などに代表される客観的・量的分析・評価が用いられる。しかし，本来的に実践的価値のある試合の分析・評価は，人間の運動行為が複合的，多面的であることを考慮すれば，それぞれ単独の変数として扱うのではなくて，常に目標や行為を行っている人間と関係づけることが不可欠である（青山，2005；青山，2006）。

2. 試合観察とテスト試合

試合の分析・評価を考えるにあたっては，「試合観察」と「テスト試合」について理解することが重要である。

「試合観察」は，観察対象となっている試合の展開，試合におけるチーム全体，特定のグループ，そして選手個人の行動の仕方や試合の結果を分析し，評価するための観察を意味している。試合観察は個人的な方法で行われることも，組織的な方法で行われることもある。個人的な方法は，コーチ等によって実際の試合で起こっていることを観察者の目を通して収集し，解釈するという主観的な方法を用いて質的に評価される。これに対して標準化された方法の場合には，球技のゲーム分析に代表されるように，試合で起こっていることについて記号を用いてパソコンや記録用紙に記録することによって，観察結果を客観化する。当然のことながら，主要試合における最大成果を目指すには，試合観察だけでは不十分である。「トレーニング観察」や「運動テスト」など競技力診断を構成する他の診断方法によるデータと組み合わせて検討することが重要であろう（青山，2005；青山，2006；Grosser and Neumaier, 1988）。

しかし，最も重要なのは個別の競技力を診断するテストではなく，「テスト試合」の分析・評価である。「テスト試合」は，ある時点までにトレーニングによって達成されたトレーニング状態を検査する試合を意味している。テスト

試合では,試合という条件下における複合的な競技力の診断が目指される。大幅な試合数の増加がみられるトップレベルの選手にとっては,テスト試合はトレーニングの一環として行われる(青山,2005; 青山,2006)。とりわけ,実践的意義の大きい体調・環境・心的負荷トレーニングとして位置づけられ,スポーツフォームの中でも上部構造にある戦術力や精神力の評価に適している。したがって,選手やコーチは,テスト試合における分析結果を主要試合に向けた直接的試合準備に適用していくことが重要である。

(青山清英)

第6節 トップ選手の試合計画

　近年のトップ選手の競技活動では，プロ化や商業化が顕著であり，それに伴って試合において最高の競技力を発揮することがきわめて困難な状況にある。しかし，競技スポーツの本質は達成の最大実現にあることから，様々な知恵を用いてこの困難な状況を打開する必要がある。ここでは測定・評定・判定各スポーツにおけるトップ選手の試合計画に関する様々な実践知を紹介したい。

（青山清英）

1. 測定スポーツ

(1) 単年次・多年次の試合計画

　測定スポーツにおけるトップレベルの選手の場合，試合計画は多年次にわたって検討しておかなければならない。近年，競技スポーツの商業化に伴って試合数が急激に増加し，しかもその時期は短期間に集中する傾向にある（マトヴェーエフ, 2003, pp. 117-120）。陸上競技跳躍種目においてトップ・コーチとして活躍した村木征人は，トップレベルの選手の試合計画について次のように述べている。「選手と二人三脚して来たコーチ自身，4年目のトレーニング年をスタートさせたばかりに，はや息切れ状態が感じられたのも事実である。高次活動期間にあるトップレベルの選手の年間トレーニング周期は，多年次にわたって強度の高い年二重周期を1～2年毎に挿入し，本質的な回復・改善を目指すのがより得策である。特に，オリンピック大会という最重要試合年を迎えるに際しては，その前年の消耗を最小限にして身心の充電を図り，目標年に備えるべきであろう」（村木, 1994, pp. 170-171）。つまり，トップレベルの選手における多年次の試合計画は，年間計画だけではなく4年というオリンピック・サイクルを踏まえた試合計画が必要となることに留意しなければならないのである。このために，オリンピックまでの各年の主要試合の位置づけなどに戦略的思考が求められる。

第6章 試合への準備

日数	日付	行事	課題	目的	強度
50	6/20		心理的・体力的機能の充実と回復	解緊	軽
49	21			スピード・パワー	中
48	22			技術	強
47	23			スピード・パワー・一般的筋力	強
46	24			回復	休養
45	25			スピード・パワー	中
44	26			技術	強
43	27			一般的筋力・スピード持久力	強
42	28			回復	休養
41	29	ヨーロッパ	実践を通しての技術確認と海外でのゲームを通した情緒面の充実	解緊	軽
40	30	遠征		解緊	軽
39	7/1			解緊	軽
38	2	ザグレブ		技術的点検	最大
37	3			解緊	軽
36	4	ローザンヌ		技術的点検	最大
35	5			解緊	軽
34	6			解緊	軽
33	7			解緊	休養
32	8	南部陸上		技術的点検	最大
31	9			解緊	休養
30	10			解緊	休養
29	11		心身のコンディションの最適化と技術点検	スピード持久力・一般的筋力	中
28	12			技術・パワー	強
27	13			スピード持久力・一般的筋力	強
26	14	ミズノ合宿		解緊	休養
25	15	(北海道)		スピード・パワー	中
24	16			技術	強
23	17			専門的パワー・一般的筋力	強
22	18			解緊	休養
21	19			スピード・パワー	中
20	20			技術	強
19	21			技術	強
18	22				休養
17	23			技術	強
16	24			技術・パワー・一般的筋力	強
15	25	日本出発		解緊	軽
14	26		最重要試合におけるピークスポーツフォームの最大実現	解緊	軽
13	27			解緊	軽
12	28			スピード持久力	強
11	29			スピード・筋力系	中
10	30	カルガリー試合		技術的点検	最大
9	31			解緊	休養
8	8/1	カルガリーから移動		スピード・筋のコンディショニング	中
7	2			最終跳躍での技術点検	強
6	3			解緊	休養
5	4			刺激	刺激
4	5			解緊	休養
3	6			刺激	刺激
2	7			解緊	休養
1	8			刺激	刺激
	9	予選		試合	試合
	10			解緊	回復
	11	決勝		試合	試合

図6-5 ●陸上競技セビリア世界選手権(2001)アプローチモデル

トレーニング内容	反省内容
軽い解緊運動	○トレーニング強度不足 →試合負荷とトレーニング負荷のバランス ○テスト試合における不十分な目標達成 ○試合続きの中の南部記念における目標達成 →ピークの早期実現 ○海外遠征による体調不良，疲労回復の遅れ
Build-up（90%）50m×5本，バウンディング・ホッピング各30m×5本，メディシンボール	
助走（トラック）3本×3セット，中助走跳躍（15本程度）	
BoxJump，WT（80%）Big3各5セット	
休養	
踏切ドリル，負荷走30m×5本，軽Towing，補強	
助走（トラック）3本×3セット，中助走跳躍（15本程度）	
シャトルハードル（往復10台）3本×2セット，WT（23日と同じ）	
休養	
休養	
時差ぼけの解消	
加速走50m×5本，イメージ助走，軽い補強	
前半3回の跳躍に力点を置いた技術確認（7m80）	
前半3回の跳躍に力点を置いた技術確認（7m80）	
休養	
軽い解緊運動	
軽い解緊運動	
前半3回の跳躍に力点を置いた技術確認（目標8m10）→結果8m12（シーズンベスト）	
休養	
休養	
テンポ（90%）100m×3本，150m×2本，200m×2本，WT（23日に同じ）	○海外遠征からの疲労回復の遅れ ○前のメゾサイクルにおけるトレーニング課題の積み残しによるトレーニング状態の不十分さ ○精神的な過緊張状態
助走（トラック+ピット），スクワットジャンプ（WT付き），バウンディング（3種）×5本	
コーナー走120m×3本×2セット，WT（クリーン・スクワット90%max×5本），ホッピング30m×5本	
休養	
Build-up（80-90-80%）各3本，ミックスバウンディング30m×5本，砲丸B/F各6本	
助走（トラック／ピット）	
SD30m×5本，Towing30m×3本，バウンディング・ホッピング，WT	
休養	
加速走50m×5本，Towing30m×5本，ハードル運動	
試合形式での全助走跳躍（10本）	
前日の反省を踏まえた技術点検	
休養	
助走（トラック+ピット）約20～30本程度	○最終のテスト試合結果が精神面に与えた影響大 ○助走技術の不安定さ（特に，向かい風環境），遅延効果不十分
踏切ドリル，負荷走30m×5本，WT	
休養	
軽い解緊運動	
軽い解緊運動	
TT300m×1本，補強	
Build-up，イメージ助走，バウンディング	
前半3回の跳躍に力点を置いた技術確認	
休養	
Towing，筋のコンディショニング	
助走から跳び出しまでの技術点検	○精神面を中心とした試合態勢の未形成
休養	
コンディショニング	
休養	
コンディショニング	
休養	
コンディショニング	
予選突破→結果予選敗退（7m41；対シーズンベスト8.7%落ち：スポーツフォーム範疇外）	
コンディショニング	
入賞	

また，近年のトップ選手はプロ化が進んでおり，競技に集中して取り組める環境が整備されつつあるが，他に生業をもつ選手も多数存在する。このような選手においては，生業との関係をセカンドキャリアの視点を踏まえて考えておくことも重要であろう。

(2) 直接的試合準備

測定スポーツでは，その勝敗が記録という測定値によって決定されるので，競技力の分析では自然科学的分析が主流となり，そのデータに基づいて検討される（金子，2005）ことが多い。したがって，試合への準備も計測可能なエネルギー系体力のテーパリングと理解されがちだが，このような考えからでは試合準備は十分とはいえない（Платонов，2013, pp. 465-466）。

測定スポーツにおける直接的試合準備は主要試合の6～8週間前から設定され，その期間においては，①様々な要素の統一体としての競技力を当該の試合活動に見合ったものにまとめあげること，②「試合スタート」の瞬間のための最高の準備状態，すなわち「臨戦状態」を形成するために，スポーツフォームの上部構造に含まれる不安定要素である戦術力，精神力を機動的に高い適応状態にすることが求められる。前頁の図6-5には上記のような考え方に基づいて立案された陸上競技跳躍種目（走幅跳）の直接的試合準備の例を示した。この例では，プラトーノフ（Платонов，2013, pp. 468-474）が指摘しているような高い強度の負荷を与える必要のあるメゾサイクルのトレーニング負荷と海外でのテスト試合による負荷の間のバランスをとることが課題となっている。主要試合における最高の結果を実現するためには，それまでの主要試合を中心とした様々な試合に関する選手とコーチによる直接的試合準備に関する反省を踏まえた実践が不可欠である。

(3) 試合当日の試合準備・試合行動のコーチング

試合において最高の競技力を発揮するには試合当日の行動計画についても十分に検討しておかなければならない。図6-6は村木（1994）によって示された陸上競技水平跳躍種目における試合当日の行動計画である。このようによく考え抜かれた試合準備は，選手に心理的な好影響をもたらすので，コーチは十分な事前準備のサポートを行わなければならない。特に，戦術的側面に関する

	◆起床 　―当日の行動計画の確認点検	
	◆朝の充電トレーニング	
	◆朝食 　―試合用具，移動手段と経路，試合準備・試合行動の点検	
	◆宿舎（自宅）の出発と補食（昼食） 　―出発時間，交通機関，所要時間の確認	
	◆競技場到着と待機 　―番号，試合時間，召集時間，出場者，試技順序等の確認 　―競技場（跳躍場，スタンド，更衣室等）の確認 　―気象状況（天候，気温，湿度，風向，風速等）の確認	
大試合	◆ウォームアップ場への移動と内容・手順の確認	小試合
20～30分	◆ウォームアップの開始 　―行動手順に従った実行と体調のチェック ◆ウォームアップの終了	20～30分
20～30分	◆召集完了 　―ゼッケン，スパイク，商標マークのチェックと待機 ◆競技場への入場 　―競技者，スタンド（観衆，他競技の進行等）の再確認 　―気象状況の再確認	5　分
15～20分	◆試合準備と待機 　―助走マークの設定とテストジャンプ，待機	20～30分
試　合 1～3回	◆試合の開始 　―試技状況のチェック 　―試技間の待機と試技への準備 　―試技へのトライアル	試　合 1～3回
ベスト8	◆試合の終了	ベスト8

図6-6 ●陸上競技水平跳躍種目における試合当日の行動計画　（村木，1994, p. 142より引用）

準備は重要である。選手は試合中，極度の緊張状態で孤独な情況に置かれており，その中で冷静な判断を下すことは非常に難しい。コーチには選手の精神状態を踏まえたコーチングが求められる。またコーチは，事前に連盟や協会などの競技主催団体と十分に打ち合わせを行い，競技場までの移動方法など選手の事務的な負担を軽減することにも努力し，試合会場に着いたら選手が安心してウォーミングアップに入れるようにしなければならない。この安心したウォーミングアップを行うことのできる環境の中でこそ，「徐々に調子を上げていける」のであり，このようなウォーミングアップがなければ，予選や最初の試技といった「試合スタート」に大きな影響を与えてしまう。「試合スタート」の失敗はその後の試合展開に悪影響を及ぼし，その後のリカバリーに多大なエネルギーを要することになるのでこのことは特に留意しなければならない。

また，陸上競技の棒高跳やスキー競技など用具を用いる種目の場合には，用具の管理について徹底しなければならない。国際試合の場合には，国内とは異なる保管方法の場合もあるので，用具の管理・使用について十分に留意する必要がある。

さらに試合後には，選手の個性も踏まえた時期と方法で反省が必要である。特に，技術，戦術に関する問題点については精神力と不可分なので，試合時の精神状態が明瞭なうちに行う反省というものが必要である。この試合後の反省は特に選手の自立を促すためにも重要である。

（青山清英）

2. 評定スポーツ

評定スポーツは，競技者が実施した演技を，審判員が一定の採点基準に従って評価・採点し，定められた手順で得点化された点数によって順位を決定する競技である。審判員による評定対象は，「その演技ではどのような価値構造が示されたのか」ということと「その演技はどのような技術的完全さが示されたのか」のふたつの評定対象領域に大別することができる。そのため評定スポーツでは，その活動において技術力が最大の関心事とされる（金子，2005）。

評定スポーツにおける試合の課題は，練習の成果を最大限試合で発揮することである。そのためには練習で十分に完成度を高めておき，選手に「自信」を

もたせなければならない。そして，常に最高の演技のイメージを脳裏に描けなければならない。また，このイメージは選手とコーチが共有していなければならない。選手の目標となる技術レベルやそのイメージの認識が低い場合には，コーチが繰り返し説明し，明瞭に描けるようにすることが重要である。それによってはじめて試合における競技力を発揮するための準備ができる。

(1) 試合カレンダーと試合選択

強化プランは，オリンピック・サイクルで国際大会派遣および代表選手選考時期を戦略的に立案し，単年次ごとに綿密に計画する。新しく制作する演技プログラムの数，選手の経験度と競技水準によって試合選択は異なるが，毎年の主要試合で最高の競技力を発揮できるように試合カレンダーを設定する。

シンクロナイズドスイミング競技（以下，シンクロと略す）の日本代表チームを例に挙げて紹介する。表6-3にリオデジャネイロ・オリンピック大会に向けたオリンピック・サイクル（2012-2016）の4年間にシンクロ日本代表チームが出場した試合を，図6-7に強化計画（選考会，合宿，試合）の全体像を示す。

表6-3 ● シンクロ日本代表チームの出場試合（リオデジャネイロ・オリンピック・サイクル；2012-2016）

◎主要試合，○准主要試合

		2012	2013	2014	2015	2016
FINA/IOC	オリンピック	◎ ロンドン，8月				◎ リオ，8月
	オリンピック予選会	◎ 4月				◎ 3月
	世界選手権		◎ バルセロナ，7月		◎ カザン，7月	
	ワールドカップ			◎ モントリオール，10月		
AASF/OCA	アジア大会			◎ 仁川，9月		
	アジア選手権	○ ドバイ，11月				○ 東京，11月
日水連	日本選手権兼ジャパンオープン	○ 5月	○ 5月	○ 6月	○ 5月	○ 4月

FINA：国際水泳連盟，AASF：アジア水泳連盟

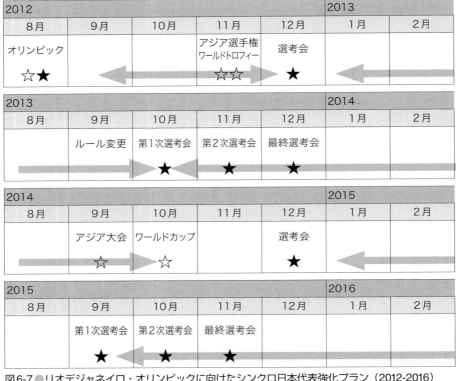

図6-7 ●リオデジャネイロ・オリンピックに向けたシンクロ日本代表強化プラン（2012-2016）

代表チームの年間試合数は2〜4回の国際大会のみである。国内大会には出場せず，日本選手権と兼ねて開催されているジャパンオープン（国際大会）が唯一国内で演技を披露する場となっている。

　シンクロは，試合ごとに改善すべき課題が出現し，それを修正したり改善したりするのに長い時間を要する。振付を一部変更すると，動きかたの変更だけでなくフォーメーションや人員配置も変わるため，修正箇所の同時性・完遂度を高めていくのに相応の時間を要する。よって，試合の種別にもよるが，必然的に試合と試合の間は数ヶ月空けることになる。世界上位国のほとんどが日本代表チームと同じく合宿強化を中心にした強化方法を取っているが，いくつかの国はテスト試合を多数設けて，試合を強化の場とした強化方法を図るチーム

第6節　トップ選手の試合計画　267

☆ 派遣大会（試合）　　★ 選考会　　⇔ 合宿

3月	4月	5月	6月	7月	8月	9月
		日本選手権 ジャパンオープン ☆		ユニバーシアード 世界選手権 ☆☆		

3月	4月	5月	6月	7月	8月	9月
			日本選手権 ジャパンオープン ☆			アジア大会 ☆

3月	4月	5月	6月	7月	8月	9月
		日本選手権 ジャパンオープン ☆		世界選手権 ☆		

3月	4月	5月	6月	7月	8月	9月
オリンピック 予選会 ☆	日本選手権 ジャパンオープン ☆				オリンピック ☆	★

もある。

　テスト試合の意義は，①演技構成や難度のチェック，②選手の技術力・体力面の準備度合いのチェックに加えて，③ある特定の地域やレベルの審判へのアピール，④ルール解釈の確認，⑤世界の演技傾向の分析や情報収集などが目的となる。参考までに同じ評定スポーツの男子体操競技では，毎年10月頃に行われる世界選手権を主要試合とし年間の試合計画が練られる。〔2〜3月〕希望者は海外遠征，〔4〜5月〕2次選考会，〔6月〕最終選考会，〔6〜9月〕複数回の試技会および学生競技会等に出場するという流れである。体操競技では試技会をテスト試合として活用し，主要試合の6〜8週間前に演技内容を見極め，2〜3週間前にほぼ決定する。

(2) 試合へ向けての準備

　試合に向けての準備として最も大事なことは，選手やチームの体力・技術的仕上がりはもとより，考えられるすべてのことにおいて，「もう少しこうしておけば良かった」などという後悔の念を微塵も感じることのないよう万全の準備で試合に臨むことである。
　その一つとして，試合環境を想定した練習環境の準備が重要である。また，試合期間の行動スケジュールを立てるためにも，早い段階での正確な情報収集が求められる。
　体操競技ではナショナルトレーニングセンターの機械器具をオリンピック施設で使用する器具と同じものに変更し，練習環境を整えている。シンクロにおいては，普段の練習プール環境を試合同様に整えることが難しいため，半年前から試合に近似した環境での強化合宿を複数回，組み込む。例えば，リオデジャネイロ・オリンピックのシンクロプールはアウトドア（屋外），時差は12時間，気候は真逆であったため，半年前からグアムで2度の強化合宿を行い，本番に備えた。また，国内においても試合プールに近い空間の大きいプールでの強化合宿を実施した。
　海外遠征では，移動時間が長く時差が大きい場合には，移動で疲労が溜まるので，遠征先に到着後は軽く身体を動かし，その後はトレーナーによるケアを十分に施し，出来るだけ早く疲労を取り除き，現地の時間にバイオリズムを合わせるようにする。食事，気温，気候，機械器具，水質・水温，練習時間帯，食事時間帯などがこれまでの練習環境と異なるため，練習量が減っても疲労や

表6-4 ●試合へ向けての準備

6〜8週間前	試技会やテスト試合において演技内容の見極めを行う。
4〜6週間前	疲労を軽減し，オーバートレーニングを防ぐように練習量と質を調整する。
2〜3週間前	演技内容をほぼ確定する。
2週間前	海外事前合宿1週間〜10日間。試合環境・施設・器具が同一の合宿地で，時差解消，気候への馴化を図り，調整する。
5日〜1週間前	試合現地入り。試合から逆算して，質の高い通し練習と調整練習を組み合わせ，メリハリをつけていく。
試合前日	軽めの調整。

ストレスを感じることがある。そこで、試合会場にはできるだけ早めに入り、一日でも早く現地に慣れ、試合でピークスポーツフォームが形成できる態勢を取れるよう準備を図る。

表6-4は試合に向けて、演技構成・価値の見極め時期および心身の準備の時系列的流れをまとめたものである。

(3) 試合当日の試合準備，試合行動のコーチング

試合時に効率良く行動するために，練習スケジュールと同様に，宿舎，食事，移動を含めた1日の日程を綿密に準備しておかなければならない。

主要大会での試合日程は短いもので4日間，最も長丁場の大会は8〜10日間になる。試合によっては，期間中，連続で早朝から夜遅くまで終日，臨戦態勢となる。選手によって出場種目数が異なる場合，コーチは，個々の試合日程に合わせて試合期間中のトレーニング内容や量を考慮した行動計画を作成する。後半まで出場機会のない選手には，試合前半はしっかりと練習させて身体に刺激を入れ続ける必要がある。

起床は試合時間の少なくとも4〜5時間前にさせ，身体が動くようにしておくのがよい。試合期間中の練習は，技術練習に入る前のウォームアップ（身体の準備）をルーティン化したものを複数のタイプ用意し，その日の試合に合わせて適切なものを用いる。練習後や試合後のアスレティックトレーナー，理学療法士，柔道整復師によるケアは不可欠である。

また，選手の経験の程度や体力，心理状況などを個別に配慮した練習の仕方を考える必要がある。種目が分かれるとチームがバラバラに行動する時間も増えるので，選手自身にも日ごとの行動スケジュールを把握させ，効率的に動くよう指示し，チーム意識を維持するように心がける。宿舎と会場が近い場合もあれば，バスで長時間移動しなければならない時もある。緊張などが高じて忘れ物などをした場合には，遠方で取りに帰れない時もあるので，いつもよりも入念に荷物の準備をさせ，早めの行動で不要な焦りや緊張をせずにすむよう気配りが必要である。また，大会会場で，決まった食事時間に食事が出てこなかったり，移動手段が用意されていなかったりということもある。どんな状況でも落ち着いて対応できるよう，頭の中でシミュレーションを繰り返し，想定外の出来事にも落ち着いて対応できる柔軟性も必要である。

試合中のコーチングは，選手は自分を律して試合に臨む態勢をすでに整えていることから，不要なことはいわずに，必要であればポイントを一つだけ伝えるようにする。

試合後のコーチングは，演技直後に試合内容のコメントを簡潔に伝え，選手の感覚と照合することが重要である。練習通りの演技ができなかった時には，映像を確認しながら，選手のイメージと実際の演技とのギャップを埋めるようにし，決勝や翌日の試合へ向けてのポイントを絞る。全試合が終了した後は，スタッフ，選手とともにミーティングをもち，試合を振り返り，総括を行う。さらにスタッフ間においては試合計画，試合行動と戦績の分析，評価を行い，次シーズンへ向けての課題を明確にしておく必要がある。

（本間三和子）

3．判定スポーツ

(1) 単年次，多年次の試合計画

判定スポーツ（球技や格技）におけるトップ選手の試合計画は，選手を召集する代表チームと，その母体となる所属チームとで大きく異なる。代表チームにおける試合計画は，オリンピックもしくはその中間年に各国際競技連盟が単独で主催する世界選手権（競技種目によってはワールドカップ）のいずれかを最終目標試合に設定する4年周期が柱になる（ボンパ，2006）。多くの競技種目では，国内の関心が高まるオリンピックを上位大会に位置づけるが，オリンピックに年齢制限が設定されているサッカーでは，フル代表が参加するワールドカップを上位大会に位置づけている。また，競技種目によってはオリンピックと世界選手権を同等と扱い，2年周期の試合計画を立案する場合もある。U18等のアンダーカテゴリーの世界選手権も2年ごとに実施されるため，2年周期の試合計画が基本になる。その際には，予選通過の可能性が高く本戦を最終目標試合に設定できる場合と，予選通過そのものを最終目標試合に位置づけなければならない場合とでは，試合計画が異なってくる。

代表チームにおける多年次の試合計画は，中央競技団体における強化委員会に相当する部署が主体となって立案し，現場の代表コーチは設定された試合の

課題達成のためのトレーニング計画を立案するケースが多い。年齢や競技実績をもとに，数年後の最終目標試合において核となる選手を想定しながら試合計画を立案していく。最終目標試合までには，選手の選抜や選抜した選手の強化を課題とした国際試合も準備しなければならない。その際には，所属チームの試合スケジュールが大きく影響する。代表チームと所属チームの試合スケジュールが重なっていない場合には，所属チームの試合後に代表チームの試合計画を立案することができる。しかし，両者の試合スケジュールが重なる場合には，代表チームの召集に関する一定の規則を，中央競技団体と所属チーム間で設定しておく必要がある。特に所属チームが海外に広がる場合には，中央競技団体が海外の試合スケジュールや所属チームとの契約条件に関する情報を把握しておくことがきわめて重要になる。

　一方，母体となる所属チームの試合計画では，1シーズンの単年次計画が柱になるが，1シーズンの長さは種目によって異なる。所属チームの試合計画立案の主体は，当該チームのコーチングスタッフが担う。チームの最終目標試合が，数日～10日程度で行われる短期のトーナメント方式なのか，数ヶ月にわたる長期のリーグ戦方式なのかによって，試合計画は大きく異なってくる。短期のトーナメント方式の場合には，最終目標試合に向けて，想定される対戦相手の特徴や競技水準，試合日程および試合環境に近い条件でのテスト試合やシミュレーション試合を事前に計画する必要がある。また，長期のリーグ戦方式の場合には，リーグ戦自体で最終順位が決定されるのか，リーグ戦が順位決定トーナメントの予選的位置づけになっているのかによって試合計画が異なる。前者の場合には，リーグ日程のどこにチームの競技力のピークをもっていくかを戦略的に考慮しながら，試合計画を立案する必要がある。後者の場合には，リーグ戦自体を使ってチームの完成度を高めていくことになる。さらに，近年では長期のリーグ期間中に短期のトーナメントが実施されるケースも多い。最終目標試合の勝利を実現するためには，大会の優先順位づけと試合ごとの課題設定が不可欠になる。

(2) 直接的試合準備

　判定スポーツのコーチが最終目標試合の6～8週間前に行う直接的試合準備には，以下の段階がある（図6-8参照）。

- 8〜6週前：対戦相手および自チームの体力・技術力・戦術力のトレーニング度合いをもとに，達成可能なゲーム構想を立案し，その実現のために採用する戦術的・技術的要素を選定していく。また，個々の選手が担う役割についても具体的に設定していく必要がある。
- 5〜3週前：準備した戦術的・技術的要素の有効性および習熟性を，テスト試合を設定して評価する。その際には，対戦相手の競技水準を，ゲーム構想の実現が比較的容易な水準から困難な水準へと徐々に引き上げていく。この段階で，最終目標試合までに戦術力の習熟が高まらないと予想される要素については，除いていくことも重要になる。
- 2週前：最終目標試合へ向けた仕上げの段階であり，ゲーム構想を確定させ，使用する戦術的・技術的要素を絞り込んでいき，チーム編成やメンバーの交代方法の原則も確定させていく。また，収集された最新情報をもとに，最低限の追加準備を行う。この段階でのゲーム構想の大幅な修正や新しい戦術的・技術的要素の追加は，リスクを伴う賭けである。国際試合であれば，時差や

週前	期	目的
〜9	専門的準備期	チームのベース作り段階 ・戦術的・技術的要素の訓練 ・体力的要素の訓練
8〜6		ゲーム構想の具体化段階 ・技術的・戦術的要素の選定 ・選手の役割設定
5〜3		テスト試合段階 ・戦術的・技術的要素の有効性・習熟性の評価 ・戦術的・技術的要素の絞り込み
2	前試合期	戦術的仕上げ段階 ・ゲーム構想の確定 ・メンバー構成・交代方法の原則確立 ・追加準備の必要性の判断
1		積極的心理状態の形成段階 ・体力的負荷軽減 ・不安・緊張の低減→自信醸成 ・試合時間に合わせた練習時間設定
	試合期	

図6-8 ●バスケットボール競技での最終目的試合に向けた直接的準備の模式図

試合環境への適応を考慮しながら，事前合宿や現地入りの日程を計画していく。
- 1週前：最終目標試合が近づくにつれて選手の体力的負荷は徐々に低下していくが，一方で心理的負荷はきわめて高くなっていく。ゲーム構想の再確認や，すでに達成できている戦術的・技術的要素に焦点を絞ったトレーニングの実施等によって，試合直前の不安を低減させ，自信を高めさせていくことが重要になる。準備状態を高めるために，想定される試合時間に合わせて練習時間を設定していくことも必要になる。

(3) 試合当日の試合準備，試合行動のコーチング

　判定スポーツでは，すべての試合を同時間帯に実施することができない。そのため，1日の中のどの時間帯に試合が設定されるかによって，当日の試合準備は異なる（図6-9参照）。午前中に試合が実施される場合には，直接ウォーミングアップに入るが，午後に実施される場合には，午前中に練習会場を確保して戦術的・技術的要素の確認を主目的としたトレーニングを設定する場合が多い。可能であれば，戦術の確認やモチベーションアップをねらいとした映像情報を使ったミーティングセッションを実施することも効果的である。午前中に試合が実施される場合には，ミーティングセッションを試合前日の夜に実施することも可能である。自信をもって試合に臨むためには，この段階で選手の疑問や迷いをすべて解消しておくことが重要になる。

　試合直前には，試合の勝敗や一つ一つのプレーの成否といった，選手が直接コントロールできない結果に過度の焦点を当てると，選手の不安は増大し，結果的に消極的な心理状態を形成してしまう可能性が高くなることを，コーチは理解しておかなければならない。そのため，選手自身がコントロールできる「ベストを尽くすこと」「成長に焦点を当てること」「失敗から切り替えること」の3点を強調し，積極的な心理状態を形成するコーチングスキルが重要になる。自分にコントロールできることに焦点を当てることは，選手の不安を低減させると同時に自信を高める効果をもつ。トップ選手のコーチングでは，ジュニア選手のコーチングよりも結果としての成果が求められる度合いが高くなる。しかし，結果を最優先する勝利至上主義コーチングを，「熟達」と「その先にある勝利」という二つの目標に焦点を当てるダブルゴールコーチングへと変革し

〈試合が午前中または午後の早い時間帯のケース〉　〈試合が午後の遅い時間または夜のケース〉

	◆起床		
	◆当日の行動計画の確認点検 　試合用具，移動手段と経路，試合準備，試合行動の点検		
	◆朝食前の体ほぐし ◆朝食 ◆宿舎出発		◆朝食 （◇ビデオミーティング） ◆練習会場へ出発
120分前	◆試合会場到着 （◇補食）		◆練習会場到着 ◆練習開始 ◆練習終了
90分前	◆ロッカールーム 　更衣，テーピング等の処置 ◆ウォーミングアップ前ミーティング		◆宿舎へ戻るまたは直接試合会場へ移動 （昼食または補食） （◇宿舎出発）
45分前	◆ウォーミングアップの開始 ◆前半開始 ◆ハーフタイムミーティング ◆後半開始	120分前	◆試合会場到着 （◇補食）
90分後	◆試合終了 ◆試合終了直後コーチング	90分前	◆ロッカールーム 　更衣，テーピング等の処置 ◆ウォーミングアップ前ミーティング
15分後	◆クーリングダウン開始	45分前	◆ウォーミングアップの開始 ◆前半開始 ◆ハーフタイムミーティング ◆後半開始
45分後	◆試合会場出発	90分後	◆試合終了 ◆試合終了直後コーチング
		15分後	◆クーリングダウン開始
		45分後	◆試合会場出発

図6-9 ●バスケットボール競技での試合当日の試合準備・試合行動の模式図　　（村木，1994，表9.2改変）

ていくことが，結果的には勝利への近道になる（Thompson, 2003）。

　試合中のコーチングは，競技規則によって定められるコーチが試合に関与できる程度によって異なる。試合中に必要となる戦術の変更，選手の交代，タイムアウトの請求，試合中断中の指示等は，試合中に発生するプレーの結果を観察するだけでは効果的に行うことができない。その結果に至る経過を，相手や味方との関係性に着目しながら注意深く観察し，結果を生み出している原因を見抜くことによって刻々と変化する試合状況の中から勝利へ至る道筋を見出し，

競技規則の範囲内で試合へ関与していかなければならない。また，試合中に変化する選手の心理状態に注意を払い，適切な心理状態に導くコーチングスキルもきわめて重要になる。

　試合後のコーチングは，試合直後のコーチングと試合分析を終えてからのコーチングの2段階で行う。試合直後のコーチングでは，試合前に設定した「努力」「成長」「切り替え」が，どのように成果につながったのかを短時間で伝えることが大切である。たとえ敗戦であったとしても，選手に対する非難や批評で終わらないように注意することが重要である。また，試合分析後にミーティングセッションとして実施するコーチングは，1試合の総括的評価であると同時に，試合が継続していく場合には，次の試合に向けての診断的評価や，シーズン中の形成的評価の意味合いももたせ，試合経験をチームや選手の成長過程の中に有意味に位置づけていくことが重要になる。

〔坂井和明〕

第7節
ジュニア選手の試合計画

　ジュニア・ユース年代の選手を育成する際，高い負荷のトレーニングや試合活動を行わせて結果を求めすぎると，選手の潜在能力は比較的早期に枯渇してしまい，競技発達段階の最大発揮段階における競技力の形成に大きな問題を生じさせることになる。特に，試合選択や試合配置の問題は，選手の身体的機能や精神状態に大きな影響を与えるので特段の注意が必要である。ここでは測定・評定スポーツを例にしてジュニア選手の試合計画をめぐる諸問題について概説しておきたい。
（青山清英）

1. 測定スポーツ

　ここではジュニア選手の測定スポーツにおける試合のための準備や試合時のコーチングにおける様々な留意点について，陸上競技を例にして概説する。

(1) 年齢区分

　表6-5には，陸上競技における満15歳（中学3年生）からシニア年代における国内および国際主要試合の年齢区分を示した。国内では各学校段階における体育連盟・競技連合との関連から全日本中学校陸上競技選手権大会（全日中），全国高等学校体育大会（インターハイ），日本学生対校選手権大会（インカレ）などが主要競技会として位置づけられ，各学校段階で全学年共通で試合が行われる。
　一方，国際的には14-18歳を対象としたユース五輪（陸上競技はU18で派遣），世界ユース選手権（2017年度よりU18世界選手権），世界ジュニア選手権（2017年度よりU20世界選手権）が主要大会として位置づけられ，U18をユース年代，U20をジュニア年代として区分している。日本では，上述の各学校段階の全国大会を夏に開催し，秋に日本陸上競技連盟主催としてユース・ジュニア年代の日本選手権をこの区分に基づいて開催している（2017年度より試合名称がU18およびU20日本陸上競技選手権大会に変更）。この区分と学校段階における学年歴との関係から，ユース年代は高1から高3の早生まれまで，ジュニア

表6-5 ●国内および国際主要競技会における年齢・学年区分

学年	中3	高1	高2	高3	大1	大2	大3	大4	社1
年齢（歳）	15	16	17	18	19	20	21	22	23
全日中									
インターハイ									
日本インターカレッジ									
ユース五輪									
U18世界 日本ユース（U18）									
U20世界 日本ジュニア（U20）									
国体成年									
国体少年A 　少年B 　少年共通									
日本選手権									

年代は高3から大2の早生まれまでと定義されている。

(2) 年間試合カレンダーとトレーニング期分け

　試合日程はトレーニングの合理性を考慮して計画された場合，競技成績の改善に積極的な作用が期待される（村木，1994）。ユース・ジュニア年代と大学生・シニア年代とでは基本的な試合配置に違いがみられるが，この理由は，一般的にユース・ジュニア年代の選手においては，シニア年代に求められるような厳密なトレーニング期分けとそれに対応したトレーニング内容が必要ではないことにある。ジュニア年代のトレーニングは，トレーニング周期全体が競技力を形成する様々な要素の全面的な発達を目指す方向に主眼が置かれる。したがって，適切な競技力の発達のためには試合間隔を長くし，試合密度を抑える必要がある（村木，1994，p. 163）。そして，試合そのものがトレーニング的性格を有することが必要となる（Tschiene，1979）。その一方で，近年ではユース・ジュニア年代の積極的な国際大会派遣によって，当該世代で高い競技力を有する選手の試合過多が問題となっている。したがって，ユース・ジュニア年代の選手においては，シニアトップレベルに至るまでの年間計画の全体像を理解し，試合課題や試合種別を整理することによって，適切な試合計画を策定し，競技力を発達させることが求められる。その際には，競技的発達過程を考慮して最

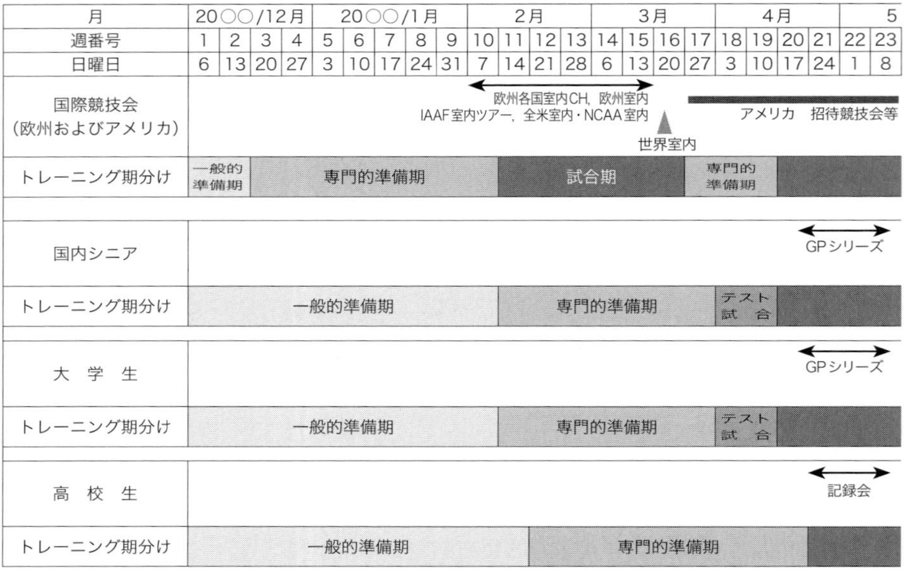

月	20○○/12月	20○○/1月	2月	3月	4月	5
週番号	1 2 3 4	5 6 7 8 9	10 11 12 13	14 15 16 17	18 19 20 21	22 23
日曜日	6 13 20 27	3 10 17 24 31	7 14 21 28	6 13 20 27	3 10 17 24	1 8

図6-10 ●近年の陸上競技年間主要競技会日程とトレーニング期分け

※IAAF：国際陸連，CH：選手権，NCAA：全米大学体育協会，OG：オリンピック大会，実：実業団，学：学生．

大実現段階に高いレベルの競技力が形成できることに配慮することが必要となる。参考までに図6-10に近年の国内主要試合の日程を世界トップレベルの国際的主要試合の日程とともに示した（試合日程は，IAAF公式HP，USATF公式HP，EUA公式HP，JAAF公式HP，ダイヤモンドリーグ公式HPを参照）。

陸上競技においては，1990年代に指摘されていたジュニア選手の強化の問題点，つまり，専門化の早期開始，最高記録の早期発現，最大実現段階期間の短縮といった問題（村木，1994，p.44）は現代においても解決に至っていない。今後は育成と強化の連続性を意図したジュニア選手の試合計画の体系化と戦略化を推進することによって，ジュニアからシニアトップレベルへの適切な競技力向上を可能にする試合計画が求められる。

(3) ジュニア年代の試合前後のコーチングにおける留意点

競技スポーツのコーチングにおいては，選手の発達段階に応じて選手とコーチの関係が変容する。図6-11は，村木（未発表資料）および図子（2014）の指摘に基づいて選手の発達段階とコーチングスタイルとの関係をまとめたもの

第7節 ジュニア選手の試合計画

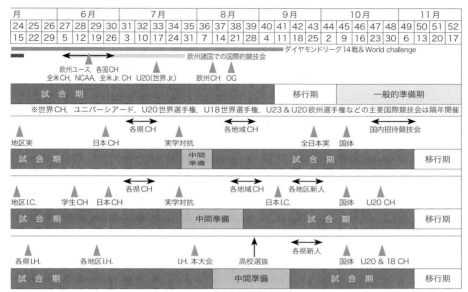

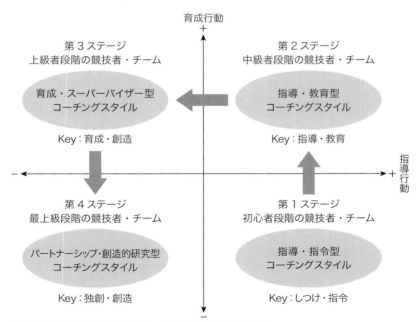

図6-11 ●選手の発達過程とコーチングスタイルの関係

表6-6 ● 選手選考から帰国当日までにおけるコーチングの留意点と事務的注意事項

時　間	項　目	コーチングの留意点
3ヶ月前	参加の意志確認，パスポート取得状況確認	
1ヶ月前	選手選考会議／役員選出（監督，コーチ等スタッフおよびドクター，トレーナー）	選考のコンセプト共有，派遣の戦略性，ラウンドを勝ちあがる実力の有無を確認／シニアとジュニアの連携を意図しスタッフ配置
3週間前	ファイナルエントリー／個人調書，メディカルアンケート，チームウエアのサイズ確認等／パスポート情報取得→最終的なフライト予約	各選手のコンディション把握，専任コーチとの連携（選手の特徴など把握）／メディカルアンケート内容の確認／ミーティング資料の作成（過去の大会リザルト，映像等の入手）
出国前日	結団式／全体およびブロックミーティング，スタッフミーティング	大会配布のチームマニュアルの確認 選考から今日までのトレーニング内容の確認，選手間・コーチ間の交流促進／空港内および機内での過ごし方，コンディショニングの方法の指示・確認
出発空港	出国手続き→出国	時差への対応方法の指示・確認／移動中のコンディション維持
到着空港	入国手続き→滞在拠点への移動（大会事務局の輸送など）	試合で訪れていることを意図した入国手続きの対応
滞在拠点到着 ホテル／選手村	ADカードの受け取り，TICやLOCの場所，開室時間等確認 部屋割り，トレーナールームの確保／ホテルの規則確認（食事の時間，場所，会議室の予約方法，ネットワーク環境等）／ホテル周辺環境等	生活環境の確認とそれへの順応（いつも通りの生活にできるだけ早く） 時差への対応方法を再確認／安全に配慮して，周辺散策により見聞を深める／試合までの練習計画の確認および試合日行動計画の作成
事前練習期間	大会競技場に選手団のテント（ベンチ）場所の確保と設定／練習場への移動方法の確認，大会競技場における公式練習の確認／トレーニング施設の設備内容，開放時間の確認	いつも通りの方法か海外特別仕様の方法かを選択（トレーニング内容の確認）／会場周辺環境の確認，ミーティング時間のマネジメント，スタッフ間の情報共有／達成目標の設定とそれを達成するための方法についてのディスカッション／自分の出番までのモチベーションコントロール
試合前日	テクニカルミーティング チームミーティング	急な予定の変更に柔軟に対応する／ウォーミングアップ，コール，試合，ゴール後の動線（メディア対応を含む）／ドーピングコントロールまでの一連の流れのシミュレーション／本遠征の目的と達成目標の共有，現在から未来へ向けての目標設定の共有／試合行動の最終確認，士気高揚
大会期間中	試合，表彰，移動，調整練習	タイムマネジメント（個々の試合日程に合わせた行動計画サポート）／成功体験を求める／自立と自律を意図する／トラブルへの迅速な対応／試合が先に終了した選手への対応→次の目標への切り替えとトレーニングの継続
帰国前日	大会終了，ファイナルバンケット／チームミーティング	総括：チームの試合分析，各自の試合分析 帰国後の国内試合日程の確認と代表経験選手としての国内の今後の役割を共有
帰国（現地空港）	チェックアウト→空港移動 出国手続き→出国	遠征報告書（遠征の意義，試合の反省と今後の課題）の作成
日本帰国	入国→解団式	総括，今後の方針再確認

である。ジュニア年代においては，この発達段階ごとの連続性を意図して試合時のコーチングを遂行することが重要である。

　ジュニア年代における試合前，試合中および試合後のコーチングの基本的な考え方は，シニア選手の場合と大きく変わるものではないが，上述したように選手の発達状況への注視とそれに伴うコーチング行動の対応がきわめて重要である。ジュニア年代においては，シニアからトップレベルへ至るために身につけておかなければならない試合準備から試合当日，そして試合後を含めた試合行動や試合分析については，より基本的な内容を指導することに加えて，試合やトレーニング時などの様々な状況の変化に柔軟に対応していくことのできる能力の養成を意図することが必要である。したがって，試合時のコーチングでは，試合という孤独な状況下で要求される様々な能力を，試合という条件下で獲得させていくことが求められる。このような自立かつ自律した選手の育成のために，若年層における国際大会（海外遠征）の経験は大きな契機となる。そこでここでは，海外遠征時における試合前の事務的な準備，試合のための直接準備，試合中および試合後のコーチング活動について簡単に述べておきたい。

　表6-6は，選手選考から帰国当日までのコーチングの留意点を事務的注意事項とともに時系列でまとめて示したものである。ジュニア年代の場合は，海外渡航から帰国

事務的な注意事項および備考
遠征全体の旅程の確認，パスポートの取得要請
決定通知の送付
パスポートのカラーコピー取得→ドーピング検査で使用 リレー種目の場合，この期間にバトンパスを中心とした合宿の有無を確認／現地情報の共有
キャプテンの選出／オフィシャルウエア，ユニフォーム，シューズの確認
チーム荷物の確認／到着空港での入国手続きと集合場所の確認
荷物紛失対応
大会公式行事（テクニカルミーティング，レセプション等）の確認 選手団のインフォメーションボードを作成／情報共有の方法と緊急連絡経路の確認／周辺環境の安全確認，事務用品の現地調達，ミネラルウォーターの確保
大会に関わる情報収集／貴重品の管理方法／緊急時（病院，盗難被害など）の対応確認／試合までのトラブル回避（リスクマネジメント）
質問の準備，エントリーの最終確認，ナンバーカードの受け取り 公式行事の詳細確認／各種目の競技進行詳細確認／ファイナルコンファーメーションのチーム内最終確認／トラブルへの対応確認，五月雨式移動への対応
ドーピング調査対象選手への対応，試合中のリスクマネジメント／最新情報（様々な変更点やTICからの情報，移動方法）の共有
チーム内の優秀選手表彰／ファイナルフルリザルトの確認 帰国当日の移動方法の確認，チーム荷物の確認
パスポート，航空券，荷物の確認
チーム荷物の確認／到着空港での入国手続きと集合場所の確認／荷物紛失対応

までの旅程を選手団全体で行動することが多い．これは，海外遠征が初めてであるケースも多いことから，不慣れな海外での移動や生活全般を円滑に進めるために団体行動が重要な役割を果たすためである．そのような団体行動の中でコーチは，情報共有の方法と緊急連絡経路，外国での基本的な過ごし方や様々なマナーを教育し，最終的には日本代表選手としての自覚を目覚めさせ，各自がそれぞれの行動や意志決定を行えるように指導することが重要である．しかし，ジュニア年代においては，国際的な選手になった際に求められることが一度に本人に降りかかると，試合に向けての準備に集中できなくなってしまうことが懸念される．したがって，コーチには海外遠征経験の初期段階では，試合への準備に係るすべてがサポートされた状態を作り上げておくことが求められる．試合ではこれらの準備ができている状況下で，自立かつ自律した選手への育成を意図したアドバイスを選択していくことが必要となる．なお，トラブル発生時に，ジュニア年代の選手が自身でそれを即座に解決することは基本的には難しい．コーチが見本となって解決方法を実践していくことによって，選手自身にもその方法論が実践知として獲得されていくことが望ましい．

　試合前の事務的な準備，試合のための直接準備，試合中から試合後に至るまでの遠征期間中におけるコーチの活動においては，ジュニア年代の代表選手が将来，日本を牽引するシニアの代表選手として成長していくための一貫したコーチング指針が求められる．このような指針に基づいたサポート体制およびコーチングの充実が，選手に世界レベルでの真剣勝負で力を出し切れたことを経験させること，ひいては入賞やメダルの獲得といった成功体験に導くことを可能にする．このような選手はその後もライバルたちと国際舞台で顔を合わせ，世界を主戦場とするようなメンバーにジュニア年代のうちに加わることができるようになり，そのつながりを通して世界に視野を広げ，競技生活で直面する様々な困難を乗り越えて国際的な競技者へと成長することが可能となると考えられる．

〔遠藤俊典〕

2. 判定スポーツ

　ここではジュニア選手の判定スポーツにおける試合のための準備や試合時の

コーチングにおける様々な留意点について，硬式テニスを例にして概説する。

(1) 年齢区分と試合種別

表6-7は，硬式テニス（以下，テニスと略す）におけるジュニアの年齢区分

表6-7 ●硬式テニスにおけるジュニアの年齢区分と主要試合の試合種別

項　目	年齢区分	学校区分	主要試合／試合種別
ジュニア	10歳以下	小学生	PLAY＋STAYプログラム，全国小学生／前者は，通常のボールの空気圧・スピードを減じたボール，小さなサイズのコート，短いラケットを使用した低年齢層のジュニアや初心者に適したプログラムである。早期に適切な技術・戦術を身に付け，テニスの楽しさ，ゲームの面白さや基礎的運動能力の獲得，加えてルールやマナーなどの人間形成教育を目的としたプログラムであるため，レクリエーション試合や練習試合に位置づけられている。
	12歳以下		全国選抜Jr，全国小学生，全日本Jr／全日本Jrは，年齢区分を問わず，南米ジュニア遠征強化チームの選抜試合に位置づけられている。
	14歳以下	中学生	全国選抜Jr，全日本Jr，全国中学生，RSK 全国選抜Jr（U13）／全国選抜Jrはワールドジュニアテニス世界大会代表選手の，RSK 全国選抜Jr（U13）はワールドジュニア アジア・オセアニア予選大会候補選手の選抜試合として位置づけられている。
	16歳以下	高校生	MUFG Jr，全日本Jr，U-15全国選抜Jr，全日本Jr選抜室内／MUFG Jrは海外遠征派遣対象選手の，U-15全国選抜Jrはジュニアデビスカップ・フェドカップ代表候補選手の，全日本Jr選抜室内は全日本室内の選抜試合に位置づけられている。
	18歳以下		全国選抜高校，高校総体（インターハイ），全日本Jr，全日本Jr選抜室内／全国選抜高校は海外遠征派遣対象選手の，全日本Jrは世界スーパージュニアおよび全日本の，全日本Jr選抜室内は全日本室内の選抜試合に位置づけられている。
アフタージュニア	大学生		全日本学生（インターカレッジ），全日本大学対抗テニス王座，全日本学生室内／全日本学生と全日本学生室内は，ユニバーシアード競技大会代表候補選手の選抜試合に位置づけられている。また，全日本学生は，全日本の選抜試合に位置づけられている。

＊上記の各区分における主要試合の準備期では，部内対抗戦や対外試合といった練習試合やテスト試合，あるいは試合状況（例：左利き選手との対戦，本番で起こり得る心理状態でのプレーや自然環境要因など）を想定したシミュレーション試合を積極的に取り入れることで，万全の試合対策を講じることが可能となる。

と主要試合の試合種別を示したものである。一般的に，大学生を除けば，年齢と学校の2つの区分により試合が準備されている（例：年齢区分では全日本Jr.，学校区分では全国小学生）。各区分の主要試合は全国大会と国際大会である。全国大会の多くは，国際大会や海外遠征派遣対象となる試合である。また，全国大会には都道府県予選と地域予選が段階的に配置され，これらが全国大会の選抜試合に位置づけられている。このように，テニスのジュニア選手はプロ選手同様，年間を通じた過密日程や勝利へのプレッシャーに曝されているのが現状であり，このことは，学業困難，心身の疲労に伴うバーンアウトや怪我など様々な問題を招いている（ボンパ，2006；プリューム・サフラン，2006）。それゆえ，ジュニア期のコーチングでは，学校関係者，保護者，指導者，トレーナー，ドクター，スポーツ科学者など様々なスタッフとの連携を図りながら，学業との両立や発育発達段階に応じた適切な年間計画を立案し，オーバーワークや勝利至上主義の環境に陥らないよう十分に配慮するなど，多角的な支援が求められる。

(2) 年間試合カレンダーとトレーニングの期分け

図6-12は，日本女子学生トップレベルの選手の試合カレンダー（年間）の一例を示したものである。テニスは，年齢区分を問わず，1年周期でランキン

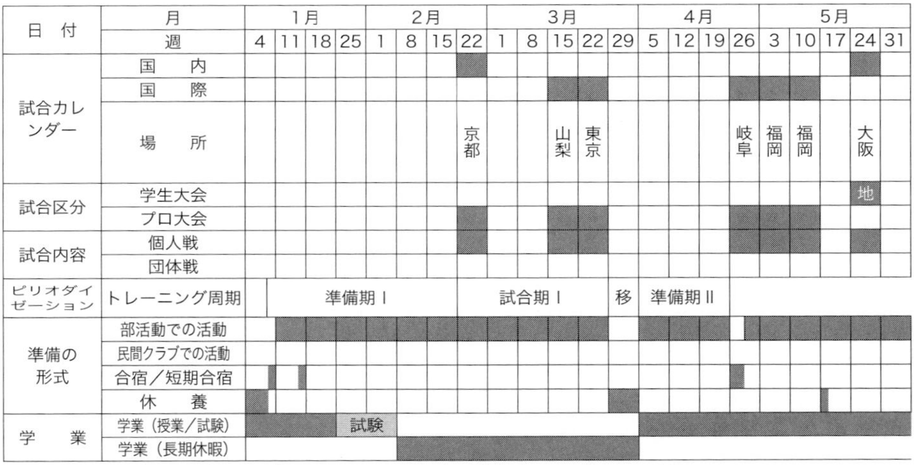

図6-12 ● 日本女子学生トップレベルテニス選手の試合カレンダーの一例

グが決定されるため，単年次計画が基本となるが，学生トップ選手においては隔年開催のユニバーシアードで，個人・チームの金メダル獲得を必達目標とした2ヶ年計画で検討する必要がある。ユニバーシアードは，プロ・アマチュアを問わず出場可能なため，そこでのメダル獲得には，高い世界ランキングの保持とシード権獲得が絶対条件となる。また，日本代表選手に選出されるためには，代表選手選考基準である全日本レベルの国内学生・一般大会と国際大会で優れた競技成績を収めることや，女子学生は世界ランキングにおいてシングルス300位，ダブルス250位をクリアしなければならない。したがって，学生トップ選手には，年間を通じて，主要な国内学生・一般大会と並行してプロツアー参戦が求められる。試合カレンダーの作成手順においては，主要な国内学生・一般大会のスケジュールを確定した後，出場可能な国際大会を選択・配置していく。その際，学業との両立，過密日程，心身のストレスや金銭的負担を十分に考慮し，1クール3〜6試合の出場を基準に，国内開催の国際大会を有効活用する，海外遠征時の移動に伴う身体的・精神的負担を避けた同一会場の試合を選択する，大会のグレードを考慮するなど，効率良く世界ランキングを獲得できる方法を模索・検討することが重要となる。結果に応じて，目標設定やその後のスケジュールの修正を即時に行うなどの配慮も必要となる（道上，2016）。

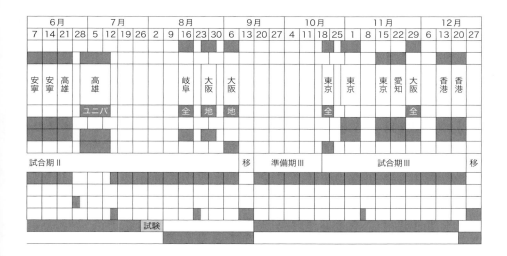

単年次のトレーニング周期は，主要試合は4つ程度の3重周期とし，それぞれの段階における最高の競技力が形成できる取り組みが求められる．3つの準備期では，準備期Iがわずかに長く，身体的基盤の構築という観点からみると最も重視される．ここでは，医・科学スタッフとともにトレーニング測定強化合宿を開催し，トレーニングの年間計画を作成する際に必要な体力テストやメディカルチェックも実施する．準備期II・IIIは短期なため，もっぱら専門的準備期として位置づけられる．技術・戦術・体力の専門的トレーニングを状況に応じて比率を変えつつ，複合的・統合的に実施しなければならない．3つの試合期では，主要4試合を含む試合期II・IIIが重視される．試合期Iは移行期から準備期Iを経た最初の試合期のため，試合の経験値を高めることや試合慣れなどの意味合いが強く，また実践の中で技術力，戦術力，体力，精神力の統合化を図りながら，試合期II・IIIへ向けた競技力向上が目的となる．

　試合期II・IIIは非常に長いため，心身の疲労回復を図るうえで，試合間に数日の積極的休養を適切に導入することが重要となる．試合期では，競技特有の専門的トレーニングが重視される．試合で生じた課題の修正を基本として，全体のトレーニングの中では技術力・戦術力のトレーニングの比率が高く，体力トレーニングは短時間で強度の高いスピード，パワー，反応系やフットワークの強化に重点が置かれる．他にも，主要試合（例：ユニバーシアード）に照準を合わせる際，同会場開催の国際試合に出場し，試合会場の環境・雰囲気・コートサーフェスに慣れるなど環境適応能力を養うことや事前合宿を通じてチームの目標を共通認識し，士気を高めることも重要である．さらに，ゲーム・映像分析スタッフとともに，主要な対戦相手の情報収集・分析を行うなど，様々な事前準備を施すことも重要となる．3つの移行期は，1～2週間程度と心身の疲労回復を促す期間が少ないため，上述した試合間の積極的休養を適切に活用することが重要となる．

　ショーンボーン（2007）は，テニスプレーヤーが自己最大能力を発揮するのは1年のうち最高で3～5回であると述べている．ジュニア期からシニア期の移行段階である熟練した学生トップ選手が主要4大会にピークを設定することは妥当と考えるが，競技力を発達させるために大変重要な期間が短い（ボンパ，2006）という点は否めない．学業を無視することもできない．それゆえ，学業との両立や心身のストレスを十分に考慮した詳細な年間計画を立案・検討

することは必須といえる。

(3) ジュニア世代の試合時のコーチングにおける留意点

　表6-8は，試合当日の選手の試合行動と指導者のコーチング行動を示したものである。テニスでは，一部の試合を除けば，試合中にコーチングをすることは許されない。それゆえ，試合中に生じるすべての事象に選手自らが瞬時に状況判断し，適切な解決策を見出しながら勝利をつかみとらなければならず，きわめて孤独なスポーツといえる。また，テニスの試合時間は，1〜3時間程度，男子では4〜5時間，あるいはそれを超えることもあり（道上，2016；日本テニス協会編，2015），選手は長時間にわたって極度の心理状態に曝される。コーチは，選手が心身ともに万全な状態で，自信をもって試合に臨めるように上述の試合カレンダーの立案とともに事前準備・試合前準備を決して怠ってはならない。特に，試合前は，ジュニア・プロを問わず，極度の緊張状態にあるため，普段とは異なる行動をとる選手が多い。選手が最適な心理状態で試合に臨むには，過度に勝敗を意識させた言動は避け，動機づけを行う。そして普段の取り組みに意識を集中させることが重要であり，これには日常生活での自己管理能力の育成・向上が求められる。また，コーチが常に試合帯同できるとは限らないので，試合前の一連の行動を自主的に管理し，選手自らが自身のコーチングをできるよう指導することも重要となる。

　試合中は，コーチが選手に対して出来得ることは，試合の流れに一喜一憂することなく，温かい眼差しで戦況を見守り続けること，笑顔を保ち，常に前向きな姿勢を示し続けることである。選手が苦境にある時，コーチは負の感情・行動を決して表出してはならない。選手は，試合中でもコーチの表情・行動を見ており，特に，低年齢層のジュニアには，それが試合内容に影響することがある。コーチもまた選手と同様にタフな精神力が必要となる。

　試合後は，シュテーラーほか（1993）が述べるように，試合結果に関わらず短評を行うが，同時に，選手の個性・心身の疲労度・試合結果・試合終了時刻・次の試合開始時刻など，状況に応じた個別対応のコーチングが求められる。例えば，短時間で試合に勝利した場合，選手の試合感覚・内容が鮮明に残っている試合直後に，選手とともに振り返り作業を実施することで，適切な課題点を抽出することができる。一方，試合に敗退した場合，選手は感情を整えるの

表6-8 ●試合当日の選手の試合行動と指導者のコーチング行動

項目		選手の試合行動	指導者のコーチング行動
試合前		起床	選手の表情から心身の疲労度や体調を確認する。疲労度が高い場合，試合までのスケジュール調整を行う。食事中は，常に笑顔を絶やさず，日常会話を心がける。排便の有無も確認する。食事量が少ない場合は補食を準備する。
		早朝ウォーミングアップ	
		朝食	
		荷物の準備（着替え，医薬品，補食，飲料水など）	低年齢層のジュニアには，試合規則に則ったウエアであるかを事前指導し，確認する。夏場は熱中症対策を施す。
		用具の準備（ラケット・グリップテープ・ボール・シューズ・ストリングスなど）	低年齢層のジュニアには，ラケットは数本，ボールは試合球と同種のもの，シューズはコートサーフェス特有のものを準備するよう事前指導し，確認する。
		試合会場へ移動	移動手段，ルート，所要時間などは事前に確認しておく。状況に応じて，レンタカーを借りるなどして，選手の移動による身体的・精神的負担を軽減するよう努める。
		試合会場の確認	コート環境とその周辺の状況，更衣室，トイレ，プレーヤーズラウンジ，近隣のレストランや食料品店などを確認する。試合中に，選手と意思疎通が図れる場所を決めておく。
		気象条件の確認	天候，気温，湿度，太陽の位置，風の強さ・向きなどを確認し，気象条件に合致した試合対策を練る。
		試合本部で受付・参加料支払い	低年齢層のジュニアには，これらの行動が主体的にできるようにサポートする。セルフジャッジの仕方や試合のルールも確認し，指導する。
		練習コートの受付・確認	
		試合開始時刻の確認	試合開始時刻に応じて，スケジュール調整を行う。
		試合のシミュレーション	選手とともに，気象条件・対戦相手に合致した試合対策を手短に行う。同時に，ウォーミングアップと練習内容の確認をする。動機づけを行う。
		ウォーミングアップ	普段通りの内容・手順で実施できているかを確認し，問題があれば，即時に修正する。オンコート練習では，一連の基礎練習とともに必要な技術・戦術練習を取り入れる。基礎的なアドバイスのみを行う。
		オンコート練習	
		試合準備	試合ウエアに着替える，ドリンクを準備する，トイレに行く，補食を摂るなど，普段通りの選手固有のルーティンができているかを確認する。低年齢層のジュニアには，このような行動が主体的にできるように指導する。
			試合開始までに，時間的余裕がある場合，補強トレーニング（素振り，ダッシュ，反応系やメディシンボール投げなど）を実施し，技術や動きの最終調整・確認を行う。試合までにできる限りの取り組みを実施し，選手の精神的不安を取り除く。勝敗を意識した言動は避け，前向きの姿勢かつ笑顔で，気持ちよく試合に送り出す。
試合中			（テニスの場合，コーチングは許されない。）
試合後		試合内容の振り返り作業	選手とともに，試合結果に関わらず短評を行い，課題点を2〜3個程度抽出する。低年齢層のジュニアには，セルフジャッジが正しくできていたかについても確認する。
		オンコート練習	選手とともに，話し合いをもちながら，抽出された課題点の修正に取り組む。トレーニングなども取り入れる。
		身体のケア	心身の疲労度に応じて，トレーナーによるケアやクーリングダウンを長めにとるなどの判断を促す。状況によっては，次の試合出場の可否の判断を下す場合もある。

に時間を要するため，選手の心理状態に応じて，時機をみたコーチングが必要となる．しかし，どちらの場合も，試合内容を分析し過ぎることは，選手の混乱を招く恐れがあるため避けなければならない．低年齢層のジュニアでは，結果よりもプレー内容やそれまでの過程を重視し，セルフジャッジが正しく遂行できたか，ルール，マナーやエチケットなどの指導も大切となる（テニス協会編，2015）．また，敗退した選手はその日の練習を避ける傾向にあるが，選手が次の試合に万全な状態で臨めるよう，様々な課題に対する修正を即時に実行させることは必須である．選手の心身の疲労度が大きい場合には，疲労回復を優先した取り組みを実施し，状況に応じて次の試合出場の可否を判断することも重要となる．

（道上静香）

●文献

* アメリカ陸上競技連盟 (USA TF) 公式ホームページ
  http://www.usatf.org/（参照　2016年10月1日）
* 青山亜紀 (2014) スポーツトレーニング学における臨戦態勢 ―スポーツフォーム・ピークスポーツフォーム―. 陸上競技学会誌, 12(1): 118-124.
* 青山清英 (2005) スポーツの競技力診断における諸問題に関する運動学的考察, 日本大学文人科学研究所紀要, 70: 43-52.
* 青山清英 (2006) 競技力診断, 最新スポーツ科学事典, 平凡社.
* ボンパ: 尾縣貢・青山清英 監訳 (2006) 競技力向上のトレーニング戦略. 大修館書店, pp. 142-195, pp. 206-211.
* Bompa, T. (1999) *Periodization: Theory and Methodology of Training*. Human Kinetics, pp. 193-252.
* Carl, K. (1988) *Talentsuche, Talentauswahl und Talentförderung*, Hofmann-Verlag Schorndorf, 73-78.
* Суслов, Ф. П. (2010) О структуре (периодизации) годичного цикла подготовки и спортивной формы в современном спорте. *Теория и практика физической культуры 4*: 11-15.
* ダイヤモンドリーグ公式HP
  http://www.diamondleague.com/home/（参照　2016年10月1日）
* 藤光健司・青山亜紀・青山清英 (2013) 陸上競技スピード筋力系種目の世界陸上競技選手権大会におけるパフォーマンス動態に関するトレーニング学的研究. 陸上競技学会誌, 11: 51-59.
* Grosser, M., Neumaier, A. (1988) *Kontrollverfahren zur Leistungsoptimierung*, Hofmann-Verlag Schorndorf, 63-65.
* 花牟礼雅美・吉田美保・滝田理砂子 (2014) シンクロナイズドスイミングのコーチング (第5章　シンクロナイズドスイミング) 水泳コーチ教本第3版, 大修館書店, pp. 419-427.
* Harre, D. (1982) *Principles of Sports Training*. Sportverlag, pp. 216-226.
* 伊藤浩志・村木征人・金子元彦 (2001) スプリント走加速局面における主観的努力度の変化がパ

フォーマンスに及ぼす影響. スポーツ方法学研究, 14(1): 65-76.
* 金子明友 (1968) 体操のトレーニング　種目別現代トレーニング法, pp. 380-391, 大修館書店.
* 金子明友 (2005) 身体知の形成 (下), 明和出版, pp. 233-241, pp. 242-250.
* 金子元彦・村木征人・伊藤浩志・成万祥 (1999) 打動作における主観的努力度と客観的達成度の対応関係. スポーツ方法学研究, 12(1): 25-32.
* Kazikov, I. B. (2004) ЭТАП НЕПОСРЕДСТВЕННОЙ ПОДГОТОВКИ К ИГРАМ ОЛИМПИАД И ЕГО МОДЕЛИРОВАНИЕ. *Теория и практика физической культуры*. 4: 36-38.
* 川上逸人・青山亜紀・青山清英 (2016) 世界一流陸上競技者におけるオリンピック大会のパフォーマンス発揮に関するトレーニング学的研究. 日本体育学会第67回大会号, p. 266.
* 国際陸上競技連盟 (IAAF) 公式ホームページ
  https://www.iaaf.org/ (参照　2016年10月1日)
* マトヴェーエフ: 渡邊謙 監訳・魚住廣信 訳 (2003) スポーツ競技学, ナップ.
* MATWEJEW, L. P. (1981) *Grundlagen des Sportlichen Trainings*. Sportverlag, pp. 220-241.
* 道上静香 (2016) 私の考えるコーチング論: エリートテニス選手のコーチング, コーチング学研究, 29 (suppl.): 119-125.
* 村木征人 (1994) スポーツ・トレーニング理論. ブックハウスHD.
* 村木征人 (2002) ピーキングとペリオダイゼーション. 体育の科学, 52(7): 522-527.
* 村木征人 (2008) 体力・技術の相補性からみたトレーニング期分け論の再考. スプリント研究, 18(20): 20-32.
* 日本テニス協会編 (2015) テニス指導教本Ⅰ, 大修館書店.
* 日本陸上競技連盟公式 (JAAF) 公式ホームページ
  http://www.jaaf.or.jp/ (参照2016年10月1日)
* ブリューム・サフラン: 別府諸兄 監訳 (2006) テニスパフォーマンスのための医学的実践ガイド, エルゼビア・ジャパン.
* ロビン, S. ビーリー (2009) コーチングに役立つ実力発揮のメンタルトレーニング. 大修館書店, pp. 99-100, pp. 102-124.
* Платонов, В. Н. (2013) *Периодизация спортивной тренировки. Общая теория и её практическое применение*. Олимпийская литература.
* 佐藤義之 (2014)「態勢」の哲学, 勁草書房.
* シュテーラー, G. ほか: 唐木國彦 監訳 (1993) ボールゲーム指導事典, 大修館書店.〈Stiehler, G. u. a. (1988) Sportspiele, Sportverlag.〉
* ショーンボーン: 日本テニス協会 監訳 (2007) ショーンボーンのテニストレーニングBOOK, ベースボール・マガジン社.
* Schnabel, G., (Hrsg.) (1997) *Trainingswissenschft, Leistung·Traing·Wettkampt*, 370-373, Sportverlag.
* Суслов, Ф. П. (2010) О структуре (периодизации) годичного цикла подготовки и спортивной формы в современном спорте. *Теория и практика физической культуры*, 4: 11-15.
* Thompson, J. (2003) THE DOUBLE-GOAL COACH. Harper Colins Publishers, pp. 31-34.
* 徳永幹雄 (1998) 競技者の心理的コンディショニングに関する研究 ―試合前の心理状態診断法の開発―. 健康科学, 20: 21-30.
* Tschene, P. (1973) Power training principles for Top-Class throwers, *Track Technique, 52*: 1642-1654.

*Tscherne, F. (1988) Qualitative Ansatz zu einer Theorie des Trainings. In :*Leistungssport*, H.3, 8-11.
*ヨーロッパ陸上競技連盟 (EUA) 公式ホームページ
 http://www.european-athletics.org/ (参照　2016年10月1日)
*図子浩二 (2014) コーチングモデルと体育系大学で行うべき一般コーチング学の内容，コーチング学研究, 27: 149-161.

第7章

コーチングにおけるマネジメント

第1節 チームのマネジメント

競技スポーツにおけるチームは，選手と指導者という個人の複数名の関与があることを考慮するならば，組織として概念規定することができる。この組織の目的は，競技性を伴っているがゆえに，常にゲームでの勝利を目指すことになる。ここでは，チームのマネジメントについてビジネスにおける経営戦略の観点から，まず，チーム戦略策定において重要となるチーム理念やチームビジョン，チームの組織文化の意義について考える。次に，米国の大学スポーツにおけるアスレティックデパートメントやアメリカンフットボール・チームのコーチ構造の事例を踏まえながら，チームにおける組織構造における理論的背景を探る。そして，組織のリーダーとしてコーチの役割や機能を考えていく。

1. チーム戦略の策定

金子ら（1990）は，スポーツにおける戦略と戦術の違いを次のように定義している。「スポーツにおける戦略は，行為の結果を考慮して，最も合目的的に目標を達成する仕方を意味している。戦略は，相対的に長時間にわたる，あるいは長期間にわたる行為の計画に関わるという点で戦術から区別される。計画が問題になる行為の抽象化のレベルにしたがって，『国家の戦略』『チームの戦略』『シーズンの戦略』『トーナメントの戦略』『ゲームの戦略』などが区別される」。さらに，戦術については「行動の結果を考慮して，最も合目的的に目的を達成する仕方を意味する。戦術は，試合中に起こりうる具体的な行動にかかわるという点で戦略から区別される。『チームの戦術』『個人の戦術』『攻撃の戦術』『守備の戦術』など。戦術は競技力を規定する構成要因のひとつで，選手の心的・身体的能力，運動習熟，心理的状態に左右される」。「戦略」と「戦術」について，まずはその概念が異なることを理解したうえで，チーム戦略とは，競技スポーツのチームにおける長期的計画に関わる内容と捉えることができる。

また，チームについても定義をしておきたい。スポーツ活動，特に競技スポー

ツにおいては，選手と指導者という個人の複数名の関与があることは自明であり，ここに組織という概念規定ができる。ただし，そこには明確な目的が存在しており，内山（2015）の定義によると，「個の集合体として把捉しつつも，競技力向上という共通の目的や関心を持ち，競技者個々人の行動に規範的な影響を及ぼし合い，所属意識を高めながら，組織的・計画的・継続的にゲームで勝利するという目標達成を目指す集団」となる。さらに，「チームは競技者一人ひとりに積極的に介入すべきであり，そのためにも，個人に対してチームとしての戦い方について明確なビジョンあるいは方向性の提示は不可欠ということを示している。」と述べ，チーム戦略における具体的な内容を示している。これをビジネスにおける経営戦略の観点からみるならば，「持続的競争優位を確立するための基本的枠組み」（株式会社グロービズ，1995, p. 2）と捉えることができる。以下，競技スポーツにおけるチーム戦略について，経営理念と組織文化の2つの視点から考察を進めることにする。

　まず，経営理念とは「組織の存在意義や使命を普遍的な形で表し，企業の基本的価値を定義する。」ものであり，「企業ビジョンという言葉も経営理念と似た意味で使われることが多いが，これは経営理念のうち未来の目指す姿に焦点あてたもの」（株式会社グロービズ，1995, p. 6）とある。これは競技スポーツのチーム理念についても同様であり，例えば，2016年のプロ野球パ・リーグの覇者である北海道日本ハムファイターズはチーム理念として「Sports Community：スポーツと生活が近くにある，心と身体の健康をはぐくむコミュニティを実現するために，地域社会の一員として地域社会との共生をはかる」を掲げ，「スポーツは人々の健康に貢献し，人と人が触れ合う交流の機会となり，人と人との心がつながるコミュニティを創造する力となる。ファイターズは『スポーツと生活が近くにある社会＝Sports Community』の実現に寄与したい」とその経営理念および企業ビジョンを示している。このようなメッセージはチーム内外に様々な媒体を通じて伝えられることで，チームに対する価値観の共有化が図られ，チームへの求心力を高める源泉ともなり得る。まさに，経営理念であるチーム理念は，固有の組織文化の創生には欠かすことのできない重要な一要素である。

　次に，組織文化とは，「判断と行動の指標」「情報伝達の簡素化」「個人の動機づけ」といった3つの機能を有し（株式会社グロービズ，1995, pp. 178-

179)，組織に所属する個人に対して強く影響を及ぼしており，チームのマネジメントにおいてきわめて重要といえよう。

　この組織文化の浸透については，「儀式」「英雄伝説」「象徴的事例」「シンボリックな言葉の統一」「社会化」を通して実現されるといわれる(株式会社グロービス，1995, pp. 176-177)。競技スポーツにおける「儀式」とは，入団会見や納会など，チームのメンバーであることを内外に発信するとともに，メンバー同士における相互交流の場を通して，チーム理念の共有化やチームの一員であることの自覚を促すような機会である。ラグビーのニュージーランド代表が試合前に実施することで有名なハカ（Haka）などもこれに該当する。次に，「英雄伝説」では，歴代の指導者や活躍した著名な選手などについて見識を深め，チームへの所属意識を高める効果をもたらす。そして，「象徴的事例」では，スタジアムやアリーナ内に永久欠番が飾られたり，スポーツ施設に付随したHall of Fame（偉人や功労者の業績をたたえた飾り等の栄誉殿堂）に胸像やトロフィーなどが展示されたりするなど，チーム文化に直接的に触れる機会を設けることでチームへのロイヤリティの創造へとつなげる。さらに「シンボリックな言葉の統一」では，ニックネーム，ロゴ，チームカラーなど，チーム固有のモノを通してメンバーの一体感を図るといったアイデンティティの確立を促す。最後の「社会化」においては，チーム内での研修会やメンバーの表彰制度などを通して組織員としての行動規範を明らかにすることができ，組織文化の理解を深めることにつながる。このように，組織文化の浸透は客観的な事象として捉えづらいものの，組織の存在意義や価値観を共有化することで，戦略策定に基づくそれぞれの事業内容をより明確にすることができ，組織活動にとっては必要不可欠なものである。

2. 組織としてのチーム

　現代において，チームを組織化することはコーチングにおけるマネジメントとして欠かすことはできない。図7-1は米国の大学におけるアスレティックデパートメント（Department of Athletics）の組織図を示している。大学学長のもと，アスレティックディレクター（Athletic Director）をヘッドに様々な部門で構成されている。競技種目ごとのチームもこの中に含まれており，アス

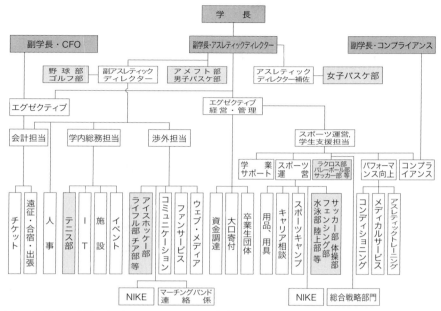

図7-1 ● 米国の大学におけるアスレティックデパートメントの組織図
(The Ohio State University, 2016. から引用，著者が一部改変)

レティックデパートメントという組織の中で，マネジメントが行われていることがわかる。村木(1995)は，スポーツチームの組織形態について，ミンツバーグ(Mintzberg)による組織の基本構造プログラムの概念と分類図式モデル(コンフィグレーション)を参照に，組織が「作業核」「戦略尖」「中間ライン」「支援スタッフ」「テクノ構造」から成ることを述べている(図7-2)。「作業核」とは組織の中で実際に作業を実施する者のことであり，スポーツチームの場合には選手そのものである。一方「戦略尖」は，ゼネラルマネージャーや監督など，チームの最高責任者がこれに該当する。組織自体の規模が大きくなるにつれて，「中間ライン」，すなわち「作業尖」と「作業核」の間に中間管理職的な役割を担う者の存在が必要となる。例えば「作業核」を職能ごとにグループ化することによるグループリーダーやコーチ，アシスタントコーチなどがそれにあたるが，この場合に大切なことは，組織全体の方向性と「中間ライン」におけるそれを一致させておくことである。そのためにも，チーム全体として理念

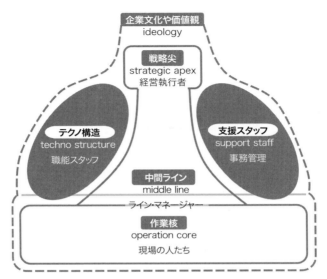

図7-2 ●スポーツチームの組織形態に関する概念図
（ミンツバーグ，2003から引用，著者が一部改変）

やビジョン，組織文化の共有化が図られることの意義は大きい。「支援スタッフ」は，構成員に対するサービスの提供を目的として活動が行われる。事務サービス，医療サービス，広報，施設管理など米国の大学アスレティックデパートメントの組織図にも多く見受けられる。それに対して「テクノ構造」においては，データを分析・評価する専門家集団を意味しており，カウンセラー，ゲーム分析スタッフ，学業支援スタッフなどがそれにあたる。

図7-3は，米国における大学アメリカンフットボール・チームにおけるコーチングスタッフの組織図を示している。全米大学体育協会（National Athletic Collegiate Association: NCAA）の規則に基づき，10名のコーチによって組織化され，いずれの大学においてもほぼ同様の形態をなす。「戦略尖」のヘッドコーチをトップに攻撃および守備チームに二分され，攻守のまとめ役である攻撃コーディネーター，守備コーディネーターを中心に，各ポジションによるアシスタントコーチという「中間ライン」が存在していることがわかる。

チームを組織化するうえで重要なことは，各人の組織上の役割を明確にし，チームと個人の関係性を強めることにある。図7-1や図7-3においても組織上

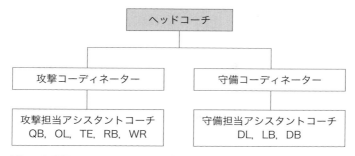

図7-3 ●米国のアメリカンフットボール・チームにおけるコーチング・スタッフの組織図

での個人の責任・役割が明らかであり，それに基づいて人は成果を求めて行動を起こす。組織はその成果を評価し次なる組織体制の修正を図るとともに，人へのインセンティブを提供することで個人へのモチベーションへとつなげていく。このような組織と人との関係のルーティーン活動が継続的に行われる中で，「持続的競争優位を確立するための基本的枠組み」を形成していくところが，チームのマネジメントの主要課題と考えられる。

特に，ゲーム中のスポーツチームにおいては，限られた時間内での素早い「戦略尖」での判断が求められる。それだけに，組織上での意思決定権の所在を明確にしておくべきであり，同時に「中間ライン」に対する権限委譲が重要になる。これは，より現場に近いところに状況判断を委ねることで，「作業核」での即時的な効果が期待できる。具体的には，ゲーム中の具体的なプレー決定における意思決定権は，攻撃チームであれば攻撃コーディネーターであり，守備においては守備コーディネーターに権限が委譲されており，ヘッドコーチは，チーム全体の総括責任者としてその任務にあたる。このように，数多くのコーチたちが関与する現代のスポーツチームにおいては，情報の共有化ならび伝達の迅速化のためにもコーチングスタッフの組織化は重要であり，ゲーム中におけるコーチ自身の役割分担やコーチ間における責任の所在を明確にしておくべきである。

一方，近年の急速なグローバル化は，組織自体の手法にも影響を及ぼしてきている。エドモンドソン (2012) は，2008年の北京オリンピックの際に「ウォーター・キューブ」の建設プロジェクトについての分析を行い，「これまでに直

面したことのない，そしておそらく今後直面することもない課題解決のため，さまざまな専門家を短期間，組織する手法」である「チーミング（Teaming）」を提唱している。「チーミングが必要な状況とは，複雑で不確実性が高く，すぐに方向変換が必要な予期せぬ出来事が頻発する」場合であるがゆえに，専門家間での対立が起きやすい。したがって，この場合における「戦略尖」としてのリーダーは「プロジェクト・マネジメント（計画を立て，変わり続ける複雑な環境で実行する）とチーム・リーダーシップ（メンバーが入れ替わり続けるため対立したり，衝突しやすい集団の中でコラボレーションを奨励したりする）の両方のベスト・プラクティスを取り入れる必要がある」と述べている。スポーツチームにおいては，「長年ともに練習に励んできたチームではなく，選抜チームによる試合においてチーミングが必要となる」とされ，短期間での活動において成果を期待される代表チーム編成の場合がこれにあたる。

3. 組織のリーダーとしてのコーチ

リーダーシップとは，「組織や集団の目標達成の過程において，メンバーを一定の方向に導いたり，集団を維持するために発揮される対人的な影響力を指す。リーダーシップ機能には，目標達成機能と集団維持機能がある。リーダーシップは，集団のモラール（凝集性）を媒介として組織・集団の成果に影響を及ぼす」（［社］日本体育学会，2006）とある。リーダーシップ理論は，時代とともに変遷してきた。生まれながらにしてもっている特性としてリーダーシップを位置づけた「リーダーシップ特性論」にはじまり，行動によってリーダーを育成する「リーダーシップ行動論」，条件次第では誰もがリーダーシップを発揮できる「リーダーシップ条件適応理論」，さらに組織内でのカリスマ性を発揮してメンバーとの強い信頼関係を築いていく「カリスマ的リーダーシップ理論」から，現代社会の複雑性において常に変革が求められる「変革的リーダーシップ理論」へとその変遷を遂げる中で，リーダーの戦略策定やビジョン形成に重きを置く傾向を強めてきている。

これまでコーチングにおけるリーダーシップ理論については，条件適応理論としての「SL理論」や「条件即応モデル」「PM理論」を用いて解釈をされることが多い。なかでも「PM理論」（三隅，2005）は，リーダーシップを目標

第1節　チームのマネジメント　301

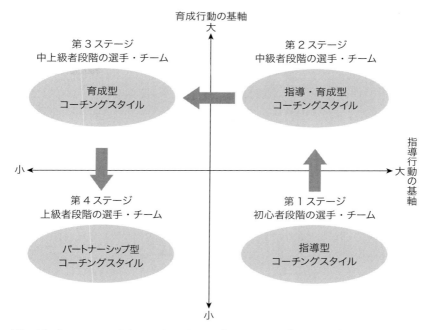

図7-4 ● プロフェッショナルコーチのためのスポーツコーチング型PMモデル（図子, 2014）

達成能力（Performance）と集団維持能力（Maintenance）の2つの機能次元に大別し，4つのリーダーシップタイプ（PM型，Pm型，pM型，pm型）を提示し，PとMが共に高い状態（PM型）のリーダーシップが望ましいとしている。図子（2014）は，この理論をもとに「プロフェッショナルコーチのためのスポーツコーチング型PMモデル」を提案している（図7-4）。このモデルは「競技力を高める専門的な知識を指導する『指導行動の基軸』を横軸に取り，自分で考えて行動できるような人間力を高める指導である『育成行動の基軸』を縦軸に取り，4つのステージに分けて考える」というものである。これは，選手の発達段階を見極めたうえでのコーチングスタイルを意味しており，初級者段階における「指導型コーチングスタイル」，中級者段階における「指導・育成型コーチングスタイル」，中上級者段階における「育成型コーチングスタイル」，そして上級者段階における「パートナーシップ型コーチングスタイル」の4区分から成立する。スポーツのコーチング場面においてその主体が選手・

チームであることを考慮するならば，その指導対象者に応じた可変型コーチングスタイルの選択も必要不可欠であり，その際に，選手の発達段階が進むにつれマネジメントの要素が重要になってくることが図7-4のモデルから示唆されている。

　組織の中における個人の積極的で意識的な行動理論については，モチベーション理論として「マズローの欲求5段階説」「マクレガーのX-Y理論」など数多く存在する。「マズローの欲求5段階説」では人間の欲求をピラミッド状に構成し，低階層から「生理的欲求」「安全欲求」「社会的欲求」「尊厳欲求」「自己実現欲求」から成り，人間は低階層の欲求を満たしながら，より高次な欲求へとつながるという考え方である。「マクレガーのX-Y理論」は，人間の本質を相反する2つ次元で考えるモデルである。X理論では，人間は本来怠け者で，仕事が嫌いで，強制や命令により力を発揮するものであり，責任を回避したがることを前提としている。逆にY理論では，人間は本来勤勉であり，目標達成のためや問題解決に向けては，責任感を持って積極的に行動をとるというものである。現代社会においては，Y理論を推奨しており，リーダーには効果的なマネジメントにより，組織メンバーの能力を十分に発揮できるような環境を整えることが望まれている。

　一方，スポーツコーチング場面においては，選手が自ら率先してスポーツ活動に取り組むための動機づけを工夫することが求められる。一般的に動機づけについては「外発的動機づけ」と「内発的動機づけ」に分類され，岡澤（2016）は，「外発的動機づけ」について，「叱ることや罰を与えること，褒めることや報酬を与えることによって動機づけを高める方法であり，その活動には内在しない要因によって動機づけを高める方法」とし，「内発的動機づけ」については，「『その運動をすることが楽しい』『運動技能が向上することが楽しい』といった，活動することに内在する要因による動機づけ」としている。さらに「コーチングでは，指導者は内発的動機づけで行動するように働きかけ，プレイヤーのエネルギーを引き出すファシリテーター（促進者）の役割を果たす」と述べ，自立した選手の育成を目指すことがコーチングの効果を高めると指摘している。

　また，岡澤ら（1996）は体育科教育の観点において，運動有能感を構成する「身体的有能さの認知」「統制感」「受容感」を高めることが，内発的動機づけを高めることに有効であったことを報告し，その具体的な指導法として，①

評価の工夫，②教材の工夫，③指導者行動の工夫という3つの視点を挙げている。これらの示唆は，主体的に行動する選手の育成に向けたコーチングの方法論へとつながるものであり，教師教育と同様に，コーチ教育における主要な課題といえよう。

　以上のように，スポーツチームの組織員たるコーチの役割について経営戦略の観点から考察するならば，コーチが構成員全体に対する影響力を及ぼすリーダーとしての存在であるとともに，選手に対しては指導者そのものでもあり，その機能は多岐にわたることが分かる。このことは，コーチを職業として社会的に認知させることを目的した非営利団体組織である国際コーチングエクセレンス評議会（ICCE）が定義する「コーチの機能と知識」にも反映されている。すなわち，コーチの機能として，①戦略やビジョンの策定，②環境の設定，③人間関係の構築，④練習の指示と試合に向けた準備，⑤フィールド内外での交渉，⑥個人の学習と省察が，さらに，コーチが有すべき知識として，①専門的知識，②個人間の知識，③個人内の知識が取り上げられており，単にスポーツ固有に関連した知識のみではなく，対人関係や自己研鑽といったヒトのマネジメントに関わる知識についてもその重要性が指摘されている。

（松元　剛）

第2節
組織・クラブのマネジメント

　コーチは，経験と実績を積むことによって，自分が所属する組織における役割や責任範囲が増えていく。それに伴って，その組織が行う活動の方向性を定め，人々の協働を促すような仕事に関わるようになる。ここでは，スポーツ組織のマネジメントについて，主に中央競技団体（NF）を取り上げ，スポーツ組織の特性および組織をマネジメントするために必要な知識とその理論的背景について，コーチングの視点から考える。また，スポーツ組織は，スポーツ基本法の制定等によって公的な資金を扱う機会が増え，ガバナンス強化が求められている。英国を起点とするスポーツ組織のガバナンスに関する「現代化」についても示される。

1. スポーツ組織・クラブの特性

(1) スポーツにおける組織とは

　一般に，組織とは「二人以上の意識的に調整された活動や諸力の体系」（バーナード，1974，p. 76）と定義され，「(1)相互に意思を伝達できる人々がおり，(2)それらの人々は行為を貢献しようとする意欲をもって，(3)共通目的の達成をめざすとき」に成立する（バーナード，1974，p. 85）。すなわち，2人以上の構成員が役割を分担し，互いに意志の伝達（コミュニケーション）を図りながら共通の目的のために協働する集まりが組織だということができる。

　組織は，様々な観点で分類できる。例えば，営利−非営利，法人格の有無といった観点である。スポーツの世界においても，法人格をもった株式会社の形態によるプロスポーツチーム，あるいは公益法人の形態による中央競技団体（National Federation. 以下，NFと略す）などから，法人格をもたない学校の運動部活動チームや地域の小さなスポーツクラブまで，様々な組織が存在する。

　生沼（1988）は，スポーツ組織には図7-5に示したような組織をすべて包含するような広義のスポーツ組織と，スポーツ集団の連合体を指す狭義のス

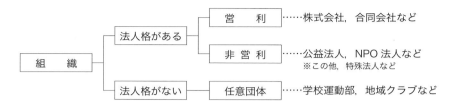

図7-5 ●スポーツ組織の分類

ポーツ組織があることを示した。そして，後者は「競技会」を開催し，そのためのルールを統一し，関係する競技者やクラブ等を結びつけ，それらを統括するという役割をもつとしている。また，狭義のスポーツ組織は，競技種目を基盤にする組織と，アマチュア・プロ，地域などの社会的範囲を基盤とした組織に分けることができ，社会的範囲による分類は，統括権の広さと主催する競技会の権威の強さによって，市町村のスポーツ協会から国際スポーツ連盟まで，あるいはプロスポーツの統括団体などといった形でランク分けされる（生沼，1988）。

このように，スポーツ組織は多様で幅広く存在するが，前節で「チーム」について述べられていることから，本節ではいわゆる「狭義のスポーツ組織」，とりわけ比較的多くの情報が公開されているNFを中心に論を進めていくことにする。これらを準用することで，地域のスポーツクラブや学校運動部，プロスポーツチームにも有用な知見を提供できると考える。

(2) スポーツ組織の特性

上述したバーナードの定義に従えば，設立形態や規模の大小に関わらず，組織では構成員に設立の目的が共有される必要があり，協働するためにはそれぞれの役割と機能が示された運営規程が必要となる。これらは通常，定款や規約，会則という形で文書化される。特に法人格をもつ組織において定款の策定は法的にも必須事項であり，大学における運動部のような任意団体においても規約の策定が認定の条件とされることが多い。

2016年9月現在，直近のオリンピックで実施された夏季28競技，冬季7競技（いずれも日本オリンピック委員会の定義による分類）を統括するNFのすべてが，公式ウェブサイト上で組織の定款を公開している。また，それぞれの

設立形態としては，夏冬合わせて35団体のうち，公益財団法人が19団体，公益社団法人が12団体，一般社団法人が4団体であり[††]，すべてのNFが非営利法人としての法人格を有している。一方，パラリンピック実施競技におけるNFの設立形態は，オリンピックとNFが一体化しているトライアスロンを除き，一般社団法人が12団体，NPO法人が10団体であるほか，法人格をもたない競技も4団体あり，定款や規約の公開は一部にとどまっている。

　定款や規約で定められたNFの目的および事業内容はさまざまであるが，当該競技の普及と振興（育成・強化），ルールの整備，競技会の開催と国際大会への選手派遣，審判員と指導員の養成といった内容は全体に共通している。

　また，これらNFの本質的特徴として，対象スポーツに関する国内唯一の統括団体であり，「代表選手等の選考権限や選手強化予算の配分権限等，特別な権限を独占的に有する組織」であるとともに，多岐にわたる利害関係者（ステークホルダー）が存在することなどによって，高度な公共性が求められている（スポーツ団体のガバナンスに関する協力者会議，2015）。公共性に関しては，競技会等に参加するために，会費を払って組織に加入している会員の存在や，多くのボランティアによって組織が運営されているという点からも強く求められる。

　ところで，コーチは経験と実績を積むことによって，その役割や責任範囲が増えていく。例えば，所属するNFにおいて，役職が高まるに従って，上述した代表選手の選考基準や強化計画および強化予算案の策定や，普及・育成・強化に関わるビジョン・戦略の策定，トレーニング環境の整備，外部のステークホルダーとの関係構築といったマネジメントに関わる役割を強く担うようになる（International Council for Coaching Exellence et al., 2013）。そのとき，組織としてどのように意思決定がなされるのかを理解しておくことは，自らの役割を果たすうえで重要である。

　多くの国内のNFは，意思決定の経路として，図7-6に示したような構造を有している。日本では，法人格の種類によって適用される法律が異なるため，

[††] IOCの分類では射撃は一つの競技であるが，日本では（公社）日本ライフル射撃協会と（一社）日本クレー射撃協会に分かれている。また，IOCの分類ではボブスレー・スケルトンとリュージュは区別されているが，日本では（公社）日本ボブスレー・リュージュ・スケルトン連盟が統括している。ここでは，射撃はライフル射撃とクレー射撃を分けてカウントし，ボブスレー・スケルトンとリュージュはひとつの公益社団法人としてカウントした。

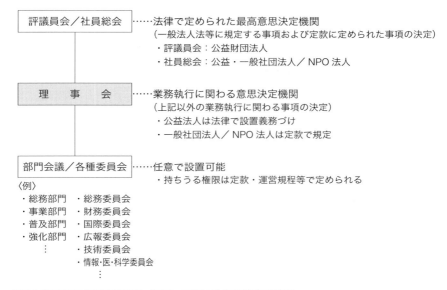

図7-6 ●日本の中央競技団体（NF）における意思決定の流れ

対象とするNFの設立形態を確認しておく必要がある。例えば一般社団法人であれば一般法人法が，公益財団法人および公益社団法人はそれに加えて公益法人認定法が，NPO法人であればNPO法などがそれぞれ適用される。このうち，一般法人法が適用される団体の場合，役員等の選任・解任や定款の変更など，一般法人法に規定された決定事項および定款に書かれている事項以外の業務執行に関わる意思決定は，基本的に理事会に委ねられている（スポーツ団体のガバナンスに関する協力者会議，2015）。また，組織運営に関わるすべての意思決定が理事会に集中してNF運営の効率が妨げられないよう，任意機関である部門や委員会等に権限を分配するのが一般的である。そのとき，各部門や委員会にどのような権限があり，組織としての最終的な意思決定がどのように行われるかは，NFの裁量に依存し様々であるため，各委員会の設置規則や運営規則等を確認する必要がある。

　組織の意思決定のしくみとその根拠となる法律，組織内ルールを理解しておくことは，ガバナンス（統治のしくみ）とならんでスポーツ組織の課題となっているコンプライアンス（法令遵守）の観点からも重要である。

実際のコーチングとの関連でいえば，コーチがNFの育成・強化や指導者養成に関わる部門・委員会等に関係することはよくあることであり，強化合宿や海外遠征等を企画したり，育成・強化の観点から競技会開催や競技規則・ルールを変更したいと考えることもある。そのとき，年度の事業計画や予算がどのような経路を経て，いつ，どのように決定するのかといったことを理解していなければ，円滑に事業を進めることができない。また，代表選手選考基準を正しく作成し，周知するプロセスや，これらの様々な決めごとを修正，変更する場合の手続きとタイミングなどについても理解しておく必要がある。

2. スポーツ組織・クラブのマネジメント

(1) マネジメントとは

マネジメントとは，「定められた目標の実現に向けて，組織を方向づけ，資源を活用するために，組織内で起こる一連のプロセスである」(Robinson, 2011a, p. 8)。これらは，組織が置かれた環境の中で自らの位置を見極め，進むべき方向へと舵取りを行う「環境のマネジメント」と，人々の協働を促すためのしくみを整え，人々を協働に動機づける「組織のマネジメント」(伊丹・加護野，2003) を通して実現される。

また，環境のマネジメントは「変化と革新を要請する」のに対して，組織のマネジメントは「規律と安定を要請する」というような矛盾が起こる。その矛盾に対して前向きの解決を行うための「変革のマネジメント」に関する研究も数多く行われている (Robinson, 2011d; Slack and Parent, 2006, pp. 237-256)。

(2) スポーツ組織における「環境マネジメント」

環境のマネジメントの中心に位置するのが，環境との関わり方の「基本設計図」としての「戦略」である。一般に，戦略とは『「将来のあるべき姿（目標）とそこに至るまでの変革のシナリオ」を描いた設計図』(伊丹・加護野，2003, p. 21) として定義される。

また，戦略は，組織を取り巻く外部環境と，組織内の状態を表す内部環境に

図7-7●戦略と組織構造の関係 （Slack and Parent, 2006, p. 112. より）

よって導き出される。そして，チャンドラー（Chandler, 2004）が「組織は戦略に従う」という有名な言葉を残しているように，戦略は環境のマネジメントと組織のマネジメントとをつなぐブリッジでもある（図7-7）。

企業経営の分野では，外部環境を分析・評価する手法として，政治（Political），経済（Economic），社会（Social），技術（Technological）的側面の頭文字を取ったPEST分析が一般的に用いられる。最近ではそれに法律（Legal）および環境（Environment）的側面を加えてPESTLE分析とする場合もあり，こうした手法はスポーツ組織にも適用可能である（Robinson, 2011b）。この分析では，それぞれの側面から，組織を取り巻く環境がどのようになっており，それは組織にとってどのような機会（チャンス）あるいは脅威なのかといったことを分析・評価する。

ロビンソンは，スポーツ組織を効果的にマネジメントする鍵は，「外部環境の機会に対して，内部環境の能力をいかにマッチさせるかにある」（Robinson, 2011b, p. 27）と述べている。例えば，小さなスポーツ組織では，ときに組織の規模や成熟度に見合わない，大きな外部資金を獲得することで，コントロール不能になってしまうといった問題が発生することがある。こうしたことを防ぐために，ミンキン（Minikin, 2009）は内部環境を，①ガバナンス，②マネジメント，③スポーツ活動，④コミュニケーション，⑤ファイナンス，⑥物理的資源，⑦人的資源，⑧バリュー（価値観）の8つの側面に分け，組織の成熟度がそれぞれどのような段階にあるのかを評価するフレームワークを作り，スポーツ組織の強みと弱みを評価できるようにした。

これら内部環境の強み（Strength）と弱み（Weakness），外部環境の機会（Opportunity）と脅威（Threat）といった要素から組織の状況を分析するSWOT分析（Humphrey, 2005）と，4要素をかけ合わせて戦略オプションを

導き出すTOWSマトリクス（Sport New Zealand, 2015; Weihrich, 1982）は，戦略を策定するための有用なツールとして一般に広く用いられている。

なお，戦略策定のためには，組織が目指すべき適切な目標を定める必要があるが，目標と戦略が混同されることがしばしばあり，注意が必要である（伊丹・加護野, 2003）。

(3) スポーツ組織における「組織マネジメント」

上述したように，協働を促したり，人々を協働に動機づけたりする活動が組織のマネジメントである。そのために，「組織の中で，どのような分業を行うか，それをいかにして調整するかについての，基本的な枠組み」（伊丹・加護野, 2003, p. 261）を決める必要がある。このことを前掲の図7-7と合わせて考えると，組織の目標を達成するための戦略に基づき，その実現に必要な機能を分け，それぞれの権限と責任，コントロールのしくみを決めるのが組織のマネジメントであり，それを図に表したものが組織構造であるといえる。

一方，企業経営の分野では，1990年代末に英国でコーポレートガバナンスのあり方として"the Combine Code（統合規範）"が示され，この考え方は広く世界で採用された（牛島, 2015）。日本でも，この規範に影響を受けた『コーポレートガバナンス・コード』（東京証券取引所, 2015）が2015年6月に発表されており，その中の基本原則のひとつとして，経営の「監督と執行の分離」，すなわち組織構造の改革が示された。

英国は，スポーツ組織のマネジメントに関しても世界をリードし，2000年代初めからガバナンスの「現代化」が図られた。そこでは，取締役会（Board）と業務執行（CEO/management）の分離をはじめ，企業経営におけるガバナンス強化の手法が持ち込まれた（O'Boyle and Bradbury, 2013）。

「現代化」されたスポーツ組織では，取締役会は戦略の立案と業務執行状況のモニタリングを行い，業務執行チームが「アクションプラン（実施計画）」に則って日々の活動を行うという機能の分担が行われる（O'Boyle and Bradbury, 2013）。

企業経営では，監督と執行の分離によって，「透明・公正かつ迅速・果断な意思決定を促す」（東京証券取引所, 2015）ことが意図されている。NFなどの非営利スポーツ組織でも監督と執行の分離で，公的資金の使い方の透明性，

公正性がより確保できる。また，戦略策定と日々の業務執行を分けることで，長期的視野に立って組織の方向性を定めたり，業務執行のプロセスを可視化，効率化するという効果も期待される。

　英国などでは，業務執行チームが戦略・目標の実現に向けて日々の活動を適切に行うツールとして，「バランススコアカード（Balanced Scorecard: BSC）」のような企業経営で用いられる手法や，TAES（Towards an Excellent Service）というスポーツ組織のためのフレームワークが用いられている（Robinson, 2011c）。これによって，実施計画の立案（Plan）から，実行（Do），評価（Check），見直し（Act）といった，いわゆるPDCAサイクルを効率的・効果的に実行するための「パフォーマンス・マネジメント」のしくみが整えられている。

　上述したように，日本では社員総会や評議員会が組織としての最終意思決定をし，理事会が業務執行の責任をもっているが，公開されているNFの定款や組織図をみる限り，上記の文脈における「監督と執行の分離」は，現在のところそれほど進んでいるとはいえない。

3. コーチングの視点からみた組織・クラブのマネジメント

　上に述べてきたマネジメントの考え方は，NFの部門や委員会，各クラブの運営でも適用できる。その一例として，近年特に変化が著しい高度競技スポーツ（ハイパフォーマンス・スポーツ。以下，HPSと略す）分野を手がかりにして，コーチングの視点から見たスポーツ組織・クラブのマネジメントについて論を進めていくことにする。

　HPSの分野は，「スポーツにおける軍拡競争」（De Bosscher et al., 2008）と呼ばれるような激しい競争環境の中，多くの公的資金が投入され，それに対するガバナンス強化の結果として，外部からの厳しい監督の下，効率的で効果的なマネジメントが求められるようになってきている。

　HPSの特徴は，コーチング，スポーツ医・科学支援，タレント発掘・育成，トレーニング施設と設備，試合，財務とマネジメント支援といった種々の要素を効果的に統合し，最大の成果を求めるところにある。それは，単に「コーチングとスポーツ科学」で競った時代から，「効果的なマネジメントとガバナンス」

による競争へと変わったことを意味しており，それを示す多くのエビデンス（証拠）が報告されている（Sotiriadou, 2013）。

そして，国やNFが設定した戦略・目標の達成に向けて，上記に挙げたような種々の要素を統合し，シナジー（相乗効果）を生み出していくのが，「ハイパフォーマンス・マネジャー」あるいは「ハイパフォーマンス・ディレクター（以下，HPDと略す）」と呼ばれる役職である。HPDのポジションは，多くの国のNFやプロスポーツの世界で急速に普及し，米国では大学スポーツへの導入も進んでいる（Smith and Smolianov, 2016）。

ソチリアドゥ（Sotiriadou, 2013）は，HPDのNFにおける立ち位置と役割および責任を明らかにした。HPDは担当理事あるいはゼネラルマネジャーの下，国際競技力に関わる育成・強化の責任者として，各種ナショナルプログラム（例えば，オリンピックに向けた「ナショナルチーム強化プログラム」や「タレント発掘・育成プログラム」など）の各責任者やコーチ・スタッフたちを指揮命

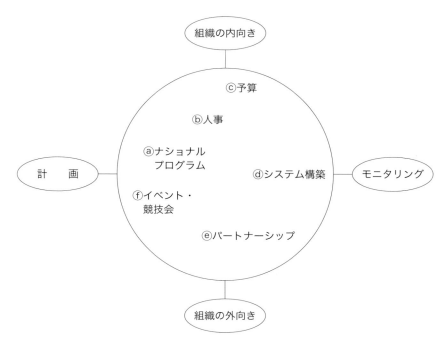

図7-8 ● ハイパフォーマンス・ディレクターの役割と責任に関するマトリクス　（Sotiriadou, 2013, p. 7. より）

令し，業務を執行する立場にある。このような立ち位置は，前項で示した「監督と執行の分離」とも関係し，現代の企業経営において，機動的で課題解決型の組織構造として用いられる「カンパニー制」のカンパニー長のようなある程度大きな権限をもった役割といえる。

　HPDの具体的役割は，図7-8に示したものであり，いわゆる「ヒト・モノ・カネ」といった経営資源を組み合わせて，戦略・目標を達成するためのPDCAサイクルを実行する責任を担っている。すなわち，HPDは，NFの戦略・目標を達成するため，ⓐ各種ナショナルプログラムを計画・実行する。そのためにⓑ必要な人材を集めて配置し，ⓒ予算を配分・管理する。また，継続的に世界で活躍する人材を供給し続けるためのⓓパスウェイシステム構築や，そのためのⓕイベント・競技会実施計画, そしてそれらを実行するためにⓔ多様なステークホルダーとのパートナーシップ関係を築き，組織を刺激し，より活発に機能させるといった役割がある。また，アンチ・ドーピングや八百長問題，ハラスメントなどに対する種々のリスクマネジメント，選手（アスリート）のキャリア支援などの今日的課題への対応も含まれる。

　ここで重要なのは，戦略・目標の達成に向けて，日々の活動データをどのように収集し，検証・評価するかということである（Sotiriadou, 2013）。シブリほか（Shibli et al., 2013）は，HPSにおける評価は，従来のような単なる結果としてのメダル獲得数でなく「構造化された評価」が望まれると述べている。それはHPDの多様な役割からも明らかである。そのために，例えば前項のバランススコアカード・システムで用いられるような，重要成功要因（CSF: Critical Success Factor）と主要業績指標（KPI: Key Performance Indicator）を設定し，業務執行のプロセスを含めて定期的に検証・評価と改善を進めるといったことが重要である（Kaplan and Norton, 2004）。

　上述したHPDの役職は，選手の「育成・強化」というNFの事業内容の大きな部分に関係しており，環境が異なる日本においても，NFで指導的な立場にあるコーチが組織のマネジメントに関わる際に参考になると考える。なお，英国などにおいては，こうしたHPSの組織マネジメントにおける変革は，スポーツへの参加を目的とした「グラスルーツ」スポーツのマネジメントでも実施されている（Houlihan and Green, 2009）。

（河合季信）

第3節
タレント発掘・育成・トランスファー

　タレント発掘は新しい聞こえがするかもしれないが，1970年代の東欧諸国で盛んに行われ，オリンピック大会で大きな成果を残した国策としてのスポーツ政策であり，タレントの基準値の作成や各スポーツ種目の高度な専門化など，コーチングに現在も大きな役割を果たしている。日本や西側欧米諸国では，人気・両親の勧め・学校やスポーツクラブの存在など競技種目の自然発生的選択からタレントが発掘・選抜されてきたが，近年，より専門的で科学的な選択を行う目的で国を挙げてのプロジェクトや情報共有が進み，才能のある選手を発掘・選抜し，適切な競技を科学的に決定してコーチングすることが進められつつある。

1. 専門化とタレント発掘・育成：Long Term Athlete Development Model

　心理学者のエリクソン（Ericsson, 1993）は，科学，ビジネス，芸術，芸能，スポーツの多分野に渡る世界一流に到達した人々の育成経歴を調べた結果から，ヒトは優れた才能をもつことだけでなく，世界一流レベルに達するには10年間1万時間の努力が必要であるとした。エリクソンは，早い段階で取り組み，専門的に取り組むことが有利であり，専門的な取り組みが遅くなると追いつくことができないとしている。しかし，近年アスリート（選手）に対する研究から，選手がエリートレベルに到達するまでに必要な計画的練習は1万時間も要せず（Baker et al., 2005），バスケットボールやフィールドホッケー，レスリングで国際レベルに達するまでの平均練習時間は4千時間から6千時間であることが示された（Helsen et al., 1998; Baker et al., 2003; Williams et al., 2004）。

　素質か環境かという議論からも，ガニェ（Gagné, 2004）は才能（生来の素質）とタレント（成果要素）とを分けた「才能タレント分化モデル」(Differentiated Model of Giftedness and Talent; DMGT」を提示し（図7-9），才能教育を複合的，多元的に捉えるべきだと提唱した。そこでは，個人内要因と環境要因が育成過程の中で相互に関係し合いながら系統的に育成されることで，

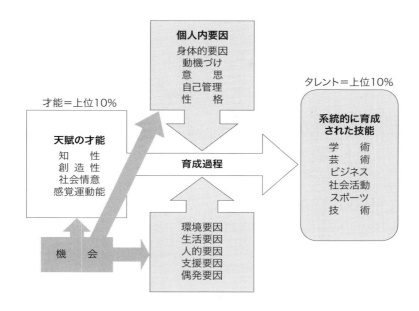

図7-9 ガニェの才能とタレントの多元的モデル （Gagné, 2004）

才能が開花しその分野で大きな成果を挙げるとしている（伊藤・榎本，2014）。ベーカー（Baker, 2003）は，国際レベルに達しない競技者は15歳までの練習時間が多く早期専門化した特徴がみられ，国際レベルに達した競技者が練習量を増やしたのは15歳を過ぎてからであることを明らかにした。また，2000年のシドニーオリンピックにおいて国を挙げてタレント発掘・育成をしてきたオーストラリアでは，代表選手に対する調査で選手の28％が平均17歳で現在のスポーツを始め，それ以前に平均で3つのスポーツを経験し，現在のスポーツを始めてから4年後に国際試合にデビューしたことが報告されている（Bullock et al., 2009; Oldenziel et al., 2004）。さらに，どの種目においても，早期での専門的な集中的練習よりも，練習が遊びの中で行われることが重要であると指摘されている（Cote et al., 2007）。

図7-10は，IOCが2004の年アテネオリンピックに参加した選手4,455名を対象に行った調査である（Vaeyens, 2009）。図に示されているように，比較的早くから専門化する競技もあれば専門化の時期が遅い競技もあり，各種目で

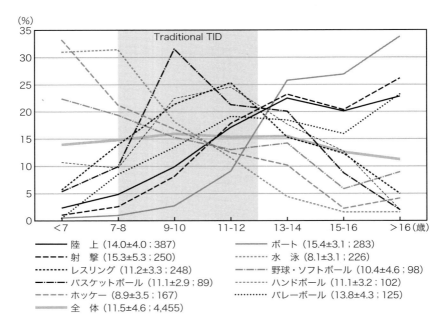

図7-10 ● 2004年アテネオリンピック参加選手（4,455名）の専門種目の開始年齢

適正な専門化の時期が存在することを考慮に入れることがタレント発掘・育成には大切である。例えば，水泳やスピードスケートなど日常環境にない競技や，体操競技，フィギアスケート，スノーボードハーフパイプなどのアクロバティックな採点競技，卓球，テニス，ゴルフや野球，サッカーなどのボールや道具を使った高い正確性が求められる競技は早期専門種目であり，パワーや持久力が重視されるスポーツ種目である陸上短距離・長距離，他の専門種目からトランスファーが可能と考えられるボート，ボブスレーなどは後期専門種目と考えられる（Bompa, 1995）。専門化が遅いとされる種目の中でも，例外としてボブスレーのドライバーの運転技術や，アメリカンフットボールのクオーターバック，ラグビーのハーフバックなどディシジョンメイキング（競技活動中の知覚的-認知的能力）が重要となるポジションに関しては例外で専門化が早い。また，各国による文化的な背景によるスポーツ種目の選択（例えば，ケニアの長距離，ハンガリーのハンマー投げ，ブラジルのサッカー，アメリカのアメリカンフットボール）が，その種目の専門化の年齢帯に影響を与えていることも

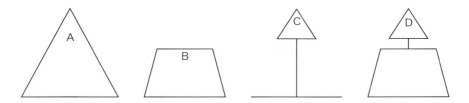

図7-11 ●トップレベルスポーツのスポーツシステム構造　（村木，1994を改変）

考えられる。このように、種目選択と専門化のタイミングについては、トップレベルのパフォーマンスを発揮する時期とその国のスポーツシステムが大きく影響している。

　村木（1994）は、トップレベルスポーツのスポーツシステム構造を図7-11のように表した。図中のAは典型的なピラミッド構造で、豊かな競技人口と優れた多くの競技施設があり、プログラムをもって広く普及し、自然な競争原理が効果的に作用して厳しいセレクション・システムが形成されている場合で、日本では野球、サッカー、マラソンなどの種目で行われているシステムである。次に、Bは自然選択のピラミッド構造で、底辺は豊かであってもトップ構造がない。日本ではプロリーグ等のない多くのスポーツがこれに該当するものと思われる。そして、CはA、Bにみられる多くのスポーツ人口、競技会、施設に支えられた底辺構造はないが、ごく少数のエリート選手の活動によって国際的なレベルを形成している場合である。日本ではフィギュアスケートや体操競技、レスリングなどが挙げられる。最後に、Dは国際的なレベルでハイパフォーマンスを発揮するのに理想的なモデルとして提示されたものである。大衆のスポーツの参加による底辺構造の拡大を図るとともに、そこから選ばれた選手の特殊なエリートシステムが存在する。Aと同様で厳しい競争と自然選択の結果、少数のエリート選手がハイパフォーマンスを目指し、プロ化する。今日の国際的なトップレベルのプロスポーツ活動、賞金制の競技会運営方式から、今後ますますDのモデルが進むと考えられる。

　また、世界的にプロ化が進むスポーツではワールドカップ、オリンピックおよび世界選手権のために国籍の変更が盛んになっており、ラグビー日本代表のように外国籍選手の日本人国籍の取得や、欧米やアフリカ出身で日本育ちの二

世選手の活躍などは顕著な例である。実際に海外の各国代表チームの国際競技力はエリート育成・強化だけでなく国内外の等質人種ではない競技者が支えている。これは，自然競争と自然淘汰が地域，国内，人種にとどまることなく，それぞれの社会体制を超えて高い国際競技力が必要とされるスポーツ種目が増加しているためである。また，国内外のサッカーや野球などの資金力のあるクラブチームでは，国を越えてタレント発掘のために他国にジュニアクラブチームを設立している。この動きは，選手が商品となって国際的なビッグスポーツビジネスが成立していることを示している。今後，日本でもこのようなことに伴う高度な専門的指導者の育成，国際試合システムへの対応，選手の将来的な就労問題など，真のエリート選手育成のためのスポーツシステムを整える必要がある。

　一方で，早期専門化で多くの問題が発生していることについてマリーナ(Malina, 2010) は，子供たちの社会的孤立，過度の依存，バーンアウト（燃え尽き症候群），オーバーユース傷害，発育障害などのリスクを挙げている。このような問題は，東側諸国において早期でのタレント発掘による育成の結果，シニア世代まで活躍する選手が少ないこと（Vaeyens, 2009）と関係していると考えられる。現在の各国のシステムでも，早期専門化によってトレーニングが不足したまま競技会へ多く参加することで，身体リテラシー（基礎的な運動スキルあるいは運動を楽しく自信をもって行うといった心理的，社会的な身体能力の基礎）が育成されないことが問題視されている。ジュニア期のトップ選手がしばしばシニア期でトップレベルに達しないことが生じるのは，早期専門化・生物学的年齢・社会環境を含めたスポーツシステムが，トップレベルでの競技継続とさらなる競技レベルの向上に影響しているからであると考えられる。そこでコーチでもあり研究者でもあるバイほか(Balyi et al., 2013) は，それらの複合的要因からロングターム・アスリート・デベロップメント・モデル(Long Term Athlete Development model: LTAD model)を提唱した。LTADモデルは，イギリスに端を発したが，これがオーストラリア，カナダを中心に進められ，現在ではカナダのスポーツ政策の根幹をなすモデルとして採用され，世界的にも注目を集めた育成モデルに発展している。そこでは，最初の段階では，楽しみのためのスポーツ参加を多くして，基礎的な身体的・心理的・社会的な身体能力である身体リテラシーを楽しみながら育むことを目標としている。

まずは，大人と同じルール化された試合ではなく，遊びの要素が強い身体活動やスポーツを取り入れ，思春期以降，競技スポーツに取り組むステージと楽しみのためのレクリエーション活動に進むステージを設定し，競技生活引退後として「生涯スポーツ（Active for Life）」というステージがある（Balyi et al., 2013）。このように，生涯にわたって身体活動，スポーツ活動に親しむという社会全体でライフステージが構想されている（伊藤・榎本, 2014）。

2. タレントの発掘・選択と検証

(1) 遺伝的要因

　タレント発掘は資源と時間の効率化であり，その種目のピークパフォーマンス達成年齢により導かれたターゲットエイジからの選抜と種目選択が行われる。種目選択をするうえで，体格は現代のトップレベルスポーツに大きな影響を与えると考えられる（エプスタイン, 2014）。現在は手の軟骨から骨の成長が止まるまでの予測を行える「TW2法」という手法が確立し，手のレントゲン写真からおおよそ3cm弱の誤差で将来の身長予測ができるようになっている。1920年代の世界的レベルの走高跳と砲丸投の選手，バレーボールの選手と円盤投の選手の身体の大きさは同程度であったが，現在では，国際レベルの砲丸投の選手の平均身長は，走高跳の選手よりも6cm高く，体重は60％多く，バレーボール選手，ボート選手，フットボール選手の身長も高くなってきている。一方，過去30年間，エリートレベルの女子体操競技の選手の演技の難易度が高まり平均身長は160cmから145cmへ低くなり，放熱機能がより効果的に働くことからマラソン選手も小さくなっていっている（Norton and Olds, 2001）。また，カヌーやカヤック，水球の選手は腕の長いことで長いてこを使うことができ，特に前腕が長いことで速いボールが投げることができることから水球選手は同等の一般人と比較して前腕が長い選手が増え，そして，ウェイトリフティングのエリート選手はバーベルを頭に持ち上げるときに，てこの作用が有利に働くため，腕，特に前腕は同等の身長の一般人と比較して短い選手が増えている。さらに，バスケットボールやバレーボールなど跳躍を必要とするスポーツ選手は胴が短く相対的に脚が長い選手が増えている（Norton and Olds,

2001)。

　また，瞬発系や持久系の運動能力に関連する遺伝的要因が，多くの研究から明らかになっている。疫学的研究によれば競技力の66％が遺伝的要因によって決定されるという報告もある（De Moor et al., 2007）。特に筋肉の構造に関わるATCN3 R577X多型遺伝子（Mikami et al., 2014; Kikuchi et al., 2016）が大きな役割を果たしており，オリンピック出場経験者を含むオーストラリアのパワー系トップ選手では，持久系トップ選手や一般人でみられるR577X多型のXX型はまったく検出されず，RR型はパワー系競技，XX型は持久系競技にそれぞれ適性があることが示されている（Yang et al., 2000）。そして，R577X多型の陸上の100m走オリンピック参加標準記録突破選手はXX型では存在しないが，400m走の選手では存在することも明らかにされている（Mikami et al., 2014）。このようにR577X多型は，瞬発系の競技で特に速い筋収縮が求められる競技で影響をもつ可能性がある。しかし，個人が有する遺伝子多型の複数の組み合わせが異なることによるスポーツパフォーマンスへの影響については，さらに検討が必要であることが指摘されている（Webborn et al., 2015）。

　また，心理，認知，予測などの組み合わせが重要であり，置かれる環境によって大きく変化するといわれている（Vaeyens et al., 2008）。オランダのプロサッカーを目指す少年たちをテストすると，「行動」が将来予測の一つの要因となり，「人より多く練習する」ではなく，「責任をもって質の高い練習をする」こと（Elferink et al., 2004），タレントのある選手において自己反省や自己制御する能力が重要な要素になりうることが指摘されている（Jonker et al., 2010）。このように，身体的・心理的な複合要因の検証がタレントの発掘・検証には必要であり，時間的尺度をもって捉えていく必要がある。

(2) 暦年齢と生物学的年齢

　暦年齢と生物学的年齢の差は，パフォーマンスに大きな違いを生んでいる。この相対的年齢効果は身長最大発育速度（Peak Height Velocity: PHV）が生じる12〜13歳の時に大きく差を生む。その成長の時期の違いから男女では2年程度の差があること，同性内でも2年程度の早熟および晩熟が明らかになっており，計4年間の生物学的年齢差を考慮に入れることが必要とされる（Balyi and Way, 2005)。生物学的年齢は，高校生，中学生，小学生と年齢が低いほどその効果が現れ，スピードやパワーが主要な要素になるスポーツ種目においてはジュニア期での優秀な選手がその後大きく伸び悩むことになる原因の1つである。早生まれの子供のジュニア全国大会での割合が高くなり，その影響はシニアになると小さくなるが，ジュニア期の割合の影響がシニアにも存在しているといわれる（Dudink, 1993）。日本でもスペインなどを参考にJFA（日本サッカー協会）で2004年から早生まれセレクションが行われている。

　生まれ月や生物学的年齢の違いによる発育の遅速は，タレント発掘・育成さらには選抜に影響し，晩熟で将来大きく伸びる子供をタレントプール（人材群）から除外してしまう危険性がある。早生まれの子供はパフォーマンスの違いから心理的負担が大きくなり，スポーツからドロップアウトしている可能性も高いと考えられる。早生まれセレクションの一定の成果はあるとされているが，コーチや教師，親などが相対的年齢効果を理解してその育成にあたる必要があると考えられる。また，PHVの前後において，スキル，スタミナ，スピード，筋力の要素がその子供にとって適時性があるものかどうかは重要であり，PHVに対して時期によってトレーナビリティー（トレーニングによって能力が向上する可能性）が異なることが明らかにされており（Blimkie and Marion, 1994），生物学的年齢の違いに配慮しながらトレーニングを処方していくコーチングが必要であろう。

3. タレントの発掘・育成とトランスファー

(1) タレント発掘・育成プログラム

　タレント発掘・育成（Talent Identification & Development: TID. 以下，TIDと略す）プログラムを先行的に開発・実施するオーストラリアでは，2001年に行われた各競技のジュニア世界大会において，同国の出場選手の74%がタレント発掘されたジュニア選手だと報告している。表7-1は，オーストラリアTIDシステムのおよそ25年の資金額，担当スタッフの人数，16歳以下・18歳以上の選手の割合，発掘と識別の方法，レガシーの変遷を示している。タレント発掘のフォーカスが田舎の中学校から都市の中学校へ広がり，地域で

表7-1 ●オーストラリアにおけるタレント発掘システムの鍵となる分野の進化のまとめ

	コンセプト (1987〜1993)	成　長 (1994〜2000)	洗練・成熟 (2001〜2005)	投　資 (2006〜2010)
期間 (年)	7	7	5	5
政府資金 (1,000ドル)	<50	300〜350	350〜690	5800〜6000
国の職員の数	0	1	4	14
選手の年齢帯(%) 競技者の年齢 　16歳以下 　16-18歳 　18歳以上	 100 0 0	 90 10 0	 75 15 10	 36 36 28
識別方法 (%) 　発　掘 　選　抜	 100 0	 100 0	 90 10	 33 67
発掘の幅と フォーカス	ターゲットにした中学校への狭いフォーカス	オーストラリアすべての中学校へのアナウンス，主に大都市の学校へ	中学校への注力の減少：地域のTIDキャンペーンとより年長者の大きな成長	中学校への最小限の注力，いくつかのコミュニティーキャンペーン，NSOのリクルートとインターネットによる自己-IDの広がり
定義された レガシー	コンセプトの確証	国家アプローチの創造	国内要素の多様性	NSOへの大きなTIDの影響

NSO：国内スポーツ競技組織

のTIDキャンペーンが行われ，そして国民の間で認知が高まりスポーツ団体によるタレント発掘が行いやすくなるとともに，インターネットによって選手自身が国内スポーツ組織（National Sporting Organization: NSO）にアクセスできるようになることで，双方向でタレントが発掘・識別がされるようになってきたことが分かる。このように，効率的にタレントを発掘し識別することができたことがオーストラリアスポーツの発展につながったとしている（Gulbin, 2012）。

　近年における各国の競技団体単位でのタレント発掘・育成プログラムでは，ドイツハンドボール協会（Schoer et al., 2012），イングランドラグビー協会（Till et al., 2012），オランダサッカー協会（Marije et al., 2012）などが成果を挙げており，国内のスポーツシステムに沿いながら，各国代表として取り組

むタレントの発掘・育成プログラムが常に世界標準の開発コンセプトをもち，その実施プロセスについても戦略的投資による高い品質を保証するマネジメントシステムが機能している。このように，国際競技力向上の一施策として，諸外国はタレント発掘・育成プログラムの開発・実施を加速している中で，日本でも各競技団体によるタレント発掘・育成・強化体制が進められおり，福岡県が2004年に開始して以降，14を超える地域で各競技団体と連携し日本オリンピック委員会（JOC）や国立スポーツ科学センター（JISS）とタレント発掘・育成プログラムを開発・実施している。国際競技力向上のためには，これまで概観してきた研究や実践内容を競技団体・コーチ・研究者が認識しながら，世界標準基軸に基づきタレント発掘・育成プログラムのコンセプトやマネジメント体制，実施プログラムの各フェーズ，成果，ロールモデルの評価モデルを作成していかなくてはならない。スポーツ振興基本計画（2000, 2006）に示されている一貫指導システムの構築や競技者育成プログラムの作成・普及の本来的な目的を鑑みれば，優れた素質を有する人材が地域から世界につながる道を支えるというコンセプトを社会全体で共有し，新たなスポーツシステム構築の取り組みが本格化していかなくてはならないだろう。

(2) タレント・トランスファー

2012年のロンドンオリンピックに向け開催国イギリスは様々な強化策を打ち出したが，その一つに「スポーツ・ジャイアンツ」と呼ばれる高身長競技者を募ったタレント・トランスファー・プログラムが行われた。従来行われてきた種目限定型のタレント発掘策の限界を打破し，長身者をサイクリング，カヌー，ボートなどの種目に転向させ，オリンピックにおいてメダルを獲得するといった成果を挙げた。そして現在も，技術的，体力的にみたときにどのスポーツからどのスポーツに転向することが有効なのかを縦断的に検証している。日本でも，ナショナル・タレント発掘・育成（National Talent Identification & Development: NTID）プログラムと称して，合同トライアルが行われている。このプログラムでは，記録型・コンバット型・打型・ターゲット型・水辺型などの各種フィットネステストが行われ，過去の競技成績を問わず，パワー・スピード系，持久系能力の一芸に秀でたタレントの発掘が行われている。その後，合格者は中央または都道府県競技団体の育成プログラムに進み，世界で戦える

人材育成プログラムを受けることが可能になるが，それに応じたコーチ育成プログラムの開発も急務である．

　以上のようにタレントの発掘・検証・育成・選抜，その後の強化，そしてトランスファーを一連の流れでイメージして，基礎的な身体的・心理的・社会的な身体能力である身体リテラシーを楽しみながら育むことをベースに，日本全国のより多くのタレントプールへ効率的にアプローチし，タレントプール（実施者）の拡充，タレント育成（指導者・指導法）の充実，タレント・トランスファー（競技・種目転向）プログラムの成立が重要であり，今後それらに応じたコーチングがますます重要になってくる．

（谷川　聡）

●文献

＊バーナード C. I.: 山本安次郎ほか 訳 (1974) 新訳 経営者の役割 (新訳14版). ダイヤモンド社.
＊Balyi, I., Way, R. and Higgs, C. (2013) *Long-Term Athlete Development*. Human Kinetics.
＊Baker, J. (2003) Early Specialization in Youth Sport: A Requirement for Adult Expertise? *High Ability Studies, 14(1)*: 85-94.
＊Baker, J., Jean, C., and Janice, D. (2005) Expertise in Ultra-Endurance Triathletes: Early Sport Improvement, Training Structure, and the Theory of Deliberate Practice. *Journal of Applied Sport Psychology, 17*: 64-78.
＊Blimkie, C. J. R. and Marion, A. (1994) Resistance training during pre-adolescence: Issues, controversies and recommendations. *Coaches Report, 1 (4)*: 10-14.
＊Bompa, T. O. (1995) *Periodization: Theory and Methodology of Training*. Human Kinetics.
＊Bullock, N., Gulbin, P., Martin, T., Ross, A., Holland, T., Marino, F. (2009) Talent Identification and Deliberate Programming in Skelton: Ice Novice to Winter Olympian in 14 Months. *Journal of Sports Sciences, 27 (4)*: 397-404.
＊チャンドラー A. D. Jr.: 有賀裕子 訳 (2004) 組織は戦略に従う[新訳版]. ダイヤモンド社.
＊Cote, J., Baker, J., Abernethy, B. (2007) Practice and Play in the Development of Sport Expertise. in Eklund & Tenenbaum (ed) *Handbook of Sport Psychology*, 184-202.
＊De Bosscher, V., Bingham, J., Shibli, S., van Bottenburg, M., and de Knop, P. (2008) *The global sporting arms race: An international comparative study on sports policy factors leading to international sporting success*. Meyer & Meyer Sport.
＊De Moor, H., Spector, D., Cherkas, F., Falchi, M., Hottenga, J., Boomsma, I., De Geus, J. (2007) Genome-wide linkage scan for athlete status in 700 British female DZ twin pairs. *Twin Res Hu Genet, 10(6)*: 812-820.
＊Dudink, A. D. (1993) Birth date and sporting success, *Nature* 368: 592.
＊エドモンドソン A. C. (2012) グローバル時代の超チーム戦略. ハーバード・ビジネス・レビュー, 37(9): 70-83.

*Elferink-Gemser, Marije T., Geir Jordet, Manuel J Coelho-E-Silva, Chris Visscher (2004) The Marvelas of Elite Sports: How to Get There? *British J of Sport Medicine, 45*: 683-684.

*エプスタイン D.: 福典之 監修 (2014) スポーツ遺伝子は勝者を決めるか?. 早川書房.

*Ericsson, A. (1993) The Role of Deliberate Practice in the Acquisition of Expert Performance. *Psychological Review, 100*: 363-406.

*Ericsson, A. (2012) Training History, Deliberate Practice and Elite Sports Performance: An Analysis iin Response to Tuker and Collins Review - What Makes Champions? *British J of Sports Medicine, Oct*. 30.

*株式会社グロービズ 編 (1995) MBAマネジメント・ブック. ダイヤモンド社, p. 2, p. 6, pp. 176-177.

*Gagné, F. (2004) Transforming gifts into talents: the DMGT as a developmental theory. *High Ability Studies, 15(2)*.

*Gulbin, J. (2012) Applying talent identification programs at system-wide level: the evolution of Australia's national program. *Talent Identification and Development in Sport*. Routledge: 147-165.

*Gulbin, P., Croser, J., Weissensteiner, R. (2013) An integrated framework for the optimization of sport and athlete development: a practitioner approach. *J Sports Sci, 31*: 1319-1331.

*北海道日本ハムファイターズ. 企業理念
http://www.fighters.co.jp/company/philosophy.php （参照2016年9月10日）

*Helsen, F., Starkes, L., and Hodges, J. (1998) Team Sports and The Theory of Deliberate Practice. *Journal of Sport & Exercise Psychology, 20*: 12-34.

*Houlihan, B., and Green, M. (2009) Modernization and sport: The reform of sport England and UK sport. *Public Administration, 87(3)*: 678-698.

*Humphrey, A. S. (2005) SWOT analysis for management consulting. *SRI Alumni Association Newsletter*, December: 7-8.

*伊丹敬之・加護野忠男 (2003) ゼミナール経営学入門 (第3版). 日本経済新聞出版社.

*伊藤静夫・榎本靖士 (2014) 競技者育成と生涯スポーツの融合モデルを求めて ―カナダLTAD 及びオーストラリアFTEM―. 陸上競技研究紀要, 10: 37-46.

*International Council for Coaching Excellence, Association of Summer Olympic International Federations, and Leeds Beckett University (2013) *International sport coaching framework (ver. 1.2)*. Human Kinetics.

*Jonker, L., Elferink-Gemser. M., Visscher, C. (2010) Differences in self-regulatory skills among talented athletes: The significance of competitive level and type of sport. *Journal of Sports Sciences, 28*: 901-901.

*金子明友・朝岡正雄 編 (1990) 運動学講義. 大修館書店, pp. 275-276.

*Kaplan, R. S., and Norton, D. P. (2004) *Focusing your organization on strategy - with the balanced scorecard (2nd ed.)*. Harvard Business Online.

*Kikuchi, N., Mikami, E., Murakami, H., Nakamura, T., Min, K., Mizuno, M., Naito, H., Miyachi, M., Nakazato, K. and, Fuku, N. (2016) ACTN3 R577X genotype and athletic performance in a large cohort of Japanese athletes. *Eur J Sport Sci, 16(6)*: 694-701.

*松元剛・亀山厳・窪康之・森田啓・平田智秋・木島章文・白濱伸一 (2002) アメリカ合衆国におけるAmerican Football Coaches Association (AFCA) について. トレーニング科学, 14(1): 37-44.

＊ミンツバーグ H. (2003) アングロサクソン経営を超えて. ハーバード・ビジネス・レビュー, 28(1): 42-53.
＊三隅二不二 (2005) リーダーシップ行動の科学 (改訂版). 有斐閣.
＊村木征人 (1994) スポーツ・トレーニング理論. ブックハウスHD.
＊村木征人 (1995) スポーツ・チームの組織形態とコーチの役割 ―日本の大学運動部における諸問題に関連して―. 筑波大学運動学研究, 11: 29-43.
＊Malina, M. (2010) Early sport specialization: roots, effectiveness, risks. *Curr Sports Med Rep, 9*: 364-71.
＊Marije, T., Elferink-Gemser and Vissher, C. (2012) Talent development in Dutch Soccer. *Talent Identification and Development in Sport*. Routledge: 95-105.
＊Mikami, E., Fuku, N., Murakami, H., Tsuchie, H., Takahashi, H., Ohiwa, N., Tanaka, H., Pitsiladis, P., Higuchi, M., Miyachi, M., Kawahara, T. and, Tanaka, M. (2014) ACTN3 R577X genotype is associated with sprinting in elite Japanese athletes. Int *J Sports Med, 35(2)*: 172-177.
＊Minikin, B. (2009) "A Question of Readiness" - MEMOS XII project report. http://www.sportingpulse.com/get_file.cgi?id=597381 （参照 2016年9月20日）
＊社団法人日本体育学会 監修 (2006) 最新スポーツ科学事典, p. 603.
＊Norton, K. and Tim, O. (2001) Morphological Evolution of Athletes Over the 20th Century: Causes and Consequences. *Sports Medicine, 31(11)*: 763-783.
＊生沼芳弘 (1988) スポーツの社会システム. 森川貞夫・佐伯年詩雄 編 スポーツ社会学講義. 大修館書店, pp. 32-43.
＊岡澤祥訓 (2016) ティーチングでは自主性は身に付かない？ ティーチングの「しすぎ」を防ぐ. *Sports Japan, 26(07-08)*: 44-45.
＊岡澤祥訓・北真佐美・諏訪祐一郎 (1996) 運動有能感の構造とその発達及び性差に関する研究. スポーツ教育学研究, 16(2): 145-155.
＊Oldenzisl, K., Gagne, F., and Gulbin, P. (2004) *Factors Affecting the Rate of Athlete Development from Novice to Senior Elite: How Applicable Is the 10-Year Rule?* Pre-Olympic Congress, Athens.
＊O'Boyle, I., and Bradbury, T. (2013) Current issues in modern sport governance. In: O'Boyle, I., and Bradbury, T. (Eds.) *Sport governance: international case studies*. Routledge: London and New York, pp. 7-19.
＊Pediatr, J. (2005) *Prediction of adult height using maturity-based cumulative height velocity curves 147*, 508-514.
＊Yang, N., Daniel, G., MacArthur, Jason, P., Gulbin, G., Hahn, H., Beggs, E., and Kathryn, N. (2003) ATCN3 genotype is associated with human elite athletic performance. *Am J Hum Genet, 73*: 627-631.
＊Pion, J., Segers, V., Fransen, J., Debuyck, G., Deprez, D., Haerens, L., Vaeyens, R., Philippaerts, R. and, Lenoir, M. (2014) Generic anthropometric and performance characteristics among elite adolescent boys in nine different sports. *European Journal of Sport Science, 15(5)*: 1-10.
＊Robinson, L. (2011a) The voluntary sport sector. In: Robinson, L., and Palmer, D. (Eds.) *Managing voluntary sport organisations*. Routledge, pp. 3-18.

* Robinson, L. (2011b) The operation environment of voluntary sport organisations. In: Robinson, L., and Palmer, D. (Eds.) *Managing voluntary sport organisations*. Routledge, pp. 19-32.
* Robinson, L. (2011c) Performance management. In: Robinson, L., and Palmer, D. (Eds.) *Managing voluntary sport organisations*. Routledge, pp. 121-138.
* Robinson, L. (2011d) The management of change. In: Robinson, L., and Palmer, D. (Eds.) *Managing voluntary sport organisations*. Routledge, pp. 139-155.
* スポーツ団体のガバナンスに関する協力者会議 (2015) 平成26年度文部科学省委託事業「中央競技団体のガバナンスの確立、強化に関する調査研究」NF組織運営におけるフェアプレーガイドライン～NFのガバナンス強化に向けて～．
* Schore, J., Busch, D., Fischer, L., Pabst, J., Rienhoff, R., Sichelschmid, P. and, Straub, B. (2012) A case report of the ongoing evaluateon of the German handball talent selection and development system. *Talent Identification and Development in Sport*. Routledge: 119-129.
* Shibli, S., de Bosscher, V., van Bottenburg, M., and Westerbeek, H. (2013) Measuring performance and success in elite sports. In: Sotiriadou, P., and de Bosscher, V. (Eds.) *Managing high performance sport*. Routledge, pp. 30-44.
* Slack, T., and Parent, M. M. (2006) *Understanding sport organisations - The application of organisation theory (2nd ed.)*. Human Kinetics, p. 112, pp. 237-256.
* Smith, J., and Smolianov, P. (2016) The high performance management model: from Olympic and professional to university sport in the United States. The Sport Journal.
http://thesportjournal.org/article/the-high-performance-management-model-from-olympic-and-professional-to-university-sport-in-the-united-states/ （参照 2016年9月20日）
* Sotiriadou, P. (2013) The roles of high performance directors within national sporting organisations. In: Sotiriadou, P., and de Bosscher, V. (Eds.) *Managing high performance sport*. Routledge, pp. 1-14.
* Sport New Zealand (2015) Planning in sport. Garrett, S.,(Ed.).
http://www.sportnz.org.nz/assets/Uploads/attachments/managing-sport/strong-organisations/Planning-in-Sport.pdf （参照 2016年9月20日）
* 寺岡英晋・松元剛 (2015) 中学校運動部活動における教師の指導実態に関する研究．体育学研究, 60(1): 315-325.
* 東京証券取引所編 (2015) コーポレートガバナンス・コード．
http://www.jpx.co.jp/equities/listing/cg/tvdivq0000008jdy-att/code.pdf （参照 2016年9月20日）
* The Ohio State University．Organizational Charts
http://www.ohiostatebuckeyes.com/ot/organizational-charts.html （参照2016年9月20日）
* Till, K., Chapman, C., Cobley, S., John, O. and, Cooke, C. (2012) Talent identification, selection and development in UK junior rugby league. *Talent Identification and Development in Sport*. Routledge: 106-118.
* 内山治樹 (2015) チーム・パフォーマンスの生成にかかわる前提要件の検討─「チームの感性」究明に向けた予備的考察─．体育・スポーツ哲学研究, 37(2): 115-131.
* 牛島信 (2015)「コーポレートガバナンス・コードとは何か」
http://business.nikkeibp.co.jp/article/skillup/20150325/279139/ （参照 2016年9月20日）
* Vaeyens, R., Güllich, A., Warr, R. and, Philippaerts, R. (2009) Talent identification and promotion programmes of Olympic athletes. *J Sports Sci, 27(4)*: 1367-1380.

*Vaeyens, R., Lenoir, M. and Philippaerts, M. (2008) Talent identification and development programs in sport: Current models and future directions. *Sports Medicine, 38*: 703-714.
*Webborn, N., Williams, A., McNamee, M., Bouchard, C., Pitsiladis, Y., Ahmetov, I., Ashley, E., Byrne, E., Camporesi, S., Collins, M., Dijkstra, P., Eynon, N., Fuku, N., Garton, F., Hoppe, N., Holm, S., Kaye, J., Klissouras, V., Lucia, A., Maase, K., Moran, C., North, K., Pigozzi, F. and, Wang, G. (2015) Direct-to-consumer genetic testing for predicting sports performance and talent identification: Consensus statement. *Br J Sports Med, 49*: 1486-1491.
*Weihrich, H. (1982) The TOWS matrix-A tool for situational analysis. *Long Range Planning, 15(2)*: 54-66.
*図子浩二 (2014) コーチングモデルと体育系大学で行うべき一般コーチング学の内容. コーチング学研究, 27(2): 149-161.

第8章 スポーツ医・科学,情報によるコーチング支援

第1節

スポーツ医・科学による
コーチング支援の現状と課題

　スポーツをする人にはいくつかの志向や特性があるが，ここでは競技を志向するトップ選手に絞り，スポーツ医・科学，情報によるコーチング支援の現状と課題を記す。まずスポーツ医・科学で得られる知見はどういう性質なのか，コーチングの中ではそれはどう位置づけられるのかを明らかにする。そしてスポーツ医・科学の中にあるいくつかの領域はコーチングのためにどう連携させるか，トレーニングサイクルという時間経過の中でどう配置させるかも明らかにする。

（平野裕一）

1. スポーツ医・科学の性質

　スポーツ医・科学が扱う情報とは，主として自然科学の手法によって得られた情報である。中谷（1958）によれば，自然科学の手法とは，ひとまとまりに見える複雑な現象を時間的，空間的に分割し，分割した一つ一つの要素の振る舞いを記述したり，要素間の関係を調べたりすることである。この一連の作業は分析と呼ばれ，現象を構成する諸要素の構造や因果関係を明らかにすることを目的として行われる。現象の記述には，一般的に測定が行われる。測定により現象を数値に置き換えることで分析を行いやすくしていることも自然科学的手法の特徴である。

　スポーツ医・科学では，上記の自然科学的手法に則り，①パフォーマンスの構造，②パフォーマンスと動作の関係，③動作を発生させる力学的・生理学的メカニズム，④動作の力学的・生理学的メカニズムを活性化させる医学的・栄養学的・心理学的介入に関する分析が進められている。①と②については主にスポーツバイオメカニクスが，③については主にスポーツバイオメカニクスと運動生理学が，④については，主に運動生理学，スポーツ医学，スポーツ栄養学，スポーツ心理学が担っている。

これらの分析から得られる情報の特徴として，ひとつには，パフォーマンスを構成する諸要素が定量化されていることが挙げられる。定量化により情報の客観性が高められ，情報の比較や分析を容易にしている。また，もうひとつの特徴として，現象のメカニズムが，それぞれの研究領域の基礎理論に基づいて分析されていることが挙げられる。先に挙げた諸研究領域の基礎理論，例えば，スポーツバイオメカニクスにとっての力学，運動生理学にとっての生理・生化学は，スポーツ以外の身体運動において，あるいは身体運動以外の生命現象や自然現象において検証が重ねられてきており，確立している。したがって，その理論体系に基づいて分析する限り，明らかとなったメカニズムの検証が行いやすく，論理の飛躍も起こりにくい。

2. コーチングにおける医・科学の位置づけ

　上記のような特徴をもつスポーツ医・科学は，コーチングのどのような局面を支援することができるだろうか。図子ほか（2005）によれば，コーチのなすべき仕事は，①パフォーマンスの構造分析，②トレーニング目標の設定，③トレーニング内容の決定，④トレーニング実践における指導行動，⑤競技会における指導行動，⑥トレーニングおよび競技会の成果の評価と多岐にわたる。先に述べたように，医・科学の優位性は客観性と検証可能性の高さである。これらの特性を活用できるのは，選手の運動が「どうなっているか」，そして「なぜそうなっているか」という現状とその原因を分析する局面である。したがって，コーチの仕事のうち，①パフォーマンスの構造分析と⑥トレーニングおよび競技会の成果の評価において，医・科学は活用できるといえよう。また，指導対象の選手を同一の手法で縦断的に分析したり，あるいは比較対象となり得る他の選手を分析したりできれば，「どうなればよいか」という目標とすべき次の運動のあり方を提示することもできよう。したがって，②トレーニング目標の設定においても医・科学は活用できる。

　一方で，選手やコーチの経験の積み重ねに大きく頼らなければならない仕事もある。本来，身体運動を構成する諸要素は，時間的にも空間的にも互いに関連して機能している。したがって，その一要素を取り出して分析することで，メカニズムを理解したり部分的な改善の見通しを立てたりすることはできるも

のの，それ以外の隣接する諸要素への影響までは正確に予測できず，医・科学だけでは，統合された全体としてのパフォーマンス向上は保証できないという欠点がある。したがって，③トレーニング内容の決定においては，選手とコーチによる経験の積み重ねに頼るところが大きい。

また，コーチングの中心であるトレーニング中および試合中の指導行動（④と⑤）においては，選手が「どのように」運動するのかという主観的な情報のやりとりが重要である。先に述べたような「どうなっているか」とか「どうなればよいか」という客観的な目標自体は医・科学によって示すことができるが，それを達成するための運動中の意識やそれを引き出す介入方法は，医・科学的手法の扱い得る範疇にはなく，選手とコーチの試行錯誤に頼らざるを得ない。

以上のようにみてくると，①から⑥まで列挙したコーチのなすべき一連の仕事のうち，入口である①と②，そして出口である⑥については，医・科学が活用できる局面であり，その中身である③，④，⑤については，選手とコーチの経験の積み重ねが重要となる局面といえそうである。

3. スポーツ医・科学の領域間連携

医・科学に基づいてコーチングを支援しようとした時に懸念されることのひとつに，個別の研究領域が扱う要素の特異性が挙げられる。スポーツバイオメカニクスがパフォーマンスと動作の力学的関係を，運動生理学が動作の生理学的原因を扱うように，いずれの研究領域も対象としているのはスポーツの運動に違いはないが，焦点を当てる要素が異なる。そのため，個々の研究領域からだけでは，運動の全体像を捉えることはできない。これを解決するためには，クヌッソンとモリソン（2007）が述べるように，諸研究領域が並列の立場から，横断的，重複的に運動を分析することが望ましいとする考えが一般的である。しかし，スポーツにおける最重要課題はパフォーマンスという物理現象の最大化，または最適化である。そして，パフォーマンスに直接的に影響をおよぼすのは動作である。したがって，スポーツ医・科学による支援における第一の分析対象はパフォーマンスと動作の関係であり，これはスポーツバイオメカニクスが担うべきである。そして動作を発生させる力学的・生理学的メカニズムの関係を運動生理学が，生理学的メカニズムを活性化させる要素を医学，栄養学，

心理学がといったように，分析はパフォーマンスを直接的に説明する上位要素からその原因を説明する下位要素へと，細分化しながら深化することで，それぞれの研究領域の理論体系が活用できる。

4. トレーニングサイクルと医・科学支援

　トレーニングは，「最重要試合での最高成績」（村木，1994, p. 84）を目標として行われる。オリンピック・パラリンピック（以下，オリ・パラと略す）出場レベルの選手であれば，オリ・パラ以外の国内外の競技会に向けた準備期や移行期だけでなく，それらの試合期での諸活動もトレーニングの一環として捉えることになり，4年間をひとサイクルとした超長期トレーニングサイクルとみることができる。そのような超長期トレーニングサイクルの中で，医・科学に基づいた支援とはどのように行われるべきだろうか。

　前項で述べたように，医・科学がコーチングに貢献できるのは，主として①パフォーマンスの構造分析（現状とその原因の分析），②トレーニング目標の設定，⑥トレーニングおよび競技会の成果の評価であった。ここで，①と②は，現状を把握して次に達成すべき課題を提案する「提案型支援」，⑥は課題の達成度を検証する「検証型支援」と分類できる。この提案型支援と検証型支援は，超長期トレーニングサイクルの中で，次のように位置づけられるべきであろう。

　提案型支援は，最重要競技会で最高の成績を収めるうえで達成しなければならない課題を，優先順位も含めて提示する支援である。複数研究領域にまたがる分析を通じてパフォーマンスから下位の要素まで掘り下げて課題を洗い出すことになる。難易度の高い課題がある場合，途中で達成が見込めなくなる可能性も考慮して，単純に時間のかかる課題と同様に，やり直したり別の課題に取り組み直したりする猶予を見込まなければならない。そのため，提案型支援は，超長期トレーニングサイクルの前半で活発に行われる必要がある。

　一方の検証型支援は，トレーニングにより課題達成に近づいているか否かを検証する支援である。達成すべき課題が明らかとなってトレーニングに集中する，超長期トレーニングサイクルの後半で行われる。課題は限定されているので，関連する研究領域のみからの測定・評価が行えればよい。ただし，課題達成のための試行錯誤が効果的に行えるよう，測定，評価および結果の提示は迅

速になされる必要がある．これは，関連領域の測定法だけの問題ではなく，視覚に訴えやすい分析結果の出力方法を工夫するなど映像・情報技術面での支援も充実させることが求められる．

(窪　康之)

第2節 現状を把握する

スポーツのパフォーマンスには数多くの要因が複雑に絡んでいる。そこで，それら要因を解きほぐし，それぞれの現状を把握するために医・科学の領域が活用され，コーチングを支援することになる。

まず身体の外から，動作やレース・ゲームをどう撮らえて分析，フィードバックするのか，次に身体の中へと移り，身体組成やフィットネスを，またコンディションをどう把握するのかを明らかにする。コンディションのためにリカバリーや睡眠の影響は欠かせない。そしてトレーニングやコンディショニングを支援する栄養，心理，医学の面からもトレーニング効果やコンディションの現状をどう把握するのかを明らかにする。

（平野裕一）

1. パフォーマンスの分析・評価

(1) 映像の収集とフィードバック

競技スポーツにおける映像の活用は，従来からあるビデオカメラに加えて，カメラ付きのスマートフォンやタブレット端末の普及により，近年はより導入のハードルが下がってきている。

特に活用方法としてあらゆる競技の現場で広く普及しているのが，タブレット端末で撮影からフィードバックまでを行う即時フィードバックである。タブレット端末は，ビデオカメラに比べて画面が大きいため，映像を見るにも便利で，1台で撮影からフィードバックまでを完結することができる。さらにビデオカメラにない特徴として，モバイルアプリケーション（以下，アプリと略す）を使用して機能を追加できることと無線LANでインターネットに接続できることが挙げられる。アプリについては，スポーツの撮影やフィードバックに特化したものが多数あり，一例として遅延再生アプリや二画面比較再生アプリがある。遅延再生アプリを使用すれば，撮影しながら任意の設定時間（数秒から

数十秒程度），常に映像を遅延させて再生することができるため，試技の直後に再生の操作をしなくても映像をすぐに見ることができる。インターネットに接続できる機能は，現場に無線LAN環境が用意されていれば，撮影した映像をその場でオンラインストレージサービスやSNSにアップロードして，他の人と映像を共有することができる。この機能を使用すれば，選手と指導者が離れた場所にいる場合でも，アップロードされた映像を見てインターネット越しで指導を受けることが可能となる。このように，タブレット端末にはビデオカメラにはない機能が多数あるため，今後もますます利用が普及していくであろう。一方，タブレット端末ではズーム倍率やバッテリの持続時間に難があるため，競技によってはビデオカメラも活用されている。ビデオカメラを使用する場合でも，無線LANを内蔵したSDカードを用いることで，タブレット端末に映像を転送することが可能であるため，ビデオカメラとタブレット端末を組み合わせた即時フィードバックが用いられることもある。

　一方，上記のように練習や競技会で撮影・収集した映像を用いてデータベースを構築すると，即時フィードバックとは異なる映像の使い方が可能となる。例えば，データベースに，映像と共に対戦相手の国名・選手名・結果などの情報を登録しておくと，国名や選手名で映像を検索して，対戦相手の研究資料として映像を用いることが可能となる。しかし，データベースの作成や管理は，高度な知識が必要である。そこで，国立スポーツ科学センター（以下，JISSと略す）では，スポーツ映像専用のデータベースJISS nxを開発・管理し，利用を希望する日本のナショナルチームに提供している。JISS nxは，映像をJISSのサーバーに保管し，インターネット経由でいつでも映像を検索して閲覧することが可能である。また，映像を閲覧することができるユーザーを限定して管理することができるため，情報セキュリティーの観点からも安心して使用することができる。例えば柔道のナショナルチームでは，JISS nxに約5万件の映像を登録しており，各国の選手の研究・分析に役立てられている。

　競技スポーツにおける映像の活用は，これらの他，後述する動作分析やレース・ゲーム分析に用いる場合もある。そこでは，目的に応じて適切な映像を撮影することも重要である。つまり，撮影の位置やズームのサイズを適切に選ぶことである。さらに，選手が映像を見る時に映像自体に集中できるように，ブレが少ない映像を撮影するために三脚を使用すると良い。タブレット端末で撮

影を行う場合でも，三脚に固定するアダプターが販売されているため，活用してほしい。

(田中　仁)

(2) 動作分析による把握

　コーチは選手の運動を主観的・定性的に観察することが求められるが，コーチの感覚を客観的・定量的に確認したい場合や，コーチが直接捉えづらい力や力学的エネルギーといった運動の原因に関する情報を得ようとする場合に動作分析が用いられることがある。この際，人体はきわめて複雑な解剖学的構造をもつため，身体をモデルに置き換える必要がある。代表的な身体モデルとしては単純なものから順に，質点モデル，剛体リンクモデル，筋骨格モデルなどが挙げられる。質点モデルは全身を身体重心点でモデル化し，その位置変化のみを分析するものであり，剛体リンクモデルは身体をいくつかの関節で分割し，各部分を剛体で近似したもの，筋骨格モデルは剛体リンクモデルに力の発生要素である筋を考慮したものである（阿江・藤井，2002, pp. 16-22）。一方，矢状面などの2次元平面内の運動と仮定したモデルにするか，3次元モデルにするかという選択にも迫られる。モデルが複雑になれば一般的にはより詳細な情報が得られるが，分析や解釈に要する時間は長くなる。仮にコーチングのために必要な情報が身体重心と外力との関係ということであれば質点モデルで十分というケースもあろう。モデル化とはすなわち実際の身体や身体運動の簡略化であり，そのモデル化によって何が省略されているのか，どこが実際と異なるのかといったモデルの限界をよく把握して選択しなければならない。

　動作分析で使用されるツールには様々なものがあり，ハードウェア，ソフトウェアともに進化を続けている。動作分析のデータ収集で用いられる代表的な機器であるデジタルビデオカメラを例にとると，一秒間に数千，数万フレームの撮影が可能なハイスピードビデオカメラが開発されている。また，身体分析点に反射マーカーを貼付し，自動的にマーカーの座標値を認識できるモーションキャプチャーシステムも近年普及している。さらにはモーションキャプチャーから得られた座標値と身体の基本的な解剖学的情報を入力するだけで運動中の骨格筋が発揮する張力まで推定するソフトウェアなども開発されている。一方，加速度や角速度などを出力する慣性センサーやGPSセンサーは小型化・

軽量化・高機能化されており、スマートフォンにも装備されるようになってきている。これらのツールの選択も身体モデルの選択と同様、それぞれの長短所や限界を把握して活用することが重要と考えられる。

　以上のように、動作分析は使用するモデル、分析ツール等を合目的的に選択することができれば、コーチング場面における課題の確認や抽出に貢献する可能性を有すると考えられる。テクノロジーの進化に伴う手法の拡大や、精度と即時性・簡便性とのトレードオフの関係を考慮すると、研究者はコーチが要求する内容を力学的に解釈し、適切なデータ収集と解析方法を選択する能力がますます求められていくであろう。一方、コーチは白紙の状態からフィードバックされた内容を見て課題を考えるのではなく、あらかじめ日頃のコーチングを通じて生じた課題や仮説を明確にすることが重要と考えられる。また、得られた結果を効果的にフィードバックするためには、内在する誤差の存在や各解析手法の限界などをよく理解し、研究者がコーチに伝えるべきことは何か、コーチが選手に伝えるべきことは何か熟慮することが重要であろう。

（横澤俊治）

(3) レース・ゲーム分析とリアルタイム情報の活用

○レース分析

　タイムを競い合う測定スポーツにおいては、レース展開を客観的に理解することが大切である。どの局面においてタイム差が生じるか、競技成績との関連が最も高いレース展開のポイントはどこか、競技力向上のための課題は何か、などを客観的データに基づいて考察することが、レース分析の主な目的となる。選手は通常、レース展開について自己の主観を基に振り返るが、これにはしばしば誤認識が含まれる。コーチは客観的視点から助言をする立場となるが、コーチもまた、自身の主観のために客観性を失う可能性があることを忘れてはならない。

　スポーツ科学者は、レースに関する客観的データを得るために様々な方法を用いている。例えば陸上競技の短距離種目では、走速度の測定にレーザー式走速度測定器がしばしば用いられる（松尾ほか、2008）。この方法は、時々刻々の走速度の変化を得ることができるが、直線走でのレースにしか活用できない。コーナー走を含む種目では、カメラで撮影したレース映像を用いて、各映像フ

レームの時間間隔が一定であることをもとにして幾つかの通過ポイント間の所要時間を計測し，区間走速度を算出している（持田ほか，2007；土江ほか，2010）。一般に市販されているカメラの映像は毎秒29.97フレーム（29.97fps。fpsはFrame Per Sceond，フレームレート）秒のものが多いが，科学者の多くは時間分解能のより高いカメラ（239.76～299.7fps）を用いて，データの精度を高めている。走速度のほかにはピッチやストライドなどもレース分析の指標として用いられる。これらも映像の解析と演算によって得ることができる。

得られた分析結果は，レース展開の客観的な確認や，パフォーマンスの高い選手との比較に利用されるほか，特定選手の分析結果を複数レース蓄積していくことで，パフォーマンス変動の要因検討なども行うことができる。

（松林武生）

○ゲーム分析

対戦型の競技では，試合映像を収集したうえで，映像から効率的に対戦相手の戦術やプレーの特徴を捉えるためのゲーム分析が広く行われてきている。ゲーム分析の手法としては，SportsCode（Hudl社）やDartfish（Dartfish社）などのソフトを用いたタギングと呼ばれる処理が中心となっている。タギングでは，試合映像の中で分析したいシーンごとにタグを付けることで，それぞれのシーンの検索・閲覧を行うことが可能となる。さらに，この機能により，試合の中の特定のシーンだけを収集したファイル作成を行い，それに基づいたデータの数値化を行うことができる。

例えばバドミントン競技においても，ゲーム分析を通じて対戦相手の配球パターンやプレーの特徴について研究することが試合に向けた準備として有効である。バドミントン日本代表では，タギングにより得られた特定のシーンごとの映像やデータがコーチのタブレット端末に集約・蓄積され，それを見ながら選手・コーチ間で様々なディスカッションが行えるように整えられている。その利便性によって，試合に向けた対策を立てる際はもちろん，選手の課題に対するトレーニングメニューの立案においても映像やデータが活用されるようになってきている。

試合映像のタギングでは，映像ファイルの中でタグが付けられたタイミングも時間情報として抽出できることから，バドミントン競技を例にとると，一つ一つのラリーの長さなど，試合展開や選手のパフォーマンスと関連した時間的

な指標を算出することも容易である．これらのデータは，プレースタイルの相違などから個人間で異なる傾向を示すとともに，個人内でもトレーニング状況やコンディションに応じて変化しうる．そのため，これらのデータを継続的にモニターし，選手ごとの体力特性やコンディション推移を評価することで，選手個々の特性や状態を踏まえたより効果的なコーチングの方向性を探ることが可能になると考えられる．

(飯塚太郎)

2．フィットネス面からの把握

(1) 身体組成

　選手のからだは，日々のトレーニングや栄養摂取により，パフォーマンスを発揮するのに適した身体組成へと変化する．したがって，現状やトレーニング効果を把握し，その後のより効果的なトレーニング・栄養摂取計画を立案するために身体組成を正しく評価することは重要である．これまで，科学の進歩とともに多くの身体組成測定（推定）法が考案され，それらの妥当性に関する研究が行われてきている（Heymsfield et al., 2005）．コーチング支援等で比較的広く応用されている主な身体組成測定方法とその特徴を表8-1に示す．超音波法，生体電気インピーダンス法，皮下脂肪厚（キャリパー）法などは計測機器も小型であり，強化・トレーニング現場で応用しやすい方法であるが，他の方法は大がかりな装置，規定された測定環境が必要となる．また，評価対象部位，評価項目，測定精度・確度，測定値に影響を及ぼす要因，解析・データフィードバックに要する時間等が測定方法により異なり，同じ測定方法でも機種の違いにより得られる値が異なる場合がある．したがって，コーチング支援としての身体組成評価を行う場合には，それぞれの測定方法・機種の特徴を把握したうえで，競技種目特性やトレーニングスケジュール等を踏まえて最適な測定方法を選択し，当該方法に熟練した検者が実施することが必要である．さらに，特に，定期的なモニタリングのために縦断的な測定を行う場合には，1日の中の測定時間，測定タイミングを統一して実施することが望ましい．

(髙橋英幸)

表8-1 ● 主要な身体組成測定方法とその特徴

測定方法	評価項目	評価対象部位	長所	短所
身体密度法・水中体重秤量法	脂肪量 除脂肪量	全身	相対的に正確性の高い測定	水中での息止めを行う負担
身体密度法・空気置換法	脂肪量 除脂肪量	全身	相対的に正確性の高い測定 短い測定時間	正確な肺気量測定が必要 空調管理が必要 機器（BODPOD）が高価
二重エネルギーX線吸収法（DXA）	脂肪量 除脂肪量 骨塩量	局所／全身	相対的に正確性の高い測定 短い測定時間	操作者が限定される 放射線被曝 機器が高価
磁気共鳴映像法（MRI）	脂肪量 筋量 内臓量 骨量 等	局所／全身	相対的に正確性の高い測定 組織ごとの量的評価が可能	全身測定に長い撮像時間が必要 解析に解剖学的知識および長時間が必要 機器が高価
X線CT法	脂肪量 筋量 内臓量 骨量 等	局所／（全身）	相対的に正確性の高い測定 短い測定時間 組織ごとの量的評価が可能	放射線被曝（現実的に健常者の全身測定は困難） 解析に解剖学的知識および長時間が必要 機器が高価
超音波断層法	皮下脂肪厚 脂肪量 筋量（厚）	局所／全身	簡便に測定可能 短い測定時間	正確な厚さ測定に技術が必要 機器が高価
生体電気インピーダンス（BIA）法	除脂肪量 脂肪量 体水分量	局所／全身	簡便に測定可能 短い測定時間	体水分量・分布変化の影響を受けやすい
皮下脂肪厚（キャリパー）法	皮下脂肪厚 脂肪量	局所／全身	簡便に測定可能 短い測定時間	正確な皮下脂肪厚測定に技術が必要

(2) コンディションチェック

　コンディション（からだの状態，調子）を整えることをコンディショニングといい，競技パフォーマンスの向上には，コンディショニングに有用となるチェック（評価）を行うことが重要となる。しかし，「からだの調子」というと主観的視点が強く，捉えどころがないため，第三者が評価しづらい。JISSでは，コンディションを「トレーニングや試合により，からだの恒常性（ホメオスタシス）を逸脱した際の生理応答」（図8-1）と捉え，トレーニング負荷

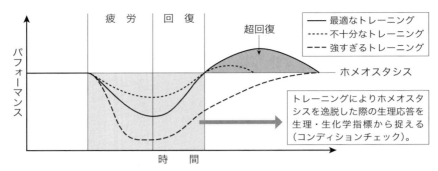

Yakovlev（ヤコブレフ）の超回復のモデル図を示した。トレーニング負荷により疲労が生じ、一時的に競技力が低下するが、トレーニング後に最適な回復をとるとパフォーマンスは向上する。その際に生じるホメオスタシスを逸脱した生理応答を生理・生化学指標を用いて評価し、トレーニング負荷や回復期間が適切かどうかを評価することがコンディションチェックの目的である。

図8-1 ● コンディションチェックの目的　（征矢英昭・尾縣貢 ほか訳. 2001. 中長距離ランナーの科学的トレーニング. 大修館書店, p. 150. から改変）

の程度や回復過程を生理・生化学指標から評価して、選手のコンディショニングに役立てることを目的に、コンディションチェックを実施している。実際のチェック方法は競技あるいは選手により異なるため、コーチ・選手とJISSスタッフが話し合いながら、個々に有用な指標について選定していく。実施する際の注意点としては、①競技特性について理解を深める、②長期的なコンディションチェック計画を策定する、③同時にトレーニングをモニタリングする、ことが挙げられる。①については、競技特性や選手のトレーニング方法により生理応答が異なるため、それに伴って生じる問題について考慮する。必要ならその競技のレース・トレーニング時の運動強度等も測定している。②については、ピークパフォーマンスを発揮したい大会を定め、その大会の前年に開催される世界選手権等で、シミュレーションを実施したり、事前の強化合宿で集中的に複数の指標候補について測定するなど、事前準備を含めた長期計画をコーチ・選手とともに策定していくことが望ましい。チェックのための生理・生化学指標は、それだけを測定しても評価は成り立たないため③で挙げたように、同時にトレーニングの強度・時間といった内容を把握し、主観的指標と組み合わせて評価することで、初めて有用となる。

　コンディションチェックで用いる生理・生化学指標については、科学的根拠があること、即時または短時間で測定結果を得られること、簡便に測定できる

ことなど，現場での有用性に留意して選定する。具体的には，心拍変動や唾液を用いた各種ホルモン測定，尿検査，指尖採血を用いた生化学項目（クレアチンキナーゼ活性等）をなどが挙げられる。また近年，技術革新により，測定時間や手順，侵襲性の程度などが大幅に改善された測定機器が開発されている。それらを積極的に活用するため，従来の測定機器との互換性，数値の信頼性について確認しておくことも重要である。

（大岩奈青）

(3) フィットネスチェック

合理的な競技活動を行うために，選手は「課題解決型のプロセス」を日常的に取り入れている。すなわち，トレーニング計画を立案し，それをもとにトレーニング実践を行い，トレーニング効果を定期的に評価し，その結果から改善策を検討し，最初のトレーニング計画の立案に結びつける取り組みである。このらせん状のプロセスを繰り返すことにより，より高度な競技活動を実践可能にし，合理的に競技力を高めていくことが可能となる。したがって，上述の「トレーニング効果の評価」は，競技活動全体の中で重要な一部を担っているといえる。このような評価を「フィットネスチェック（一般的には，コントロールテスト等という）」と呼ぶ。

フィットネスチェックにおける測定項目選定のポイントとしては，①競技的状態を多面的に評価すること，②短周期的および長周期的に実施される測定項目を準備すること，③測定評価のみならず，普段の実践で活用できる項目も準備すること，などが挙げられる。①の「多面的に評価する」ためには，一般的・専門的な身体能力に加え，技術・戦術および精神力なども評価項目に含めることが必要になる。②の「短周期および長周期的な測定項目」とは，専門的な機器を用いる「ラボラトリーテスト」は測定を頻繁に実施できないため，トレーニング実践の現場でも行えるような「フィールドテスト」で競技者の状態を短期的に評価しておくことを意味する。③の「普段の実践で活用できる項目」とは，測定項目自体をトレーニングの手段の1つとして用い，各個人で課題および目標に即して強化に励むことをいう。

最後に，測定項目を分類しておくことも重要な課題である。例えば，様々な運動のすべてである「一般的運動」，試合運動からの抽出（全習的，分習的，

局面的，模倣的）された「専門的運動」，試合運動のモデル化された「試合的運動」に分けることができる。これら個々の発達度合いから，競技的状態の発達段階を評価することになる。

（池田達昭）

(4) リカバリー

　トレーニングによる競技力向上の背景には，トレーニングによる疲労からの回復（リカバリー）という過程がある。トレーニング後には一過性の身体機能の低下（筋力低下など）が生じるが，2〜3日で回復し，さらにはトレーニング前の水準を超えた機能改善（超回復）が生じる。このサイクルを適切に進行させることができれば身体機能は向上していくが，トレーニングとリカバリーとのバランスが崩れれば，身体機能は向上せず，低下する場合もある（オーバートレーニング）。リカバリーの過程を正確に把握することは容易ではないが，日々のトレーニングにおける運動パフォーマンスを詳細に記録し，トレーニングの質，量との関係を日々観察して，これを推察していくことが重要である。

　リカバリーの過程には様々な要因が影響する。ただ単に休息をとるのみではなく，リカバリーが効率的に生じるような働きかけを行うことも重要である。これは結果的にトレーニングの質，量を高められることにつながり，より高い競技力の獲得を期待できる。休息，睡眠，食事といった基礎的かつ全身的な要因を整えることはもちろんのこと，身体局所（筋）への直接的な働きかけ（冷却，ストレッチなど）も重要であり，広く実施されている。冷却にはアイスパックや冷水浴など様々な方法があるが，その主効果は血管収縮や代謝活性低下によってもたらされる炎症，腫脹，筋損傷拡大の抑制にあるとされる（Enwemeka et al., 2002）。ストレッチは，筋損傷の回復を直接的に促進する効果はないものの，求心性神経系（主に痛覚）への作用などを介して，関節可動域の増大，柔軟性の向上，などの効果が期待できる（Guissard and Duchateau, 2006）。これらの利点を理解し，積極的に活用することは重要であるが，冷却には凍傷の危険性があること，運動後のストレッチは筋損傷を拡大させる可能性があること（Lunda et al., 1998）など，不利点も十分に理解したうえで活用を計画するべきである。

（松林武生）

(5) 睡眠

　競争が熾烈な競技スポーツでは，近年，選手たちが高強度のトレーニングを多く行うようになってきている。疲労が過剰に蓄積し，トレーニングを計画通りに行えなかったり，コンディションを崩せば，優れた選手といえども，大会で好成績を収めることは難しい。疲労回復に役立つ行為はいろいろあるが，その一つに睡眠がある。

　2014年仁川アジア大会代表候補選手を対象にした質問紙調査（星川・内田，2016）によれば，日本人選手の夜間睡眠時間は，男性で平均7時間6分，女性で6時間48分であった。一般的な日本人の平均睡眠時間は，20歳代，30歳代それぞれで，男性は7時間18分，7時間11分，女性は7時間24分，7時間0分と報告されている（小林ほか，2011）。つまり，疲労回復を必要とする選手の夜間睡眠時間は，必ずしも一般人より長いわけではなかった。

　夜間睡眠時間が足りているかどうかは，①目覚ましやアラームなしでも自発的にすっきり起きられること，②平日と休日の夜間睡眠時間の差が小さいこと等から判断できる（Williams, 2011）。睡眠不足の状態が続けば，動作反応時間の延長，注意の低下（Jarraya et al., 2013），動きの正確性の低下（Edward and Waterhouse, 2009），特定の運動強度での心拍数上昇（Mougin et al., 1991），最大筋力の低下，運動に対するきつさの感覚の増加（Reilly and Piercy, 1994）等を引き起こすことが知られる。夜間睡眠時間を充分確保できない場合，それを補う方法の一つに仮眠がある。上述の質問紙調査では，74％の選手に仮眠の習慣（週1回以上）があった。

　睡眠不足の原因が夜間睡眠時間が短いことにある場合は，夜間睡眠時間の延長や仮眠など，自己管理によって改善が可能である。その一方で，睡眠不足の原因が病気の場合には，医師の協力が必要となる。少しの症状を気にしすぎるのは良くないが，ひどいいびき，無呼吸，足がムズムズして眠れない，夜中に2回以上目が覚めてなかなか眠れない，夜に充分眠っているはずなのに昼間の眠気が強い等の悩みが1か月以上続いている場合は，医師の診察を受けてみるのもよいだろう。

（星川雅子）

3. 栄養面からの把握

選手の栄養管理のためには，対象となる人の現状を把握すること，つまり栄養アセスメントが必要となる。栄養アセスメントとは，対象となる選手の栄養状態を把握し，評価・判定することであり，栄養教育・指導の目標を設定するためにも必要な手法である。アセスメントに使用する主な情報は，身体計測，臨床検査，臨床診査，食事摂取状況，環境，エネルギー消費量，食行動等がある。

選手の栄養管理は，栄養アセスメントの結果をもとに計画を立案し，実施し，モニタリング・評価を行う。ここでは，栄養面からの把握として，食事摂取状況，環境，エネルギー消費量の把握について概説する。

(1) 食事摂取状況の把握

食事摂取状況を把握するために食事調査を行う。食事調査は，対象者が摂取する食品の種類や量，栄養素ならびに食品成分の量を推定することが主な目的である。これ以外に食習慣，食生活等の調査などを食事調査と呼ぶ場合もある。食事調査から，食品成分表を用いて栄養素等摂取量を推定することができる。食品成分表とは，文部科学省より公表され，食品の種類別に1食品ごとの標準的な成分値の収載された資料である。なお，食事調査から得られた摂取量はあくまでも推定摂取量として把握する。食事調査で用いられる各種の調査方法の特徴を知り，調査の目的に応じて対象に適切な方法を採択し，かつその特徴に留意して結果を解釈することも必要となる。食事調査の種類には，食事記録法（秤量記録法，目安量記録法），食物摂取頻度調査法，24時間思い出し法など複数ある。食事記録法と併用して携帯カメラ等を用いて食事写真の撮影を行う場合も多い。また，選手の食事摂取の特徴のひとつとして，サプリメントの摂取がある。サプリメント摂取の把握を誤ると，摂取量の過大あるいは過少評価となる。そこで，サプリメント使用の有無，使用の種類，使用量，頻度等，的確に把握したうえで摂取量の評価を行う必要がある。

(2) 環境の把握

選手の栄養管理を検討する場合に，身体側の情報ばかりではなく，特に食環

境や住環境を把握することも重要となる。対象となる人は，一人暮らしなのか，寮生活なのか，家族と同居なのか，そして調理担当者は誰なのか，調理設備や食費について，食事場所とトレーニング場所の位置関係等の把握である。これらの情報は誰に対して栄養のアプローチが必要なのかを検討するほか，具体的な食事内容の検討にもつながる。

(3) エネルギー消費量の把握

　エネルギー消費量の評価が必要となる代表例として女性アスリートの三主徴であるEnergy Availability（EA: 利用可能エネルギー）の評価がある。EAは，食事調査によるエネルギー摂取量と，エネルギー消費量の評価により得られる。エネルギー消費量は，実際に測定を行い把握する場合と推定を行う場合とがある。エネルギー消費量の測定や推定には，現実的には基礎代謝量と活動代謝量を評価することになる。現場では測定困難な場合が多いことから，基礎代謝量と活動代謝量を推定し，1日の総エネルギー消費量を推定することが多い。日本人の食事摂取基準（2015年版）では，性別，年齢別の基礎代謝基準値に体重を乗じて基礎代謝量を算出している（菱田・佐々木，2014, pp. 64-66）。

　しかし，選手は身体組成の違いが大きいことから，身体組成を考慮した推定が必要となる。選手の基礎代謝量の算出にあたり，除脂肪体重あたりの基礎代謝量を用いた推定式が報告されている（小清水ほか，2005）。これは体重を指標とした推定式より除脂肪体重を指標とした推定式から算出した値の方がより選手に近い値が期待できる。また，1日のエネルギー消費量を評価するにあたっては，身体活動レベル（Physical Activity Level: PAL）を用いている（菱田・佐々木，2014, pp. 66-69）。PALは，1日の総エネルギー量を基礎代謝量で除した値であり，二重標識水法で測定された研究結果をもとに算出されている。

（亀井明子）

4. 心理面からの把握

(1) モニタリング〜こころの見える化〜

　当然ながら，こころというものは見えないものである。見えないこころをどのように理解していくのかが，心理学では大きなテーマといえる。指導場面においても，「選手が何を考えているのかを知りたい，選手のこころの面を理解したい」ということがあるだろう。その一つの方法として，心理検査を用いることが挙げられる。心理検査には多種多様なものがあり，自分が知りたいこと(性格特性や競技場面での心理状態など)に合う信頼性のある検査を用いることで，選手のこころの一部を理解する手助けとなる。

　また，より良いパフォーマンスを発揮するために，日々のこころのコンディションの把握が重要である。立谷・崔（2011）は，「より良い心理的コンディショニングを行うためには，『見える形にする』ということが有効」と述べ，その具体的方法を報告している。

　指導者が，これらの方法を選手に用いる場合には注意が必要である。選手には，「これらは，選手の評価に用いるものではない。個人をより理解するために使うものである」と，きちんと説明することが非常に重要である。この場合，スポーツ心理学の専門家と協働することを薦めたい。

　こころというものは複雑で理解しにくいものであるが，「見える化」する，つまり，モニタリングすることでこころを理解する一助となる。

(2) スポーツメンタルトレーニングとカウンセリング

　「スポーツメンタルトレーニングとは，アスリートをはじめとするスポーツ活動に関わる者が，競技力向上ならびに実力発揮のために必要な心理的スキルを習得することを目的とした，スポーツ心理学の理論に基づく体系的で教育的な活動である。また，競技力向上・実力発揮に加えて，心身の健康や人間的成長も視野に入れた活動である」（関矢，2016）といわれている。この定義にある心理的スキルとは，競技意欲，精神の安定・集中，自信，作戦能力，協調性とされている（徳永・橋本，2000）。

　筆者らが選手をサポートする時は，選手の話をじっくり聴き，どの心理技法

が選手の主訴や希望に有効なのかを考えながら行っていく。この時に，例えば「過緊張を繰り返す選手には，リラクセーション技法が必要」と短絡的にならないことが重要である。なぜなら，過緊張の原因・背景にはどのようなものなのかが分からないからである。まずは，「なぜ，過緊張になってしまうのか？」ということをじっくり聴く必要がある。

　じっくりと選手の話に耳を傾けることは，広義的のカウンセリングといえる。カウンセリングとは，「悩みや問題を解決するために来談した人（クライエント）に対して，心理臨床の訓練を受けた専門家であるカウンセラー（心理臨床家）が，来談者を尊重し配慮しながら，主として言語による心理的交流を通して，問題を解決したり人間的に成長したりするのを援助すること」といわれている（大澤，1999）。指導場面においても，「選手の話を聴く」ということがあるだろう。カウンセラーのように話しを聴くことは難しいと思うが，指導者と選手という「縦の関係」ではなく，選手を一人の人間として尊重し，対等な立場で聴くということに徹することが重要である。

(3) リラクセーションとサイキングアップ

　私たちは，日常的に「リラックス」や「リラクセーション」という言葉を使っているが，これらを定義するのは難しいといわれている。定義が難しいリラクセーションであるが，筆者がリラクセーション技法を選手に指導する時は，「身体がゆるんで，心がくつろいだ状態を，自分で感じられるようになることが大事」と説明している。リラクセーション技法には，呼吸法，自律訓練法，漸進性筋弛緩法などがあり，スポーツメンタルトレーニング指導士などのサポートを受けながら習得していくことで，競技現場で活用できるようになる。

　また，リラクセーションの対極にあるのが，サイキングアップである。サイキングアップとは，興奮や緊張を高めることであり，スポーツ種目によっては，高い水準の興奮や緊張が必要なものがある。その技法には，例えば，気分が盛り上がる音楽を聴いたり，大きな声を出したりする方法がある。また，軽く身体を動かして心拍数を上げることも効果的である。選手に合った方法を作り，試合やプレーに入る前のルーティンとして用いると有効である。

〔立谷泰久〕

5. 医学面からの把握

(1) 診断と治療

　スポーツに起因しているか否かに関わらず，発症してしまった疾病や外傷・障害に対しては，詳細な問診と理学所見や画像検査などに基づき，医師に的確な診断を下してもらうことが，早期競技復帰への第一歩となる。そのためには，発症や受傷の状況を正確に把握し，競技特性や選手の動作特性も合わせて医師や理学療法士などのメディカルスタッフに伝えることが重要である。上述の情報が多ければ多いほど，メディカルスタッフは早期復帰のために必要かつ十分な治療手段（安静，手術，メディカルリハビリテーションなど）や期間を提案しやすくなる。手術などの治療が必要と判断された場合には，より専門性の高い医療機関や，通院しやすい医療機関への紹介を依頼することも可能である。もし，提案された治療方針に納得できない場合には，セカンドオピニオンを希望して他の医師の意見を聞いたうえで，最終的に納得のいく治療方針を選択することが，その後の治療を円滑に進めるための重要なポイントとなる。治療期間中もメディカルスタッフと密に連絡を取り合うことで，回復の程度や，当初の予定からのズレといった情報を共有することができるため，トレーニングや競技復帰の計画を立てやすくなる。

　さらに，症状が発生した状況を正確に把握することは，選手の競技や生活の環境（フィールドの状態や天候，食事や宿舎の住環境など）を確認することになるため，環境整備や他の選手のコンディショニング，外傷や障害の予防にもつなげることができる。

(2) メディカルチェック

　疾病や外傷・障害を予防し，安全かつ効果的にスポーツを行うには，定期的なメディカルチェックが不可欠である。その内容は，一般の健康診断でチェックされる項目（血液〔貧血，肝・腎機能，電解質など〕，尿，胸部X線写真，呼吸機能検査，安静時心電図検査など）に加え，該当競技に発生しやすい外傷や障害を踏まえた整形外科的チェック（圧痛，疼痛誘発テスト，画像検査，アライメントや筋タイトネス，関節弛緩性の評価など）や歯科のチェックも行うこ

とが望ましい。そして，選手の了承を得たうえで，コーチングスタッフも一緒に結果のフィードバックを受けることで，治療の必要性，発症予防のための対策やセルフチェックへの理解を深めることができ，トレーニングにも反映させることができる。

近年，女性アスリートの三主徴（利用可能エネルギー不足，無月経，骨粗鬆症）の概念が定着しつつあるが，アスリート（選手）の骨粗鬆症は疲労骨折の誘因となることがある。また，月経困難症や月経前症候群も競技力に大きく影響するため，女性選手に対しては，常に婦人科的な問題も念頭に置く必要がある。

(3) アンチ・ドーピング

全世界・全スポーツの「共通ルール」である世界アンチ・ドーピング規程の2015年1月1日の改定（World Anti-Doping Code 2015）において，競技者の責任が明確化・厳格化されたとともに，サポートスタッフに対しても役割，責務が明確化され，厳格な制裁が課された。禁止の物質や方法が掲載されている禁止表国際基準は少なくとも年1回は更新されるうえ，医療用医薬品，一般用医薬品（市販薬）は多数存在し，分かりにくいのが現状である。また，サプリメントについては，成分をすべて表示する義務がないことからさらに不明な点も多く，その使用に関して世界アンチ・ドーピング機構（WADA）も国際オリンピック委員会（IOC）も推奨はしていない。したがって，日本アンチ・ドーピング機構（JADA）のホームページなどから常に最新の情報を入手するとともに，医薬品の正しい使い方を相談できる窓口（都道府県薬剤師会ホットライン，スポーツファーマシスト）や禁止物質か否かを確認できる検索サイト（global DRO）などを活用し，選手が使用する医薬品に対して，責任をもってサポートすることが求められる。

〔半谷美夏〕

第3節 トレーニングを提案する

　スポーツにおいて，トレーニングの方法・内容を提案するのはコーチの重要な仕事である。これまで実践されてきた方法・内容の中から課題を解決するのに適したものを選んだり，選べなければ新しく造ったりする。そしてそれらを組み合わせて適切な導入順を決めることになる。しかし，新しい方法・内容が次々に生み出され，試されている競技スポーツの現場なので，この提案を支援するためにトレーニング科学がありトレーニング指導がある。それぞれからトレーニングをどう考えるべきかを明らかにする。　　　　　　　　　　（平野裕一）

1. トレーニング方法・内容の提案

　競技会で勝利することを目的としてトレーニングに励む選手・コーチは，効果的かつ効率的なトレーニング方法・手段を学び，実践したいとの思いは強いのではないだろうか。しかし，どんな病気や怪我でもすぐに治してくれる万能薬がないことと同じように，すべての体力・技術要素をまとめて向上させる魔法のようなトレーニング方法や手段は存在しない。いわゆる競技力向上につながるトレーニング方法・内容とは，トレーニング目的やねらいによってトレーニング負荷（刺激の種類，強度，量）を変化させることにより，各体力・技術要素を地道に向上させていく手段のことであろう。そして地道なトレーニングとともに常に新しい情報を追い求め，さらにはそれを取捨選択するという「考える力」を同時に向上させることも，競技力向上には必須条件になると考えられる。

　競技スポーツの世界において，競技会で勝利するためのトレーニング方法・内容はどういったものが理想的なのであろうか。陸上（トラック種目），競泳，自転車，スピードスケートに代表される，ある決められた距離を最も速いタイムでゴールした選手が勝利する測定スポーツの競技種目を例に考えてみたい。

　測定スポーツの競技種目の中でも，特にタイムを競う種目では，人類史上で

誰よりも速いタイム（世界記録）を出すことができれば，オリンピックや世界選手権で金メダルを獲得することができる。そのため，世界記録の更新を目指してトレーニングすることが，オリンピック・世界選手権での勝利を目指すことと同じになると考えられる。それでは，競技会で世界記録を出すためのトレーニングとはどうあるべきであろうか。簡略化して考えると，以下の通りになるのではないだろうか。

- トレーニング時に世界記録を上回るもしくは世界記録に近いタイム（速度）を出すことができれば，競技会で世界記録が出せる可能性がある。
- 競技会で確実に世界記録を出すためには，トレーニング時にできるだけ多く世界記録や世界記録に近いタイム（速度）を出す必要がある。
- トレーニング時に1回だけ世界記録を上回るタイム（速度）を出した選手よりも，10回出した選手の方が競技会で世界記録を更新できる可能性が高い。
- そのため，世界記録を出すためのトレーニングとは，世界記録と同じもしくはそれ以上のタイム（速度）を何回も繰り返して出すことができるようになることである。

　どうであろうか。世界記録はやはり特別なものであるため，多くの人には受け入れられないかもしれない。それでは，この「世界記録」という言葉を「自己記録」に置き換えた場合はどうだろうか。少し現実的に思えてこないだろうか。さらに，「自己記録」を「目標とする記録」に置き換えれば，より現実的に思えるのではないだろうか。これらのことはつまり，目標とするタイム（速度）を設定し，そのタイムと同じもしくはそれ以上の高い速度（高強度）での運動（トレーニング）を何度も繰り返し（高回数）行うことができれば，自己記録や目標とする記録を上回る可能性が高くなるということを意味しているのである。もちろん，その際に設定する距離や休息時間等を適切に設定することがきわめて重要になることはいうまでもないだろう。したがって，タイムを競う測定スポーツの競技種目においては，高強度運動を繰り返すトレーニング，すなわち高強度インターバルトレーニングを適切な時期に適切な設定で実施することが重要であると考えられる。

　近年，高強度インターバルトレーニング（High-intensity Interval Training：HIT）は時間効率が非常に高く，短期間で有酸素性能力および無酸素性能力を

向上させるトレーニング方法として注目されており，その代表的な方法として30秒間全力ペダリングを4分間の休息をはさみながら4〜7セット行う方法（Gibala and McGee, 2008）や20秒間ペダリングを10秒間の休息をはさみながら7〜8セット行わせる方法（Tabata et al., 1996）がある。しかし，これらのトレーニング方法も，身体にかかる負荷がきわめて高いことから，必ずしもすべての選手に対して実施できるトレーニング方法ではないと考えられる。以上のことから，トップ選手を指導するコーチには，選手の特徴や適性を考慮しながら，どのようにすれば適切な高強度トレーニング負荷を選手に与えられるのかを考え続け，常に新たなトレーニング方法・内容を考案することが求められるといえよう。

（鈴木康弘）

2. トレーニングの指導

　競技トレーニングの指導では，最終的に競技で必要とされる動作を改善することが目標となる。この目標の達成に向けて様々な方法があるのだが，科学的な根拠によって改善できるものばかりではない。現場では知恵を出し合い，これを共有しながら指導に役立つ情報として集約し，より良い方法について建設的なトライ・アンド・エラーを試みていくことが有益な取り組みとなるのではないだろうか。

　トレーニングの指導は，「何を改善するのか」といった目的を定めることが起点となる。体力測定などの調査を行って目的を見極めることもあれば，感覚的な課題を糸口にしながら始めなければならない時もある。

　改善すべき体力要素を評価することや，改善に向けたトレーニングを実施する際には，科学的根拠に基づいて行われるべきである。なぜなら，私たちの活動における課題はすでに取り組まれているものもあり，過去の優秀な科学者の手によって明らかにされている場合があるからである。これらを参考に取り組むことで効率良く目前の課題を解決することができる。しかし現場において科学では明らかにされていないものや，不確かな事象に対して取り組まなければならないこともある。むしろ，このような場合がほとんどであるといえるかもしれない。このような場合は，既知の事象から応用／発展させて検討することや，

まったく新しい視点に立って取り組む必要が出てくる。このような取り組みにおいては，多角的な視野による検討が必要となり幅広い体力要素の知識が求められる。これらの知識領域は多岐にわたり，それぞれの領域の知識をもたなければ，改善すべき領域からアプローチすることはできない。しかし，わずかでも知識があれば，求めている課題解決に向けた糸口に気づくことができるかもしれない。たとえ深い知識がなくても，その分野の専門家の力を借りることで課題を解決していく可能性が広がる。このようなことから他の専門分野との連携が重要であることはいうまでもない。

　また，選手に対して具体的な指導にあたる場合，競技動作の向上に向けて，様々な体力要素の改善方法を検討することになる。どのような運動刺激をどのような頻度，どのような期間実施すべきなのか。これらは個別の運動刺激による部分的な筋の応答だけに満足するのではなく，卓越した競技動作の向上について貢献していかなければならない。部分的な体力要素の改善だけでは競技動作の改善に至らない場合も多いからである。このためには個々の部位の反応や発達だけでなく，これらの体力要素を統括して総合的に機能性の高い競技動作へとつなげていく取り組みが不可欠である。

　このように，段階的に体力要素の向上を図りながら個々の要素を融合させる取り組みは，トレーニングの指導における芸術のように映るかもしれない。しかし，個々の反応を観察し適切な評価をもって情報を蓄積／比較していくことで，共通の要因を探る手掛かりとなるのではないだろうか。個別の課題が種目における課題となる場合や，個別の問題が種目横断的に影響を及ぼす問題となるかもしれない。このようなことから，種目に適した評価について共通理解をもちながら，様々な指導現場から情報を蓄積／集約／共有して取り組んでいく必要性を感じている。各分野の専門家と協力して共通の要因を探り，トレーニングの指導者は俯瞰的にこれらの情報を検討しながら，現場の指導に取り入れてその結果をまたフィードバックするような活動が望まれているように思われる。

　トレーニングにおける指導現場では，不確かな考えや思い付きではなく，"あきらかな応答"や"推測のうえに成り立つ成果"を見通したうえで，具体的な方法について配慮する必要がある。そして，最終的には競技動作の向上に貢献できなければならない。これらの取り組みに対して評価を行い，蓄積／比較し

ながら建設的なトレーニング指導に取り組むべきである．時には専門分野の力を借りながら取り組む必要も出てくる．これらの過程で発生してくる課題は指導者間で共有し，課題解決に向けた取り組みとして得られたデータを集約し比較／検討し，共有していくことで，種目の指導者から臨まれている指導に役立つ情報となるだろう．

（田村尚之）

第4節　情報戦略サポート

　情報社会の到来が叫ばれて久しいが，スポーツにおいても情報の重要性は高まり，その伝達，活用のスピードも高度化している。「現在のトップスポーツの戦いは，さまざまな局面において情報戦と言っても過言ではない」（久木留，2015）との指摘があるように，オリンピックなどを舞台とするエリートスポーツにおいても，情報を競技力強化に活用する取り組みの重要性は広く認識されている。それらの活動は「情報戦略」と呼ばれ，競技団体等での活動の一翼を担っている。

1. スポーツにおける情報戦略とは何か

　スポーツにおける情報戦略は，「意思決定者が正しい，理にかなった判断・決断をするために『情報』を収集・加工・分析し，提供すること」（久木留ほか，2011）と定義される。良質な情報を収集，分析するだけでなく，意思決定者が誰なのかを見極め，情報提供を通じて良質な判断に導くことが重要な成功要因となる。

　また，情報戦略を考えるうえでは，情報とは何かを知っておく必要もある。情報は，インフォメーションとインテリジェンスがあることは広く知られているが，その違いについても理解することが重要である。インフォメーションとは，「観察，報告，噂，画像および他のソースを含むあらゆる種類のマテリアルであって，未だ評価・加工されていないもの」（北岡，2003, p. 4）であり，インテリジェンスとは，「インフォメーションから生産される判断・行動するために必要な知識である」（北岡，2003, p. 4）とされる。

　情報はインフォメーションとして収集するだけでなく，判断や行動に結び付くインテリジェンスへと昇華させることが求められるのである。

2. 競技現場における情報戦略

　競技現場において情報はどのように活用され，どのような成果を生み出しているのだろうか。最前線での情報戦略活動を示す事例を紹介する。

　2016年のリオデジャネイロオリンピックの男子50km競歩で荒井広宙選手は，終盤にカナダ代表のエバン・ダンフィー（Evan Dunfee）選手と接触しながらも3着，銅メダルでゴールしたが，接触の際に妨害したとして失格となった。これを不服とした日本側の抗議が認められ，荒井の3位が確定した。

　競歩チームのレース後の対応は，情報を戦略的に活用した好事例である。報道によると，「荒井の失格がいったん確定した後，すぐに日本陸連スタッフが日本の事務局からレース映像を入手した。問題点を洗い出し，主張（①先にダンフィーの肘が当たっている，②接触と関係ない場面でダンフィーが倒れそうになっている）を英文にして国際陸連の理事5人で構成する上訴審判（ジュリー）に提出。失格裁定の取り消しを求めた」（サンケイスポーツ, 2016）という。

　この事例から，抗議の方法も含む競技規則を熟知しているだけでなく，競技結果の判断に資する情報を作り出し，意思決定者であるジュリーへと適切に提供することの重要性を学ぶことができる。

　勝敗を分ける場面で，意思決定者の適切な判断を導き出すことができるインテリジェンスを生み出してこそ，情報を資源として有効に活用したといえるのである。

3. 戦略立案過程における情報戦略

　情報戦略は，選手の直接的なパフォーマンス支援にとどまらず，選手の育成・強化のための戦略立案においても大きな役割を果たす。オリンピックやパラリンピックまでの4年間の戦略の立案だけでなく，ジュニア期からオリンピックやパラリンピックに至る8年あるいは12年間といった中長期に及ぶ選手の育成や強化のための戦略立案過程においても情報戦略は活用されている。

　戦略を立案するということは，目標と現状の差を認識し，どのようにその差を埋めるのかを可視化することである。そのためには，「今どのくらいの位置

に立っているのか，厳しく，客観的に，冷静に把握することこそが大切」（和久，2013）であり，強化責任者やコーチにとって，自らの立ち位置や実力を正確に把握することは，戦略立案のための出発点となる。

　情報社会は，情報を共有することに価値を置く時代への変革をもたらしたといわれるが，スポーツにおいても有益な情報を，いかに有効に共有するかを考える必要がある。また，情報の効果的な還流をいかに生み出すかも重要な視点である。
　インフォメーションとして収集した情報をインテリジェンスへと昇華することができる分析力をコーチはもたなければならない。また，インテリジェンスを活用する際には，意思決定者を正しく見極め，適切に提供できる情報のオペレーション（運用・活用）能力が必要となる。
　さらに，現代的なコーチには，正確な実力把握に基づくインテリジェンスを活用した戦略立案が求められている。

　　　　　　　　　　　　　　　　　　　　　　　　　　　　　　（山下修平）

第5節
競技マネジメントサポート

　オリンピックやパラリンピックなどの国際総合競技大会では，ホテルではなく選手村で生活しながら最終調整を行う。また，ADカード（アクレディテーションカード：資格認定証）によって導線が限定させる等の様々な制限因子の中で，パフォーマンス発揮を強いられる。国際総合競技大会は，特殊環境下でパフォーマンス発揮を競う構造にある。

　そのような特殊環境下で，どのように選手のパフォーマンスを最大化するかを各国が競い合ってきたことにより，「アスリートやコーチだけで勝てる時代から総合力を駆使して戦う時代へと変化している」（久木留, 2015）という指摘もある。競技を取り巻く環境を総合的かつ包括的にマネジメントすることの重要性はますます高まっているといえる。

1. オリンピック・パラリンピックに向けた競技マネジメントサポート

　近年，オリンピック，パラリンピックでのメダル獲得が期待される競技，選手に対して，多方面からの専門的かつ高度な支援を戦略的かつ包括的に行うサポート事業が実施されている。サポート事業には、スポーツ科学や医学・トレーナー，トレーニングに並んで，マネジメント分野の支援スタッフも配置される。マネジメント専門スタッフとは，競技会時や強化合宿等において，選手団がスムーズに行動でき，競技力を最大限発揮できるよう，マネジメントに関する支援を行うスタッフである（文部科学省, 2012, p. 16）。

　2012年のロンドンオリンピックにおける選手育成・強化・支援等に関する検証チーム報告書（文部科学省, 2012, p. 16）によると，オリンピック前年におけるサポートの活用量は，スポーツ科学が全体の半分を占め最も多く，マネジメントはスポーツ科学に次いで多く活用された。

　近年，複数分野の専門スタッフが支援する体制が組まれ，強化現場はより複雑な構造になっている。また，時差調整等のための直前合宿を開催地の近郊で行い，本番時も会場周辺に設置されるサポート拠点を活用するという最終調整方法が定着してきている。そのような状況のなかで，選手やコーチと各領域の

専門スタッフを有機的につなぐマネジメント機能の重要性が高まっている。

2. オリンピック・パラリンピック本番における競技マネジメントサポート

近年のオリンピックなどにおいては，スポーツ医・科学・情報等を総合的に活用した最終準備環境はパフォーマンス発揮に大きな影響を及ぼすと考えられ，各国が鎬を削っている。

日本も，ロンドンオリンピックにおいて初めて，最善の準備を行うための選手村村外の総合的なサポート拠点「マルチサポート・ハウス」が設置された。

ロンドンオリンピックにおけるマルチサポート・ハウスでは，選手が日本と同じ環境でリラックスしながら，試合前の最後の準備を十分に行うことができる環境を提供するために，畳を敷いたスペースでリラックスやリフレッシュが行えるだけでなく，選手が家族と会える場が設けられた（文部科学省，2012, p. 18）。

また，2014年のソチオリンピックでのマルチサポート・ハウスには，冬季競技ではすべての競技において用具が必要となり，競技用具がパフォーマンスに与える影響が大きいことから，競技用具の整備等のサポート（文部科学省，2014, pp.31-34）が実施された。

これらの事例から学べることは，日常と同じ環境を試合に向けた最終準備段階でも再現し，いつも通りの状況で試合に臨むための環境マネジメントは，試合でのわずかな差を生み出すための大きな支援になるということである。また，そのことが競技現場では広く認識され，様々な取り組みが実施されているということである。

専門性の高い支援スタッフが配置され，高度化，複雑化する競技を取り巻く環境を，包括的にマネジメントする機能の重要性が高まっている。コーチングに関する国際基準においても，コーチの職務の一つとして「環境の整備」が挙げられ，その遂行能力として「行動計画の作成」，「周辺環境と人員の組織化」，「進捗指標の構築」等が求められている（ICCE, 2013）。このことは，現代的なコーチの役割を考える際に重要な視点であるといえる。現代のコーチには，競技マネジメントサポートの機能を十分に理解し，使いこなす力をもつことも求めら

れるということである。

(山下修平)

●文献

* 阿江通良・藤井範久 (2002) スポーツバイオメカニクス20講. 朝倉書店, pp. 16-22.
* Edward, B. J. and Waterhouse, J. (2009) Effects of one night partial sleep deprivation upon diurnal rhythms of accuracy and consistency in hrowing darts. *Chronobiol Int, 26(4)*: 756-768.
* Enwemeka, C. S., Allen, C., Avila, P., Bina, J., Konrade, J., and Munns, S. (2002) Soft tissue thermodynamics before, during, and after cold pack therapy. *Medicine and Science in Sports and Exercise, 34*: 45-50.
* Gibala, M. J. and McGee, S. L. (2008) Metabolic adaptations to short-term high-intensity interval training: A little pain for a lot of gain? *Exerc Sport Sciences Reviews, 36*: 58-63.
* global DRO
  http://www.globaldro.com/JP/search （参照 2016年10月13日）
* Guissard, N., and Dechateau, J. (2006) Neural aspects of muscle stretching. *Exercise and Sport Sciences Reviews, 34*: 154-158.
* Heymsfield, S. B., Lohman, T. G., Wang, Z., and Going, S. B. (2005) *Human body composition*. Human Kinetics.
* 菱田明・佐々木敏 監修 (2014) 日本人の食事摂取基準 (2015年版). 第一出版.
* 星川雅子・内田直 (2016) アスリートの睡眠 —第2版—. 独立行政法人日本スポーツ振興センター・国立スポーツ科学センター, p. 1, p. 3, p. 8.
* International Council for Coaching Excellence (2013) *International Sport Coaching (Framework Version 1.2)*. Human Kinetics, pp. 32-33.
* Jarraya, M., Jarraya, S., Chtourou, H., Souissi, N., and Chamari, K. (2013) The effect of partial sleep deprivation on the reaction time and the attentional capacities of the handball goalkeeper. *Biol Rhythm Res, 44(3)*: 503-510.
* 北岡元 (2009) インテリジェンス入門 —利益を実現する知識の創造. 慶應義塾大学出版会, p. 4.
* 小林利行・諸藤絵美・渡辺祥子 (2011) 日本人の生活時間・2010 〜減少を続ける睡眠時間, 増える男性の家事〜. 放送研究と調査, 4月号: 2-20.
* 久木留毅 (2015) Think Ahead—トップスポーツから学ぶプロジェクト思考—. 生産性出版, p. 4, p. 21.
* 久木留毅・勝田隆・和久貴洋・河野一郎 (2011) スポーツ情報戦略に関する一考察Ⅵ—情報戦略からスポーツ政策過程へ—. 専修大学体育研究紀要, 35: 11-18.
* クヌッソン・モリソン：阿江通良監訳 (2007) 体育・スポーツのための動きの質的分析入門. ナップ.
* 小清水孝子・柳沢香絵・樋口満 (2005) 特集「スポーツにおける食事・栄養の役割を意義」スポーツ選手の推定エネルギー必要量. トレーニング科学, 17(4): 245-250.
* Lund, H., Vestergaard-Poulsen, P., Kanstrup, I. L., and Sejrsen, P. (1998) The effect of passive stretching on delayed onset muscle soreness, and other detrimental effects following eccentric exercise. *Scandinavian Journal of Medicine and Science in Sports, 8*: 216-221.
* 松尾彰文・広川龍太郎・柳谷登志雄・土江寛裕・杉田正明 (2008) 2007年男女100m, 100mハードルおよび110mハードルのスピード分析報告. 陸上競技研究紀要, 4: 48-55.

* 持田尚・松尾彰文・柳谷登志雄・矢野隆照・杉田正明・阿江通良 (2007) Overlay表示技術を用いた陸上競技400m走レースの時間分析. 陸上競技研究紀要, 3: 9-15.
* 文部科学省 (2012) ロンドンオリンピックにおける選手育成・強化・支援等に関する検証チーム報告書. pp. 14-21.
* 文部科学省 (2014) ソチ冬季オリンピックにおける選手育成・強化・支援等に関する検証チーム報告書. pp. 31-34.
* Mougin, F., Simon-Rigaud, M. L., Davenne, D., Renaud, A., Garnier, A., Kantelip, J. P., and Magnin, P. (1991) Effects of sleep disturbances on subsequent physical performance. *Eur J Appl Physiol. 63*: 77-82.
* 村木征人 (1994) スポーツトレーニング理論. ブックハウス・エイチディ. p. 84.
* 中谷宇吉郎 (1958) 科学の方法. 岩波書店.
* 公益財団法人 日本アンチ・ドーピング機構
   http://www.playtruejapan.org/ (参照2016年10月13日)
* 大澤美枝子 (1999) カウンセリング. 恩田彰, 伊藤隆二 編. 臨床心理学辞典. 八千代出版, p. 71.
* Reilly, T., and Piercy, M. (1994) The effect of partial sleep deprivation on weight-lifting performance. *Ergonomics, 37(1)*: 107-115.
* サンケイスポーツ「陸連ファインプレー！ 荒井『失格』に映像入手し検証 → 抗議文提出／競歩」
   http://www.sanspo.com/rio2016/news/20160821/rio16082105020046-n1.html (参照2016年10月17日)
* 関矢寛史 (2016) 3. スポーツメンタルトレーニングとは. 日本スポーツ心理学会 編. スポーツメンタルトレーニング教本 三訂版. 大修館書店, p. 10.
* Tabata, I., Nishimura, K., Kouzaki, M., Hirai, Y., Ogita, F., Miyachi, M. and, Yamamoto, K. (1996) Effects of moderate-intensity endurance and high-intensity intermittent training on anaerobic capacity and $\dot{V}O_2$max. *Med Sci Sports Exerc., 28*: 1327-30.
* 立谷泰久 (2012) 5 メンタルトレーニング ①リラクセーション技法. 中込四郎, 伊藤豊彦, 山本裕二 編著. よくわかるスポーツ心理学. ミネルヴァ書房, pp. 156-159.
* 立谷泰久・崔回淑 (2011) メンタルコンディション評価. 臨床スポーツ医学, 28(8): 835-839.
* Takegami, M., Suzukamo, Y., Wakita, T., Noguchi, H., Chin, K., Kadotani, H., Inoue, Y., Oka, Y., Nakamura, T., Green, J., Hohns, M. W., and Fukuhara, S. (2009) Development of a Japanese version of the Epworth Sleepiness Scale (JESS) based on Item Response Theory. *Sleep Med., 10*: 556-65.
* 徳永幹雄・橋本公雄 (2000) 心理的競技能力診断検査 (DIPCA. 3). トーヨーフィジカル.
* 土江寛裕・小林海・持田尚・杉田正明・柳谷登志雄・広川龍太郎・松尾彰文 (2010) 世界選手権Osaka 2007における男子200m走速度およびピッチ・ストライドの分析. 陸上競技研究紀要, 6: 72-84.
* 和久貴洋 (2013) スポーツ・インテリジェンス オリンピックの勝敗は情報戦で決まる. NHK出版, p. 129.
* Williams, C. (2011) Environmental factors affecting elite young athletes. In: Armstrong, N. and McManus, A. M. (Eds.) *The elite young athlete*. Med Sport Sci, Basel, Karger, pp. 150-170.
* World Anti-Doping Code 2015
   https://wada-main-prod.s3.amazonaws.com/resources/files/wada-2015-world-anti-doping-code.pdf (参照2016年10月13日)
* 図子浩二・長谷川裕・伊藤静夫・森丘保典・青野博・工藤和俊 (2005) 公認スポーツ指導者養成テキストⅢ. 公益財団法人日本体育協会.

索引

●数字，A〜Z

100% 1RM 159
50〜80% 1RM 159
Anaerobic Threshold (AT)
　　⇒ 無酸素性作業閾値
Coaching 42,44
Exercise 42,43,47,210,211
GPSセンサー 337
High-intensity Interval Training (HIT)
　　⇒ 高強度インターバルトレーニング
International Council for Coaching Excellence (ICCE)
　　⇒ 国際コーチングエクセレンス評議会
IOC　⇒ 国際オリンピック委員会
JADA　⇒ 日本アンチ・ドーピング機構
JISS　⇒ 国立スポーツ科学センター
Lactate Threshold (LT) ⇒ 乳酸性作業閾値
LTAD model ⇒ ロングターム・アスリート・デベロップメント・モデル
Peak Height Velocity (PHV)
.... 154,320
Proprioceptive neuromuscular facilitation (PNF)
　　⇒ 固有受容性神経-筋促通法
skill 190
Sportwissenschaft 40,46
Talent Identification & Development (TID) ⇒ タレント発掘・育成
theory of Competition 238
theory of training 43,238
Training 42,43,44,47
Trainingslehre 42,43,46,47,109
WADA ⇒ 世界アンチ・ドーピング機構

●あ

アイソトニック 151
アイソメトリック 151
アクチベーション 184
アスリートのキャリア支援 313
アスリートファースト 93
アスレティシズム 4
粗形態 119,121
アンチ・ドーピング 313,351
安定さ 76

●い

鋳型化 39,135,142
育成型コーチングスタイル 301
育成行動 9,93,94,301
移行期 218,219,227,286,333
意識性の原則 139
一般的運動能力 242
一般的体力 149,155,159
一般的体力テスト 242
一般的体力トレーニング 158
一般的トレーニング 209,213
一般的トレーニング運動 210,211
一般的トレーニングと専門的トレーニングの相補的関係 213
一般理論としてのコーチング学 58,62
一般理論としてのコーチング論 42,57
一本 80,81
イメージトレーニング 202
インターバルトレーニング 45,153,160,173,353

●う

動きの美しさ 76
動きのコツとカン 102
運動科学 49,50,51,190

運動学………………… 38,40,48,49,50
運動学習…… 56,61,106,120,122,190,
　　　191,193,194
運動感覚意識………… 60,104,110,111,
　　　112,113,118,123,125
運動感覚図式………………………111,118
運動感覚能力………………………… 141
運動技術………… 98,99,100,101,111,
　　　115,123,189,191,196
運動技術の階層構造………………… 99
運動技能…… 66,67,70,71,123,194,302
運動経験………… 62,113,118,155,194
運動形成の五位相……………………118
運動形態……… 100,112,113,115120,
　　　122,123,124
運動修正……………………… 101,119
運動テスト………………233,235,257
運動内観力…………………………… 61
運動能力テスト…………………… 193

●え
映像の活用……………………335,336
映像の収集とフィードバック……… 335
栄養アセスメント………………… 346
エキセントリック……………151,167
エネルギー消費量……………346,347
演繹的理論構築……………………55,57
演武…………………………………… 79

●お
横断科学…………………………46,49
オーバートレーニング…… 215,244,344
オーバーロードの原則……………… 156
オールアウト……………………… 161
オフザボール………………… 143,144
オンザボール………………… 143,144

●か
外的諸条件……………………… 67,68

外発的動機…………………………… 17
外発的動機づけ……… 184,185,187,302
カウンセリング………… 93,348,349
科学の運動研究……………………… 48
学際応用科学……… 46,47,50,51,53,55,
　　　56,59,62
学習と振り返り……………………… 19
形……………………………………79,80
カタストロフィーモデル……… 199,202
価値構造…………………………… 264
活動記録用紙…………………233,234
活動日誌…………………………… 235
ガバナンス………… 304,306,307,309,
　　　310,311
カン……… 102,103,104,110,111,118,
　　　119,120,121,122,123,124,125
感覚論的運動学……………………… 61
環境の整備………………19,27,306,360
環境の把握………………………… 346
環境マネジメント………………308,361
観察分析……………………… 116,117
カン身体知………………………112,120
感性学的判断力……………………… 76
慣性センサー……………………… 337

●き
疑似スポーツフォーム…………… 227
技術…… 98,70,99,101,107,109,114,
　　　115,130,132,141,156,171,183,
　　　184,185,190
技術的完全さ………………………75,264
技術トレーニング………… 88,89,98,99,
　　　102,103,104,110,111,114,120,
　　　122,164,197,229,240
技術発達史………………………… 115
技術力………67,69,74,75,77,86,98,99,
　　　102,103,111,129,133,134,140,

141,142,143,145,209,240,241,264,267,272,286
基礎技能……………………………… 114
基礎的運動能力………………… 164,245
基礎的諸条件…………………… 67,72
基礎的トレーニング……………… 222,227
キネシオロジー……… 48,49,50,51,52,53,56
技能…… 31,32,39,70,74,99,102,104,114,183,184,190,193,196
帰納的理論構築………………… 55,57
基本的準備段階………………………… 229
競技成績…… 14,68,71,72,73,208,209,210,219,220,221,222,226,227,229,231,246,247,277,285,323,338
競技特性… 165,210,212,255,342,350
競技マネジメントサポート…… 360,361
競技目標の設定………………… 208,209
競技力…… 43,66,67,68,69,70,71,72,74,77,78,80,81,82,83,85,90,91,93,128,134,208,209,214,220,231,235,236,238,239,240,253,255,265,277,278,286,294,352
競技力向上委員会……………… 26,66
競技力診断………………… 233,235,256,257
競技類型………………… 66,68,69,72
教授学…………………………… 38,40
競争形式………………………… 140
競争(の)原理………………… 4,196,317
共通感覚的図式技術……………… 99
強度……… 43,150,152,153,155,160,215,233,259,262,286,342,352
記録主義原理……………………… 4
筋弛緩法………………………… 200,349
筋持久力……… 149,150,152,153,157,160,167,173,174,175

近代オリンピック…………………… 5
近代スポーツ……………… 3,4,5,7
筋パワー………………………… 158,177
筋力…… 85,149,150,151,154,155,156,158,159,167
筋力トレーニング…… 44,152,158,165,167,168,171,209

●く
偶発位相………………………… 119,121
グッドコーチ育成のための「モデル・コア・カリキュラム」………………… 30
グループ戦術……… 88,127,132,135,136,137,143,144,147
グループ戦術力…… 127,135,136,142,143,146

●け
稽古……………………………… 79
形成位相……… 116,117,118,123,125
継続時間………………………… 150,152
形態化位相……………………… 120
ゲーム観……………… 78,131,132,147
ゲーム構想……… 78,128,131,132,147,272,273
ゲーム分析………… 257,336,338,339
ゲームライクドリル……………… 192
原志向位相……………………… 118
検証型支援……………………… 333
現場に対する理解と対応………… 19

●こ
高強度インターバルトレーニング… 353
攻撃…… 66,68,128,129,130,136,138,143,144,145,146,294,298
攻撃戦術………………… 130,136,137
交信分析………………… 116,117
構成価値………………………… 75
巧緻性………… 149,161,175,177,178

高地トレーニング……………172,249
行動体力………………………… 149
コーチ育成…… 20,21,22,24,26,28,29
コーチ制度……………………… 26
コーチデベロッパー…………… 25
コーチの役割と使命…………… 19
コーチの倫理観と規範意識………… 17
コーチング… 12,13,14,15,93,189,311
コーチング科学……… 42,47,50,55,59
コーチング学……20,55,59,62,66,71,
　　218,221,228,243,244,246
コーチング学の研究法…………… 59
コーチング論………42,44,46,47,57,59,
　　109,110
呼吸法……………………200,202,349
国際オリンピック委員会…… 26,79,351
国際コーチングエクセレンス評議会
　　…………………………19,28,303
国立スポーツ科学センター
　　……………………………174,323,336
個人戦術……………………67,135,147
個人戦術力…… 127,133,134,135,136,
　　140,141,142,144,145,146,244
個人的技法……………………… 99
個人の競技力…… 66,67,68,78,210,231
個人の最高の競技力を発揮する段階
　　………………………………… 231
古代オリンピック……………3,5,208
個体発生………………127,138,139
コツ…… 74,87,102,103,104,106,107,
　　110,111,112,113,114,116,118,
　　119,120,121,122,123,124,125
コツ身体知……………………… 112
個別種目のコーチング論… 42,56,57,58
個別性の原則……………………139,158
個別のゲーム構想……………… 132

固有受容性神経-筋促通法 …… 162,163
混合方式………………………… 242
混戦型球技………………………138,143
コンセントリック……………… 151
コンディショニング……… 89,335,341,
　　342,348,350
コンディションチェック…253,341,342
コンプライアンス……………… 307

●さ
サーキットトレーニング………160,173
サイキングアップ…………184,200,349
最高成績への志向性と専門化……… 212
最高の競技力の維持と低下の段階… 231
最高の競技力を達成するための
　　準備段階……………………… 230
最大下重量……………………… 159
最大拳上重量…………………… 159
最大筋力………73,83,165,167,168,345
最大筋力法……………………158,159
最大酸素摂取量………………… 83,152
最大反復法……………………… 159
最大負荷…………………214,215,244
採点規則………………………… 75
冴え……………………………… 76,80
作業核…………………………297,299
サポート拠点……………………360,361
サポート事業…………………… 360
サポートスタッフ………………245,351
酸素摂取能力…………………… 160
残存効果………………………… 214

●し
試合運動……………210,211,343,344
試合観……………………………239,244
試合観察………………………… 257
試合期………… 215,218,219,220,222,
　　227,228,286,333

試合計画……… 242,243,244,245,259,
　267,270,271,276,277,278
試合形式………………………140,141,145
試合行動…………………262,270,281,287
試合システム………………………212,242,243
試合準備……… 246,251,262,273,281
試合スタート……………………… 262,264
試合に関する理論……………………… 238
試合評価……………………………… 256
試合分析……… 244,256,257,275,281
試合前メゾサイクル………………… 247
支援スタッフ…………297,298,360,361
持久力… 77,85,154,155,160,171,316
持久力(の)トレーニング……… 160,171
始原論的構造分析…………………… 116
自己観察…… 74,105,112,117,120,121
自己決定理論…………184,187,188,189
自在化位相……………………………… 122
システム………… 4,25,61,82,146,147,
　224,318
自然科学………… 59,60,61,62,106,330
視線のコントロール……………………… 200
実践知……… 57,59,61,62,133,259,282
質的運動分析…………………… 51,52,53,56
指導・育成型コーチングスタイル… 301
指導型コーチングスタイル………… 301
指導経験…………………………… 62,101
指導行動……… 9,93,94,301,331,332
指導者養成カリキュラム……………… 31
指導による習得……………………… 109
シミュレーション試合………………243,271
社会的動機…………………………… 186
借問………………………………… 109,116
自由観察法………………………… 257
自由習得…………………………… 109
修正トレーニング………………………… 111

柔道原理…………………………… 81
習得トレーニング…………………… 111
柔軟性………… 85,149,162,163,164,
　166,269,344
柔軟性の養成法……………………… 162
主要試合……… 243,244,245,257,258,
　259,262,265,267,278,284,286
循環モデル…………………………… 82,91
瞬発力……………………………… 149
準備期…………… 213,215,218,219,
　248,286,333
状況判断能力………………………… 142
焦点化質問法………………………… 108
情報戦略………………………… 357,358
情報戦略サポート…………………… 357
勝利の追求……………………………8,9,10
食事調査……………………… 346,347
女性アスリートの三主徴……… 347,351
処方分析……………………………… 123
自律性支援…………………………… 188
自律的動機づけ………………… 185,187
シングルサイクル……… 222,224,227,
　230,231
身体組成測定………………………… 340
身体知としての技術力………… 98,102
身体習錬……………………………… 38
伸張性筋収縮………………………… 151
伸張-短縮サイクル ……………… 73,162
心的能力………………………… 67,72,77
心的能力のトレーニング……………… 183
心理学的検査………………………… 235
心理検査………………………… 253,348
心理的競技能力診断検査…………… 186
心理的スキル……… 183,187,197,198,
　199,201,202,203,348

●す
睡眠……………………335,344,345
スカウティング……………………… 132
スキルトレーニング…165,166,167,170
図式化位相…………………………… 120
図式技術……………………………… 102
スピード………… 77,86,102,110,120,
　　131,143,149,150,286,321,357
スピード感…………………………… 76
スピードトレーニング……168,170,209
スポーツ医・科学………26,29,31,32,
　　330,331,332,361
スポーツ医学的検査………………… 235
スポーツ運動学……………… 40,41,47
スポーツ科学………… 16,20,40,46,56,
　　238,249,360
スポーツ科学研究委員会…………… 26
スポーツキネシオロジー…………… 50
スポーツ基本法……………………9,304
スポーツ教育学……………… 40,41,47,59
スポーツ障害…………………… 149,156
スポーツ宣言………………………… 7,8
スポーツ宣言日本…………………… 9,10
スポーツ組織………… 5,304,305,307,
　　309,310,311,322
スポーツ達成力…………………… 66,71
スポーツチームの組織形態……297,298
スポーツの起源………………………   2
スポーツの達成力………………… 43,164
スポーツの本質…………………… 7,259
スポーツパーソンシップ……………   8
スポーツバイオメカニクス的検査… 235
スポーツフォーム……… 218,220,221,
　　222,224,227,231,247,248,249,
　　250,251,258,262
スポーツ方法学……………………… 40

スポーツマンシップ……………8,9,10
●せ
精神力…… 102,209,220,221,240,241,
　　247,258,262,264,286,287,343
静的ストレッチ………………… 162,163
生物学的年齢………………318,320,321
世界アンチ・ドーピング機構……… 351
摂食障害……………………………… 198
宣言的知識…………………………… 15
全習法…………………………… 195,196
戦術………… 115,127,128,129,130,
　　131,132,136,137,139,273,294
戦術構想……… 129,131,132,135,136,
　　146,147
戦術的意図……………………… 141,142
戦術的思考力……… 77,133,134,140,141,
　　142,145
戦術トレーニング………… 110,122,127,
　　131,132,139,140,240
戦術トレーニングの原則…………… 139
戦術の階層構造………………… 127,129
戦術の系統発生……………………… 136
戦術の個体発生………………… 138,139
戦術力………… 67,69,77,102,111,127,
　　128,129,131,132,136,138,140,
　　209,240,241,258,262,272,286
全身持久力…… 149,150,152,154,157,
　　160,171
漸進性…………………………… 139,214
漸進性の原則…………………… 139,156
潜勢自己運動………………113,114,117
選抜試合……………………243,246,284
全面性の原則…………………… 139,157
専門化………… 157,209,213,215,229,
　　230,278,314,315,316,317,318
専門性の原則…………………… 87,88,157

専門的運動……………………………344
専門的競技トレーニング……166,168,
　　　169,174,175
専門的体力…………………149,156,240
専門的体力トレーニング……164,165,
　　　166,168,171,175
専門的トレーニング…………157,209,
　　　213,222,227,286
専門的トレーニング運動………210,211
戦略…19,24,89,127,128,129,130,294,
　　　306,308,309,310,312,313,358
戦略尖………………………297,298,299,300
洗練化位相……………………………120,121
●そ
相対筋力………………………………167,168
創発分析…………………………………118
即時効果…………………………………214
測定スポーツ………69,72,74,128,259,
　　　262,276,338,352
組織…………………………304,305,306,307
組織文化……………………294,295,296,298
組織マネジメント………………310,313
●た
体育……………………………40,48,49,70,76
体育運動…………………………………39,40
体育運動の理論………………………38,39
体育科学…………………………………40,46
体育科教育学……………………………66,71
体育学……………………………………53
体育の理論…38,39,40,41,45,46,49,59
体格…………………………178,180,181,319
体協競技意欲検査………………………186
体系論的構造分析………………………115
代行分析…………………………………117
体重別階級制……………………………180
体罰………………………………………17

体力………67,74,86,102,149,150,156,
　　　171,209,240,241,267,272,286
体力検査……………………………………235
体力トレーニング……………44,87,88,89,
　　　110,114,122,131,149,150,164,
　　　168,174,286
他者観察…………………………………117
達成原理……………………………………4
脱目的性……………………………………70
ダブルゴール…………………………10,93
ダブルゴールコーチング………………273
ダブルサイクル………222,224,227,
　　　230,231
タレント・トランスファー……323,324
タレント発掘………213,242,311,314,
　　　318,319,322
タレント発掘・育成…314,316,321,323
段位性……………………………………79
探索位相…………………………………119
短縮性筋収縮……………………………151
●ち
チーム……294,295,296,297,298,300,
　　　302,303
チーム戦術…………127,129,132,145,
　　　146,147
チーム戦術力………………135,136,146,147
チーム戦略……………………………294,295
チームの競技成績………………………68
チームの競技力…66,67,68,78,253,271
チームの戦術構想……135,136,146,147
チーム理念………………………294,295,296
遅延効果……………………………214,247
地平論的構造分析………………………118
中間ライン……………………297,298,299
超回復………………………………153,344
調整力………67,68,85,140,141,149,

154,157,161,162,175
調整力(の)トレーニング………… 161,175
直接的試合準備………… 246,247,249,
250,251,252,253,258,262,271

●て

提案型支援…………………………… 333
ティーチング………………………… 13
停止感………………………………… 76
データベース………………………… 336
テーパリング……………… 246,247,262
テクノ構造…………………… 297,298
テスト運動………………………… 82,91
テスト試合………… 235,243,252,257,
258,262,266,267,271,272
手続的知識………………………… 15,16

●と

動感… 105,106,108,109,111,113,116
動感意識……… 104,105,106,107,108,
109,111,116,122,124
動感解体法…………………………… 108
動感構造体系…………………… 115,124
動感消去法…………………………… 108
動感類縁性…………………………… 123
動機づけ… 183,184,185,187,189,191
動作分析……………………… 336,337,338
等尺性筋収縮………………………… 151
道場…………………………………… 79
統制的な動機づけ…………… 185,189
等張性筋収縮………………………… 151
動的筋量法…………………………… 158
動的筋力法…………………………… 159
動的ストレッチ……………… 162,163
トーナメント方式…………… 242,271
ドーピング………………… 7,94,198
ドリル形式………………… 140,142,145
トレーナビリティー…………… 162,321

トレーニング…… 43,82,83,84,87,150,
164,208,212,214,238,242
トレーニングアセスメント………… 90
トレーニング課題……… 209,210,211,
218,256
トレーニング課題の抽出…………… 209
トレーニング観察…………… 235,257
トレーニング強度………………… 152
トレーニング計画…… 89,208,217,224,
227,228,229,230,231,233,271
トレーニング計画論……………… 45,89
トレーニング効果…… 83,88,152,156,
214,215,335,340,343
トレーニングサイクル……… 82,88,90,
91,93,216,233,331,333
トレーニング手段…… 82,83,85,87,88,
171,210,211,243,244
トレーニングステージ…………… 226
トレーニングにおける負荷増大の
二面性………………………… 214
トレーニングの原則………… 139,156
トレーニングの指導………… 354,355
トレーニングの種類………… 150,153
トレーニングピリオダイゼーション
………………………218,219,220,222
トレーニング負荷……… 156,214,215,
262,341,352
トレーニング負荷の波状変動……… 215
トレーニングプロセスの周期性…… 216
トレーニングプロセスの連続性…… 214
トレーニング法………… 44,47,122,172
トレーニング密度………………… 153
トレーニングユニット………… 216,229
トレーニング論…………………… 44,85

●な

内発的動機…………………………… 17

内発的動機づけ………184,185,187,302
難度要素………………………… 75

●に

日本アンチ・ドーピング機構……… 351
日本体育協会公認スポーツ指導者制度
………………………………… 27
乳酸性作業閾値………………… 171
乳酸濃度………………………… 171
人間科学………………………… 60
人間関係の構築………………… 19,303

●は

パートナーシップ型コーチングスタ
イル…………………………… 301
バーバリアンアスリート………… 94
バーンアウト……… 156,158,186,198,
284,318
バイオメカニクス…… 47,48,49,50,51,
56,60,110
ハイパフォーマンス・スポーツ…… 311
ハイパフォーマンス・ディレクター
………………………………312,313
ハイパフォーマンス・マネジャー… 312
発育発達とトレーニング…………… 154
発生運動学…… 111,115,116,118,123
発生分析…… 60,113,116,117,118,125
パフォーマンス…………4,9,13,14,184,
317,320,321,330,331,332,333,
335,339,340,348,360,361
ハラスメント…………………… 17,313
バルクアップ法………………… 159
パワー………… 83,150,151,156,158
汎愛派…………………………… 38
判定スポーツ……… 69,76,78,79,128,
273,282
反復回数………………………… 152,153
反復性の原則…………………… 139

●ひ

ピーキング……………………… 89,251
ピークスポーツフォーム…… 221,241,
247,248,249,250,251,252,269
ビジョンと戦略の設定…………… 19
美的規範………………………… 74
標準的なゲーム構想…………… 132
評定スポーツ……… 69,74,128,264,267
ピリオダイゼーション………… 89,218,
220,222,224,227,228,244
敏捷性…………………… 68,149,161,175

●ふ

フィールドテスト…………… 90,91,343
フィットネスチェック…………… 343
フィットネステスト…………… 175,323
フェアプレー…………………… 4,8,18
複合トレーニング………………… 45
武道…… 69,72,79,80,81,128,171,173
プライオメトリックトレーニング… 159
プレーヤー中心のコーチング……… 17
プレパフォーマンスルーティン… 252,255
フロー…………………… 251,253,255
ブロックピリオダイゼーション … 226,227
分習法…………………………… 195
分裂危機位相…………………… 120,121

●へ

平衡性………… 149,161,162,175,177

●ほ

防衛体力………………………… 149
防御………… 66,68,130,138,143,144,
145,146
防御戦術……… 129,130,132,136,137
方法学…………………………… 38,40,41
暴力行為根絶宣言………………… 18
本質直観………………………… 112,113

●ま
マクロサイクル……… 89,213,216,217,224,226,227,233,246
マネジメント……… 294,296,297,299,302,303,304,306,308,309,310,311,313,360,361
マネジメント専門スタッフ………… 360
マルチサイクル…………… 222,224,231
マルチサポート・ハウス…………… 361

●み
ミクロサイクル……… 89,156,216,217,228,233,244
密度……………………………… 150,153
ミニゲーム……………………… 196,210

●む
無酸素性作業閾値………………… 83,152
無動機づけ……………………… 185,187

●め
メゾサイクル………… 89,216,217,226,233,247,262
メディカルスタッフ………………… 350
メディカルチェック…………… 286,350
メンタルサポート………………… 201
メンタルトレーニング……… 61,184,186,187,197,198,199,201,202,203,348,349
メンタルマネジメント………… 197,252
メンタルリハーサル……………… 252

●も
モーションキャプチャー…………… 337
目標技術……………112,114,115,123
モチベーション………183,273,299,302
モニタリング……… 253,310,340,342,346,348

●ゆ
優雅さ……………………………… 76

有効打突………………………… 80
雄大さ…………………………… 76

●ら
ラボラトリーテスト………… 90,91,343
ランダム練習……………………… 195

●り
リーグ戦方式………………… 242,271
リーダーシップ……………… 13,300,301
リードアップゲーム……………… 141
リカバリー………………264,335,344
リズム感………………………… 76
量的運動分析……………………… 52
リラクセーション……… 184,198,200,202,349

●る
累積効果………………………… 214
ルーティン………… 202,203,252,253,255,269,349
ルーティンワーク……………… 252,255

●れ
礼法……………………………… 79,80
レース分析…………………… 338,339
暦年齢…………………………… 320
レジスタンストレーニング…… 151,153
練習試合……… 133,147,229,243,283
練習での指導と競技会への準備…… 19
練習の転移……………………… 194

●ろ
ロングターム・アスリート・デベロップメント・モデル……………… 318

●わ
技………………………………… 100,101
わざ幅位相………………120,121,122

■執筆者一覧

◆編集委員会

朝岡正雄

青山清英

◆執筆者 (掲載順，＊：章とりまとめ，所属等は執筆時)

森丘保典	日本大学スポーツ科学部	第1章第1・第2節＊
伊藤雅充	日本体育大学児童スポーツ教育学部	第1章第3節
岡　達生	日本体育協会	第1章第4節
朝岡正雄	環太平洋大学短期大学部	第2章＊，第3章第1節＊
苅山　靖	山梨学院大学スポーツ科学部	第3章第2節-1，第3節
寺山由美	筑波大学体育系	第3章第2節-2
藤本　元	筑波大学体育系	第3章第2節-3
有田祐二	筑波大学体育系	第3章第2節-4
図子浩二	元筑波大学体育系	第3章第3節
佐藤　徹	北海道教育大学教育学部	第4章第1節-1・2＊
渡辺良夫	筑波大学体育系	第4章第1節-3
會田　宏	筑波大学体育系	第4章第2節＊
尾縣　貢	筑波大学体育系	第4章第3節-1＊
木越清信	筑波大学体育系	第4章第3節-2・4
眞鍋芳明	国際武道大学体育学部	第4章第3節-3
伊藤豊彦	島根大学大学院教育学研究科	第4章第4節-1
遠藤俊郎	山梨学院大学スポーツ科学部	第4章第4節-2＊
渡辺英児	龍谷大学理工学部	第4章第4節-3
青山亜紀	日本大学スポーツ科学部	第5章＊，第6章第3節
青山清英	日本大学文理学部	第6章第1・第2・第5節，第6節-1＊
水落文夫	日本大学文理学部	第6章第4節
本間三和子	筑波大学体育系	第6章第6節-2
坂井和明	武庫川女子大学健康・スポーツ科学部	第6章第6節-3
遠藤俊典	青山学院大学社会情報学部	第6章第7節-1

道上静香	滋賀大学経済学部	…………………	第6章第7節−2
中川　昭	筑波大学体育系	…………………	第7章*
松元　剛	筑波大学体育系	…………………	第7章第1節
河合季信	筑波大学体育系	…………………	第7章第2節
谷川　聡	筑波大学体育系	…………………	第7章第3節
平野裕一	法政大学スポーツ健康学部	…………	第8章*
窪　康之	国立スポーツ科学センター	…………	第8章第1節
田中　仁	国立スポーツ科学センター	…………	第8章第2節−1(1)
横澤俊治	国立スポーツ科学センター	…………	第8章第2節−1(2)
松林武生	国立スポーツ科学センター	…………	第8章第2節−1(3), 第2節−2(4)
飯塚太郎	日本スポーツ振興センター	…………	第8章第2節−1(3)
髙橋英幸	国立スポーツ科学センター	…………	第8章第2節−2(1)
大岩奈青	国立スポーツ科学センター	…………	第8章第2節−2(2)
池田達昭	国立スポーツ科学センター	…………	第8章第2節−2(3)
星川雅子	国立スポーツ科学センター	…………	第8章第2節−2(5)
亀井明子	国立スポーツ科学センター	…………	第8章第2節−3
立谷泰久	国立スポーツ科学センター	…………	第8章第2節−4
半谷美夏	国立スポーツ科学センター	…………	第8章第2節−5
鈴木康弘	国立スポーツ科学センター	…………	第8章第3節−1
田村尚之	国立スポーツ科学センター	…………	第8章第3節−2
山下修平	日本スポーツ振興センター	…………	第8章第4・第5節

◆編集協力

本道慎吾	日本大学スポーツ科学部
長谷川聖修	筑波大学体育系

コーチング学への招待
©The Japan Society of Coaching Studies, 2017　　　NDC780/viii, 375p/22cm

初版第1刷発行──2017年4月10日

編著者	日本コーチング学会
発行者	鈴木一行
発行所	株式会社 大修館書店

　　　　　〒113-8541　東京都文京区湯島2-1-1
　　　　　電話 03-3868-2651（販売部）　03-3868-2299（編集部）
　　　　　振替 00190-7-40504
　　　　　［出版情報］http://www.taishukan.co.jp

装丁デザイン	中村友和（ROVARIS）
本文デザイン&組版	加藤　智（たら工房）
本文イラスト	高野真由美
印刷所	三松堂印刷
製本所	牧製本

ISBN978-4-469-26819-5　　　　　Printed in Japan

[R]本書のコピー，スキャン，デジタル化等の無断複製は著作権法上での例外を除き禁じられています。本書を代行業者等の第三者に依頼してスキャンやデジタル化することは，たとえ個人や家庭内での利用であっても著作権法上認められておりません。